ACESSO À INFORMAÇÃO COMO DIREITO FUNDAMENTAL E DEVER ESTATAL

Conselho Editorial
André Luís Callegari
Carlos Alberto Molinaro
Daniel Francisco Mitidiero
Darci Guimarães Ribeiro
Draiton Gonzaga de Souza
Elaine Harzheim Macedo
Eugênio Facchini Neto
Giovani Agostini Saavedra
Ingo Wolfgang Sarlet
Jose Luis Bolzan de Morais
José Maria Rosa Tesheiner
Leandro Paulsen
Lenio Luiz Streck
Paulo Antônio Caliendo Velloso da Silveira

Dados Internacionais de Catalogação na Publicação (CIP)

A174   Acesso à informação como direito fundamental e dever estatal / Ingo Wolfgang Sarlet, José Antonio Montilla Martos, Regina Linden Ruaro (coordenadores) ; Alejandro Corral Sastre ... [et al.]. – Porto Alegre : Livraria do Advogado Editora, 2016.
286 p. ; 23 cm.
ISBN 978-85-69538-06-6

1. Direito à informação. 2. Direitos fundamentais. 3. Transparência na administração pública. I. Sarlet, Ingo Wolfgang. II. Montilla Martos, José Antonio. III. Ruaro, Regina Linden. IV. Corral Sastre, Alejandro.

CDU 342.7:35
CDD 342.0662

Índice para catálogo sistemático:
1. Direito à informação : Administração pública   342.7:35

(Bibliotecária responsável: Sabrina Leal Araujo – CRB 10/1507)

Ingo Wolfgang Sarlet
José Antonio Montilla Martos
Regina Linden Ruaro
(coordenadores)

ACESSO À INFORMAÇÃO COMO DIREITO FUNDAMENTAL E DEVER ESTATAL

Alejandro Corral Sastre
Carlos Alberto Molinaro
Celso Antonio Pacheco Fiorillo
Danilo Doneda
Felipe Dalenogare Alves
Francisco Miguel Bombillar Sáenz
Ingo Wolfgang Sarlet
José Antonio Montilla Martos
José-Luis Piñar Mañas
José Maria Porras Ramírez
Leonel Pires Ohlweiler
Letícia de Campos Velho Martel
Marcia Cristina de Souza Alvim
Mario Viola
Mônia Clarissa Hennig Leal
Walter Claudius Rothenburg

livraria
DO ADVOGADO
editora

Porto Alegre, 2016

©
Alejandro Corral Sastre, Carlos Alberto Molinaro
Celso Antonio Pacheco Fiorillo, Danilo Doneda, Felipe Dalenogare Alves,
Francisco Miguel Bombillar Sáenz, Ingo Wolfgang Sarlet,
José Antonio Montilla Martos, José-Luis Piñar Mañas,
José Maria Porras Ramírez, Leonel Pires Ohlweiler,
Letícia de Campos Velho Martel, Marcia Cristina de Souza Alvim,
Mario Viola, Mônia Clarissa Hennig Leal e
Walter Claudius Rothenburg
2016

(Edição finalizada em agosto/2015)

Capa, projeto gráfico e diagramação
Livraria do Advogado Editora

Revisão dos textos em português
Rosane Marques Borba

Direitos desta edição reservados por
Livraria do Advogado Editora Ltda.
Rua Riachuelo, 1300
90010-273 Porto Alegre RS
Fone: 0800-51-7522
editora@livrariadoadvogado.com.br
www.doadvogado.com.br

Impresso no Brasil / Printed in Brazil

Sumário

Apresentação 7

Parte Geral – Acesso à informação e dever de transparência em Brasil, Espanha e União Europeia 9

1. O direito à informação na ordem constitucional brasileira: breves apontamentos
   Ingo Wolfgang Sarlet e *Carlos Alberto Molinaro* 11

2. A efetividade do acesso às informações administrativas e o direito à boa administração pública: questões hermenêuticas sobre a transparência na administração pública e a Lei nº 12.527/2011
   Leonel Pires Ohlweiler 27

3. Transparencia y acceso a la información en España
   José Antonio Montilla Martos 53

4. Transparencia y protección de datos. Una referencia a la Ley Española 19/2013 de transparencia, acceso a la información y buen gobierno
   José-Luis Piñar Mañas 71

5. Los límites a la transparencia en la Unión Europea. El menguado alcance del derecho de los ciudadanos a acceder a la información en poder de las instituciones europeas
   José Mª Porras Ramírez 89

Parte Especial – Temas específicos em matéria de acesso à informação no Brasil e na Espanha 115

6. Proteção de dados pessoais como limite ao acesso à informação e seu tratamento posterior
   Mario Viola e *Danilo Doneda* 117

7. A necessária compatibilização do direito à informação aos direitos de personalidade e à dignidade humana: o papel da educação para os direitos humanos à comunicação social em um contexto pós-ADPF nº 130/DF
   Mônia Clarissa Hennig Leal e *Felipe Dalenogare Alves* 133

8. Direitos de expressão e de informação: posição preferencial, biografias desautorizadas e esquecimento
   Walter Claudius Rothenburg 153

9. Ética na informação e o direito ao esquecimento
   Marcia Cristina de Souza Alvim 173

10. Tutela jurídica do meio ambiente cultural como parâmetro normativo da denominada sociedade da informação no Brasil
Celso Antonio Pacheco Fiorillo..185

11. El acceso a la información ambiental en España a la luz de la nueva ley de transparencia
Alejandro Corral Sastre..205

12. Tratamiento jurídico del derecho-deber de información en la interrupción voluntaria del embarazo
Francisco Miguel Bombillar Sáenz..231

13. O processo de informação nas pesquisas clínicas associadas à assistência em saúde: notas elementares
Letícia de Campos Velho Martel...259

Apresentação

Os desafios da sociedade de informação (e da assim chamada sociedade digital ou em rede) atingem tanto a esfera pública quanto a esfera privada. Nesse contexto, transparência e publicidade implicam deveres de prestações informacionais por parte do Estado e direitos subjetivos do cidadão que tem por objeto o acesso tempestivo e de modo facilitado às informações retidas pelo poder público em todos os setores de atividade. O desenvolvimento, tanto no plano supranacional, quanto no interno (Estatal) de toda uma normativa, composta por princípios e regras internacionais, regionais, constitucionais e legais, regulando tais deveres e direitos informativos tem gerado uma ampla e complexa gama de discussões, que dizem respeito desde o conteúdo de tais direitos e deveres, do devido processo do acesso à informação, dos limites postos pelo interesse público ou por direitos e outros bens constitucionais colidentes, tudo a instigar um crescente interesse por parte da Academia, mas também um quase incontrolável leque de literatura e jurisprudência versando sobre o tema.

No caso do Brasil e da Espanha, em que pese a existência de alguma legislação mais antiga, bem como de algum (embora limitado) desenvolvimento jurisprudencial, a edição de dois novos diplomas legislativos (Lei 12.527/2011 e Lei Espanhola 19/2013) imprimiu ao tema um sabor de novidade e carrega consigo desafios imensos e diversificados, de ordem teórica e prática. Especialmente no plano europeu, onde já existe um conjunto de diretrizes normativas e jurisprudenciais a guiar os Estados que integram a União Europeia em matéria de transparência, informação e proteção de dados, ainda se coloca o problema da harmonização de tais diretrizes com o direito interno, implicando uma leitura e aplicação conforme deste último.

É precisamente nesse contexto que se situa a presente obra coletiva, resultado de um projeto de pesquisa conjunto empreendido pelos coordenadores e representando o Programa de Pós-Graduação em Direito da PUCRS e o Departamento de Direito Constitucional da Universidade de Granada, Espanha, projeto este financiado por meio do edital de internacionalização FAPERGS-CAPES, para execução durante o ano de 2014-15. Ao longo do projeto houve a realização de seminários no Brasil (setembro de 2014) e Granada, Espanha (fevereiro de 2015) bem como ocorreram missões de estudos de docentes e discentes, cujo objeto é o estudo do direito de acesso à informação (e correspondentes deveres) no Brasil, na Espanha e na União Europeia. Outrossim, além da equipe das duas Instituições de Ensino Superior nominadas, integram a coletânea ilustres convidados especiais brasileiros e espanhóis, ora veiculando contribuições relevantes sobre diversos aspectos, gerais e especiais, que envolvem o direito à informação.

A obra que ora se apresenta ao público brasileiro, contempla textos em língua espanhola e portuguesa, registrando-se, desde logo, que não se procedeu a uma padronização dos aspectos formais, preservando os textos na sua versão original. Além disso, além do agradecimento pelo fomento recebido (FAPERGS-CAPES), cabe agradecer a todos os colaboradores pelos textos enviados, sem deixar de manifestar também nossa gratidão à equipe competente e atenciosa da Livraria do Advogado Editora.

Porto Alegre e Granada, agosto de 2015

Ingo Wolfgang Sarlet
José Antonio Montilla Martos
Regina Linden Ruaro

Parte Geral

Acesso à informação e dever de transparência em Brasil, Espanha e União Europeia

— 1 —

O direito à informação na ordem constitucional brasileira: breves apontamentos

INGO WOLFGANG SARLET[1]
CARLOS ALBERTO MOLINARO[2]

Sumário: Considerações iniciais; 1. Uma breve mirada sobre a evolução constitucional; 1.1. Modelos pré-Costituição Federal de 1988; 1.2. A Constituição da República Federativa do Brasil de 1988; 2. O direito de acesso à informação em face do poder público e sua concretização; 2.1. Sujeitos e destinatários do direito de acesso à informação: algumas particularidades; 2.2. Objeto do direito de acesso à informação; 2.3. Eficácia do direito de acesso à informação; 2.4. Restrições ao acesso – excludentes da obrigação; 3. O comando normativo infraconstitucional; 3.1. Principais características da Lei nº 12.527, de 18 de novembro de 2011; Considerações finais.

Considerações iniciais

Como resultado da democratização das relações de poder, podemos identificar a existência de um "direito humano ao saber" resultado – primeiramente, no plano político – das liberdades públicas conquistadas no processo civilizatório. A liberdade de informação e os correlatos direitos à informação e de acesso à informação, além de direitos humanos e fundamentais de alta relevância, representam técnicas democráticas de alta densidade na conformação das relações humanas numa determinada comunidade política e social. Na atualidade, é possível reunir tais direitos e os deveres que lhes são inerentes numa disciplina jurídica que acabou por ser denominada Direito da Informação.

Nessas breves reflexões, vamos centrar o nosso estudo no domínio do direito constitucional brasileiro, no qual serão tecidas algumas considerações sobre a titularidade, os destinatários e o conteúdo de tal direito

---

[1] Doctor and Post-Doctor of Law (University of Munich, Germany). Professor at the Faculty of Law and Postgraduate Law Program at PUCRS. Judge in Rio Grande do Sul, Brazil.

[2] Doctor of Law [Human Rights] (Pablo de Olavide University, Seville). Professor at the Faculty of Law and Postgraduate Law Program at PUCRS.

à informação na ordem jurídica brasileira, migrando-se depois para o "direito de acesso à informação pública", corolário e objeto do presente texto, de tal sorte que desde logo renunciamos ao tratamento (salvo algumas considerações de ordem geral nos primeiros segmentos do trabalho) do direito à informação e do acesso à informação de natureza não pública e em poder de atores privados. Ao final, teceremos algumas considerações sobre o corpo normativo infraconstitucional.

1. Uma breve mirada sobre a evolução constitucional

1.1. Modelos pré-Costituição Federal de 1988

Na trajetória constitucional brasileira anterior a 1988, a liberdade de expressão e comunicação (informação) já aparecia na Carta Imperial de 1824, no seu Art. 179, IV: *Everyone can communicate their thoughts, words, writing, and publishing them in the press, without depending on censorship; provided they are liable for misuses that have committed in the exercise of this right in cases and manner provided by law* (spelling updated). Com a República, preserva-se a garantia constitucional da "manifestação do pensamento" quando a Carta de 1891, no nº 12 do Art. 72, dispõe que *In any subject is free expression of thought through the press or by Tribune, without dependence on censorship, answering each one by the abuses that commit, in the cases and form prescribed by law. It is not allowed the anonymity* (spelling updated), linha que foi, em termos gerais, mantida nas constituições de 1934, 1937 e 1946, ainda que com algumas variações. De acordo com o nº 9 do Art. 113 da Constituição de 1934, *"In any subject is free expression of thought, without depending on censorship, except for the public shows and entertainment, answering each one by the abuses that commit, in cases and in the manner prescribed by law. It is not allowed anonymity. Is guaranteed the right to reply. The publication of books and journals does not depend on the Government license. Is it not however, tolerated war propaganda or violent processes in order to subvert the political or social order"*. No texto constitucional de 1937, o nº 15 do Art. 112 preceituava que *"every citizen has the right to express his thoughts orally or in writing, or printed images, subject to the conditions and within the prescribed limits in law"*, agregando, na sequência, que a lei poderia prescrever eventuais restrições nos seguintes casos: "a) *in order to ensure peace, order and public security, censorship of the press, theater, cinematography, broadcasting, providing the competent authority to prohibit the movement, dissemination or representation;* b) *measures to prevent protests against the public morals and good customs, as well as specially designed to childhood and youth protection;* c) *measures aimed at protecting the public interest, welfare of the people and security of the State"*. É preciso enfatizar que a Ditadura do Estado Novo (1937-1945) se caracterizou por fortes intervenções na liberdade de expressão, inclusive tendo ocorrido a suspensão dos direitos e garantias constitucionais mediante o Decreto nº 10.358, de 31.08.1942. Com a redemocratização, o § 5º do art. 141 da Constituição de 1946 estabelecia: *"The manifestation of thought is free and shall not be dependent upon censorship, except as regards public spectacles and amusements, and each of these shall be responsible in the cases and in the form which the law may establish, for any abuses they may commit. Anonymity is not permitted. The right of reply is assured. The publication of books and periodicals shall not be dependent upon license from the public power. However, propaganda for war, or violent processes to overthrow the political and social order or prejudices of race or of class shall not be tolerated"*, preceito que veio a ser restringido pelo Ato Institucional n. 2, de 27 de outubro de 1965, já no domínio da Ditadura Militar instaurada pela Revolução de 31.03.1964. Surpreendentemente, é com a Constituição de 1967 (em pleno regime ditatorial militar) que emerge com tal denominação, o direito à informação, como previsto no § 8º do art. 150. A prestação de informação sem sujeição à censura já assume aqui a condição de elemento central da ordem constitucional brasileira na perspectiva da "liberdade de informação" em sentido estrito, ainda que no período ditatorial a censura tenha sido amplamente praticada.

1.2. A Constituição da República Federativa do Brasil de 1988

Com o advento da redemocratização do país, a cidadania readquire a plena liberdade de expressão, seja no exercício da opinião, da consciência, ou da informação em todos os seus amplos conteúdos significantes. No sistema constitucional brasileiro de 1988 (com a Constituição Federal de 1988, a seguir apenas CF/1988), o direito de acesso à informação, de modo generalizado, está assentado no catálogo de direitos fundamentais articulado pelo art. 5º, incisos IV, X, XII, XIV, XXXIII, XXXIV (alínea "b"), LX, LXXII; bem como no art. 37, § 3º, inciso II; no art. 93, inciso IX; no art. 216, § 2º; e no art. 220 e parágrafos, sem prejuízo de outras manifestações normativas atributivas de posições jurídicas subjetivas ativas, por força da cláusula de abertura contida no § 2º do mesmo art. 5º da CF/1988, a teor da qual os direitos expressos na Constituição não excluem outros decorrentes do seu respectivo regime e princípios, além de abarcarem os direitos consagrados em tratados de direitos humanos ratificados pelo Brasil, em que pese a problemática do valor jurídico dos tratados no direito interno, que aqui não será analisada.

O mandamento contido no inciso IV[3] do art. 5º da CF/1988 consagra a dimensão individual do direito à informação, pois assegura a livre manifestação do pensamento, isto é, cuida do direito de comunicar livre-

---

[3] [...] manifestation of thought is free, but anonymity is forbidden.

mente, de modo imediato, direto, ou mediante qualquer meio de difusão, as ideias, os ideais, as opiniões e os conhecimentos quaisquer que sejam. Aqui estamos no âmbito do direito de informar (muito claro aos periodistas) que inclui toda e qualquer crítica. Aliás, o STF já decidiu que "não cabe ao Estado, por qualquer dos seus órgãos, definir previamente o que pode ou o que não pode ser dito por indivíduos e jornalistas".[4]

Os preceitos contidos nos incisos XIV[5] e XXXIII[6] do art. 5º da CF/1988 consagram, além do ponto de vista individual, uma dimensão coletiva do direito à informação. Com acuidade que lhe era costumeira, em 1980 (antecipando-se em oito anos à Carta de 1988), em tese apresentada na VIII Conferência Nacional da Ordem dos Advogados do Brasil, Alexandre José Barbosa Lima Sobrinho já afirmara: "a liberdade de expressão é um direito de quem o utiliza. O direito à informação alcança e abrange o público a que ele se dirige. Entre os dois, há uma distância que vai de um *direito pessoal* a um *direito coletivo*" (itálico nosso).[7]

Tanto na sua dimensão individual quanto coletiva, a CF/1988, além de proscrever a censura (art. 5º, inciso IX, e art. 220, § 2º), também estabelece que *"The expression of thoughts, creation, speech and information, through whatever form, process or vehicle, shall not be subject to any restrictions, observing the provisions of this Constitution"* (CF/1988, art. 220, *caput*). De regra, portanto, somente a Constituição poderá impor limites ou justificar restrições ao direito à informação e de modo geral às liberdades comunicativas, de tal sorte que uma "resposta correta" sobre a extensão do direito à informação é sempre e em primeiro plano uma resposta constitucionalmente adequada, ou seja, fundada na e justificada pela Constituição. O quanto restrições às liberdades comunicativas e informacionais podem ser tidas como constitucionalmente legítimas, especialmente por força de conflitos com outros princípios e direitos fundamentais, como é o caso, entre outros, dos direitos à privacidade e intimidade, a honra e a imagem das pessoas, tem sido objeto de acirrada controvérsia também no Brasil, destacando-se o entendimento, compartilhado pelo STF, de repúdio ao

---

[4] Cf. STF: ADI 4.451-MC-REF, Rel. Min. Ayres Britto, julgamento em 2-9-2010, Plenário, DJE de 24-8-2012; ADPF 130, Rel. Min. Ayres Britto, julgamento em 30-4-2009, Plenário, DJE de 6-11-2009.

[5] [...] access to information is assured to everyone, protecting the confidentiality of sources when necessary for professional activity.

[6] [...] all persons have the right to receive from public agencies information in their private interest or of collective or general interest; such information shall be furnished within the period established by law, under penalty of liability, except for information whose secrecy is essential to the security of society and of the National Government.

[7] Barbosa Lima Sobrinho, A. J. Direito de Informação. Rev. Inf. Leg. Brasília, 17, n. 67 jul/set 1980, p. 155/156 (acessível em: http://www2.senado.leg.br/bdsf/bitstream/handle/id/181246/000390257.pdf?sequence=2) Acesso em 12/03/2013.

discurso do ódio e de caráter discriminatório,[8] mas também, ainda que em caráter excepcional e dadas as circunstâncias, da afetação de direitos de personalidade, designadamente quando em causa a dignidade da pessoa humana.[9]

Mas a CF/1988 também dotou a cidadania de um instrumento processual próprio, o *habeas data*, para assegurar o acesso e a retificação de informações pessoais depositadas em bancos de dados de entidades governamentais ou de caráter público (art. 5º, LXXII), de modo a contribuir para o desenvolvimento de uma autodeterminação informativa no trato com os dados pessoais, assim como de um direito de petição e de obtenção de certidões perante o poder público. Além disso, o já referido *habeas data*, que assume a condição de autêntica "ação constitucional", pode ser manejado em face de particular, em geral pessoas jurídicas, pois o que define o seu cabimento em concreto é a natureza pública das informações e do respectivo banco de dados.

Ainda no que diz com o nível textual, a CF/1988 incluiu a publicidade no âmbito dos princípios diretivos da Administração Pública (artigo 37, *caput*), além de, no seu artigo 37, § 3º, inciso II,[10] e no artigo 216, § 2º,[11] respectivamente, assegurar, de modo direto, o direito à informação detida pelo Poder Público, além de estatuir (artigo 216A, § 1º, IX)[12] o dever de transparência e compartilhamento das informações em posse da Administração, ao passo que, a teor do inciso IX do art. 93, estabelece o dever de motivação dos atos do Poder Judiciário e a publicidade dos julgamentos, ressalvadas exceções.[13]

Tal feixe de preceitos constitucionais tem sido objeto de uma gradual, mas muito diferenciada e vacilante concretização pelos órgãos estatais, seja no plano legislativo, seja na esfera de atuação da Administração Pública e do Poder Judiciário, o que será objeto de nossa atenção precisamente no próximo item.

---

[8] Cf., por todos, o julgamento do *Habeas Corpus* n. 82.424-RS, Relator Ministro Maurício Correia (Caso "Ellwanger").

[9] Cf., dentre tantos, especialmente, WEINGARTNER NETO, Jayme, Honra, privacidade e liberdade de imprensa: uma pauta de justificação penal, Porto Alegre: Livraria do Advogado Editora, 2002, bem como, por último, SARMENTO, Daniel, Art. 5º, inciso IV, in: CANOTILHO, J. J. Gomes; MENDES, Gilmar F.; SARLET, Ingo W.; STRECK, Lenio L. (Coord.), Comentários à Constituição do Brasil, São Paulo: Saraiva/Almedina, p. 257 e ss.

[10] "[...] *the law shall regulate the forms of user participation in direct and indirect public administration, specifically regulating: [...] user access to administrative registries and information about governmental acts [...]*"

[11] "[...] *It is the responsibility of public administration, as provided by law, to maintain governmental documents and take measures to make them available for consultation by those that need to do so [...]*"

[12] Inserido mediante a Emenda Constitucional nº 71, de 29.11.2012.

[13] "[...] *all judgments of judicial bodies shall be public, and all decisions shall be substantiated, under penalty of nullity; in cases in which preservation of the right of intimacy of the interested parties in secrecy does not prejudice the public interest in information, the law may limit attendance at determined occasions to only the parties themselves and their attorneys, or only to the latter*"

2. O direito de acesso à informação em face do poder público e sua concretização

De todo o exposto até o momento, cremos clara a concepção de que o fenômeno "informação", objeto da regulação pelo Direito, se tenciona nas ações de informar, informar-se e de ser informado. Em primeira linha, portanto, ele assume uma dimensão individual (sem prejuízo de sua natureza coletiva), na condição de direito subjetivo de acessar informação perante qualquer sujeito de direito, independentemente do direito da coletividade (do sujeito plural de direito) de buscar, acessar, receber e divulgar informações em poder do Estado, seus agentes, instituições e, mesmo entes privados com interesses vinculados à Administração.

De outro modo, seja na sua dimensão singular ou coletiva, o direito de acesso à informação imanta necessariamente proteção dos direitos da personalidade (entre esses, honra, vida privada, intimidade, imagem...), gerando dessa forma um limite ao acesso e difusão da informação, fundado na paridade de armas entre cidadãos e cidadãos e entre cidadãos e o Estado, objetivando a concreção do direito à autodeterminação informativa.[14]

2.1. Sujeitos e destinatários do direito de acesso à informação: algumas particularidades

Consoante já adiantado, sujeitos também do direito de acesso à informação são todas as pessoas naturais e jurídicas, as universalidades de direito, bem como os órgãos despersonalizados, incluindo, no caso das pessoas naturais, os estrangeiros, sejam eles, ou não, residentes no País, ressalvadas as circunstâncias ligadas à natureza do "interesse" em questão, isto é, de interesse do particular ou de interesse coletivo, o que, em princípio, não afasta eventual possibilidade de restrição também do ponto de vista da titularidade. A denegação do acesso a qualquer tipo de informação deve, contudo, ser excepcional e somente poderá fundamentar-se naquelas razões específicas dispostas pelo texto constitucional e legislação infraconstitucional pertinente, como é o caso, em especial, da segurança nacional, para efeito da proteção de dados pessoais (sensíveis),

---

[14] Observe-se que "[...] Este direito à autodeterminação informativa é um verdadeiro direito fundamental, com conteúdo próprio (...), e não apenas uma garantia do direito à reserva da intimidade da vida privada. Embora possa proteger informação íntima, e se assuma, instrumentalmente, como direito-garantia daquela (...), é também um direito dirigido à defesa de novas facetas da personalidade – é um direito de personalidade – traduzido na liberdade de controlar a utilização das informações que lhe respeitem (desde que sejam pessoais), e na protecção perante agressões derivadas do uso dessas informações" (Sarmento e Castro, Catarina. O direito à autodeterminação informativa e os novos desafios gerados pelo direito à liberdade e à segurança no pós 11 de Setembro, p. 11 do texto que pode ser acessado em: http://www.estig.ipbeja.pt/~ac_direito/CatarinaCastro.pdf (acesso em 02/08/2013).

a proteção dos segredos industriais e comerciais, a prevenção ou investigação das práticas criminosas, o que será objeto de atenção logo adiante.

Do ponto de vista do seu polo passivo, dos destinatários, nele se incluem todas as entidades estatais (o que abrange as Autarquias, Fundações, mas também as Empresas Públicas), no sentido de uma vinculação isenta de lacunas do poder público, como, ademais, se verifica na seara dos direitos e garantias fundamentais, mas também atores privados estarão obrigados a assegurar o desfrute desse direito sempre e quando exerçam qualquer preposição de autoridade administrativa, realizem função ou serviços públicos ou, ainda, operem com recursos e fundos públicos, pois toda a informação em posse das entidades públicas ou daquelas entidades privadas que exerçam funções ou serviços públicos ou ainda utilizem recursos públicos devem estar submetidas ao princípio da publicidade (Art. 37 da CF/1988), mas também no dever de transparência, que blinda, em regra, qualquer ocultação de informações detidas pelo poder público, traduzindo-se também em um dever de prestações informacionais.

2.2. Objeto do direito de acesso à informação

Revela-se como objeto do direito toda a informação produzida ou detida por órgãos e entidades públicas, bem como aquela produzida ou mantida por pessoa física ou privada decorrente de um vínculo com órgãos e entidades públicas. Ademais, integram também objeto de direito as informações sobre as atividades de tais órgãos e entidades inclusive relativas à sua política, organização e serviços, o que inclui as informações pertinentes ao patrimônio público, a utilização de recursos públicos, licitações e contratos administrativos, bem como as consequentes informações sobre políticas públicas, inspeções, auditorias, prestações e tomadas de contas.

2.3. Eficácia do direito de acesso à informação

No sistema constitucional brasileiro, as normas definidoras dos direitos fundamentais têm aplicação imediata (§ 1º do art. 5º da CF/1988), o que implica uma vinculação direta dos órgãos, funções, agentes e atos do poder público, bem como a circunstância de que a ausência de legislação infraconstitucional reguladora não afasta, por si só, a extração de efeitos jurídicos úteis deduzidos diretamente do plano constitucional, o que, dito de outro modo, significa que a falta de lei não impede o Poder Judiciário de assegurar o acesso à informação pública, além de assegurar o pleno controle da legitimidade constitucional dos atos do poder público que atentam contra o direito de acesso à informação.[15] Mas resulta evidente que também o direito de acesso à informação carece de regulamentação infraconstitucional para que lhe seja assegurado exercício mediante um devido procedimento e as necessárias garantias. Tal regulamentação acabou sendo levada a efeito no Brasil mediante a edição da Lei nº 12.527, de 18 de Novembro de 2011, com regulação pelo Decreto (Presidencial) nº 7.724, de 16 de Maio de 2012. A legislação é aplicada em todo o território nacional e, por força do princípio federativo, a todos os Estados-Membros, Municípios e Distrito Federal, que, contudo, no âmbito (e limites) de suas respectivas competências, podem editar leis em caráter estadual e municipal. Convém informar que segundo dados de maio/junho de 2014, já dispõem de normativa infraconstitucional 26 Estados, o Distrito Federal, 26 Capitais e 254 municípios com população superior a cem mil habitantes.[16]

2.4. Restrições ao acesso – excludentes da obrigação

Mas a eficácia dos direitos fundamentais, também do direito de acesso à informação, não é absoluta, no sentido de impedir toda e qualquer restrição. Além de restrições diretamente estabelecidas pela CF/1988 (como a que assegura o sigilo da fonte, a depender das circunstâncias) a sede para que os limites ao direito de acesso à informação sejam concretizados mediante intervenções restritivas e, em primeira linha, a legislativa.

Entre essas restrições podem ser elencadas as informações que possam pôr em risco a defesa e a soberania nacionais, bem como os planos ou as operações estratégicas das Forças Armadas. Ademais, protege-se a discrição e o sigilo, sempre que a difusão da informação prejudicar a condução de negociações, ou das relações internacionais do país, seus agentes ou mesmo da iniciativa privada. De outro modo, por evidente e dependente, contamina o direito de acesso, como exceção, se as informações foram fornecidas em caráter sigiloso por outros estados e organismos internacionais; aquelas que põem em risco a segurança de instituições ou "altas" autoridades, nacionais ou estrangeiras, bem como seus familiares e conexos; e comprometer atividades de inteligência, bem como de investigação ou fiscalização em andamento. Outra restrição na divulgação está o pôr em risco a vida, a segurança ou a saúde de terceiros; e, no campo

---

[15] Sobre o tema, v., para maior desenvolvimento, SARLET, Ingo W. A Eficácia dos Direitos Fundamentais, 12ª ed., Porto Alegre: Livraria do Advogado Editora, 2015, segunda parte.

[16] Cf., os dados atualizados no Mapa da Transparência, in: http://www.cgu.gov.br/assuntos/transparencia-publica/brasil-transparente/mapa-trasnparencia (acesso em 19/12/2014). OBS. O levantamento considera apenas normativos locais em plena vigência, que tenham por objetivo expresso a regulamentação da Lei de Acesso à Informação, de acordo com o art. 45 da Lei 12.527/11. Não espelham, por exemplo, projetos de Lei que estejam em tramitação das respectivas assembleias estaduais ou câmaras municipais.

econômico, oferecer elevado risco à estabilidade financeira, ou monetária do país, ademais de prejudicar ou causar risco a projetos de pesquisa e desenvolvimento científico ou tecnológico.

Mas considerando o enfoque do presente texto, que se destina a propiciar uma apresentação geral do direito de acesso à informação (situado no marco mais amplo do direito à informação e do direito da informação) perante o poder público no Brasil, segue um sumário roteiro para a compreensão de como o acesso à informação foi objeto de regulação infraconstitucional, sem deixar, quando for o caso, de apontar algumas questões de natureza mais polêmica.

3. O comando normativo infraconstitucional

A Lei 12.527, de 18 de novembro de 2011, regula o acesso a informações previsto no inciso XXXIII do art. 5º, no inciso II do § 3º do art. 37 e no § 2º do art. 216 da Constituição Federal; altera a Lei nº 8.112, de 11 de dezembro de 1990; revoga a Lei nº 11.111, de 5 de maio de 2005, e dispositivos da Lei nº 8.159, de 8 de janeiro de 1991, e dá outras providências, estabelecendo que toda informação produzida ou custodiada por órgãos e entidades públicas é passível de ser ofertada ao cidadão, a não ser que esteja sujeita a restrições de acesso legalmente estabelecidas, quais sejam: estabelece que toda informação produzida ou custodiada por órgãos e entidades públicas é passível de ser ofertada ao cidadão, a não ser que esteja sujeita a restrições de acesso legalmente estabelecidas, quais sejam:

a) informações classificadas nos graus de sigilo reservado, secreto ou ultrassecreto, nos termos da própria lei;

b) informações pessoais, afetas à intimidade e à vida privada das pessoais naturais; ou

c) informações protegidas por outras legislações vigentes no País, como é o caso do sigilo fiscal e do sigilo bancário.

Para operacionalizar o direito à informação, a lei garante à sociedade o acesso a informações públicas de duas formas:

1. Transparência Passiva: quando o Estado fornece informações específicas solicitadas por pessoas físicas ou jurídicas;

2. Transparência Ativa: quando o Estado concede proativamente amplo acesso a informações de interesse coletivo e geral, divulgando-as, principalmente, em seus sítios eletrônicos na Internet.

A Lei de Acesso à Informação e seu decreto regulamentador no âmbito do Poder Executivo Federal (Decreto nº 7.724/2012) estabelecem que órgãos e entidades devem disponibilizar infraestrutura própria para receber e responder pedidos de informação da sociedade e para garantir a análise de negativas de informação em diferentes instâncias recursais. Para tanto, todos os órgãos e as entidades estão obrigados a criar o Serviço de Informação ao Cidadão – SIC –, com o objetivo de atender e orientar o público quanto ao acesso à informação, bem como receber e registrar pedidos, entre outras atribuições. Além de disponibilizar o espaço físico do SIC, os órgãos devem possibilitar o recebimento de pedidos de informação por meio da Internet. Assim, visando a facilitar o exercício do direito à informação por parte da sociedade, a Controladoria-Geral da União desenvolveu o Sistema Eletrônico do Serviço de Informação ao Cidadão (e-SIC). O Sistema funciona como porta de entrada única, no âmbito do Poder Executivo Federal, para registro de pedidos de informação e de suas respectivas respostas. Todos os pedidos devem ser registrados pelos órgãos no e-SIC, inclusive aqueles feitos pessoalmente nos SICs ou por outros meios, como correspondências físicas ou eletrônicas, telefone, entre outros. Da mesma forma, no âmbito dos Estados-Membros, Municípios e Distrito Federal, já se encontram em operacionalização e-SICs, e respectivos portais de transparência.[17]

3.1. Principais características da Lei nº 12.527, de 18 de novembro de 2011

A Lei de acesso à informação (12.527/2011 – agora e adiante LAI) tem, entre outros, por principais objetivos: (i) publicidade é o mandamento, e o sigilo é a exceção; (ii) controle social da administração pública;

---

[17] Cf., Controladoria-Geral da União RELATÓRIO SOBRE A IMPLEMENTAÇÃO DA LEI Nº 12.527: Leis de Acesso à Informação (2013). Relatório que pode ser acessado em: http://www.acessoainformacao.gov.br/central-de-conteudo/publicacoes/relatorio-2-anos-lai-web.pdf (acesso em 19/12/2014). COLETÂNEA DE ACESSO À INFORMAÇÃO. Publicação da Controladoria-Geral da União Ouvidoria-Geral da União. Brasília, 2014, em: http://www.acessoainformacao.gov.br/central-de-conteudo/publicacoes/coletanea-acesso_informacao.pdf (acesso em 19/12/2014). Direito de Acesso à Informação – Marco Normativo Brasileiro – Publicação da Controladoria-Geral da União. Brasília, junho/2014, acessível em: http://www.acessoainformacao.gov.br/central-de-conteudo/publicacoes/marco_normativo.pdf (acesso em 19/12/2014). OBS. – A Lei 12.527, de 2011 estabelece normas para o acesso às informações conforme as previsões constitucionais do artigo 5º, inciso XXIII, do artigo 37, §3º, inciso II e do artigo 216, §2º Além de tratar de assuntos constitucionais, a Lei 12.527 modifica a lei que estabelece o regime jurídico dos servidores públicos federais, Lei nº 8.112, de 1990 e revoga outras leis e dispositivos legais. O tema central da Lei 12.527 é composto das normas de acesso à informação já previstos na Constituição e nas leis. A Lei nº 11.111, de 05.05.05, foi revogada pela Lei 12.257. A Lei nº 11.111 regulamentava a parte final do inciso XXXIII do artigo 5º da Constituição Federal. A Lei 12.527 também revogou dispositivos da Lei nº 8.159, de 08.01.1991. A lei cujos dispositivos vão deixar de prevalecer com a vigência da Lei 12.527 trata da política nacional de arquivos públicos e privados. A Lei do Acesso à Informação no Brasil é uma lei ordinária federal. Entretanto, tem âmbito de aplicação a todos os entes públicos nacionais e ganha assim contorno de lei nacional. Não possui revogações posto que nem em vigor esteja ainda. Sua origem é o Poder Legislativo. Foi publicada em edição extraordinária do Diário Oficial da União de 18.11.2011. A Lei 12.527 conta com a referenda da AGU – Advocacia Geral da União; da CGU – Controladoria Geral da União; do GSI-PR – Gabinete de Segurança Institucional da Presidência da República; da SDH – Secretaria Especial dos Direitos Humanos da Presidência da República; do MJ – Ministério da Justiça; do MRE – Ministério das Relações Exteriores; do MPOG – Ministério do Planejamento, Orçamento e Gestão; do MC – Ministério das Comunicações; da SECOM – Secretaria de Comunicação Social da Presidência da República; da CC-PR – Casa Civil da Presidência da República e do MD – Ministério da Defesa.

(iii) divulgação independentemente de solicitação; (iv) desenvolvimento da cultura da transparência; e, (v) utilização das tecnologias da informação e da comunicação (TIC). No seu âmbito de abrangência incluem-se: instituições, órgãos e entidades federais, estaduais e municipais, em qualquer função (legislativa, administrativa e judiciária); empresas públicas, sociedades de economia mista e demais entidades controladas direta ou indiretamente pela Estado. Entidades privadas sem fins lucrativos que recebam recursos públicos: diretamente do orçamento estadual; ou mediante subvenções sociais, contratos de gestão, termos de parceria, convênios, acordos, ajustes ou outros meios e modos de financiamento ou fomento. A LAI foi objeto de regulação mediante a edição do Decreto nº 7.724, de 16 de maio de 2012.

3.1.1. Princípios do direito de acesso

– os artigos 3º, 6º e 7º da LAI estabelecem as garantias e os princípios fundamentais do direito de acesso, sendo esses articulados como: (a) observância da publicidade como preceito geral e do sigilo como exceção; (b) divulgação de informações de interesse público, independentemente de solicitações; (c) utilização de meios de comunicação viabilizados pela tecnologia da informação; (d) fomento ao desenvolvimento da cultura de transparência na administração pública; (e) desenvolvimento do controle social da administração pública; (f) gestão transparente da informação, propiciando amplo acesso a ela e sua divulgação; (g) proteção da informação, garantindo-se sua disponibilidade, autenticidade e integridade; (h) proteção da informação sigilosa e da informação pessoal, observada a sua disponibilidade, autenticidade, integridade e eventual restrição de acesso; (i) orientação sobre os procedimentos para a consecução de acesso, bem como sobre o local onde poderá ser encontrada ou obtida a informação almejada; (j) informação contida em registros ou documentos, produzidos ou acumulados por seus órgãos ou entidades, recolhidos ou não a arquivos públicos; (k) informação produzida ou custodiada por pessoa física ou entidade privada decorrente de qualquer vínculo com seus órgãos ou entidades, mesmo que esse vínculo já tenha cessado; (l) informação primária, íntegra, autêntica e atualizada; (m) informação sobre atividades exercidas pelos órgãos e entidades, inclusive as relativas à sua política, organização e serviços; (n) informação pertinente à administração do patrimônio público, utilização de recursos públicos, licitação, contratos administrativos; e (o) informação relativa: 1) à implementação, acompanhamento e resultados dos programas, projetos e ações dos órgãos e entidades públicas, bem como metas e indicadores propostos; 2) ao resultado de inspeções, auditorias, prestações e tomadas de contas realizadas pelos órgãos de controle interno e externo, incluindo prestações de contas relativas a exercícios anteriores.

3.1.2. Categorias de informação – Informações ao Cidadão – Divulgação – o artigo 8º trata da transparência ativa no fornecimento de informações, pois atribui *o dever dos órgãos e entidades públicas promover, independentemente de requerimentos, a divulgação em local de fácil acesso, no âmbito de suas competências, de informações de interesse coletivo ou geral por eles produzidas ou custodiadas* (*caput*). Na ordem, decorrentes desse dever encontram-se as obrigações de: (a) registro das competências e estrutura organizacional, endereços e telefones das respectivas unidades e horários de atendimento ao público; (b) registros de quaisquer repasses ou transferências de recursos financeiros; (c) registros das despesas; (d) informações concernentes a procedimentos licitatórios, inclusive os respectivos editais e resultados, bem como a todos os contratos celebrados; (e) dados gerais para o acompanhamento de programas, ações, projetos e obras de órgãos e entidades; e (f) respostas a perguntas mais frequentes da sociedade. No art. 9º, pode ser encontrado o dever de transparência passiva do Estado (governo) no fornecimento das informações quando solicitado, obrigando-se pela *criação de serviço de informações ao cidadão, nos órgãos e entidades do poder público, em local com condições apropriadas para*: a) atender e orientar o público quanto ao acesso a informações; b) informar sobre a tramitação de documentos nas suas respectivas unidades; c) protocolizar documentos e requerimentos de acesso a informações; e II – realização de audiências ou consultas públicas, incentivo à participação popular ou a outras formas de divulgação.

3.1.3. Procedimento – Identidade e Informação. Pesquisa de documentos e Meios de divulgação. Custos. Prazos de atendimento – o art. 10 da LAI, no domínio da transparência passiva, trata do pedido de acesso, dispondo que *qualquer interessado poderá apresentar pedido de acesso a informações* [...] *por qualquer meio legítimo, devendo o pedido conter a identificação do requerente e a especificação da informação requerida*, devendo o órgão ou entidade pública [...] *autorizar ou conceder o acesso imediato à informação disponível* (art. 11) e não classificada (arts. 21 ao 30), sendo que o serviço de busca e fornecimento da informação será gratuito, *salvo nas hipóteses de reprodução de documentos pelo órgão ou entidade pública consultada, situação em que poderá ser cobrado exclusivamente o valor necessário ao ressarcimento do custo dos serviços e dos materiais utilizados* (art. 12). Observando-se que quando se tratar de acesso à informação contida em documento cuja manipulação possa prejudicar sua integridade, deverá ser oferecida a consulta de cópia, com certificação de que esta confere com o original (art. 13) e, no caso de impossibilidade de obtenção de cópias, o interessado poderá solicitar que, a suas expensas e sob supervisão de servidor público, a reprodução seja feita por outro meio que não ponha em risco a conservação do documento original (parágrafo único); em qualquer caso é direito do requerente obter o inteiro teor de decisão de negativa de acesso, por certidão ou cópia (art. 14).

3.1.4. Negativa de Informação e Recurso – o art. 15 contempla o direito de recurso frente a qualquer negativa na prestação da informação dispondo: *no caso de indeferimento de acesso a informações ou às razões da negativa do acesso, poderá o interessado interpor recurso contra a decisão no prazo de 10 (dez) dias a contar da sua ciência. Observando-se que o recurso será dirigido à autoridade hierarquicamente superior à que exarou a decisão impugnada, que deverá se manifestar no prazo de 5 (cinco) dias* (par. único).

3.1.5. Restrições ao Acesso – o art. 21 da LAI articula importante mandamento no sentido que não pode ser negado acesso à informação necessária à tutela judicial ou administrativa de direitos fundamentais, esclarecendo, ainda, o parágrafo único do citado artigo que *as informações ou documentos que versem sobre condutas que impliquem violação dos direitos humanos praticada por agentes públicos ou a mando de autoridades públicas não poderão ser objeto de restrição de acesso*. As restrições estão bem identificadas na LAI (arts. 21 ao 30), sendo que o sistema de classificação de informações possui três níveis – *ultrassecreto, secreto* e *reservado* – com prazos determinados de sigilo, isto é, 25, 15 e 5 anos respectivamente. Decorrido esse período, renovável apenas uma vez, a informação é automaticamente tornada pública. Observe-se que para a classificação, deve-se considerar o *interesse público*, a *gravidade do dano* à segurança da sociedade e do Estado e o *prazo máximo de restrição*, utilizando o critério menos restritivo possível. A lei só detalha as autoridades que podem classificar informação no âmbito da administração pública federal. Assim, na União, toda classificação deve ser formalizada em uma decisão que contém o assunto sobre o qual versa a informação, os fundamentos da classificação, o prazo de sigilo e a identificação da autoridade que a classificou. Essa decisão é mantida no mesmo grau de sigilo da informação classificada. Um agente público que classificar informação como ultrassecreta deverá encaminhar essa decisão à Comissão Mista de Reavaliação de Informações. Todos os órgãos e entidades públicas (não apenas no âmbito federal) deverão submeter à reavaliação as informações classificadas como ultrassecretas e secretas no prazo máximo de 2 anos após a entrada de vigência da Lei Geral de Acesso à Informação (LAI).[18]

3.1.6. Respeito à Liberdade e as Garantias Individuais – o art. 31 da LAI, na esteira do disposto constitucional dispõe que o tratamento das

---

[18] Cf. Massuda, Arthur Serra. Entendendo a Lei de Acesso à Informação. Open Society Institute. Article 19, in: http://artigo19.org/doc/entenda_a_lei_final_web.pdf (acesso em 23/07/2013).

informações pessoais deve ser feito de forma transparente e com respeito à intimidade, vida privada, honra e imagem das pessoas, bem como às liberdades e garantias individuais. As informações pessoais pela LAI terão acesso restrito pelo prazo máximo de 100 anos (contados da data de sua produção), podendo, no entanto serem divulgadas diante de previsão legal ou do consentimento expresso da pessoa a que elas se referirem (§ 1º, I); observe-se ainda, que o consentimento referido não será exigido quando as informações forem necessárias: à prevenção e diagnóstico médico, quando a pessoa estiver física ou legalmente incapaz, e para utilização única e exclusivamente para o tratamento médico; à realização de estatísticas e pesquisas científicas de evidente interesse público ou geral, previstos em lei, sendo vedada a identificação da pessoa a que as informações se referirem; ao cumprimento de ordem judicial; à defesa de direitos humanos; ou à proteção do interesse público e geral preponderante (§ 3º e incisos). A restrição de acesso à informação relativa à vida privada, honra e imagem de pessoa não poderá ser invocada com o intuito de prejudicar processo de apuração de irregularidades em que o titular das informações estiver envolvido, bem como em ações voltadas para a recuperação de fatos históricos de maior relevância. Regulamento disporá sobre os procedimentos para tratamento de informação pessoal (§§ 4º e 5º).

3.1.7. Responsabilidade pela Informação – os artigos 32, 33 e 34 da LAI tratam da responsabilidade dos agentes públicos civis e militares (autoridades e demais entes), bem como pessoa física ou entidade privada que detiver informações em virtude de vínculo de qualquer natureza com o poder público.

3.1.8. Resistência a medidas de transparência derivadas do direito de acesso à informação. Como de se esperar – algumas resistências ocorreram e ainda permanecem como resultado da implementação em nível infraconstitucional do direito de acesso à informação. A mais notável de todas pelos debates que foram colocados na doutrina, na mídia e nos centros de poder diz com a transparência na divulgação dos valores recebidos pelos servidores públicos em todos os níveis da de em todos as funções do Poder Público (Executivo, Legislativo e Judiciário). Tal demarcação é objeto da regulação da Lei 12.527/2011, isto é, o Decreto nº 7.724, de 16 de maio de 2012, que dispõe no seu inciso VI do seu Art. 7º: *remuneração e subsídio recebidos por ocupante de cargo, posto, graduação, função e emprego público, incluindo auxílios, ajudas de custo, jetons e quaisquer outras vantagens pecuniárias, bem como proventos de aposentadoria e pensões daqueles que estiverem na ativa, de maneira individualizada, conforme ato do Ministério do Planejamento, Orçamento e Gestão.* Tal dispositivo foi considerado (e por muitos ainda o é) inconstitucional, pois excedeu ao dispor sobre o que não rege a Lei 12.527/2011, objeto de sua regulação e, tendo em conta que no direito brasileiro não se admite (em tese e de modo puro) o regulamento autônomo.[19] Contudo, tal questão já está – no momento – pacificada por força da Decisão do STF no sentido que o [...] *Direito à informação de atos estatais, neles embutida a folha de pagamento de órgãos e entidades públicas. (...) Caso em que a situação específica dos servidores públicos é regida pela 1ª parte do inciso XXXIII do art. 5º da Constituição. Sua remuneração bruta, cargos e funções por eles titularizados, órgãos de sua formal lotação, tudo é constitutivo de informação de interesse coletivo ou geral. Expondo-se, portanto, a divulgação oficial. Sem que a intimidade deles, vida privada e segurança pessoal e familiar se encaixem nas exceções de que trata a parte derradeira do mesmo dispositivo constitucional (inciso XXXIII do art. 5º), pois o fato é que não estão em jogo nem a segurança do Estado nem do conjunto da sociedade. Não cabe, no caso, falar de intimidade ou de vida privada, pois os dados objeto da divulgação em causa dizem respeito a agentes públicos enquanto agentes públicos mesmos; ou, na linguagem da própria Constituição, agentes estatais agindo 'nessa qualidade' (§ 6º do art. 37).*[20]

Considerações finais

Para que a liberdade e o direito de acesso à informação sigam sendo o farol que sirva para iluminar e tornar transparente os negócios do Estado, necessária a sempre crescente participação da sociedade civil – de uma proativa cidadania. Sem a pressão e mobilização constantes da sociedade civil as disposições normativas que asseguram ampla informação podem converter-se em "letra morta", e os princípios que as motivam podem ser suplantados por interesses menos democráticos. Não podemos esperar que os governos mudem por si mesmos. Os ventos da globalização e da modernização não converterão de modo automático burocratas egotistas em servidores abertos e transparentes. O debate público e a ação política são elementos chave na consolidação da "transparência". Essa batalha pela transparência também deve ser fortalecida mediante a investigação sistemática das origens e funcionamento das diversas normas sobre liberdade e direito de acesso à informação existentes em âmbito planetário (ao menos, nos assim denominados Estados Democráticos do Ocidente). No direito comparado, inúmeras são as Constituições que consagram o direito de acesso à informação, e inúmeras são – no cenário infraconstitucional

---

[19] Cf., sobre o tema, Copola, Gina. JURISPRUDÊNCIA COMENTADA: LEI DE ACESSO À INFORMAÇÃO. PUBLICAÇÃO DE VENCIMENTOS DE SERVIDORES. RESPONSABILIDADE CIVIL DO ESTADO. Nov. 2012, em: http://www.acopesp.org.br/artigos/Dra.%20Gina%20Copola/gina%20artigo%2084.pdf (acesso em 12/12/2014).

[20] Cf., SS 3.902-AgR-segundo, Rel. Min. Ayres Britto, julgamento em 9-6-2011, Plenário, DJE de 3-10-2011. Disponível a Decisão em: http://redir.stf.jus.br/paginadorpub/paginador.jsp?docTP=AC&docID=628198 (acesso em 12/12/2014).

– as leis de acesso à informação existentes no mundo contemporâneo.[21] Certo é que no direito brasileiro existe um dever constitucional do Estado em assegurar a gestão transparente da informação, para tanto o Estado está obrigado na proteção da informação, garantindo sua disponibilidade à cidadania, ademais de proteger de igual modo a informação sigilosa e a informação pessoal. Por isso mesmo está obrigado a submeter-se aos preceitos da defesa da transparência pela divulgação, independentemente de solicitações, em domínio eletrônico dedicado de acesso, de informações de interesse coletivo produzido ou custodiadas por ele mesmo, obrigando-se, ainda, pela publicação anual, na internet, da lista das de informações e documentos classificados em cada grau de sigilo e aquelas que tenham sido desclassificadas nos últimos 12 meses, ademais da publicação anual, na internet, do relatório estatístico contendo a quantidade de pedidos de informação recebidos, atendidos e indeferidos, bem como informações genéricas.

---

[21] Cf., Darbishire, Helen. Proactive Transparency: The future of the right to information? A review of standards, challenges, and opportunities. Access to Information Program at the World Bank Institute (WBI) and supported financially by the Communication for Governance and Accountability Program (CommGAP), 2010. Acessível: http://siteresources.worldbank.org/WBI/Resources/213798-1259011531325/6598384-1268250334206/Darbishire_Proactive_Transparency.pdf (acesso em 24/03/2012). Também, Inter-American Commission on Human Rights. Office of the Special Rapporteur for Freedom of Expression. Informe anual de la Relatoría Especial para la Libertad de Expresión, 2013: Informe anual de la Comisión Interamericana de Derechos Humanos, 2013, vol.2 / Catalina Botero Marino, Relatora Especial para la Libertad de Expresión. Acessível em: http://www.oas.org/es/cidh/expresion/docs/informes/anuales/2014_04_22_IA_2013_ESP_FINAL_WEB.pdf (acesso em 19/12/2014). EL DERECHO DE ACCESO A LA INFORMACIÓN EN EL MARCO JURÍDICO INTERAMERICANO Segunda Edición Relatoría Especial para la Libertad de Expresión Comisión Interamericana de Derechos Humanos. 2012 acessível em: http://www.oas.org/es/cidh/expresion/docs/publicaciones/ACCESO%20A%20LA%20INFORMACION%202012%202da%20edicion.pdf (acesso em 12/10/2014). EL DERECHO DE ACCESO A LA INFORMACIÓN PÚBLICA EN LAS AMÉRICAS – Estándares Interamericanos y comparación de marcos legales. 2013. Acessível em: http://www.oas.org/es/cidh/expresion/docs/publicaciones/El%20acceso%20a%20la%20informacion%20en%20las%20Americas%202012%2005%2015.pdf (acesso em 13/11/2014).

— 2 —

A efetividade do acesso às informações administrativas e o direito à boa administração pública: questões hermenêuticas sobre a transparência na administração pública e a Lei nº 12.527/2011

LEONEL PIRES OHLWEILER[1]

Sumário: Introdução; 1. A constitucionalização do direito administrativo e a transparência da administração pública; 2. O direito à boa administração pública e o caráter jusfundamental do acesso às informações administrativas; 3. A compreensão da Lei nº 12.529/11 no horizonte de sentido do constitucionalismo contemporâneo; Conclusão; Referências.

Introdução

O Supremo Tribunal Federal, ao longo de sua história institucional, sempre foi palco de discussões de grande repercussão para a sociedade, instituições e diversas administrações dos Estados e Municípios, sendo que sem se constituir novidade, por ocasião do julgamento do ARE nº 652.77-SP, o Ministro Ayres Britto, em julgamento que ocorreu em 29/09/2011, já na vigência da Lei nº 12.527/11, reconheceu que a divulgação em sítio eletrônico oficial, de informações sobre a remuneração de servidores públicos, com a possibilidade de indicação nominal, possui repercussão geral. Trata-se de tema sobre o qual houve grandes debates, mas a questão do alcance do artigo 5º, XXXIII, CF, antes mesmo desse precedente já foi objeto de julgamentos importantes. Este breve estudo pretende contribuir para as investigações sobre transparência administrativa e o direito fundamental de acesso à informação, como indicação normativa crucial para a construção de administrações públicas democráticas e dotadas de legitimidade.

---

[1] Doutor em Direito. Professor de Direito Administrativo na Unilasalle e Teoria Geral do Direito na Faculdade CESUCA/INEDI. Desembargador do TJRS. Membro do Instituto de Hermenêutica Jurídica. Professor Vinculado ao Projeto do Mestrado em Direito e Sociedade do Unilasalle.

Inicialmente, reafirma-se a necessidade de compreender, sempre com o olhar hermenêutico, a constitucionalização do Direito Administrativo como processo em constante transformação, com referência a alguns indicadores normativos e que devem ser considerados para o fim de conferir maior efetividade à transparência da Administração Pública.

Na segunda parte, a configuração do direito de acesso às informações administrativas exige problematizar a própria concepção de boa administração pública, vislumbrada como direito fundamental relacionado com o exercício da atividade administrativa eficiente, eficaz e responsável pela materialização da transparência, legitimando a atuação pública direcionada para alcançar o interesse geral e melhorar as condições de vida dos cidadãos, inclusive no que tange à guarda e ao acesso de documentos, arquivos e informações. Constitui-se no próprio exame daquilo que integra o núcleo da cidadania, contribuindo para reafirmar a posição de protagonismo do cidadão no Estado Democrático de Direito.

No final, a pesquisa desenvolve-se com o objetivo de mergulhar na tradição da jurisprudência do Supremo Tribunal Federal, inicialmente considerando o viés tradicional do princípio da publicidade, previsto no artigo 37, "caput", da Constituição Federal, e posteriormente o labor de construção de indicações constitucionais sobre a transparência administrativa e o julgamento de casos polêmicos. A edição da Lei nº 12.527/11 trouxe novo oxigênio para o tema, mas com essa maior amplitude de ultrapassar a Administração Pública do segredo, o que em alguns casos determinou a compreensão quase absoluta do direito de acesso à informação e, por vezes, incongruente com a necessária concepção de integridade.

1. A constitucionalização do direito administrativo e a transparência da administração pública

O tema deste breve estudo, o direito de acesso às informações administrativas, não surgiu no cenário jurídico apenas com a edição da Lei nº 12.527/2011, mas percorre a própria construção do Direito Administrativo democrático e a afirmação da Administração Pública transparente ao longo do árduo caminho de constitucionalização.

A constitucionalização do Direito Administrativo é um processo de transformação, resultando na impregnação total pelos princípios e regras constitucionais, conforme destaca Ricardo Guastini.[2] Corolário, a democratização constitucional desse campo do Direito impõe a constitucionalização de todos os espaços de decisão administrativa, não sendo crível falar-se em margens de liberdade imunes a algum grau de incidência cons-

---

[2] La Constitucionalizacion del ordenamiento jurídico: el caso italiano, In: *Neoconstitucionalismo(s)*. Edición de Miguel Carbonell. Madrid: Trotta, 2003, p. 49.

titucional, bem como aos poucos se ultrapassa a Administração Pública do segredo. Conforme destaca Wallace Paiva Martins Júnior, a transparência relaciona-se diretamente com a ideia-base do Estado Democrático de Direito, configurando-se como princípio fundamental estruturante:

> Seja qual for o grau de transparência administrativa em um ordenamento jurídico, esta é considerada um dos alicerces básicos do estado Democrático de Direito e da moderna Administração Pública pelo acesso à informação e pela participação na gestão da coisa pública, diminuindo os espaços reservados ao caráter sigiloso da atividade administrativa – ponto de partida para os nichos da ineficiência, do arbítrio e da imunidade do poder.[3]

Com efeito, aceitar a tese da imunidade do poder administrativo, especialmente num país periférico como o Brasil, infelizmente determina o aumento do grau de patrimonialismo e do "segredo administrativo", já presentes em grau preocupante no cotidiano do exercício das funções da Administração Pública. Hodiernamente, faz-se mister abandonar certos discursos divorciado do nosso modo-de-ser administrativo, isso é, um amplo espaço de decisão marcado pelo clientelismo e falta de padrão de transparência constitucional.[4] Um dos equívocos de juristas e operadores do direito foi acreditar na constitucionalização como ato isolado de institucionalização. Como bem destacado pelo autor supra, a constitucionalização não é mero ato, mas autêntico processo de transformação, permanente construção de sentidos constitucionais capazes de dotar o texto constitucional de maior efetividade.[5] É nesse mesmo caminhar que a concepção de transparência administrativa e o próprio direito de acesso à informação pública devem ser compreendidos, pois não é com o texto normativo da Lei nº 12.527/2011 que se erige uma Administração transpa-

---

[3] Cf. MARTINS JÚNIOR, Wallace Paiva. *Transparência Administrativa: publicidade, motivação e participação popular.* São Paulo: Saraiva, 2004, p. 17.

[4] Aqui, vale destacar as percucientes observações de Evandro T. Homercher: "Enquanto decorrência da eficácia da ideia democrática no espaço da administração pública, o princípio da transparência torna-se instrumento de legitimidade daquela, sob o ângulo da 'legitimidad-equidad', ou seja, da transparência como um elo entre a administração pública e o cidadão." (*O Princípio da Transparência e o Direito Fundamental à Informação Administrativa.* Porto Alegre: Padre Reus, 2009, p. 56.)

[5] Quando se fala em constitucionalização, portanto, não se trata de apenas inserir no âmbito do Direito Administrativo regras e princípios constitucionais. No entendimento de Alfonso Garcia Figueroa, a constitucionalização relaciona-se com o estilo de pensamento de juristas e teóricos, cf. *La Teoria del Derecho en Tempos de Constitucionalismo,* In: *Neoconstitucionalismo(s),* p. 159. Mais uma vez destaca-se, o texto não é suficiente para garantir um nível alto de constitucionalidade das práticas administrativas se não houver disseminado o sentido de constituição no dia-a-dia da Administração. As estratégias para tal desiderato ser alcançado são realmente complexas, mas, a título de exemplo, situa-se a exigência de que os atos administrativos legitimem-se no âmbito da compreensão constitucional, assumindo-se a transparência administrativa como exigência democrática de explicitação das pré-compreensões constitucionais dos agentes públicos, mas acima de tudo condição de possibilidade para o cidadão ter acesso qualificado aos assuntos da Administração. Portanto, a ideia de transparência administrativa, mais do que permitir que o cidadão tome conhecimento de atos da Administração Pública, "não se cinge a este 'limitado' âmbito, mas busca, primordialmente, a integração do sujeito, mediante o conhecer, na própria formação das decisões públicas." (Cf. HOMERCHER, Evandro T. *O Princípio da Transparência e o Direito Fundamental à Informação Administrativa,* p. 57).

rente, mas com a verdadeira obsessão de impregnar o cotidiano das práticas administrativas dessa indicação normativa, no intuito de aprofundar o próprio controle, detectar os problemas de funcionamento e melhorar a qualidade da gestão, fatores imprescindíveis de desenvolvimento, como bem destaca Emilio Guichot:

> La transparencia de las actuaciones públicas se ha ido convirtiendo en una exigencia cada vez más insistente por parte de actores cualificados: estudiosos, periodistas, organizaciones no gubernamentales, etc. Se ha ido generalizando la ideia de que una sociedad democrática requiere que los ciudadanos, por sí mismos y a través de los médios de comunicación social, puedan conocer con la mayor amplitud cómo actúan los poderes públicos y, de esse modo, controlarles, detectar los malos funcionamentos y mejorar así la calidad de la gestión pública.(...). Si lanzamos una mirada fuera de nuestras fronteras nacionales, constatamos que no es casual que los países pioneiros en el reconocimiento y regulación del derecho de acceso a la información pública se encuentran entre los más desarrollados del mundo desde una perspectiva democrática.[6]

Portanto, e talvez na contramão de alguns discursos surgidos no Brasil, urge ultrapassar as vetustas concepções fundadas em dicotomias, como a que labora com as competências administrativas vinculadas e discricionárias, inclusive no que tange ao fornecimento ou não do acesso a informações públicas. Tal postura teórica determina a objetificação do pensamento, como se fosse possível isolar as práticas da Administração dos sentidos constitucionais. Assume-se aqui o posicionamento de constitucionalização gradual das competências administrativas, seguindo-se o pensamento de Ricardo Guastini com relação ao ordenamento jurídico: "...la constitucionalización es una cuestión de grado en el sentido de que un ordenamiento jurídico puede estar más o menos constitucionalizado. Y esto depende de cuántas y cuáles condiciones de constitucionalización estén satisfechas en el seno de aquel ordenamiento".[7]

Na órbita do Direito Administrativo, deve-se destacar a posição de Gustavo Binenbojm relativamente à necessidade de superar a dicotomia ato vinculado e ato discricionário, decorrente do aprofundamento constitucional e da consequente principialização do Direito. Aduz de forma expressa o seguinte:

> (...) como se vê, essa principialização do direito brasileiro acabou por aumentar a margem de vinculação dos atos discricionários à juridicidade. Em outras palavras, essa nova concepção de discricionariedade vinculada à ordem jurídica como um todo, trouxe a percepção de que não há diferença de natureza entre "ato administrativo vinculado" e o "ato administrativo discricionário", sendo a diferença o grau de vinculação.[8]

---

[6] El Sentido, El Contexto y La Tramitación de la Ley de Transparencia, Acesso a la Información Pública y Buen Gobierno, In: *Transparencia, Acesso a la Información Pública y Buen Gobierno*. Estudio de la Ley 19/2013, de 9 de Diciembre. Madrid: Tecnos, 2014, p. 17-18.

[7] *La Constitucionalización del ordenamiento jurídico: el caso italiano*, In: Neoconstitucionalismo(s), p. 50.

[8] *Uma Teoria do Direito Administrativo: direitos fundamentais, democracia e constitucionalização*. Rio de Janeiro: RENOVAR, 2014, p. 224.

Adotando-se essa visão de superação da mencionada dicotomia especialmente com relação ao tema da transparência administrativa, é importante destacar a necessidade de construir melhores condições hermenêuticas para a constitucionalização do exercício das competências administrativas em relação, por exemplo, ao dever de guardar documentos públicos e divulgação de informações. Tal postura relaciona-se com a problematização do Direito Administrativo a partir de suas condições concretas e históricas, de modo a abrir horizontes de sentido para evitar a institucionalização de práticas arbitrárias dos agentes públicos. Não se pode olvidar, como mencionado, a concepção de transparência da Administração Pública originou-se no curso da própria democratização do Estado.

Portanto, é crível concluir que o Direito Administrativo brasileiro, no intuito de dotar-se de maior efetividade constitucional, inclusive no tema desta investigação, exige um novo modo de produção, cujos indicativos podem ser apontados, como bem explicitado por Ricardo Guastini, inicialmente com a **(a)** existência de uma Constituição rígida. Tal questão não oferece maiores dificuldades, frente ao sistema constitucional adotado pelo Brasil com relação ao procedimento especial de alteração do texto constitucional. De qualquer sorte, é salutar para um Direito Administrativo impregnado pelo sentido de Constituição a existência de alguns princípios e regras imunes a tal procedimento de reforma constitucional. Daí, passível de críticas as sucessivas reformas constitucionais que, de algum modo ou outro, instauraram no âmbito da Administração Pública verdadeiro caos constitucional, infelizmente soprando na direção de ventos reformistas. Não se pode olvidar a regra do artigo 60, §6º, inciso IV, da Constituição Federal, segundo a qual não será objeto de deliberação a proposta de emenda tende a abolir os direitos e garantias fundamentais. No que tange à transparência da Administração Pública, destaca-se o próprio artigo 37, *caput*, CF, quando indica dentre os princípios da Administração Pública o da publicidade, mas também o artigo 5º, incisos XIV e XXXI, referentes ao direito de acesso à informação e o direito de receber dos órgãos públicos informações de interesse particular ou de interesse coletivo ou geral.

Urge, portanto, a necessidade de bloquear o ímpeto de mudanças no texto constitucional. O mais grave disso é o seguinte: não há como aumentar o grau de constitucionalização das práticas administrativas sem o tempo necessário para construir uma cultura de sentido constitucional. Sobre o tema são precisas as palavras de Cármen Lúcia Antunes Rocha quando coloca a imperiosidade de compreender a atividade do poder constituinte reformador como limitada material e formalmente, cujos limites foram desenhados pelo constituinte originário. Segundo a atual ministra do Supremo Tribunal Federal:

> Este poder assim limitado e que se caracteriza tão tranqüilamente, segundo entende a teoria da Constituição e tem sido acolhido pela prática constitucional em todo o mundo e em todas as experiências contemporâneas, é o que pode manter a Constituição mudando-a. Mas permanecer com a alteração que garante, que atualiza, que torna a Constituição obra dos presentes pela ponte com o passado, não a que destrói o passado para tornar o presente um momento inconseqüente que não garante os seus laços de nacionalismo e nacionalidade da pátria de um povo. E pátria não é momento, é história.(...) A história pede compromissos éticos de uma com outra geração.⁹

Eis um dos aspectos de grande frustração no campo do Direito Administrativo, pois algumas das reformas constitucionais não são dotadas de postura dialógica com o passado, mas decorrentes de posições políticas e estratégias de governos que passam. No entanto, esperasse que no campo da transparência administrativa o propósito de constante institucionalização não seja desconsiderado, inclusive no campo do texto constitucional.

Outro indicador do grau de constitucionalização, na esteira do pensamento de Ricardo Guastini, é a **(b)** a garantia jurisdicional da Constituição e o controle constitucional das decisões administrativas, pois somente com o Poder Judiciário comprometido com o olhar constitucional sobre as práticas administrativas será possível avançar na questão da constitucionalização do Direito Administrativo. Como bem menciona José Manuel Bandrés Sánchez-Cruzat, utilizando as palavras de Lorenzo Martín-Retorrillo, interiorizar a Constituição na jurisprudência requer dos juízes, verdadeiros garantidores da sujeição à ordem constitucional dos poderes públicos administrativos, uma especial capacitação constitucional, uma responsável dedicação, exigindo a devida "aprendizagem constitucional".[10] Trata-se, portanto, de nova postura a ser assumida por parte do Poder Judiciário ao exercer o controle sobre os atos oriundos da Administração Pública, sejam eles de caráter regulamentar ou meramente executores de indicações legais, inclusive no campo das próprias políticas públicas de transparência administrativa. É importante superar vetustas concepções sobre a separação de poderes. Não se defende, por óbvio, a missão de o Poder Judiciário substituir-se ao administrador na gestão da coisa pública, mas controlar os sentidos administrativos, obrigatoriamente materializações da Constituição, não restando espaço de decisão administrativa desvinculada de um mínimo de incidência constitucional. Corolário do mencionado anteriormente, não se fala em decisões da Administração Pública sujeitas ao controle de constitucionalidade e decisões

---

[9] Reforma Total da Constituição: Remédio ou suicídio constitucional? In: *Crise e Desafios da Constituição*. João Adércio Leite Sampaio (org.). Belo Horizonte: Del Rey, 2004, p. 168-169.

[10] Constitución y Control de la Actividad Administrativa, In: *Constitución y Control de la Actividad Administrativa*. Madrid: Consejo General del Poder Judicial, 2004, p. 16.

não sujeitas, mas em graus de controle de constitucionalidade do exercício das competências discricionárias, determinadas em cada caso concreto.

A título de exemplo de tal modo de compreender a constitucionalização, de forma específica na órbita do tema sobre transparência administrativa, mesmo antes da edição da Lei nº 12.527/2011, o Supremo Tribunal Federal adotou o entendimento de controle sobre a Administração Pública, como na Suspensão de Segurança nº 3.902, na qual houve exame de decisões proferidas pelo Tribunal de Justiça do estado de São Paulo que suspenderam a divulgação da remuneração bruta mensal vinculada ao nome de cada servidor municipal em sítio eletrônico na Internet denominado "De Olho nas Contas". Na ocasião, o Prefeito Municipal determinou a divulgação de tais informações, sendo essa decisão atacada por sindicato de servidores públicos. O mais significativo é que antes mesmo do texto da LAIP já se consagrava, ainda que por meio do princípio da publicidade, o direito fundamental de acesso à informação, materializando a transparência administrativa como meio de gestão pública transparente, permitindo o avanço constitucional em relação ao controle social das contas públicas, configurando ofensa à ordem pública proibir a divulgação de tais informações:

> O princípio da publicidade pode ser considerado, inicialmente, como apreensível em duas vertentes: (1) na perspectiva do direito à informação (e de acesso à informação), como garantia de participação e controle social dos cidadãos (a partir das disposições relacionadas no art. 5º, CF/88), bem como (2) na perspectiva da atuação da Administração Pública em sentido amplo (a partir dos princípios determinados no art. 37, *caput*, e artigos seguintes da CF/88).
>
> (...)
>
> No caso, entendo que, quanto às decisões liminares que determinaram a suspensão da divulgação da remuneração bruta mensal vinculada ao nome de cada servidor municipal, em sítio eletrônico na Internet denominado "De Olho nas Contas", de domínio da municipalidade, está devidamente demonstrada a ocorrência de grave lesão à ordem pública. À semelhança da legislação federal existente sobre o tema, a legislação municipal (fls. 122-126), em princípio, abriu margem para a concretização da política de gestão transparente da Administração Pública, possibilitando maior eficiência e ampliação do controle social e oficial dos gastos municipais. Nesse sentido, as ações judiciais que suspendem a divulgação de parte das informações disponíveis no sítio eletrônico da municipalidade, com a manutenção de dados de apenas alguns servidores em detrimento de outros, acabam por tornar inócua a finalidade, o controle e a exatidão das informações prestadas pela Administração ao cidadão em geral, com evidente prejuízo para a ordem pública.[11]

O caso acima relatado demonstra a importância do grau de compreensão constitucional sobre a transparência administrativa, permitindo o devido controle do Poder Judiciário. Ainda no entendimento de Ricardo

---

[11] Suspensão de Segurança nº 3902, Rel. Min. Cezar Peluso, Decisão Proferida pelo Ministro Gilmar Mendes, j. 08/07/2009, p. 05/08/09.

Guastini, outra condição de constitucionalização é **(c)** a força vinculante da Constituição. Ou seja, é imperioso ultrapassar os entendimentos doutrinários e jurisprudenciais segundo os quais a Constituição não é mais que um manifesto político, cuja concretização é tarefa exclusiva do legislador. Muito embora pareça até desnecessária tal observação, diante do atual estágio de evolução do pensamento constitucional, em termos de efetividade constitucional sobre a transparência administrativa, impregnando as práticas administrativas, há muito por fazer. Para o constitucionalista citado, "pues bien, uno de los elementos esenciales del proceso de constitucionalización es precisamente la difusión – independientemente de su estructura o de su contenido normativo – es una norma jurídica genuína, vinculante y suscetible de producir efectos jurídicos".[12] A Administração Pública, dessa forma, tanto no plano de suas relações internas com os agentes públicos, como sob a perspectiva do relacionamento com os cidadãos, deve primar pela força vinculante da Constituição, o que determina a dupla face do direito de acesso à informação, no que tange às obrigações normativas da Administração Pública e o conjunto de direitos específicos para concretizar o sentido constitucional de transparência.

Agora, o constitucionalismo aqui defendido não é ingênuo, ao ponto de apostar todas suas expectativas no texto. Por essa razão, a **(d)** "*sobreinterpretación*" da Constituição é condição inexorável de tal processo, ou seja, a constitucionalização do Direito Administrativo – e no caso da transparência administrativa – depende da postura dos intérpretes, agentes públicos e operadores do direito frente à Constituição e o modo de interpretação, no caso, da Lei nº 12.527/2011. Esse é um dos graves problemas que assola a Administração Pública brasileira, qual seja, o baixo nível de constitucionalidade das ações administrativas. É curial, especialmente por parte dos gestores da coisa pública, compreender que a Constituição é matriz privilegiada de sentido do ordenamento jurídico, unindo o político e o jurídico, quer dizer, um espaço no qual se fundamenta o sentido das práticas do Direito, como bem destaca Lenio Luiz Streck.[13]

---

[12] *La Constitucionalización del ordenamiento jurídico: el caso italiano*, In: Neoconstitucionalismos(s), p. 53.

[13] *Jurisdição Constitucional e Decisão Jurídica*. São Paulo: Revista dos Tribunais, 2013, p. 142. Vale destacar também as observações do autor, plenamente aplicáveis ao âmbito do Direito Administrativo. Dentre as diversas causas de inefetividade da Constituição no horizonte das ações administrativas, destaca-se o modo como os agentes públicos relacionam-se com a Constituição, compreendendo-a de modo dedutivo, como se houvesse um sentido objetificado, pronto para ser acoplado aos problemas do dia-a-dia da Administração. Urge que a Constituição seja compreendida como um autêntico acontecer, ou seja, "manifestação da própria condição existencial do ser humano" (p. 142). O texto constitucional não é mera ferramenta, mas algo que desde sempre deve fundar (hermeneuticamente) as práticas dos agentes públicos. Como já mencionado em relação ao tema em debate, o texto, por si só, não é capaz de assegurar a eficácia da transparência administrativa, sendo fundamental que a Constituição esteja presente no modo-de-ser da Administração Pública, especialmente no horizonte de sentido proporcionado pelo artigo 5º, incisos XIV e XXXII, CF.

A Administração Pública, não se pode olvidar, a partir de determinada dimensão, constitui-se no conjunto organizado de serviços públicos. Aqui a constitucionalização impõe construir uma rede de prestação de serviços públicos para garantir materialmente a abertura do acesso às informações, ao controle dos atos e participação dos cidadãos.[14] Como aludido, não há dúvida do caráter de supremacia da Constituição, mas o Direito Administrativo não pode desconsiderar que os sentidos construídos na via administrativa também exercem certa influência no plano da Constituição, contribuindo para a expansão do constitucionalismo ou o agravamento da sua força. Sobre o tema, Rafael Bielsa já advertia que a Constituição influencia a Administração e vice-versa, pois "según la Administración sea sabia y ordenada, o no lo sea, ella assegurará o arruinará la Constitución misma, y, por ende, al Estado".[15]

É interessante a observação de Hartmut Maurer sobre as relações entre Direito Administrativo e a Constituição: "Ela conduziu a transformações profundas, à recusa de concepções jurídicas tradicionais e ao reconhecimento de novos institutos jurídicos",[16] destacando, inclusive, o papel importante que a doutrina e jurisprudência assumiram, ora com postura dirigente e, até mesmo, por vezes, de ruptura decisiva. Analisando o papel que no Brasil a doutrina e a jurisprudência desempenharam ao longo dos últimos anos de constitucionalismo democrático, por vezes, é animador, mas, em diversos aspectos, frustra algumas expectativas. Como bem destacam Hans J. Wolf, Otto Bachof e Rolf Stober, a Consti-

---

[14] Cf. HEINEN, Juliano. *Comentários à Lei de Acesso à Informação*. Belo Horizonte: Editora Fórum, 2014.

[15] Derecho Administrativo. Tomo I. 3ª ed. Buenos Aires: J. Lajouane y Cia. Libreros y Editores, 1938, p. 39. O autor, valendo-se do entendimento de Stein, refere três princípios que derivam da relação histórica entre Constituição e Administração: 1) o valor de uma Constituição determina-se em relação aos seus méritos frente à Administração; 2) Quando um povo começa a duvidar seriamente da influência benéfica de uma Administração dada, essa dúvida, com o passar do tempo, transforma-se em uma dúvida sobre a Constituição; e 3) o direito de o cidadão participar no Poder Legislativo e dar o seu voto no momento decisivo, lhe impõe o alto dever de conhecer a Administração, tanto em seus princípios como em suas consequências materiais, a fim de poder apreciar convenientemente se a Constituição é boa ou não. Claro que, guardados certos exageros, o fato é que é íntima a relação entre Constituição e Administração, devendo-se destacar a importância das práticas administrativas para reforçar ou não a força vinculante da Constituição.

[16] *Direito Administrativo Geral*. Barueri, SP: Manole, 2006, p. 21. Sobre o tema, destaca o autor alguns princípios e impulsos jurídico-constitucionais que devem repercutir e repercutiram no Direito Administrativo: 1) com relação aos direitos fundamentais, as restantes prescrições constitucionais e os princípios constitucionais valem para o Estado como um todo, não existindo espaços juridicamente livres; 2) o reconhecimento constitucional das tarefas da administração de prestação e administração de direção exige o cuidado e desenvolvimento dos instrumentos jurídico-administrativos adequados para o cumprimento das tarefas típicas da administração de prestação e administração de direção no sentido estatal-social e estatal-cultural; 3) o reconhecimento da dignidade da pessoa humana como princípio determina que o indivíduo não pode ser tratado meramente como súdito da administração, mas como cidadão emancipado. Tal *status* tem como consequências, por exemplo, a reconhecimento de direitos subjetivos, de contratos entre cidadãos e administração, além da obrigação de a administração considerar em decisões discricionárias os interesses protegidos jurídico-fundamentalmente do cidadão individual.

tuição tem que ser capaz de regular a estrutura jurídica fundamental e fixar os seus limites no sentido de um *genetic code*.[17] Sobre a importância a transparência, vale a referência de Juarez Freitas:

> (...) determina que a Administração Pública aja de modo a nada ocultar, na linha de que, com raras exceções constitucionais – tudo deve vir a público, ao menos a longo prazo. O contrário seria a negação da 'essência' do Poder Público, em sua feição franca e democrática. De fato, e no plano concreto, o exercício do poder administrativo somente se legitima se se justificar em face de seus titulares sociais, mais do que destinatários, com translucidez e aversão à opacidade.[18]

Por fim, a imprescindível dependência constitucional da Administração surge no fato de toda a decisão administrativa ser potencialmente uma decisão constitucional. Esses são elementos que devem ocupar, de forma permanente, o imaginário dos responsáveis pela construção do Direito Administrativo e orientar o processo de construção de qualquer decisão da Administração Pública relacionada com a transparência, objeto específico desta pesquisa e materializada no direito de acesso ás informações públicas, nos termos do que será examinado a seguir.

2. O direito à boa administração pública e o caráter jusfundamental do acesso às informações administrativas

Na medida em que, segundo já referido, a compreensão das atividades da Administração Pública deve ser construída no horizonte de sentido do Estado Constitucional, impõe-se o aperfeiçoamento da gestão administrativa por meio do direito à boa administração pública, contribuindo sobremaneira para a eficácia e interpretação do texto da Lei nº 12.527/2011. Constitui-se em tema inspirado pelo artigo 41 da Carta dos Direitos Fundamentais de Nice e que tem merecido especial atenção da doutrina:

> (...) trata-se do direito fundamental à administração pública eficiente e eficaz, proporcional cumpridora de seus deveres, com transparência, motivação, imparcialidade e respeito à moralidade, à participação social e à plena responsabilidade por suas condutas omissivas e comissivas. A tal direito corresponde o dever de a administração pública observar, nas relações administrativas, a cogência da totalidade dos princípios constitucionais que a regem.[19]

Conforme se pode constatar, estrutura-se como direito que congrega na sua normatividade o plexo de direitos e princípios fundamentais da Administração Pública, não apenas aqueles atinentes à relação entre

---

[17] *Direito Administrativo*, Vol. I. Lisboa: Fundação Calouste Gulbenkian, 2006, p. 193.
[18] *O Controle dos Atos Administrativos e os Princípios Fundamentais*. 5ª ed. São Paulo: Malheiros, 2013, p. 77.
[19] *Discricionariedade Administrativa e o Direito Fundamental à Boa Administração Pública*. São Paulo: Malheiros, 2007, p. 20.

cidadãos e o Poder Público, mas o conjunto de regras e princípios de organização da atividade administrativa.[20] Obviamente, a presente análise não pretende esgotar os diversos desdobramentos do reconhecimento desse direito fundamental, mas tão somente destacar alguns aspectos suficientes para dimensionar os reflexos sobre o direito de acesso às informações administrativas e a Lei nº 12.527/2011.

Sobre o direito à boa Administração Pública, refere Jaime Rodríguez-Arana:

> Una buena Administración Pública es aquella que cumple con las funciones que le son propias en democracia. Es decir, una Administración Pública que sirva a la ciudadanía, que realice su trabajo con racionalidade, justificando sus actuaciones y que se oriente continuamente al interés general. Un interés general que en el Estado Social y democrático de Derecho reside en la mejora permanente e integral de las condiciones de vida de las personas.[21]

O direito em exame pode ser compreendido, inicialmente, a partir de uma perspectiva negativa, como o faz Beatriz Tomás Mallén, quando trabalha com a ideia de má administração pública, destacando sua configuração quando a Administração descumpre o marco normativo que regula suas atividades, inclusive o conjunto de princípios aplicáveis, bem como outros direitos fundamentais.[22] Em síntese, trata-se das hipóteses em que o ente público não atua de conformidade com o Direito, violando o dever de juridicidade. Esse aspecto é importante, no caso do Brasil, para compreender que o direito fundamental à boa administração pública relaciona-se com a totalidade da ordem jurídica constitucional e infraconstitucional, como o dever de agir de forma transparente, o de relacionar-se com o cidadão primando pelo diálogo, e permitir o mais amplo acesso às informações da Administração Pública. Outrossim, a atuação de acordo com a probidade administrativa, respeitando a juridicidade, bem como de forma eficiente, eficaz e responsável, como destaca Juarez Freitas ao exemplificar alguns dos elementos que estruturam o conteúdo do direito em análise.[23]

---

[20] Cf. MALLÉN, Beatriz Tomás. *El Derecho Fundamental a una Buena Administración*. Instituto Nacional de Administración Pública, 2004, p. 31.

[21] *El Derecho a una buena Administración para los ciudadanos. Un modelo global de Administración*. INAP: Oleiros (La Coruña) – Spain, 2013, p. 18.

[22] *El Derecho Fundamental a una Buena Administración*, p. 70.

[23] *Discricionariedade Administrativa e o Direito Fundamental à Boa Administração Pública*, p. 20-21. Neste sentido, Beatriz Tomás Mallén também elenca alguns princípios e deveres que compõem o direito fundamental à boa administração pública, como o de evitar qualquer discriminação (princípio da igualdade de tratamento), de adotar medidas proporcionais ao objetivo perseguido (princípio da proporcionalidade), de evitar o abuso de poder, de assegurar a imparcialidade e a objetividade, de respeitar a confiança legítima (princípio da segurança jurídica), de agir com equidade, e adotar prazo razoável nas decisões, de proteger os dados, etc. (*El Derecho Fundamental a una Buena Administración*, p. 76 e ss.).

Com efeito, configura-se pela capacidade normativa de agregar um conjunto de indicações deontológicas, de como a Administração Pública deve agir, sendo que Jaime Rodriguez-Arana Muñoz refere os seguintes princípios que são corolários do direito fundamental à boa Administração Pública, destacando-se os diretamente relacionados com o tema da transparência administrativa:

> (...) *Princípio da publicidade das normas*, dos procedimentos e da inteira atividade administrativa no marco do respeito à intimidade e ás reservas que por razões acreditadas de confidencialidade ou interesse geral sejam pertinentes em cada caso, nos procedimentos para a expedição de atos administrativos. Em especial, as autoridades darão conhecimento aos cidadãos e aos interessados, de forma sistemática e permanente, ainda que não tenham formulado petição alguma, de seus atos, contratos e resoluções, mediante comunicações, notificações e publicações, incluindo o emprego de tecnologias que permitam difundir de forma massiva tal afirmação.
>
> (...) *Princípio da transparência e acesso à informação de interesse geral:* o funcionamento, atuação e estrutura da Administração deverá ser acessível a todos os cidadãos, que podem conhecer a informação gerada pelas Administrações Públicas e pelas instituições que realizem funções de interesse geral.[24]

É crível dizer, portanto, que a indicação de boa administração pública compreende-se como estruturante do núcleo da cidadania, contribuindo para reafirmar o protagonismo do cidadão nas relações com a Administração Pública, marcada pela legitimidade. Trata-se de aspecto significativo do direito à boa administração, reafirmar a permanente necessidade de repensar as relações entre cidadãos e Estado e, de forma mais específica o direito de acesso às informações administrativas.

Sobre a questão, é interessante o contributo de Pedro Machete para quem essa concepção de Administração Pública determina, por exemplo, a compreensão do ato administrativo como meio de concretização do Direito, a partir dos marcos legal e constitucional, especialmente os direitos fundamentais.[25]

O direito à boa administração pública é dotado de fundamentalidade, pois relacionado com a especial proteção do cidadão relativamente

---

[24] *Direito Fundamental à Boa Administração Pública*. Belo Horizonte: Editora Fórum, 2012, p. 170 e 172.
[25] *Estado de Direito Democrático e Administração Paritária*. Coimbra: Almedina, 2007, p. 44-45. O autor menciona que assim vislumbrar a Administração Pública não leva, por certo, a relação de absoluta igualdade, mas também nega uma supremacia do poder do Estado: "O que está em causa e importa sublinhar é, assim, que o poder público só pode existir legitimamente fundado numa norma legal e, consequentemente, o seu exercício ocorre necessariamente no quadro de uma relação jurídica. A perspectiva da relação jurídica obriga à consideração simultânea das posições jurídicas da Administração e do particular, conferindo ao exercício dos poderes públicos, desse modo, um recorte dogmático-jurídico diferente daquele que resulta da consideração exclusiva das respectivas formas de acção"(p. 458). O autor destaca a importância de a Administração Pública reconhecer as posições constitucionais dos cidadãos, especialmente aquelas decorrentes dos direitos fundamentais. A concepção de posição jurídica também é determinante para melhor desvelar as potencialidades constitucionais do direito de acesso à informação administrativa.

à Administração Pública, congregando um conjunto de decisões fundamentais sobre a estrutura dos poderes públicos,[26] que deve construir-se a partir de bens jurídicos relacionados com os valores fundamentais da Constituição Federal, como dignidade humana, solidariedade, igualdade, liberdade[27] e também transparência. Outro aspecto importante reside na qualificação jurídica do direito à boa administração pública, ora para conferir posições jurídicas aos cidadãos, possibilitando o exercício de determinados direitos, bem como capaz de congregar os objetivos fundamentais da comunidade.[28]

Dessa forma, ultrapassa a dimensão individual relacionada com alguns direitos jurídicos, eis que possui importante eficácia dirigente, ou seja, constitui-se em elemento para direcionar a ação dos Poderes do Estado:

> (...) outro desdobramento estreitamente ligado à perspectiva objetivo-valorativa dos direitos fundamentais diz com o que se poderia denominar de eficácia dirigente que estes (inclusive os que precipuamente exercem a função de direitos subjetivos) desencadeiam em relação aos órgãos estatais. Neste contexto é que se afirma conterem os direitos fundamentais uma ordem dirigida ao Estado no sentido de que a este incumbe a obrigação permanente de concretização e realização dos direitos fundamentais.[29]

Ainda dentro desse viés, vale referir a possibilidade de controlar a atividade da Administração Pública, sob o ponto de vista da constitucionalidade de suas decisões, do exercício da competência para a organização, além da interpretação de regras procedimentais da atuação administrativa. Não se pode deixar de aludir, até pela importância do tema para a construção do direito de acesso às informações administrativas, as funções do direito à boa administração pública, especialmente como direito de defesa,[30] direito à prestação e direito de participação, apenas para elucidar alguns temas tratados pela dogmática tradicional sobre o assunto. Sobre o tema, deve-se destacar que no direito espanhol foi recentemente aprovada a Lei 19/2013, cujo objeto, conforme o artigo 1º consiste em ampliar e reforçar a transparência da atividade pública, regular e garantir o direito de acesso à informação relativa àquela atividade e estabelecer

---

[26] Sobre o tema, ver SARLET, Ingo. *A Eficácia dos Direitos Fundamentais. Uma Teoria Geral dos Direitos Fundamentais na perspectiva Constitucional*. 12ª ed. Porto Alegre: Livraria do Advogado, 2015, p. 75 e ss.

[27] Cf. BRANCO, Paulo Gustavo Gonet. Aspectos de Teoria Geral dos Direitos Fundamentais, In: *Hermenêutica Constitucional e Direitos Fundamentais*, Gilmar Ferreira Mendes (Org.) Brasília: Brasília Jurídica, 2000, p. 116.

[28] Cf. SARLET, Ingo. *A Eficácia dos Direitos Fundamentais. Uma Teoria Geral dos Direitos Fundamentais na perspectiva Constitucional*. Porto Alegre: Livraria do Advogado, p. 147-165.

[29] Cf. SARLET, Ingo. *A Eficácia dos Direitos Fundamentais. Uma Teoria Geral dos Direitos Fundamentais na perspectiva Constitucional*. p. 152.

[30] Tais direitos caracterizam-se pela imposição ao Estado de um dever de abstenção, cf. Cf. BRANCO, Paulo Gustavo Gonet. Aspectos de Teoria Geral dos Direitos Fundamentais, In: *Hermenêutica Constitucional e Direitos Fundamentais*, p. 140.

obrigações de bom governo que devem cumprir os responsáveis públicos, assim como as consequências derivadas do seu descumprimento. Como destaca Antonio Descalzo, o referido diploma legal direcionou-se para fixar um regime de obrigações para as pessoas que ocupam posições mais elevadas nas Administrações Públicas, sendo que no artigo 26 foram previstos alguns princípios gerais de bom governo, assim como princípios de atuação, sendo que para fins deste estudo destaca-se o artigo 26, 2, "a", 1º, ao fixar como princípio geral a atuação com transparência na gestão dos assuntos públicos e "b", 7º, prevendo como princípio de atuação desempenhar suas funções com transparência.[31]

Considerando que o direito de acesso às informações administrativas também integra o conjunto de fundamentalidade da boa Administração Pública impregna-se de tal qualificação, caracterizando-se como direito fundamental, seja sob a perspectiva formal ou material, pois o artigo 5º, incisos XIV e XXXIII, CF, erigiu à categoria de direito fundamental o acesso à informação, sendo que é assegurado a todos o direito de receber dos órgãos públicos informações de seu interesse particular, ou de interesse coletivo ou geral, que serão prestados no prazo da lei, sob pena de responsabilidade, ressalvadas aquelas cujo sigilo seja imprescindível à segurança da sociedade e do Estado. No âmbito da fundamentalidade material, o direito de acesso às informações administrativas, na medida do que até o momento foi exposto, configura-se como integrante do conjunto de decisões fundamentais sobre a estrutura do Estado e da Sociedade.[32]

Esse entendimento, inclusive, já preponderava na jurisprudência do Supremo Tribunal Federal antes dos debates sobre a aplicação da Lei 12.527/11, como retratado por ocasião do julgamento do MS 24.725,[33] no qual empresa jornalística imputou ao Presidente da Câmara dos Deputados omissão ilícita ao não permitir acesso aos contratos e comprovantes de despesas relativos à utilização da verba indenizatória de uso dos Deputados. Aqui já se institucionalizaram importantes indicações normativas sobre a aplicação material da transparência, publicidade e do direito fundamental de acesso às informações públicas, conforme a seguinte passagem:

---

[31] DESCALZO, Antonio. Buen Gobierno: ámbito de aplicación. Principios Generales y de Actuación, Infracciones Disciplinarias y Conflicto de Intereses, In: *Transparencia, Acesso a la Información Pública y Buen Gobierno*. Estudio de la Ley 19/2013 de 9 de Diciembre. Madrid: Tecnos, 2014, p. 247, 283. Sobre o tema ver ainda FERNÁNDEZ RAMOS, Severiano e PÉREZ MONGUIÓ, José María. *Transparencia, Acceso a la Información Pública y Buen Gobierno*. Thomson Reuters/Aranzadi: Pamplona, 2014, p. 321.

[32] Cf. SARLET, Ingo Wolfgang. *A Eficácia dos Direitos Fundamentais. Uma Teoria Geral dos Direitos Fundamentais na perspectiva Constitucional*, p. 76: "A fundamentalidade material, por sua vez, decorre das circunstâncias de serem os direitos fundamentais elemento constitutivo da Constituição material, contendo decisões fundamentais sobre a estrutura básica do Estado e da sociedade."

[33] MS 24725, STF, Rel. Min. Celso de Mello, j. 28/11/2003.

Os elementos expostos pela parte ora impetrante parecem revelar preocupante desconsideração e indiferença do órgão estatal apontado como coator em relação a um pleito, que, legitimamente formulado por quem dispõe da prerrogativa de deduzi-lo, encontra apoio em valores fundamentais que dão substância aos postulados constitucionais da publicidade, da moralidade e da responsabilidade. O princípio da publicidade – indissociável, por efeito de sua natureza mesma, do postulado que consagra a prática republicana do poder – não pode sujeitar temas, como o da destinação, o da utilização e o da comprovação de recursos financeiros concedidos pelo Estado, a um inconcebível regime de sigilo, pois, nessa matéria, deve prevalecer a cláusula da publicidade, a impor a transparência dos atos governamentais. Não custa rememorar, neste ponto, que os estatutos do poder, numa República fundada em bases democráticas, não podem privilegiar o mistério. Na realidade, a Carta Federal, ao proclamar os direitos e deveres individuais e coletivos (art. 5º), enunciou preceitos básicos, cuja compreensão é essencial à caracterização da ordem democrática como um regime do poder visível, ou, na lição expressiva de BOBBIO ("O Futuro da Democracia", p. 86, 1986, Paz e Terra), como "um modelo ideal do governo público em público". A Assembléia Nacional Constituinte, em momento de feliz inspiração, repudiou o compromisso do Estado com o mistério e com o sigilo, que fora tão fortemente realçado sob a égide autoritária do regime político anterior (1964-1985), quando no desempenho de sua prática governamental. Ao dessacralizar o segredo, a Assembléia Constituinte restaurou velho dogma republicano e expôs o Estado, em plenitude, ao princípio democrático da publicidade, convertido, em sua expressão concreta, em fator de legitimação das decisões e dos atos governamentais. É preciso não perder de perspectiva que a Constituição da República não privilegia o sigilo, nem permite que este se transforme em "praxis" governamental, sob pena de grave ofensa ao princípio democrático, pois, consoante adverte NORBERTO BOBBIO, em lição magistral sobre o tema ("O Futuro da Democracia", 1986, Paz e Terra), não há, nos modelos políticos que consagram a democracia, espaço possível reservado ao mistério.

Com efeito, o STF, já no ano de 2003, firmou o entendimento no sentido de que o direito de acesso á informação, art. 5º, XXXIII, CF, caracteriza-se como direito fundamental, cujas limitações legítimas são aquelas oriundas somente a própria Constituição Federal, sendo que para materializar no caso concreto, impõe-se compreendê-lo a partir de outros princípios da Administração Pública, artigo 37, *caput*, como publicidade e moralidade administrativa. Trata-se, no entendimento dessa corte, corolário do Constitucionalismo Democrático, cuja principal característica é a dessacralização do segredo, do sigilo sobre assuntos de caráter público. No mesmo julgado destacou-se a importância do direito de acesso á informação como instrumento para possibilitar o controle social, ligado, portanto, à noção de ética republicana, cuja titularidade assiste a todos, inclusive, considerando o caso julgado, às empresas jornalísticas.

Denota-se o caráter deontológico atribuído à transparência e ao direito de acesso à informação, que por vezes pode tornar-se perigoso para a autonomia do Direito, sempre dependendo da adequada justificação. De qualquer modo, tal linha de entendimento é a tônica do STF, tanto que em 2008, por ocasião do julgamento do MS 27141, cujo objeto consistia na omissão sobre o acesso às informações referentes à utilização de bens e valores gerenciados pelo Presidente da República, o tema voltou ao debate. O Ministro Celso de Mello reafirmou o entendimento:

> No Estado Democrático de Direito, não se pode privilegiar o mistério, porque a supressão do regime visível de governo compromete a própria legitimidade material do exercício do poder. A Constituição republicana de 1988 dessacralizou o segredo e expôs todos os agentes públicos a processos de fiscalização social, qualquer que seja o âmbito institucional (Legislativo, Executivo ou Judiciário) em que eles atuem ou tenham atuado.
> Ninguém está acima da Constituição e das leis da República. Todos, sem exceção, são responsáveis perante a coletividade, notadamente quando se tratar da efetivação de gastos que envolvam e afetem a despesa pública. Esta é uma incontornável exigência de caráter ético-jurídico imposta pelo postulado da moralidade administrativa.

Mais uma vez também foi reafirmado o caráter jusfundamental do direito de acesso à informação, configurando-se mecanismo legítimo e democrático para o exercício do controle social. Essa questão foi igualmente discutida por ocasião do julgamento da Suspensão de Liminar nº 623/DF,[34] em mandado de segurança impetrado pela Confederação dos Servidores Públicos do Brasil, com a finalidade de impedir a divulgação dos rendimentos de forma individualizada pela União. Trata-se de questão interessante, cuja decisão ocorreu já na vigência da Lei 12.527/2011, mas que seguiu a linha de entendimento do STF em outras ocasiões, como a relevância constitucional do direito fundamental de acesso à informação para fins de ampliar o controle social da Administração Pública, a possibilidade de limites somente no plano constitucional e, de forma mais específica o debate sobre os limites de divulgar a remuneração de servidores públicos, considerando o direito à intimidade e à privacidade, circunstância que será abordada no próximo item deste breve estudo.

3. A compreensão da Lei nº 12.529/11 no horizonte de sentido do constitucionalismo contemporâneo[35]

Na esteira dos precedentes referidos, a Lei de Acesso a Informações materializou o dever constitucional de a Administração Pública agir com máxima transparência, adotar a postura do modo de ser democrático do Estado, sendo que o poder administrativo somente se legitima, como refe-

---

[34] SL nº 623-DF, STF, Ministro Presidente Ayres Britto, j. 10.07.2012.

[35] Adota-se aqui a expressão Constitucionalismo Contemporâneo no intuito de distanciar o exame desta pesquisa de outras linhas de compreensão do modo de aplicar o Direito, destacando-se o entendimento sobre o tema de Lenio Luiz Streck: "... pode-se dizer que o Constitucionalismo Contemporâneo representa um redimensionamento na práxis político-jurídica, que se dá em dois níveis: no plano da teoria do Estado e da Constituição, com o advento do Estado Democrático de Direito, e no plano da teoria do direito, no interior da qual se dá a reformulação da teoria das fontes (a supremacia da lei cede lugar à onipresença da Constituição); na teoria da norma (devido à normatividade dos princípios) e na teoria da interpretação (que, nos termos que proponho, representa uma blindagem às discricionariedades e aos ativismos)". (*Verdade e Consenso. Constituição, Hermenêutica e Teorias Discursivas*, 4ª ed. 2ª tiragem. São Paulo: Saraiva, p. 67).

re Juarez Freitas, com translucidez e aversão à opacidade.[36] Tal desiderato não pode significar que em nome da transparência e do direito fundamental de acesso à informação, é possível compreender de modo absoluto o artigo 5º, inciso XXXIII, CF, sem as devidas problematizações hermenêuticas no campo da normatividade de outros princípios, regras e direitos constitucionalmente reconhecidos. Não se pode olvidar que o acesso à informação não possui um caráter metafísico,[37] mas se caracteriza como conceito interpretativo,[38] na linha do entendimento de Ronald Dworkin e, no Brasil, Lenio Luiz Streck, o que traz diversas consequências. De plano, não se pode olvidar que compreender o direito de acesso à informação ultrapassa a mera descrição fática, circunstância debatida por Dworkin desde o texto intitulado *O Modelo de Regras I*, quando fez algumas críticas ao positivismo jurídico,[39] pois não se traduz em simples fato social ou em mera regra *tout court*. É preciso algo mais para a interpretação adequada do direito de acesso à informação, sendo insuficiente um reduzido processo de descrição de textos normativos, como bem alude Roberto Porto Macedo Júnior:

> O direito, para Dworkin é uma prática interpretativa porque o seu significado enquanto prática social normativa é dependente das condições de verdade das práticas argumentativas que o constituem. Ele não é um sistema de regras *tout court*. Ele envolve uma complexa teia de articulações de práticas de autoridade, legitimação e argumentação.[40]

Com efeito, determinar a melhor concepção do direito de acesso à informação apta para lidar com todos os complexos problemas sobre o artigo 5º, XXXIII, CF e com a Lei nº 12.527/11, não se satisfaz com a descrição de regras que tratem do tema. Ao fazer uma crítica aos nominalistas, Dworkin menciona que o Direito não pode significar um conjunto de regras atemporais, estocadas em algum depósito conceitual à espera dos juízes descobrirem.[41] Portanto, para determinar qual a melhor concepção do direito de acesso à informação não há como recorrer a partículas jurídicas de Direito Administrativo ou de Direito Constitucional flutuando no ar, na esteira do pensamento de Dworkin, eis que não há um ponto de

---

[36] *O Controle dos Atos Administrativos e os Princípios Fundamentais*, p. 77.

[37] Sobre o tema ver STRECK, Lenio Luiz. *Hermenêutica Jurídica e(m) Crise: uma exploração hermenêutica da construção do Direito*. 11ª ed. Porto Alegre: Livraria do Advogado, 2014.

[38] Ao discutir sobre o modo de compreender a questão da utilização dos conceitos interpretativos, Ronald Dworkin refere três aspectos interessantes: (a)a explicação de conceitos interpretativos também é uma interretação; (b)os conceitos interpretativos assim são chamados porque são conceitos em que as pessoas os compreendem melhor quando interpretam as práticas nas quais eles aparecem e (c)a melhor concepção de um conceito interpretativo deve basear-se e contribuir para as concepções de outros conceitos (*Justiça para Ouriços*. Coimbra: Almedina, 2012, p. 171-172).

[39] Essa questão é examinada por Ronaldo Porto Macedo Júnior em recente estudo sobre o contributo de Ronald Dworkin para a teoria do direito (*Do Xadrez à Cortesia: Dworkin e a Teoria do Direito Contemporânea*. São Paulo: Saraiva, 2013.p. 160-161)

[40] *Do Xadrez à Cortesia: Dworkin e a Teoria do Direito Contemporânea*, p. 201.

[41] *Los Derechos en Serio*. 2ª ed. Barcelona: Editorial Ariel, 1995, p. 63.

vista externo para determinar a melhor concepção para resolver os casos. Mas também isso não significa que não se possa defender que algumas concepções são melhores que outras, como de forma pioneira defende Lenio Luiz Streck quando sustenta a necessidade de construir uma Teoria da Decisão Judicial para a finalidade de salvaguardar a própria democracia.[42]

No âmbito desta investigação, compreender a melhor concepção do direito de acesso à informação importa salvaguardar a necessidade de uma atitude interpretativa, voltada para o conjunto de práticas partilhadas pela comunidade. Por essa razão, Ronald Dworkin afirma que os conceitos interpretativos assim funcionam porque partilhamos determinadas práticas sociais e experiências em que tais espécies de conceitos figuram.[43] A atitude interpretativa relaciona-se com a imposição de um propósito, um sentido à prática, ou seja, como o direito em análise é um conceito interpretativo, impõe-se a tarefa de problematizar a questão do seu propósito, como refere Ronald Dworkin quando trata da interpretação construtiva.[44]

Por ocasião do julgamento da Ação Direta de Inconstitucionalidade nº 2.198-Paraíba,[45] o STF reafirmou sua linha de jurisprudência sobre o propósito do direito de acesso à informação pública. Tratava-se do debate sobre a constitucionalidade da Lei Federal nº 9.755/98 que dispôs sobre a criação pelo Tribunal de Contas da União de sítio eletrônico de informações sobre finanças públicas, com dados fornecidos por todos os entes da federação. A discussão foi sobre a violação ou não do princípio federativo, prevalecendo o entendimento sobre a constitucionalidade do texto normativo, pois, sem criar ônus financeiro para as entidades federativas, materializou o propósito da transparência, eis que pretendia facilitar o acesso pela sociedade a informações sobre todos os entes de federação, materializando o controle mais eficiente por parte do cidadão.

No que tange à Lei 12.257/11, o artigo 3º refere um conjunto de indicações normativas importantes para o debate sobre o propósito do direito de acesso à informação, mencionando-se (a) a publicidade como preceito geral e o sigilo como exceção, (b)divulgação de informações de

---

[42] *Jurisdição Constitucional e Decisão Judicial*. 3ª ed. São Paulo: Revista dos Tribunais, 2013, p. 328.

[43] *Justiça para Ouriços*, p. 18.

[44] *O Império do Direito*. São Paulo: Martins Fontes, 1999, p. 64. Essa é outra característica dos conceitos interpretativos, a sua compreensão importa atribuição de propósitos, com base em indicações materializadas em objetivos e princípios, o que permite situar no campo hermenêutico a melhor concepção, cujo debate sobre situa-se no campo hermenêutico da reconstrução do propósito da unidade de princípios que sustentam o direito de acesso à informação. Não é por outra razão que Lenio Luiz Streck, ao examinar o modo de resolver problemas jurídicos, refere a importância de reconstruir a "história institucional" do caso, na linha do pensamento de Dworkin (*Verdade e Consenso: Constituição, Hermenêutica e Teorias Discursivas*, p. 203).

[45] ADI nº 2.198-PB, STF, Rel. Min. Dias Tóffoli, j. 11.04.2013.

interesse público, independente de solicitações, (c)utilização de meios de comunicação viabilizados pela tecnologia da informação, (d)fomento ao desenvolvimento da cultura de transparência na administração pública e (e)desenvolvimento do controle social da administração pública. Ao examinar o dispositivo, Juliano Heinen, com razão refere que se trata de dispositivo que contém indicações obrigatórias para o intérprete, "um claro balizamento hermenêutico", contendo padrões axiológicos para a compreensão das demais regras.[46]

É claro que tal conjunto de indicações para a concretização do direito de acesso à informação necessita da permanente leitura do que foi referido nos itens anteriores deste estudo sobre a constitucionalização do Direito Administrativo e, de forma mais específica, da transparência, pois é inquestionável o caráter deontológico presente nesse princípio, dimensão hermenêutica crucial para a adequada aplicação da Lei nº 12.257/11. A questão do caráter deontológico dos princípios jurídicos tem sido desenvolvida por Lenio Luiz Streck, quando refere a relação de cooriginariedade entre Direito e Moral, pois os princípios institucionalizam a moralidade no Direito, indicando o ideal de vida boa, o que se deve ou não fazer.[47]

Essa importante dimensão hermenêutica do acesso à informação, no entanto, não pode significar a construção de obrigações para a Administração Pública sem a devida justificação normativa por regras, sob pena de impor ao Direito Administrativo, em nome de um estado de espetacularização da transparência, a perda de autonomia, como aduz o autor supramencionado.

A Lei nº 12.257/11, artigo 5º, refere que é dever do Estado garantir o direito de acesso à informação à informação, que será franqueada, mediante procedimentos objetivos e ágeis, de forma transparente, clara e em linguagem de fácil compreensão. Mas, em contrapartida, há um conjunto de indicações sobre a existência de limites, como o artigo 6º, inciso III, do diploma legal referido, impondo-se ao mesmo tempo a proteção da informação sigilosa e da informação pessoal, observada a sua disponibilidade, autenticidade, integridade e eventual restrição de acesso. Os artigos 21 a 31 da Lei nº 12.527/11 possuem diversas regras sobre a restrição na divulgação de informações administrativas, o que efetivamente deve ser compreendido a partir das diretrizes já mencionadas sobre Constitucionalização, República e Democracia com transparência. Na verdade, não se trata de colisão de princípios ou regras, mas do próprio modo de ser hermenêutico, isto é, o direito de acesso à informação, como conceito interpretativo, para ser compreendido de forma adequada deve ir além dele próprio, pois não funciona de forma isolada, na linha do entendi-

---

[46] *Comentários à Lei de Acesso à informação: Lei nº 12.527/2011.* Belo Horizonte: Fórum, 2014, p. 111.

[47] *Verdade e Consenso: Constituição, Hermenêutica e Teorias Discursivas*, p. 226-230.

mento de Ronald Dworkin. Como esse autor sustenta, a defesa de uma determinada concepção de um conceito interpretativo deve fundar-se em outros conceitos interpretativos para além dele próprio, pois devem estar integrados uns nos outros.[48]

A jurisprudência do STF tem sido constante no sentido de interpretar o direito de acesso à informação com fundamento em indicações deontológicas, a partir de uma determinada concepção e que, em alguns casos ensejam debates acalorados, como a decisão proferida por ocasião do julgamento da Suspensão de Segurança nº 3902,[49] incessantemente depois repetida na vigência da Lei nº 12.527/11, como parâmetro hermenêutico sobre a possibilidade constitucional ou não de divulgar a remuneração de servidores público de forma nominal. Tratava-se de medida requerida pelo Município de São Paulo contra decisões liminares do TJSP em mandados de segurança, cujas decisões colegiadas suspenderam o ato de divulgação nominal da remuneração bruta de cada servidor municipal em sítio eletrônico na Internet, denominado "De Olho nas Contas".

Na ocasião prevaleceu o entendimento segundo o qual as informações referentes à remuneração de agentes públicos são constitutivas de informações de interesse coletivo ou geral, possibilitando a divulgação oficial, sem que a intimidade dos servidores públicos, vida privada ou segurança pessoal e familiar se encaixem nas exceções do inciso XXXIII, artigo 5º, Constituição Federal. A decisão, portanto, adotou o entendimento segundo a qual informações nominais sobre remuneração são consideradas de interesse público, pois o dado objeto da divulgação em causa diz respeito a agentes públicos enquanto agentes públicos mesmos, ou, utilizando a própria linguagem da Constituição Federal, agentes públicos agindo nessa qualidade (§ 6º do artigo 37). Após, outras decisões foram tomadas no mesmo sentido pelo STF, permitindo a divulgação da remuneração de servidores públicos de forma nominal, mas destacando em

---

[48] *Justiça Para Ouriços*, p. 19. Tal questão também é abordada por Lenio Luiz Streck, inicialmente ao criticar a indevida utilização da "ponderação", destacando que a decisão judicial não deve fundar-se em mera "escolha" de qual princípio prepondera, sob pena de ofensa ao Estado Democrático de Direito. Daí sua crítica à colisão entre princípios e regras, eis que assim como os princípios não funcionam hermeneuticamente isolados, as regras também não. Por trás de cada regra há um princípio que possibilita as condições de materialização das indicações normativas em cada caso – nunca de forma abstrata –, assim como o princípio só adquire toda sua potencialidade deontológica com a regra, igualmente no caso (*Verdade e Consenso: Constituição, Hermenêutica e Teorias Discursivas*, p. 177). Com efeito, a integridade de Dworkin assume papel relevante para resolução de casos, exigindo-se a reconstrução do direito e a integridade, compreendida como uma comunidade de princípios: "Não esqueçamos que para Dworkin a integridade está umbilicalmente ligada à democracia, exigindo que os juízes construam seus argumentos de forma integrada ao conjunto do direito. Trata-se de uma garantia contra arbitrariedades interpretativas."(*Verdade e Consenso: Constituição, Hermenêutica e Teorias Discursivas*, p.312).

[49] Segundo Ag. Reg. Na Suspensão de Segurança 3.902-SP, STF, Rel. Ministro Ayres Britto, j. 09.06.2011.

alguns momentos a ressalva da divulgação quanto ao número do CPF e endereço do servidor público.[50]

No âmbito da concepção sobre o direito de acesso à informação, em linhas gerais, observa-se que o STF manteve a integridade e coerência com relação a outras decisões, não específicas sobre divulgação nominal de remuneração, mas que examinaram o direito em debate, sempre a luz das concepções de Estado Democrático, República e transparência administrativa. De fato, é possível sustentar a correção das decisões proferidas. Como aludido, os conceitos interpretativos não podem ser compreendidos de forma isolada, nem o conceito de acesso à informação, de informação de interesse público, bem como de intimidade e vida privada e também de forma abstrata.

Tais conceitos aparecem melhor quando colocados na complexa teia de articulações de sentido uns com os outros, sendo que a melhor concepção é aquela que coloca o acesso à informação administrativa nessa unidade de propósitos e princípios, em que o sentido de um sustenta o outro, assegurando a integridade[51] do Direito Administrativo e do próprio Direito Constitucional. É crível destacar que por força da unidade de princípios do artigo 37, "caput", artigo 5º, incisos X e XXXIII, todos da Constituição Federal, artigos 5º, 6º, III, 8º, 21 e 25, da Lei nº 12.527/11, tratando-se de agentes públicos, a princípio melhor realiza a transparência a divulgação nominal dos valores das remunerações recebidas pelos agentes públicos, no exercício de suas funções, como medida até preventiva para melhor realizar o controle social da Administração Pública, mas sempre, em cada caso, permitindo-se restrições concretas quando em virtude das próprias funções exercidas ou eventos que coloquem em risco outros bens jurídicos constitucionalmente tutelados no círculo dos direitos e interesses jurídicos dos agentes públicos.

Além dessa questão polêmica acima retratada, o Supremo Tribunal Federal também enfrentou tema importante por ocasião do julgamento do MS nº 28.390-DF,[52] no qual a Associação Nacional dos Magistrados Estaduais impetrou mandado de segurança coletivo contra atos do Corregedor Nacional de Justiça para impedir a divulgação de informações pessoais de magistrados submetidos a procedimentos administrativos e permissão da realização de audiências públicas sem cautelas quanto à fundamentação das representações. Com base na interpretação dos artigos 5º, LX 37, *caput*, e 93, da Constituição Federal, prevaleceu a concepção

---

[50] SL 630, Rel. Min. Presidente, Decisão Proferida pelo Min. Ayres Britto, j. 30.07.2012; SL 623-DF, Rel. Min. Ayres Britto, j. 10.07.2013; MS 32020 MC/DF, Rel. Mina. Rosa Weber, j. 15/05/2013; ACO 2143/RS, Rel. Min. Gilmar Mendes, j. 16/05/2013; Ag. Reg. No RE 766-390-DF, Rel. Min. Ricardo Lewandowski, j. 24.06.2014; MS 31490/DF, Rel. Min. Luiz Fux, j. 27/06/2014.

[51] *Justiça para Ouriços*, p. 193.

[52] MS 28.930-DF, STF, Rel. Min. Dias Tóffoli, j. 29.08.2013.

de publicidade dos processos administrativos, com base no direito fundamental de acesso aos dados processuais, sendo aqui debatido o confronto entre Constituição Federal, atos de caráter normativo do Conselho Nacional de Justiça e regras específicas da Lei Orgânica da Magistratura Nacional, desconsiderando-se alguns dispositivos dessa última sobre o dever de sigilo nos procedimentos de sindicância e administrativo-disciplinares contra magistrados.

Na linha do entendimento exposto, chama atenção decisão do STF proferida na Medida Cautelar na Reclamação 17.091-RJ, ajuizada pelo Banco Nacional de Desenvolvimento Econômico e Social-BNDES, alegando desrespeito à autoridade do enunciado da Súmula Vinculante nº 10, pois acórdão do TRF da 2ª Região, ao julgar procedente pedido formulado pela Folha da Manhã S.A. determinou que fosse assegurado, sob as penas da lei, o acesso e a extração de cópias dos relatórios de análise de crédito das operações de financiamento com valor igual ou superior à cem milhões de reais aprovados pela diretoria do BNDES entre janeiro de 2008 e março de 2011. Tratava-se nesse caso de compreensão do direito de acesso à informação e, por outro lado, do disposto no artigo 105 da Lei Complementar nº 105/2001, artigo 1º, segundo o qual refere que as instituições financeiras conservarão sigilo em suas operações ativas e passivas a serviços prestados. A decisão do TRF da 2ª Região foi no sentido de que tais relatórios não se constituíam em dados bancários sigilosos ou que comprometesse a segurança da sociedade (art. 5º, XIV e XXXIII, CF), devendo-se observar a transparência, nos termos da Lei nº 12.527/2011. No entanto, o STF entendeu que deveria nesse caso ser observada a cláusula da reserva de plenário e deferiu em parte a liminar para que o acesso aos relatórios somente fosse feito após o BNDES preservar todos os dados bancários e fiscais sigilosos constantes dos relatórios. Trata-se de decisão que, de certo modo, desbordou do ideal de integridade e coerência construído pela jurisprudência mencionada, pois como referido em diversos julgamentos a lição de Norberto Bobbio, uma República democrática não pode privilegiar o mistério, pois a legitimidade democrática somente é compatível com o poder visível (MS 27725, Rel. Ministro Celso de Mello, j. 09/12/2003).

Conclusão

A constitucionalização do Direito Administrativo ainda caracteriza-se por um número grande de desafios, hodiernamente não de ordem formal, mas de efetividade do conjunto de indicações constitucionais que ainda permanecem despidas de materialização no cotidiano das Administrações Públicas. O direito de acesso à informação, previsto no artigo 5º, inciso XXXIII, da Constituição Federal, exige, de plano, aceitar a concepção segundo a qual o Direito Administrativo fundado em bases democráticas não convive com a imunidade do poder administrativo, especialmente em um país como o Brasil, cuja história foi marcada pelo patrimonialismo e pelo segredo. Como em diversas ocasiões referidas em julgamento do Supremo Tribunal Federal, o regime da democracia é incompatível com a política do mistério. Aqui reside um aspecto primordial para que seja possível construir uma compreensão constitucionalmente adequada do direito de acesso à informação administrativa, a constitucionalização não se resolve com um ato isolado, mas exige permanente esforço, pois se configura como processo de transformação, do labor diário, tanto pela Administração Pública, como pela doutrina e jurisprudência, de sentidos constitucionais capazes de conferir maior efetividade.

Não há dúvida sobre a importância da Lei nº 12.527/11, ao regular o acesso a informações, mas não é o texto que, por si, é capaz de alcançar os resultados de maior transparência administrativa, eis que é crucial que os cidadãos, mas os agentes públicos assumam a cultura de transparência, questionando certas práticas do passado e que, em nome do simbólico interesse público, política de segurança nacional, ou outros significantes, primava pela gestão do segredo. Impõe-se assim dialogar com a tradição, no intuito de vislumbrar que não há discricionariedade relativamente ao acesso a informações, pois a observância da publicidade é preceito geral da Administração Pública, e o sigilo, a exceção.

O direito de acesso a informações administrativas, com efeito, deve ser compreendido no âmbito de um Direito Administrativo constitucionalizado, marcado pela existência de uma Constituição rígida, o que lhe confere a importância de direito fundamental, protegido por reformas oportunistas, bem como submetido ao regime de um conjunto de garantias jurisdicionais, como o *habeas data*, o mandado de segurança e outros meios disponíveis para que os cidadãos possam de fato exercer tal direito. Como mencionado, a efetividade desse direito depende da seriedade institucional no tratamento do tema, quer dizer, a Constituição deve ser levada a sério, de modo a vincular os poderes públicos e compor os processos hermenêuticos de julgamento dos casos sobre a Lei nº 12.527/11.

O diploma legal referido está diretamente relacionado com a própria concepção de boa administração pública, quer dizer aquela que cumpre com as suas funções democráticas, voltada para o interesse da comunidade, de modo a criar melhores condições de vida para os cidadãos. Agir com transparência significa criar as condições para o acesso às informações da Administração Pública, com as devidas orientações sobre os procedimentos que devem ser realizados, fornecendo as informações contidas em registros, documentos, arquivos, e sempre de forma primária, íntegra, autêntica e atualizada, permitindo o real controle social.

A jurisprudência do Supremo Tribunal Federal possui uma tradição construída ao longo dos anos sobre os diversos problemas de efetividade do artigo 5º, XXXIII, da Constituição Federal, antes mesmo da Lei de Acesso a Informações, marcada pela institucionalização de algumas diretrizes como a importância democrática da transparência e do princípio da publicidade, sendo incompatível com o regime republicano o sistema de segredo, sigilo e mistérios. A Administração Pública constitucionalizada nas bases do Estado Democrático de Direito é fundada sobre a dessacralização do segredo, deixando de ser no cotidiano de suas atividades um poder invisível para primar pela visibilidade de ações, documentos e decisões.

O direito de acesso à informação, como conceito interpretativo, exige sua compreensão marcado pela integridade de outros conceitos, exigindo responsabilidade hermenêutica do intérprete, especialmente com o conjunto de indicações dos artigos 5º e 37 da Constituição Federal. Talvez esse seja o maior desafio dos tribunais, especialmente do Supremo Tribunal Federal, dar-se conta de que o acesso à informação somente aparece na sua melhor luz quando colocado na complexa teia de articulações de sentido com outros conceitos, sob pena de não guardar a integridade das suas próprias decisões, o que coloca em debate a democracia constitucional. Os diversos precedentes mencionados ao longo deste breve estudo, ainda que a título exemplificativo, permitem concluir que há uma concepção de acesso à informação, construída substantivamente com fundamento em outros conceitos interpretativos, como publicidade, democracia, interesse público, intimidade e transparência.

O que se deve combater de forma permanente é a possibilidade de criar riscos para a autonomia do Direito Constitucional e do Direito Administrativo, no caso do tema dessa investigação, por ocasião da interpretação da Lei nº 12.527/11. Na linha de autores como Ronald Dworkin e no Brasil Lenio Luiz Streck, aquele que toma uma decisão deve demonstrar que agiu de modo responsável ao formar o juízo hermenêutico, sobre qual concepção de acesso à informação adota, pois como refere o jusfilósofo autor de *Justiça para Ouriços*, talvez o maior problema não são decisões erradas, mas sob a perspectiva hermenêutica, decisões irresponsáveis.

Referências

BIELSA, Rafael. *Derecho Administrativo*. Tomo I. 3ª ed. Buenos Aires: J. Lajouane y Cia. Libreros y Editores, 1938.

BINENBOJM, Gustavo. *Uma Teoria do Direito Administrativo: direitos fundamentais, democracia e constitucionalização*. Rio de Janeiro: RENOVAR, 2014.

BRANCO, Paulo Gustavo Gonet. Aspectos de Teoria Geral dos Direitos Fundamentais, In: *Hermenêutica Constitucional e Direitos Fundamentais*. Gilmar Ferreira Mendes (Org.) Brasília: Brasília Jurídica, 2000.

DESCALZO, Antonio. Buen Gobierno: ámbito de aplicación. Principios Generales y de Actuación, Infracciones Disciplinarias y Conflicto de Intereses, In: *Transparencia, Acesso a la Información Pública y Buen Gobierno.* Estudio de la Ley 19/2013 de 9 de Diciembre. Madrid: Tecnos, 2014.

DWORKIN, Ronald. *Justiça para Ouriços.* Coimbra: Almedina, 2012.

———. *Los Derechos en Serio.* 2ª ed. Barcelona: Editorial Ariel, 1995.

———. *O Império do Direito.* São Paulo: Martins Fontes, 1999.

FERNÁNDEZ RAMOS, Severiano e PÉREZ MONGUIÓ, José María. *Transparencia, Acceso a la Información Pública y Buen Gobierno.* Thomson Reuters/Aranzadi: Pamplona, 2014.

FREITAS, Juarez. *Discricionariedade Administrativa e o Direito Fundamental à Boa Administração Pública.* São Paulo: Malheiros, 2007.

———. *O Controle dos Atos Administrativos e os Princípios Fundamentais.* 5ª ed. São Paulo: Malheiros, 2013.

GARCIA FIGUEROA, Alfonso. *La Teoria del Derecho en Tempos de Constitucionalismo.* In: In: Neoconstitucionalismo(s). Edición de Miguel Carbonell. Madrid: Trotta, 2003.

GUASTINI, Ricardo. *La Constitucionalizacion del ordenamiento jurídico: el caso italiano.* In: Neoconstitucionalismo(s). Edición de Miguel Carbonell. Madrid: Trotta, 2003.

GUICHOT, Emílio. El Sentido, El Contexto y La Tramitación de la Ley de Transparencia, Acesso a la Información Pública y Buen Gobierno. In: *Transparencia, Acesso a la Información Pública y Buen Gobierno.* Estudio de la Ley 19/2013, de 9 de Diciembre. Madrid: Tecnos, 2014.

HEINEN, Juliano. *Comentários à Lei de Acesso à Informação: Lei 12.527/2011.* Belo Horizonte: Editora Forum, 2014.

HOMERCHER, Evandro T. *O Princípio da Transparência e o Direito Fundamental à Informação Administrativa.* Porto Alegre: Padre Reus, 2009.

MACEDO JÚNIOR, Roberto. *Do Xadrez à Cortesia: Dworkin e a Teoria do Direito Contemporânea.* São Paulo: Saraiva, 2013.

MACHETE, Pedro. *Estado de Direito Democrático e Administração Paritária.* Coimbra: ALMEDINA, 2007.

MALLÉN, Beatriz Tomás. *El Derecho Fundamental a una Buena Administración.* Instituto Nacional de Administración Pública, 2004.

MARTINS JÚNIOR, Wallace Paiva. *Transparência Administrativa: publicidade, motivação e participação popular.* São Paulo: Saraiva, 2004.

MAURER, Hartmut. *Direito Administrativo Geral.* Barueri, SP: Manole, 2006.

ROCHA, Cármen Lucia Antunes. Reforma Total da Constituição: Remédio ou suicídio constitucional? In: *Crise e Desafios da Constituição.* João Adércio Leite Sampaio(org.). Belo Horizonte: Del Rey, 2004.

RODRÍGUEZ-ARANA, Jaime. *Direito Fundamental à Boa Administração Pública.* Belo Horizonte: Editora Fórum, 2012.

———. *El Derecho a una buena Administración para los ciudadanos. Un modelo global de Administración.* INAP: Oleiros (La Coruña) – Spain, 2013.

SÁNCHEZ-CRUZAT, José Manuel Bandrés. Constitución y Control de la Actividad Administrativa, In: *Constitución y Control de la Actividad Administrativa.* Madrid: Consejo General del Poder Judicial, 2004.

SARLET, Ingo. *A Eficácia dos Direitos Fundamentais. Uma Teoria Geral dos Direitos Fundamentais na perspectiva Constitucional.* 12ª ed. Porto Alegre: Livraria do Advogado, 2015.

STRECK, Lenio Luiz. *Hermenêutica Jurídica e(m) Crise: uma exploração hermenêutica da construção do Direito.* 11ª ed. Porto Alegre: Livraria do Advogado, 2014.

———. *Jurisdição Constitucional e Decisão Jurídica.* São Paulo: Revista dos Tribunais, 2013.

——. *Verdade e Consenso. Constituição, Hermenêutica e Teorias Discursivas*, 4ª ed. 2ª tiragem. São Paulo: Saraiva, 2012.

WOLF, Hans J.; BACHOF, Otto; STOBER, Rolf. *Direito Administrativo*. Vol. I. Lisboa: Fundação Calouste Gulbenkian, 2006.

— 3 —

Transparencia y acceso a la información en España

JOSÉ ANTONIO MONTILLA MARTOS[1]

Sumario: 1. Introducción; 2. La publicidad activa; 3. el derecho de acceso a la información pública; 3.1. Naturaleza del derecho; 3.2. Titularidad, objeto y ámbito subjetivo de aplicación del derecho; 3.3. Excepciones y límites al ejercicio del derecho de acceso a la información pública; 3.4. Procedimiento para hacer efectivo el derecho; 3.5. Garantías del derecho; 4. El futuro de la transparencia.

1. INTRODUCCIÓN

La transparencia y el derecho de acceso a la información pública son instrumentos fundamentales para el control ciudadano del ejercicio del poder. El índice de democracia de un Estado se puede medir por la consolidación del reconocimiento y la regulación del derecho de acceso a la información pública. En algunas partes del mundo las leyes de transparencia tienen gran tradición. Así, en Suecia la primera Ley de esta naturaleza data de 1766. En cualquier caso, en los últimos decenios se han extendido a todos los Estados democráticos. En la Unión Europea, tras aprobarse la ley española, sólo Malta, Chipre y Luxemburgo no tienen ley de transparencia.

En España este debate se ha desarrollado con mucho retraso. La Constitución de 1978 establece en su artículo 105 b) que la ley regulará "el acceso de los ciudadanos a los archivos y registros administrativos, salvo en lo que afecte a la seguridad y defensa del Estado, la averiguación de los delitos y la intimidad de las personas". Por tanto, se recoge el derecho de acceso a la información como un derecho de configuración legal que se ubica, además, fuera del título de los derechos, en el Título IV dedicado a "Gobierno y Administración".

Como sabemos, hasta 2013 no se ha aprobado la Ley 19/2013, de 9 de diciembre, de transparencia, acceso a la información pública y buen gobierno (en adelante LTBG), tras un largo proceso de tramitación parla-

---
[1] Universidad de Granada.

mentaria. Como en otros países el impulso político se ha producido en un contexto de crisis de legitimación democrática, sospechas de corrupción y debilidad gubernamental. Intenta ser una respuesta a la crisis institucional manifestada en España a partir de las movilizaciones del 15-M.

Por ello, estamos empezando a aplicar la Ley. Además, los títulos de la Ley referidos a la transparencia han tenido un periodo de *vacatio legis* muy amplio, de un año, por lo que su vigencia se ha iniciado en diciembre de 2014. Incluso para los órganos de las Comunidades Autónomas y las entidades locales no entrará en vigor hasta diciembre de 2015. Es el momento, por tanto, de compartir experiencias con otros Estados que también están empezando a desarrollar políticas de transparencia, como es el caso de Brasil pues su Ley es de 2011. No obstante, analizar una Ley que en la práctica aún no se ha podido aplicar nos hace limitar el contenido de estas páginas a la presentación de los rasgos fundamentales de la ley española.

Uno de los elementos más novedosos es que, junto al derecho de acceso a la información, se regula la denominada publicidad activa, esto es, la obligación que tiene la administración de publicar información. A medida que vaya desarrollándose esta publicidad activa acaso será innecesario el ejercicio de este derecho a solicitar información y acceder a ella por la ciudadanía. Si toda la información está a disposición no será preciso solicitarla a través del ejercicio del derecho. No obstante, es un tránsito que apenas está empezando a producirse. En la ley que describimos coexisten, por tanto, la obligación de publicar datos con el derecho de la ciudadanía a solicitar información, con la regulación detallada del procedimiento y sus garantías.

Desde esta perspectiva, haré una referencia inicial a la publicidad activa para detenerme en el derecho de acceso a la información pública, especialmente en sus límites en cuanto elemento fundamental en la configuración del Derecho.

La Ley 19/2013, de transparencia y buen gobierno, es legislación básica, dictada al amparo de los dispuesto en los artículos 149.1.1 CE (condiciones de igualdad en el ejercicio de los derechos), 149.1.13 CE (ordenación general de la actividad económica) y 149.1.18 CE (bases del régimen jurídico de las administraciones públicas). Distintas Comunidades Autónomas están aprobando sus propias leyes de transparencia, a partir de esas bases estatales, concretando la aplicación del principio en su ámbito territorial. Así ha ocurrido en Andalucía (Ley 1/2014), Canarias (Ley 12/2014), Cataluña (Ley 19/2014), La Rioja (Ley 3/2014) o Murcia (Ley 12/2014). Incluso otras lo habían hecho con anterioridad a la existencia de la ley del Estado. En la mayoría de los casos estamos ante la discutible técnica de repetir el contenido de la ley estatal en el ordenamiento autonómico que se vincula a la no participación de las Comunidades Autónomas en la elaboración de legislación estatal a través de una auténtica cámara de representación territorial. Debemos entender, en cualquier caso, que las obligaciones establecidas en la ley básica constituyen un mínimo que podrá ser ampliado por las CCAA. Por ello, en estas leyes regionales se introducen otros contenidos adicionales, más allá de obligar específicamente a su propia Administración. Así en el caso de Canarias encontramos una regulación de infracciones y sanciones de la que carece la legislación del Estado

2. La publicidad activa

La publicidad activa está regulada en los artículos 5 a 11 de la LTBG y constituye uno de los aspectos más positivos de la regulación española, aunque debemos esperar a su concreción. Es la obligación que tienen los sujetos sometidos al alcance de esta Ley de publicar "de forma periódica y actualizada, la información cuyo conocimiento sea relevante para garantizar la transparencia de su actividad relacionada con el funcionamiento y control de la actuación pública". Supone un salto cualitativo respecto a la publicidad pasiva derivada del derecho de acceso a la información. Las autoridades deben poner la información a disposición de la ciudadanía, sin esperar al planteamiento de la solicitud.

La Ley establece un criterio general de publicación periódica y actualizada de la información más relevante. Detalla la obligación de publicar toda la información sobre proyectos normativos, planes y su evaluación, presupuestos y su ejecución, contratos, convenios, subvenciones, retribuciones de altos cargos, etc. Hay que divulgar a través de internet toda aquella información que permita a los ciudadanos participar, controlar y contribuir, con ello, a una mejor gestión pública. Se trata de centralizar toda esa información y ponerla en formatos que permitan su fácil localización. La centralización de la información se hace en el denominado Portal de la Transparencia.

Los sujetos obligados son todos aquellos a los que se les puede solicitar información al estar incluidos en el artículo 2.1 LTBG. La información a publicar es la relevante para garantizar la transparencia de su actividad relacionada con el funcionamiento y control de la actuación pública.

Los artículos 6 a 8 de la Ley establecen el mínimo de información relevante que debe ser publicada. En primer lugar, se refiere a la información institucional, organizativa y de planificación que incluye los datos relativos a la estructura, régimen jurídico y responsable de cada ente administrativo (artículo 6.1 LTBG), así como los planes y programas anuales y plurianuales (artículo 6.2 LTBG). En segundo lugar, la información de relevancia jurídica que incluye: las directrices, instrucciones, acuerdos, circulares o respuestas a consultas planteadas en cuanto contengan una interpretación jurídica; los anteproyectos de Ley y los proyectos de Decretos legislativos; los proyectos de Reglamentos; las memorias e informes que conformen los expedientes de elaboración de los textos normativos y los documentos que, conforme a la legislación sectorial vigente, deban ser sometidos a un periodo de información pública durante su tramitación (artículo 7 LTBG). Como se advierte, no se mencionan los documentos vinculados a la tramitación de las leyes en cuanto las Cortes Generales sólo están vinculadas por esta Ley en lo que se refiere a su actividad administrativa, no en relación a las funciones que le atribuye la Constitución: ejercicio de la potestad legislativa, aprobación de los Presupuestos y control de la acción del Gobierno (artículo 66.2 CE). En tercer lugar, se incluye en la obligación de publicidad activa la información económica, presupuestaria y estadística que remite a los contratos, convenios, encomiendas de gestión, subvenciones y ayudas públicas de cada administración, los presupuestos y estados de ejecución de las cuentas anuales, la información de altos cargos y personal de designación política (retribuciones, indemnizaciones de altos cargos, compatibilidad, declaración anual de bienes y actividades), la información estadística de calidad de servicios públicos o la relación de bienes inmuebles de administraciones (artículo 8 LTBG).

Toda esta información debe recogerse en el Portal de la Transparencia, instrumento centralizado de la Administración General del Estado para la publicidad activa dependiente del Ministerio de Presidencia que debe adecuarse a los principios de accesibilidad, interoperabilidad y reutilización. Pero, además, no sólo debe contener la información más relevante de publicación obligada sino también aquella información "que se solicite con más frecuencia" (art. 10.2 LTBG), lo que resultará más difícil de cotejar.

Sin embargo, la presentación del Portal, tras un año de espera, ha producido cierta decepción tanto por las limitaciones de acceso como por la ausencia de determinada información que se considera relevante. Así, en primer lugar, sólo se incluye información correspondiente al año 2014, de forma que para acceder a información de años anteriores debe ser solicitada expresamente a través del ejercicio del derecho de acceso a la información pública. En segundo lugar, sólo se refiere, por expresa previsión legal, a la información de los órganos administrativos o a la referente a la actividad administrativa de otros órganos constitucionales y, en tercer lugar, se excluyen los documentos de tramitación (notas, informes, etc) que pueden ser valiosos para comprender bien la decisión final adoptada por el órgano administrativo.

El cumplimiento de las obligaciones establecidas en la Ley por la Administración General del Estado será objeto de control por el Consejo de Transparencia y Buen Gobierno, al que nos referimos luego. Este podrá dictar resoluciones en las que se establezcan medidas para el cese del incumplimiento y el inicio de actuaciones disciplinarias, incluso el incumplimiento reiterado tendrá la consideración de infracción grave a los efectos de aplicación a sus responsables del régimen disciplinario previsto en la correspondiente normativa reguladora. Como se advierte, dicho régimen disciplinario no se incluye en esta Ley.

3. El derecho de acceso a la información pública

Una vez analizada la publicidad activa, nos detenemos en el derecho de acceso a la información pública. Según el artículo 12 LTBG: "Todas las personas tienen derecho a acceder a la información pública, en los términos previstos en el artículo 105 b) de la Constitución española, desarrollados por esta Ley". A partir de este reconocimiento se analizan a continuación la naturaleza del derecho; su sujeto, objeto y ámbito subjetivo de aplicación; los límites a su ejercicio; el procedimiento para hacerlo efectivo y las garantías reconocidas en la Ley.

3.1. Naturaleza del derecho

La naturaleza del derecho de acceso a la información pública constituye un aspecto fundamental pues de ello dependerán las garantías jurisdiccionales, e incluso normativas, que le resultan aplicables. Se trata de determinar si estamos ante un derecho constitucional de configuración legal, reconocido en el artículo 105 b) CE, o ante un derecho fundamental al conectarse con el artículo 20 CE como un contenido del derecho a recibir información. El debate no es teórico. Los derechos fundamentales tienen en España una especial protección respecto a los derechos que no tienen esa consideración, tanto en lo que se refiere a las garantías normativas (reserva de ley orgánica) como a las jurisdiccionales (procedimiento preferente y sumario ante los tribunales ordinarios y amparo constitucional ante el Tribunal Constitucional). Y el valor de un derecho depende, como se sabe, de sus garantías.

La Ley se presenta como el desarrollo del derecho reconocido en el artículo 105 b) de la Constitución. Por tanto, se sitúa fuera de la sección primera del capítulo segundo del Título I de la Constitución (artículos 15 a 29 CE) donde se contienen los derechos fundamentales y las libertades públicas con las garantías apuntadas antes. Sin embargo, eso no impide de forma absoluta su consideración como derecho fundamental, si se produce la conexión con alguno de los expresamente reconocidos. Así ocurre con el derecho a la asistencia jurídica gratuita, incardinado en el artículo 119 CE pero vinculado al derecho fundamental a la tutela judicial efectiva del artículo 24 CE. El Tribunal Constitucional ha considerado que es un derecho instrumental respecto del derecho de acceso a la jurisdicción pues su finalidad inmediata radica en permitir el acceso a la justicia para interponer pretensiones u oponerse a ellas, a quienes no tienen medios económicos suficientes (STC 180/2003). Incluso también ha establecido la conexión con el derecho fundamental a la asistencia letrada (artículo 24.2 CE) pues incluye el derecho a que sea asignado un letrado de oficio cuando su situación le haga acreedor de ello según lo determinado por las leyes en aplicación del artículo 119 CE (STC 114/1998).[2]

Ciertamente, en relación al derecho que nos ocupa, el Tribunal Constitucional no ha establecido esa conexión. Incluso, en la STC 161/1988 rechazo una solicitud de amparo que pretendía sustentarse, entre otros fundamentos, en el artículo 105 b) aduciendo que los derechos reconocidos en ese precepto no eran susceptibles de amparo. En consecuencia, siquiera implícitamente está descartando su conexión con un derecho fundamental, en concreto con el artículo 20 CE (libertades de expresión e información). Por tanto, desde la perspectiva del legislador, con ese sustento jurisprudencial, no resulta posible esa conexión y, en consecuencia, no estamos ante una manifestación de la libertad de información sino ante un derecho constitucional autónomo de configuración legal. Es, por tanto, un derecho constitucional no fundamental desarrollado por ley ordinaria y con las garantías que le reconoce esa ley. No es un derecho instrumental al servicio de otros derechos sino un derecho autónomo al servicio del control de la actuación pública conectado con el Estado democrático.

Sin embargo, esta interpretación puede ser cuestionada si atendemos a la doctrina del Tribunal Europeo de Derechos Humanos. Este Tribunal ha venido admitiendo desde la sentencia Társaság contra Hungría, de 14 de abril de 2009, que el derecho de acceso a los documentos públicos es "un elemento esencial del ejercicio (…) del derecho a la libertad de expresión". De una forma nítida, la sentencia Youth Initiative for Human Rights contra Serbia de 25 de junio de 2013 establece expresamente que "la noción de libertad para recibir información abarca un derecho de acceso a la información" (apartado 20).[3] Por tanto, como los derechos fundamentales deben interpretarse de conformidad a los tratados y acuerdos internacionales ratificados por España, conforme a la apertura internacional de los derechos del artículo 10.2 CE, resulta claro que en virtud de esta doctrina del Tribunal Europeo de Derechos Humanos el derecho funda-

---

[2] Cfr. J. GARBERÍ LLOBREGAT, "Artículo 119", en M.E. Casas Baamonde, M. Rodríguez-Piñero y Bravo-Ferrer, *Comentarios a la Constitución española. XXX Aniversario,* WoltersKluwer, Madrid, 2008.

[3] Sobre esta doctrina del Tribunal Europeo de Derechos Humanos, G. RollnertLiern, "El derecho de acceso a la información pública como derecho fundamental: una valoración del debate doctrinal a propósito de la Ley de Transparencia", *Teoría y Realidad Constitucional,* 34, 2014, páginas 364-367.

mental a recibir libremente información veraz debe incorporar el derecho de acceso a la información.

Es cierto que a esta conclusión puede oponerse la doctrina establecida por el Tribunal Constitucional en relación a la reagrupación familiar. Conforme a reiterada doctrina del Tribunal Europeo de Derechos Humanos la reagrupación familiar forma parte del derecho a la vida familiar, reconocido en el Convenio Europeo de Derechos Humanos. Sin embargo, el Tribunal Constitucional ha sostenido, en una singular interpretación de lo que significa "interpretación" que la doctrina del Tribunal Europeo de Derechos Humanos permite interpretar los derechos fundamentales ya reconocidos en la Constitución pero no configurar nuevos derechos y en nuestra Constitución no se reconoce el derecho a la vida familiar sino el derecho a la intimidad familiar, con un contenido distinto, que no incluye, por tanto, el derecho a la reagrupación familiar. Este se incardina en nuestra Constitución, según esta doctrina, en el principio rector de protección de la familia del artículo 39 CE; fuera, por tanto, de los derechos fundamentales y sin las garantías que a éstos ofrece nuestro ordenamiento constitucional.[4] Es claro que de mantener esta posición, puede considerar que el derecho de acceso a la información pública no se reconoce en nuestra Constitución en el artículo 20 sino en el artículo 105 b) y, por tanto, no le resulta aplicable la doctrina del Tribunal Europeo de Derechos Humanos. Sin embargo, si en el caso del derecho a la reagrupación familiar ya era difícilmente sostenible la posición del Tribunal Constitucional español, aún lo es más en este supuesto dada la nítida posición del Tribunal Europeo de Derechos Humanos.

3.2. Titularidad, objeto y ámbito subjetivo de aplicación del derecho

La titularidad del derecho viene reconocida en la LTBG de la forma más amplia posible: "Todas las personas" (artículo 12). Esto significa que es titular del derecho cualquier persona física o jurídica, sin limitación alguna en razón de nacionalidad o residencia.

---

[4] La STC 236/2007 ha reconocido implícitamente esta interpretación y la ha aplicado de manera expresa al supuesto concreto de la reagrupación familiar. El objeto del conflicto ha sido la duda de constitucionalidad planteada en torno a diversos artículos de la Ley en los que se hacía una remisión en blanco al reglamento para que regule las condiciones de ejercicio del derecho y otras cuestiones como el tiempo previo de convivencia que deberá acreditar el cónyuge reagrupado separado para acceder a un permiso de residencia independiente. Si estamos ante un derecho incluido en el ámbito de protección de un derecho fundamental cual es la intimidad familiar esta remisión en blanco que hace la Ley al reglamento vulnera la reserva de ley, esto es, una de las garantías normativas de los derechos fundamentales constitucionalmente reconocida (art. 53.1 CE). Sin embargo, en la STC 236/2007 se declara la conformidad constitucional de estos preceptos al considerar que no regulan ni desarrollan el derecho a la intimidad familiar, por lo que "ni estaban sometidos a la reserva de ley orgánica, ni a la reserva de ley establecida para los derechos y libertades reconocidos en el capítulo II, por lo cual las remisiones reglamentarias no habrían infringido aquellas disposiciones constitucionales" (FJ 11).

En cuanto al objeto estamos ante el derecho a acceder a la información pública. Por ello, en principio, debe presumirse que el objeto del derecho es la información pública, esto es, el contenido y no los soportes documentales en los que se contiene. El artículo 105 b) CE había establecido un contenido mínimo del derecho. Al establecer el derecho de acceso a los "archivos y registros administrativos" resulta claro que la Ley reguladora debía incluir ese contenido. No obstante, el artículo 13 LTBG va más allá de esa exigencia constitucional al concretar que se entiende por información pública. Conforme al artículo 13 LTBG información pública son "los contenidos o documentos, cualquiera que sea su formato o soporte, que obren en poder de alguno de los sujetos incluidos en el ámbito de aplicación de este título y que hayan sido elaborados o adquiridos en el ejercicio de sus funciones". Esto significa, por un lado, que incluye no sólo a los contenidos sino también a los soportes, esto es, el acceso a los documentos propiamente dichos; por otro lado, que no sólo alcanza a "archivos y registros administrativos" sino a toda la información que tengan en su poder los sujetos enumerados en los artículos 2, 3 y 4 de esta Ley, aún con las limitaciones y restricciones que en ella se establecen, a las que nos referimos a continuación.

En consecuencia, un elemento básico de esta Ley es el ámbito subjetivo de aplicación: los sujetos obligados a poner a disposición de la ciudadanía los documentos (publicidad activa) y a atender las solicitud de información producidas en ejercicio del derecho de acceso (publicidad pasiva).

Para establecer el ámbito subjetivo de aplicación se aplica un doble criterio: a) aquellos sujetos que ejerzan una función pública; b) los sujetos que aún no ejerciendo una función pública reciban financiación pública. En cualquier caso, respecto a este segundo grupo, los sujetos privados que reciben financiación pública, se establece una limitación importante. Conforme al artículo 5.1 LTBG no están obligados a publicar de forma periódica y actualizada la información cuyo conocimiento sea relevante para garantizar la transparencia sino únicamente a atender las demandas de información efectuadas en ejercicio del derecho de acceso a la información pública. Esto conlleva, por tanto, un distinto nivel de sujeción que dificulta la aplicación de la Ley.

Los primeros afectados son, por tanto, todos aquellos sujetos que desarrollan una función pública. Ello incluye entidades de diverso tipo:

a) las administraciones públicas territoriales, que en España son el Estado, las Comunidades Autónomas, las provincias y los municipios;

b) los organismos y entidades públicas considerados como administraciones públicas en esta Ley. Es el caso de los organismos autónomos, las agencias estatales, las entidades públicas empresariales y las entidades de Derecho Público que tengan atribuidas funciones de regulación o supervisión sobre un determinado sector o actividad. También las entidades de Derecho Público con personalidad jurídica propia vinculadas a una administración pública o dependiente de ellas, incluidas las Universidades públicas. Y, por supuesto, las entidades gestores de la Seguridad Social y mutuas de accidentes de trabajo y enfermedades profesionales colaboradoras de la Seguridad Social.

c) Organismos y entidades que están sometidas a la Ley sólo en relación con sus actividades sujetas al Derecho Administrativo. Es el caso de las corporaciones de Derecho Público pero especialmente de diversos órganos constitucionales que durante la tramitación de la ley se han incorporado a su ámbito de aplicación. El art. 2.1 g) menciona a la Casa del Rey, el Congreso de los Diputados, el Senado, el Tribunal Constitucional, el Consejo General del Poder Judicial, el Banco de España, el Consejo de Estado, el Defensor del Pueblo, el Tribunal de Cuentas, el Consejo Económico y Social, así como las instituciones autonómicas análogas. No resulta fácil determinar en estos supuestos la aplicación de la Ley pues ¿cuáles son las actividades "sujetas al Derecho administrativo"? Parece alcanzar a las actividades vinculadas al personal, la gestión patrimonial y la contratación pero no al ejercicio de sus funciones en el marco constitucional. Así, en relación a la Casa del Rey, que fue incorporada al ámbito de aplicación durante la tramitación parlamentaria se aplica sólo a las actividades que se rigen por el Derecho administrativo pero ¿cuáles son estos supuestos?.[5] En todo lo demás, la transparencia y el derecho de acceso a la información en relación a estos órganos se rige por sus normas reguladores. En este sentido, puede producirse la ilusión óptica de que la Ley alcanza también a estos órganos e instituciones cuando en realidad su incidencia es sumamente limitada y la transparencia debe lograrse mediante la modificación de otras leyes. Hubiera sido más adecuado que en paralelo a la aprobación de esta Ley se hubieran modificado también otras disposiciones contenidas en las fuentes reguladoras de estos órganos para garantizar efectivamente la transparencia y el derecho de acceso a la información en relación a estos órganos.

d) Sujetos públicos que no son administraciones públicas pero quedan también sometidas a lo establecido en esta Ley. Son las sociedades mercantiles en cuyo capital social la participación directa o indirecta de las entidades públicas sea superior al cincuenta por ciento; las fundaciones del sector público, esto es, las que se constituyan por las entidades del

---

[5] Además, conforme a la Disposición Adicional sexta, "la Secretaría General de la Presidencia del Gobierno será el órgano competente para tramitar el procedimiento mediante el que se solicite el acceso a la información que obre en poder de la Casa de su Majestad el Rey, así como para conocer de cualquier otra cuestión que pudiera surgir derivada de la aplicación por este órgano de las disposiciones de esta Ley".

sector público por la naturaleza pública del fundado y de las aportaciones al patrimonio fundacional y las asociaciones constituidas por las administraciones, organismos y entidades previstos en este artículo.

e) Finalmente, también se aplica la Ley a las entidades privadas financiadas con fondos públicos. El artículo 3 LTBG menciona dos tipos de entidades. En primer lugar, los partidos políticos, los sindicatos y las organizaciones empresariales; por otro, aquellas entidades privadas que reciban recursos públicos superiores a 100.000 euros al año o cuando suponga el 40% de sus ingresos anuales, siempre que sean más de 5.000 euros. En cualquier caso, en relación a estas entidades se establecen dos condiciones: las obligaciones previstas en la Ley lo son en relación a los fondos públicos que perciban y al uso que hagan de esos fondos; además, en segundo lugar, la obligación es de publicidad pasiva, no activa, esto es, existe respecto a ellas el derecho de acceso a la información pero no tienen la obligación de publicar dicha información. Las restantes entidades privadas quedan al margen de la aplicación de esta Ley.

Se advierten, por tanto, distintos niveles de sujeción a la Ley. El nivel máximo afecta a las administraciones territoriales y a cualesquiera administraciones públicas. Están obligadas no sólo a atender las solicitudes de información planteadas por cualquier persona (publicidad pasiva) sino también a publicar la información cuyo conocimiento sea relevante para garantizar la transparencia de su actividad. Además, la obligación alcanza a todos sus ámbitos de actuación. Junto a estas, otros órganos o entidades tienen un nivel de sujeción distinto. Así, los órganos constitucionales incluidos en el ámbito de aplicación de la Ley esta vinculados en relación a sus actividades sujetas a Derecho administrativo pero no a su actividad ordinaria. Por señalar el ejemplo más señero, el Congreso de los Diputados y el Senado no quedan vinculados por esta Ley en el ejercicio de la actividad legislativa, presupuestaria y de control, para ello resultaría necesario que los reglamentos parlamentarios lo establecieran de forma expresa, como ya ha ocurrido en alguna Comunidad Autónoma (Andalucía). Finalmente, las entidades privadas incluidas en el ámbito subjetivo de aplicación lo están en relación al ejercicio del derecho de acceso a la información, no a la obligación de publicar información, y sólo en relación a los fondos públicos que han percibido.

3.3. Excepciones y límites al ejercicio del derecho de acceso a la información pública

Las excepciones y límites de este derecho constituyen su elemento fundamental. Su alcance efectivo no depende tanto de su configuración primera sino de las posibilidades que abre el legislador para denegar la información apelando a intereses públicos o privados que merecen ser protegidos.

Es evidente que en cualquier sistema jurídico se prevén límites a este derecho de acceso a la información para la salvaguarda de otros bienes públicos o privados. Estos límites deben tener tres rasgos: a) deben ser establecidos por ley; b) deben ser tasados mediante una lista exhaustiva y sin utilizar conceptos jurídicos indeterminados; c) deben vincularse a la tutela de bienes públicos o privados concurrentes. A su vez, pueden distinguirse las limitaciones absolutas, que en ningún caso permiten acceder a la información, y las limitaciones relativas, sometidas a ponderación.

El artículo 14 LTBG enumera una serie de límites para la protección de bienes públicos. Son, en todos los casos, límites relativos, sometidos al criterio de ponderación, y se expresan de manera genérica. En este sentido, pueden constituir límites al ejercicio del derecho de acceso a la información pública: a) la seguridad nacional; b) la defensa; c) las relaciones exteriores; d) la seguridad pública; e) la prevención, investigación y sanción de ilícitos penales, administrativos o disciplinarios; f) la igualdad de las partes en los procesos judiciales y la tutela judicial efectiva; g) las funciones administrativas de vigilancia, inspección y control; h) los intereses económicos y comerciales; i) la política económica y monetaria; j) el secreto profesional y la propiedad intelectual e industrial; k) la confidencialidad o el secreto requerido en procesos de toma de decisión; l) la protección del medio ambiente.

Como se ha dicho, en relación a estas materias expresadas de forma genérica procede el juicio de ponderación en los supuestos concretos en los que se puedan aducir para rechazar el acceso a la información pública. Se trata de valorar si la limitación del derecho de acceso está justificada y es proporcionada a su objeto y finalidad de protección, atendiendo a las circunstancias del caso concreto, especialmente a la concurrencia de un interés público o privado superior que justifique el acceso. Por tanto, el juicio de ponderación deberá tener en cuenta la importancia de conocer la información no sólo desde una perspectiva pública (opinión pública) sino también atendiendo al interés privado frente al posible perjuicio que se pueda originar. A su vez, las resoluciones administrativas que incorporan la ponderación para limitar el derecho de acceso a la información deben ser objeto de publicidad activa, previa disociación de los datos de carácter personal que contuvieran.

Pero, más allá del juicio de proporcionalidad, en este supuesto adquiere una especial importancia lo que se ha denominado el test del perjuicio, esto es, la posibilidad de restringir el derecho cuando la divulgación de la información suponga un perjuicio para algo o para alguien.[6] A la hora de establecer esta ponderación entre el acceso a la información y el perjuicio causable deben tenerse en cuenta diversos elementos. En primer lugar, debemos partir de que perjuicio no significa afectación. Cualquier información afecta a los bienes públicos o privados a los que se refiere pero ello no significa necesariamente que produzca un perjuicio. En segundo lugar, el juicio ponderativo debe hacerse caso por caso, no por materias. Esto significa que por referirse la información a defensa, seguridad del Estado u otras de las materias que pueden actuar como límites del derecho de acceso a la información, incluso constitucionalmente previstas, no significa que se cause un perjuicio sino que habrá de estarse al supuesto concreto. En tercer lugar, el perjuicio deberá argumentarse, no basta con una invocación genérica a la posibilidad de que se produzca. Finalmente, en cuarto lugar, las limitaciones al acceso a la información deben tener el mínimo alcance necesario. En este sentido puede tener importancia el principio de "acceso parcial" recogido en el art. 16 LTBG. Según esta disposición cuando "la aplicación de alguno de los límites previstos en el artículo 14 no afecte a la totalidad de la información, se concederá el acceso parcial previa omisión de la información afectada por el límite, salvo que de ello resulte una información distorsionada o que carezca de sentido. En este caso, deberá indicarse al solicitante que parte de la información ha sido omitida".

Pero más allá de estos límites vinculados a la salvaguarda de bienes públicos, el principal límite al derecho de acceso a la información pública es su posible conflicto con el derecho fundamental a la protección de datos de carácter personal. En algunos casos, como veremos a continuación, es un límite absoluto, respecto al cual no cabe ponderación.

En este sentido, en el ordenamiento constitucional español el derecho a la protección de datos de carácter personal del artículo 18.4 CE es un derecho autónomo, distinto del derecho a la intimidad pero instrumental a éste. Es el derecho a decidir sobre el uso de sus datos personales entendido como la información sobre una persona física identificada o identificable. En concreto, es el derecho a controlar el flujo de información referido a una persona (STC 11/1998) y su contenido esencial está configurado por los derechos del afectado a consentir sobre la recogida y uso de sus datos personales, así como el derecho a ser informado de quien posee nuestros datos personales y poder oponerse a su disposición y uso (STC 292/2000). En consecuencia, puede comprenderse que estamos ante el límite de aplicación más habitual frente al derecho de acceso a la información pública. Por ello, la Ley de Transparencia ha sido más precisa en

---

[6] Cfr. E. Guichot (coord.), *Transparencia, acceso a la información pública y buen gobierno. Estudios sobre la Ley 19/2013, de 9 de diciembre*, Madrid, Tecnos, 2014, páginas 427-448 (E-book).

relación al conflicto con este derecho que respecto a otros como el derecho a la intimidad, que también puede verse afectado y tiene el reconocimiento constitucional expreso del artículo 105 b) CE.

En concreto, el art. 15 LTBG establece cuatro supuestos distintos, en los que este límite juega de distintas forma:

En primer lugar, cuando la información se refiere a datos referidos a la ideología de la persona, incluida la afiliación sindical, religión o creencias, el acceso a la información sólo se podrá autorizar cuando se cuente con el consentimiento expreso y por escrito del afectado, salvo que dicho afectado hubiese hecho manifiestamente públicos los datos con anterioridad a que se solicitase el acceso.

En segundo lugar, cuando son datos referidos al origen racional, la salud, la vida sexual o la comisión de infracciones penales o administrativas que no conllevasen la amonestación pública del infractor, se requiere el consentimiento expreso del afectado (que ya no debe ser necesariamente por escrito) o también se podrá acceder a ellos cuando lo disponga una norma con rango de ley.

En tercer lugar, cuando la información solicitada no contuviera datos especialmente protegidos, de los apuntados en los dos párrafos anteriores, para conceder el acceso el órgano al que se dirija deberá ponderar de forma suficientemente razonada, por un lado, el interés público en la divulgación de la información y, por otro, los derechos de los afectados cuyos datos aparezcan en la información solicitada, en particular su derecho a la protección de datos de carácter personal. Incluso la Ley enuncia una serie de criterios que deberán tomarse en consideración para realizar la ponderación.

En cuarto lugar, cuando la información se refiera a datos meramente identificativos relacionados con la organización, funcionamiento o actividad pública del órgano se concederá el acceso a la información con carácter general, salvo que por las características concretas del caso pueda prevalecer la protección de datos personales u otros derechos constitucionalmente protegidos sobre el interés público de la divulgación.

En cualquier caso, para evitar el conflicto y poder ejercer el derecho de acceso a la información resulta relevante lo establecido en el apartado cuarto del artículo 15 LTBG según el cual "no será aplicable lo establecido en los artículos anteriores si el acceso se efectúa previa disociación de los datos de carácter personal de modo que se impida la identificación de las personas afectadas". En muchos casos basta la disociación para acceder a la información sin vulnerar el derecho a la protección de datos pero habrá que estar a cada uno de los supuestos.

En conclusión, el derecho a la protección de datos de carácter personal supone un límite importante al ejercicio de este derecho de acceso a la información pública. En la práctica, la virtualidad del acceso a la información, y por tanto de la transparencia, va a depender de cómo se resuelva este conflicto en los casos concretos. En principio, parece establecerse la prevalencia de la reserva cuando están en juego datos íntimos y de la publicidad cuando se trata de datos relacionados con la organización, el funcionamiento o el gasto público.

3.4. Procedimiento para hacer efectivo el derecho

La Ley de Transparencia pretende establecer un procedimiento simple, ágil y asequible para todos los ciudadanos, con plazos breves de resolución, para el ejercicio del derecho de acceso a la información pública. Se establece, además, la participación de los terceros afectados para ponderar mejor, pero sin otorgarles un derecho de veto. Todo ello con costes económicos no disuasorios. La regla general es la gratuidad del acceso a dependencias públicas con el pago exclusivamente de los costes de reproducción de los documentos, en su caso.

Cualquier persona puede presentar la solicitud de información ante el titular del órgano administrativo o entidad que la posea (artículo 19.1 LTBG) en cualquiera de las lenguas oficiales en el territorio en que radique el órgano administrativo al que solicita la información. Si se considera no competente debe remitirla a quien lo sea. En el contenido de la solicitud deben incluirse los datos del solicitante (no puede ser anónima), la información que se solicita, una dirección de contacto, preferentemente electrónica, a efectos de comunicaciones y el medio a través del cual se prefiere acceder a la información. No existe obligación de motivar la solicitud aunque puede exponer los motivos por los que se solicita la información y podrán ser tenidos en cuenta cuando se dicte la resolución. La ausencia de motivación no puede ser por sí sola causa de rechazo de la solicitud.

En cualquier caso, se permite la inadmisión mediante resolución motivada y se enumeran las causas de inadmisión: información en curso de elaboración o de publicación general; información de carácter auxiliar o de apoyo (notas, borradores, opiniones, resúmenes, comunicaciones e informes internos); información para cuya divulgación sea necesaria una acción previa de reelaboración; dirigidas a un órgano en cuyo poder no obre la información cuando se desconozca el competente o que la solicitud sea manifiestamente repetitiva o tenga un carácter abusivo no justificado (artículo 18 LTBG).

En cuanto a la tramitación del procedimiento se prevé la audiencia a terceros cuando pudiera afectar a sus derechos e intereses (artículo 19.3 LTBG) y un plazo de 15 días para que se hagan alegaciones. La resolución en la que se conceda o deniegue el acceso deberá notificarse al solicitante y a los terceros afectados que así lo hayan solicitado en el plazo máximo de un mes desde la recepción de la solicitud de información, ampliable a otro mes si se aduce el volumen o la complejidad de la información solicitada, previa notificación al solicitante.

Esta resolución deberá estar motivada cuando deniegue el acceso, conceda el acceso parcial o a través de una modalidad distinta a la solicitada y cuando haya concedido el acceso pese a la oposición de tercero.

Transcurrido el plazo máximo para resolver sin que se haya dictado y notificado resolución expresa se entenderá que la solicitud ha sido desestimada (artículo 15.4 LTBG). Se ha criticado que el silencio sea negativo. Deben tenerse en cuenta, en cualquier caso, varias cuestiones que seguramente lo justifican: en primer lugar, es la solución habitual en las leyes de otros países; en segundo lugar, la posible afectación de derechos de terceros, como hemos comprobado, encaja mal con el silencio positivo; en tercer lugar, la ficción jurídica del silencio permite actuar al solicitante recurriendo y exigiendo, en su caso, responsabilidad política y disciplinaria y, finalmente, no podemos olvidar que el artículo 20.6 LTBG señala que el incumplimiento reiterado de la obligación de resolver en plazo tiene la consideración de infracción grave.

Finalmente, el artículo 22 LTBG regula la formalización del acceso a la información. Se realiza preferentemente por vía electrónica en el plazo de 10 días desde la resolución reconociendo el derecho. Si hay oposición de terceros debe esperarse a que transcurra el plazo para interponer recurso contencioso administrativo sin que se haya interpuesto o se haya resuelto confirmando el derecho de recibir información.

3.5. Garantías del derecho

Las resoluciones dictadas sobre la solicitud de acceso a la información pública son recurribles directamente ante la jurisdicción contencioso-administrativa, sin perjuicio de la interposición de una reclamación potestativa ante el Consejo de la Transparencia y Buen Gobierno (artículo 20.5 LTBG). Por tanto, es importante distinguir los dos ámbitos de garantía: la garantía jurisdiccional y la potestativa garantía que ofrece el Consejo de la transparencia.

En relación a la garantía jurisdiccional lo más importante es destacar que al no configurarse en la Ley el derecho de acceso a la información pública como un derecho fundamental no resulta aplicable el procedimiento preferente y sumario regulado en los artículos 114 y siguientes de la Ley 29/1998, de 13 de julio, reguladora de la jurisdicción contencioso-administrativa. Tampoco, evidentemente, resulta posible el recurso de amparo constitucional del artículo 43 de la Ley Orgánica 2/1979, del Tribunal Constitucional.

De cualquier forma, lo singular en este caso es la reclamación potestativa ante el Consejo de la Transparencia prevista en el artículo 24 LTBG, con un carácter potestativo y previo a su impugnación en vía contencioso-administrativa.

El Consejo de la Transparencia pretende ser una institución autónoma e independiente, con personalidad jurídica propia, que permita una respuesta rápida y eficaz a las reclamaciones de los ciudadanos. Sus fines concretos son promover la transparencia de la actividad pública, velar por el cumplimiento de las obligaciones de publicidad y salvaguardar el ejercicio del derecho de acceso a la información pública, más allá de garantizar la observancia de las disposiciones de buen gobierno.

La creación de este Consejo podía tener sentido por distintos motivos. En primer lugar porque, como se ha dicho, no sólo resuelve los conflictos sobre el ejercicio del derecho de acceso a la información sino que también hace pedagogía de la transparencia, absolutamente necesaria en un país sin una cultura de la transparencia. En segundo lugar, porque su intermediación puede limitar la litigiosidad en torno al acceso a la información y hacer posible, en definitiva, dicho acceso sin esperar a que muchos años después se pronuncien los tribunales. En tercer lugar, porque se distingue del organismo de protección de datos y, por tanto, compensa la actuación de un órgano que siempre va a adoptar una actitud más propensa a ese derecho y, por tanto, limitadora del acceso a la información pública.

El problema deriva de la composición del Consejo, como se ha advertido al configurarlo a finales de 2014, pues su vinculación gubernamental tanto en la designación de sus miembros como en su posible separación limita en la práctica la independencia que la Ley le reconoce formalmente. El Consejo está compuesto por el Presidente y la Comisión de Transparencia. De cualquier forma, el órgano gira en torno a la figura de su Presidente, que es nombrado por el Consejo de Ministros a propuesta del Ministro de Hacienda y puede ser separado también por el Gobierno por una serie de causas entre las que se incluye un hipotético incumplimiento grave de sus funciones, considerado por el propio Gobierno. La designación deberá ser refrendada por la mayoría absoluta del Congreso. A su vez, la Comisión está compuesta por un diputado, un senador y otros vocales designados por la Secretaria de Estado de Administraciones Públicas, el Tribunal de Cuentas, el Defensor del Pueblo, la Agencia Española de Protección de Datos y la Autoridad Independiente de Responsabilidad Fiscal. Hubiera sido importante establecer un procedimiento de designación del Presidente y de la Comisión menos vinculado al Gobierno y a la organización administrativa pues, en definitiva, es el órgano que vela por el cumplimiento de la transparencia por parte de las administraciones públicas. La designación debería haber sido parlamentaria, con una mayoría más cualificada que obligue a designar una persona de consenso y los designados no deberían proceder del aparato administrativo por cuya transparencia vela ni, por supuesto, de la política activa.

4. El futuro de la transparencia

Estamos ante una Ley aprobada en España con mucho retraso y pese a ello no se ha abierto a la nueva época en el acceso a la información pública vinculada a la existencia de una ciudadanía más activa que reclama su participación efectiva en la vida pública. Tiene elementos positivos. Destacamos en este sentido el reconocimiento de la publicidad activa como una obligación en la actividad administrativa o también que la Ley pretende ser precisa, no puramente nominal o principialista, como suele ocurrir con algunas leyes de este tipo. La mayor parte de su contenido, específicamente lo que aquí nos interesa, entró en vigor en diciembre de 2014 por lo que resulta imposible hacer un balance de su aplicación. Ya se ha creado el órgano que velará por el cumplimiento de los contenidos de la Ley, el Consejo de la Transparencia y el Buen Gobierno, y se ha puesto en marcha la página web a través de la cual se desarrollará la publicidad activa: el Portal de la Transparencia.

Sin embargo, en este momento inicial podemos plantear algunos problemas que plantea nuestra Ley, y que no le hace ser, ni mucho menos, de las más avanzadas del mundo. En primer lugar, el derecho a la información no se configura como un derecho fundamental, sino como un derecho de configuración legal, con las limitaciones en las garantías normativas y jurisdiccionales que ello conlleva. En segundo lugar, mucha información ha quedado fuera del ámbito de aplicación de la ley. Se ha vinculado sólo a la actividad administrativa y, por tanto, queda fuera la actividad no estrictamente administrativa de los distintos órganos constitucionales desde el Congreso y el Senado a la Casa del Rey, además de toda la documentación preparatoria de las decisiones finalmente adoptadas. En tercer lugar, resulta criticable la estrecha vinculación del Consejo de la Transparencia a la Administración General del Estado e incluso la vinculación política directa o indirecta de algunos de sus integrantes.

Aún rechazando sus insuficiencias, con estos instrumentos debemos trabajar en España. El reto es lograr un más adecuado control de la actividad pública a través de la ciudadanía pues más participación ciudadana en asuntos públicos significa mejor democracia.

— 4 —

Transparencia y protección de datos. Una referencia a la Ley Española 19/2013 de transparencia, acceso a la información y buen gobierno[1]

JOSÉ-LUIS PIÑAR MAÑAS[2]

Sumario: 1. El acceso a la información pública como derecho fundamental o como principio de actuación de los poderes públicos; 2. Acceso a la información y protección de datos: las claves de una relación; 3. La regulación del derecho de acceso a la información pública en el Derecho comunitario. Especial referencia al Reglamento (CE) nº 1049/2001, del Parlamento y del Consejo de 30 de mayo de 2001 (y la propuesta para su reforma); 4. En particular, acceso a la información y protección de datos de carácter personal en la Ley 19/2013, de 9 de diciembre, de transparencia, acceso a la información y buen gobierno.

1. El acceso a la información pública como derecho fundamental o como principio de actuación de los poderes públicos

Una de las cuestiones iniciales que debemos plantear es si el acceso a la información y la transparencia, tienen la consideración de derecho fundamental o de principio de actuación de las Administraciones Públicas[3]

Ante todo debemos distinguir, a estos efectos, entre transparencia y acceso a la información. La primera es un principio de actuación de

---

[1] El presente trabajo toma algunas reflexiones ya expuestas en PIÑAR MAÑAS, José Luis: *Seguridad, transparencia y protección de datos: el futuro de un necesario e incierto equilibrio*, Fundación Alternativas, Madrid, 2009 (también disponible en www.falternativas.org). Notablemente actualizado, ha sido publicado en el libro colectivo PIÑAR MAÑAS (Coordinador), *Transparencia, Acceso a la Información y protección de datos*, Ed. REUS, Madrid, 2015. ISBN: 978-84-290-1826-4. El trabajo se ha elaborado en el marco del Proyecto de Investigación del Ministerio Español de Economía y Competitividad sobre "Protección de Datos y aplicación extraterritorial de las normas", Ref. DER 2012-35948, del que soy investigador principal.
[2] Catedrático de Derecho Administrativo. Universidad CEU-San Pablo de Madrid.
[3] Tema que ya he tratado en el trabajo citado en la nota anterior. Véase también RAMS RAMOS, L., "La transformación del derecho de acceso en España: de derecho de configuración legal a derecho fundamental", *Revista Española de Derecho Administrativo*, núm. 160, 2013.

la Administración, como de inmediato veremos. El derecho de acceso es una de las manifestaciones, quizá la más importante pero no la única, de la transparencia y es, en mi opinión, un derecho fundamental, si no en sí mismo, sí en relación con otros derechos, como el derecho de acceso a la información, la libertad de información o la libertad de expresión.

En el derecho español, sin embargo, parece que prevalece la configuración, tanto del derecho de acceso como de la transparencia como principio de actuación de las Administraciones Públicas. Así se desprendería de la propia ubicación del artículo 105.b) de la Constitución, incluido en el Título IV, sobre el Gobierno y la Administración. El artículo 3.5 de la Ley 30/1992 dispone que "en sus relaciones con los ciudadanos las Administraciones Públicas actúan de conformidad con los principios de transparencia y participación". El Preámbulo de la Ley 4/2006 de 30 de junio, de transparencia y de buenas prácticas en la Administración pública gallega, afirma que al regular la transparencia se contribuye a "hacer más efectivo el derecho a una buena administración, como principio consagrado en nuestro acervo jurídico desde la aprobación de la Carta de los derechos fundamentales de la Unión Europea". La Ley 19/2013, de 9 de diciembre, también ha optado por esta vía, como de inmediato veremos.

Sin embargo, en una declaración conjunta de la ONU, la OECE y la OEA, de 6 de diciembre de 2004, se afirma que "el derecho de acceso a la información en poder de las autoridades públicas es un derecho humano fundamental que debería aplicarse a nivel nacional a través de legislación global (por ejemplo, las Leyes de Libertad de Acceso a la Información) basada en el principio de máxima divulgación, el cual establece la presunción de que toda la información es accesible, sujeta solamente a un sistema restringido de excepciones". Cada vez con más insistencia se habla del derecho a conocer, del *right to know*.

El Tribunal Europeo de Derechos Humanos se ha pronunciado en numerosas ocasiones en relación con el art. 10, referido a la libertad de expresión, para de alguna manera reconducir al mismo el acceso a la información pública.

Por ejemplo, la Sentencia Társaság a Szabadságjogokért v. Hungary, de 19 de abril de 2009, en su parágrafo 35 relaciona el derecho de acceso con el derecho a la libertad de información y en el 36 establece que las obligaciones del Estado en materia de libertad de prensa incluyen la eliminación de los obstáculos al ejercicio de las funciones de la prensa donde, en cuestiones de interés público, tales barreras existen únicamente como consecuencia de un monopolio de la información en poder de las autoridades, lo que lleva a la conclusión de que el Estado tenía la obligación de no impedir el flujo de la información solicitada por el recurrente.

También puede ser tenida en cuenta la Sentencia Kenedi v. Hungary, de 26 de agosto de 2009, pero mayor interés tienen algunas más recientes. Me refiero a la Sentencia Youth Initiative for Human Rights v. Serbia, de 25 de junio de 2013, en la que el Tribunal afirma que "La noción de "libertad de recibir información" incluye el derecho de acceso a la información", que ha de reconocerse no sólo a los medios de comunicación (§ 20). El caso además era especialmente relevante pues se refería a la solicitud planteada ante la agencia de inteligencia de acceso a información relativa al uso de medidas de vigilancia electrónica. El Gobierno se negó a facilitar tal información amparándose en que se trataba de información secreta. Tras una orden del *Information Commissioner* por la que se establecía que la información en cuestión debía facilitarse, la agencia de inteligencia contestó a la demandante que no disponía de esa información. Y ante esta situación el Tribunal declaró que "dado que la demandante estaba obviamente involucrada en la legítima obtención de información de interés público, con la intención de ofrecer esa información al público y contribuir así al debate público, ha habido una injerencia en su derecho a la libertad de expresión (§ 24).

Vemos, pues, que el Tribunal Europeo de Derechos Humanos, al menos en las sentencias que acabamos de citar, prefiere construir el derecho de acceso a la información a partir del derecho a la libertad de expresión e información.

Semejante posición es la que ha adoptado la Corte Interamericana de Derechos Humanos en su muy conocida Sentencia de 19 de septiembre de 2006, Caso Claude Reyes y otros contra Chile, en la que analiza la violación del derecho de acceder a información bajo el control del Estado. Afirma, en doctrina novedosa respecto a decisiones anteriores, que el artículo 13 de la Convención Americana de Derechos Humanos de 1969 (Pacto de San José de Costa Rica), por el que se reconoce la libertad de pensamiento y de expresión, al estipular expresamente los derechos a "buscar" y a "recibir" informaciones, protege el derecho que tiene toda persona a solicitar el acceso a la información bajo el control del Estado, con las salvedades permitidas bajo el régimen de restricciones de la Convención. Consecuentemente, "dicho artículo ampara el derecho de las personas a recibir dicha información y la obligación positiva del Estado de suministrarla, de forma tal que la persona pueda tener acceso a conocer esa información o reciba una respuesta fundamentada cuando por algún motivo permitido por la Convención el Estado pueda limitar el acceso a la misma para el caso concreto... Dicha información debe ser entregada sin necesidad de acreditar un interés directo para su obtención o una afectación personal, salvo en los casos en que se aplique una legítima restricción...".

Se trata de una doctrina que merece una especial atención, si bien es verdad que el derecho de acceso queda vinculado en exceso a la libertad de expresión e información. En cualquier caso, la Sentencia Claude Reyes ha sido tenida en cuenta en la redacción de la Ley Modelo Interamericana sobre Acceso a la Información, elaborada por la OEA en 2010, que destaca que "el acceso a la información es un derecho humano fundamental del hombre y una condición esencial para todas las sociedades democráticas".

Al analizar la naturaleza del derecho de acceso a la información es imprescindible hacer referencia a la Carta de Derechos Fundamentales de la Unión Europea. En ella, y en el Capítulo V, sobre "Ciudadanía", se recoge el derecho a una buena administración (art. 41) que incluye entre otros aspectos "el derecho de toda persona a acceder al expediente que le afecte, dentro del respeto de los intereses legítimos de la confidencialidad y del secreto profesional y comercial". Pero en el artículo 42 se reconoce, ya no vinculado a la buena administración sino como derecho autónomo, el "derecho de acceso a los documentos" en los siguientes términos: "Todo ciudadano de la Unión o toda persona física o jurídica que resida o tenga su domicilio social en un estado miembro tiene derecho a acceder a los documentos del Parlamento Europeo, del Consejo y de la Comisión".

Es decir, la Carta ha dado un paso importante en la consideración del derecho de acceso como un derecho fundamental. Pero hay que señalar que lo ha configurado como derecho de los ciudadanos europeos y de los residentes o domiciliados en algún estado miembro, y además referido sólo a tres de las Instituciones Europeas. En principio, pues, podría parecer que estamos ante una regulación restrictiva del derecho de acceso y en consecuencia del derecho a la transparencia. Basta, por ejemplo, con ver la diferencia que en cuanto a la regulación concreta de ambos derechos se produce respecto de la protección de datos que, como ya sabemos, se reconoce en el artículo 8º, pero a favor de "toda persona". En cualquier caso, el derecho de acceso a la información puede hacerse derivar de la libertad de expresión e información, reconocido a "toda persona" y de forma expresa en el artículo 11 de la Carta.

En mi opinión el derecho de acceso a la información pública debe ser considerado como un derecho fundamental. El derecho de acceso no sólo es imprescindible para la construcción de una sociedad democrática y participativa (en este sentido son esenciales las Sentencias dictadas por el Tribunal de Justicia en el asunto Access Info Europe, a las que luego me referiré), sino que es imprescindible para el libre desarrollo de la personalidad frente a los poderes públicos. El ser humano tiene derecho a conocer la actuación de los poderes, incluidas las motivaciones de las decisiones adoptadas, y el uso que se hace de los fondos públicos. Si el desarrollo de nuestras propias vidas depende, como así es, de la calidad democrática de los poderes públicos –cuya actuación, insisto, condiciona directa o indirectamente nuestro propio desarrollo– tenemos derecho a saber hasta qué punto su actuación es acorde con el mandato democrático. No hablamos pues de un simple principio de actuación de las Administraciones públicas: contentarnos con este planteamiento sería miope y desvirtuaría sin duda alguna el "derecho a saber".

Derecho que está directamente relacionado con la necesaria exigencia de rendición de cuentas a nuestros mandatarios. Expresión ésta -mandatario- que tan a menudo se utiliza para referirse a quienes ostentan el poder público, pero que define precisamente a quien recibe de alguien un mandato para representarle personalmente o para gestionar sus asuntos. Lo que implica necesariamente el derecho a saber el modo en que está desarrollando el mandato recibido, y el uso que se está haciendo de los fondos para ejecutarlo.

Dicho esto, y siempre en el ámbito del derecho de la Unión Europea, hay que decir que el Tribunal de Justicia es todavía reacio a considerar el derecho de acceso como un verdadero derecho fundamental autónomo. Incluso omite calificarlo y prefiere resaltar su importancia invocando la importancia que la transparencia tiene para la democracia. En este sentido es muy relevante la Sentencia del Tribunal General de 22 de marzo de 2011, Asunto T-233/09, Access Info Europe contra Consejo, que ha sido ratificada por el Tribunal de Justicia en su Sentencia de 17 de octubre de 2013, Asunto C-280/11 P, Consejo contra Access Info Europe.

En la primera de las Sentencias citadas (doctrina que luego se ratifica en la segunda) el Tribunal afirma que el derecho de acceso del público a los documentos de las instituciones está ligado al carácter democrático de éstas, debiendo garantizarse el acceso más completo posible a los documentos (apartado 55). En estas circunstancias –continúa el Tribunal- la transparencia permite garantizar una mayor participación de los ciudadanos en el proceso de toma de decisiones, así como una mayor legitimidad, eficacia y responsabilidad de la Administración frente a los ciudadanos en un sistema democrático (apartado 56). Y aún más en relación con el ejercicio de potestades legislativas: En efecto, la posibilidad de que los ciudadanos conozcan los fundamentos de la actividad legislativa es una condición del ejercicio efectivo, por aquéllos, de sus derechos democráticos (apartado 57).

Tras la anterior exposición debemos referirnos al artículo 12 de la Ley 19/2013, de Transparencia, Acceso a la Información y Buen Gobierno según el cual "todas las personas tienen derecho a acceder a la información pública, en los términos previstos en el artículo 105.b) de la Constitución Española, desarrollados por esta Ley". Y hemos de concluir que decididamente el legislador ha optado por configurar el acceso a la información como manifestación del principio de transparencia, pero no como derecho fundamental. Ya sólo el hecho de que la Ley 19/2013 sea ley ordinaria, y no ley orgánica (ni siquiera parcialmente orgánica), es clara consecuencia de ello.

Dicho lo anterior, la función de la Ley de transparencia es regular el alcance del derecho de acceso previsto en el reiterado artículo 105.b). Sin perjuicio de la consideración general que la Ley merezca (en lo que ahora no puedo entrar pues he de ceñirme al régimen general del derecho de acceso) debemos reflexionar acerca de la propia naturaleza y posición de la Ley. Según la disposición final octava la ley debe considerarse básica en la gran mayoría de sus preceptos (no el Título III). Parecería pues que está llamada, no sólo por la invocación al artículo 105 sino por la referencia a los apartados 1, 13 y 18 del art. 149.1, a desempeñar un papel preponderante en la regulación del acceso a la información. Pero las dudas que cabe plantear no son pocas. Me refiero, en particular, a lo que cabe deducir de la disposición adicional primera y del párrafo segundo del artículo 12.

La citada disposición adicional, en su apartado segundo, dispone que "Se regirán por su normativa específica, y por esta Ley con carácter supletorio, aquellas materias que tengan previsto un régimen jurídico específico de acceso a la información". Lo primero que debemos plantear es si se aplica o no a las Comunidades Autónomas. Lo digo por la referencia al carácter supletorio que se atribuye a la Ley y por el hecho de que tal carácter supletorio está condicionado al hecho de que exista legislación específica de transparencia en relación con ciertas materias en que así suceda. Es decir, el criterio para determinar el carácter supletorio no es el de la existencia en general de legislación de transparencia, sino de la existencia en ciertas materias de tal legislación, lo que podría extenderse a ámbitos de competencia exclusiva de las Comunidades Autónomas, en cuyo caso la cláusula de supletoriedad podría ser considerada inconstitucional de acuerdo a la doctrina ya consolidada en la STC 61/1997, de 20 de marzo. Parece que esta situación podría quedar salvada por el párrafo segundo del artículo 12 de la Ley, según el cual "asimismo, y en el ámbito de sus respectivas competencias, será de aplicación la correspondiente normativa autonómica". Es decir, prevalece la legislación de las CCAA dictada en el ámbito de sus competencias sobre la general estatal. Pero sigue sin resolverse la situación nada extraña de inexistencia de normativa sectorial autonómica.

El apartado tercero dispone que "en este sentido, esta Ley será de aplicación, en lo no previsto en sus respectivas normas reguladoras, al acceso a la información ambiental y a la destinada a la reutilización". Se refiere, hoy por hoy, a la Ley 27/2007, de 18 de julio, por la que se regulan los derechos de acceso a la información, de participación pública y de acceso a la justicia en materia de medio ambiente, y a la Ley 37/2007, de 16 de noviembre, sobre reutilización de la información del sector público. En estos casos, se establece claramente la aplicación preferente de la normativa sectorial, que da entrada a la Ley 19/2013 sólo en lo no regulado por aquélla. Adviértase que de acuerdo a lo que establece el reiterado apartado 2 de la Disposición adicional primera no es que la legislación sectorial se aplique en lo que no sea contrario o incompatible con la Ley general, sino que se aplica preferentemente, dejando pues sin efecto lo que regule la Ley 19/2013 en su contra.

Analizar el alcance de los preceptos a que acabo de referirme, y en consecuencia la posición de la Ley 19/2013 en el ordenamiento constitucional, nos llevaría demasiado lejos. Baste por ahora con apuntar las dudas que de todo tipo se plantean, lo que en parte, una vez más, deriva de la consideración del derecho de acceso como una simple manifestación del principio de transparencia administrativa, en lugar de como derecho fundamental.

2. Acceso a la información y protección de datos: las claves de una relación

Admitido que el acceso a la información pública es un derecho, como también lo es la protección de datos, debemos intentar fijar los términos de la relación entre ambos.

Daniel J. Solove se pregunta: "¿Cómo puede reconciliarse la tensión entre transparencia y privacidad? ¿Debe sacrificarse el acceso a los documentos en el altar de la privacidad? ¿O debe la privacidad evaporarse para poder desinfectar los gobiernos con la luz del sol?".[4]

Resulta, en efecto, imprescindible aclarar la relación existente entre acceso a la información y protección de datos,[5] sobre todo teniendo en cuenta que la transparencia es capital para el desarrollo de una sociedad abierta y democrática, y que el respeto a la protección de datos no debe considerarse un obstáculo al derecho de acceso a la información, sin olvidar que una de las excepciones que pueden invocarse al ejercer el derecho de acceso es la derivada del derecho a la protección de datos, o de la existencia de información o documentos que afecten a la intimidad de las personas, así como de información que afecte a la seguridad ciudadana. Westin ha señalado con acierto que "el moderno estado totalitario se apoya en el secreto respecto del régimen, y una gran vigilancia y visibilidad respecto del resto de grupos... La sociedad democrática descansa en

---

[4] *The Digital Person. Technology and Privacy in the Information Age*, New York University Press, 2004, pág.150.
[5] A ello se ha referido el Tribunal de Justicia en su Sentencia de 20 de mayo de 2003, *Rundfunk*, Asuntos C-465/00, C-138/01 y C-139/01, sobre la que volveré más adelante.

el control sobre el gobierno y en la privacidad como escudo para la vida individual y en grupo".[6]

Ni la el acceso a la información ni la protección de datos son absolutos. Es imprescindible conseguir un equilibrio entre ambos derechos.[7]

El Grupo de Trabajo del Artículo 29 de la Directiva 95/46/CE, en su Dictamen 3/99, relativo a Información del sector público y protección de datos personales, (WP 20) aprobado el 3 de mayo de 2003 señala que "el legislador, cuando desea que un dato se vuelva accesible al público no considera sin embargo que haya de convertirse en *res nullius*. Tal es la filosofía del conjunto de nuestras legislaciones. El carácter público de un dato de carácter personal, resulte de una normativa o de la voluntad de la propia persona a la que alude el dato, no priva *ipso facto* y para siempre, a dicha persona de la protección que le garantiza la ley en virtud de los principios fundamentales de defensa de la identidad humana". Resulta necesario conciliar el respeto del derecho a la intimidad y a la protección de los datos personales de los ciudadanos con el derecho a acceder a la información del sector público, y en este sentido el Grupo concluye que es necesario tener en cuenta los siguientes aspectos:

a) valoración caso por caso de la cuestión de si un dato de carácter personal puede publicarse/hacerse accesible o no, y en caso afirmativo en qué condiciones y en qué soporte (digitalización o no, difusión en internet o no, etc.);

b) principios de finalidad y legitimidad;

c) información de la persona en cuestión;

d) derecho de oposición de la persona en cuestión; utilización de las nuevas tecnologías para contribuir al respeto del derecho a la intimidad.[8]

El Supervisor Europeo de Protección de Datos, en su importante Documento *Public access to documents and data protection*[9] ha centrado con brillantez los términos del debate.

También es importante la jurisprudencia europea, ya abundante. Me centraré en la Sentencia del Tribunal de Justicia de 20 de mayo de 2003, *Rundfunk y otros*, Asuntos C-465/00, C-138/01 y C-139/01 y en la Sentencia del Tribunal de Primera Instancia de 8 de noviembre de 2007, *Bavarian*

---

[6] *Privacy and Freedom*, Atheneum, New York. 196, págs. 23-25

[7] El IV Encuentro de Agencias Autonómicas de Protección de Datos, celebrado en Vitoria los días 23 y 24 de octubre de 2007, tuvo como tema central *Protección de Datos y acceso a la información. Un encuentro necesario entre derechos concurrentes*. La mayoría de las ponencias presentadas están disponibles en la Web de la Agencia Vasca de Protección de Datos: http://www.avpd.euskadi.net/s04-4319/es/

[8] Dictamen 3/99, cit., pág. 12.

[9] Un resumen del Documento puede consultarse en Emilio Guichot, "Acceso a la información en poder de la Administración y protección de datos personales", *Revista de Administración Pública*, núm. 173, mayo-agosto (2007), págs.. 423 y ss.

Lager contra Comisión, Asunto T-194/04. Ambas son capitales para analizar la relación entre protección de datos y acceso a la información en el derecho comunitario, si bien, como veremos, la segunda ha sido anulada en casación por la Sentencia del Tribunal de Justicia, Gran Sala, de 29 de junio de 2010, Asunto C-28/08 P.

A la Sentencia *Rundfunk* me he referido ya en varias ocasiones.[10] Se trata de una decisión clave en la definición de los principios de finalidad y proporcionalidad y su trascendencia a la hora de alcanzar el equilibrio entre acceso a la información y protección de datos.

La Sentencia *Bavarian Lager* de 2007 juzga si era pertinente facilitar a terceros interesados los datos de las personas que intervinieron en una reunión de trabajo de la Comisión. El Tribunal parte de la base de que la lista de los participantes en la reunión que figuran en el acta de la misma contiene datos personales. Pero a partir de aquí lleva a cabo una serie de consideraciones que desembocan en la decisión de que tales datos deben ser facilitados cuando se lleva a cabo una solicitud de acceso a la información en base al Reglamento 1049/2001.

Según el Tribunal "debe constatarse que el mero hecho de que un documento contenga datos personales no significa necesariamente que se ponga en peligro la intimidad o la integridad de las personas de que se trata, a pesar de que la actividad profesional no esté, en principio, excluida del concepto de «vida privada» en el sentido del artículo 8 del CEDH".[11] En particular contener los nombres de los representantes de las entidades que participaron en la reunión no pone en peligro la intimidad de las personas, pues éstas actúan en representación de sus entidades y las opiniones vertidas en la reunión no contienen opiniones individuales sino posturas imputables a las entidades. Tales consideraciones son esenciales para la decisión del Tribunal: el asunto controvertido entra en el ámbito de aplicación del Reglamento 1049/2001 que (como de inmediato veremos) recoge como excepción al principio de apertura y derecho de acceso no la divulgación de cualquier dato, sino de datos personales que puedan suponer un perjuicio para la protección de la intimidad y la integridad de las personas. Esto hace que el caso analizado deba considerarse diferente al que fue objeto de la Sentencia *Rundfunk* a la que acabo de referirme, pues en ella lo relevante es que hubiese habido un tratamiento de datos personales, con perjuicio o no de que afectasen a la intimidad de los interesados. Por ello el Tribunal de Primera Instancia concluye que "la divulgación de los nombres en cuestión no da lugar a una injerencia en

---

[10] Sobre la Sentencia *Rundfunk* vid. Piñar Mañas, "El derecho a la protección de datos de carácter personal en la jurisprudencia del Tribunal de Justicia de las Comunidades Europeas", en *Cuadernos de Derecho Público*, n° 19-20, monográfico sobre *Protección de datos*, 2003, págs. 61 y ss. Asimismo *Seguridad, transparencia y protección de datos: el futuro de un necesario e incierto equilibrio*.

[11] Apartado 123 de la Sentencia.

la intimidad de las personas que participaron en la reunión y no supone un perjuicio para la protección de su intimidad y de la integridad de sus personas",[12] por lo que tales datos pueden y deben ser facilitados a quien lo solicitó. Incluso aunque los interesados se hubiesen opuesto a ello si no demuestran que su intimidad e integridad habrían sufrido un perjuicio con su divulgación.

La Sentencia que acabo de comentar ha sido sin embargo anulada por la Sentencia del Tribunal de Justicia, Gran Sala, de 29 de junio de 2010, Asunto C-28/08 P. El Tribunal considera que el Tribunal de Primera Instancia "limita la aplicación de la excepción prevista en dicha disposición a las situaciones en que se vulnera la intimidad o la integridad de la persona en el sentido del artículo 8 del CEDH y de la jurisprudencia del Tribunal Europeo de Derechos Humanos, y no tiene en cuenta la legislación de la Unión sobre la protección de datos personales, en particular el Reglamento n° 45/2001".[13] Sin embargo, "cuando una solicitud para la obtención de documentos que contienen datos personales se basa en el Reglamento n° 1049/2001, el Reglamento n° 45/2001 es aplicable en su totalidad, incluidos sus artículos 8 y 18".[14] De la aplicación del Reglamento 45/2001, se deduce:

76. Procede señalar que, al difundir la versión del documento controvertido expurgada de los cinco nombres de participantes en la reunión de 11 de octubre de 1996, la Comisión no infringió lo dispuesto por el Reglamento n° 1049/2001 y cumplió suficientemente su obligación de transparencia.

77. Al exigir que, para las cinco personas que no otorgaron su consentimiento expreso, Bavarian Lager demostrara la necesidad de transmitir esos datos personales, la Comisión cumplió lo establecido en el artículo 8, letra b), del Reglamento n° 45/2001.

78. Al no haber presentado Bavarian Lager ninguna justificación expresa y legítima ni ningún argumento convincente para demostrar la necesidad de la transmisión de dichos datos personales, la Comisión no pudo ponderar los distintos intereses de las partes implicadas. Tampoco podía verificar si no existían motivos para suponer que esa transmisión podría perjudicar los intereses legítimos de los interesados, como establece el artículo 8, letra b), del Reglamento n° 45/2001...................

80. En consecuencia, el Tribunal cometió un error de Derecho al concluir, en los apartados 133 y 139 de la sentencia recurrida, que en el caso de autos la Comisión había aplicado erróneamente el artículo 4, apartado

---

[12] Apartado 132.
[13] Apartado 58.
[14] Apartado 63.

1, letra b), del Reglamento nº 1049/2001 y constatado que Bavarian Lager no había demostrado un objetivo expreso y legítimo ni la necesidad de obtener íntegramente el documento de que se trata.

3. La regulación del derecho de acceso a la información pública en el Derecho comunitario. Especial referencia al Reglamento (CE) nº 1049/2001, del Parlamento y del Consejo de 30 de mayo de 2001 (y la propuesta para su reforma)

El Reglamento (CE) nº 1049/2001 constituye hoy por hoy la principal norma sobre el régimen de acceso a los documentos de las Instituciones europeas. No regula con carácter general la transparencia y el derecho de acceso en el ámbito de la Unión Europea, pero sí constituye una referencia que debe tomarse en consideración. En cualquier caso, está ya muy avanzado el proceso de modificación de su texto, al objeto sobre todo de adaptarlo a la experiencia acumulada durante su vigencia y a la jurisprudencia del Tribunal de Justicia de las Comunidades Europeas y del Tribunal de Primera Instancia. Existe una Propuesta formal para modificar el Reglamento, que no parece que vaya a aprobarse en breve, pero a la que iré haciendo referencia a continuación.[15]

El principio general que da pie al Reglamento es el de "apertura". La apertura, señala su segundo considerando, "permite garantizar una mayor participación de los ciudadanos en el proceso de toma de decisiones, así como una mayor legitimidad, eficacia y responsabilidad de la Administración para con los ciudadanos en un sistema democrático. La apertura contribuye a reforzar los principios de democracia y respeto de los derechos fundamentales contemplados en el artículo 6 del Tratado UE y en la Carta de los Derechos Fundamentales de la Unión Europea". Partiendo de lo anterior, pretende facilitar "el acceso más amplio posible a los documentos" (art. 1 a), al tiempo que determina los límites y excepciones a dicho acceso.

Los beneficiarios del derecho de acceso se especifican en el artículo 2.1: "todo ciudadano de la Unión, así como toda persona física o jurídica que resida o tenga su domicilio social en un estado miembro, tiene derecho a acceder a los documentos de las instituciones, con arreglo a los principios, condiciones y límites que se definen en el Reglamento". En cuanto a quienes no residan ni tengan su domicilio en un estado miembro, las Instituciones "podrán" conceder el acceso de acuerdo a los mismos principios, condiciones y límites (art. 2.2.). Además, no es necesario acreditar

---

[15] Véase *Proposal for a Regulation of the European Parliament and the Council regarding public access to European Parliament, Council and Commission documents (presented by the Commission)*, Bruselas, 30 de abril de 2008. COM(2008) 229 final. Sobre tal propuesta tiene especial interés la Opinión del Supervisor Europeo de Protección de Datos, de 30 de junio de 2008 (localizable en www.edps.europa.eu).

un interés legítimo que justifique el acceso: el artículo 6.1 del Reglamento deja sentado que el solicitante no está obligado a especificar las razones por las que lo solicita. La no necesidad de demostrar o justificar un interés ha sido ya resaltada por el Tribunal de Primera Instancia de las Comunidades Europeas en diversas ocasiones; por ejemplo en la Sentencia de 8 de noviembre de 2007, Bavarian Lager contra Comisión, (epígrafe 92).[16] Si bien en caso de que el acceso a la información implique el tratamiento de datos personales será necesario justificar que la transmisión de la información es necesaria a los fines de la transparencia: Sentencia de 29 de junio de 2010, Comisión contra Bavarian. La propuesta de reforma del Reglamento va mucho más allá a la hora de reconocer legitimación para la solicitud de acceso. Se pretende, en efecto, extender la legitimación a "toda persona física o jurídica" con independencia de su ciudadanía, residencia o domicilio. Se daría así un gran paso adelante en la configuración del derecho.

Es importante destacar que el acceso se extiende a "todos los documentos que obren en poder de una institución; es decir, los documentos por ella elaborados y que estén en su posesión, en todos los ámbitos de actividad de la Unión Europea" (art. 2.3).[17] Alcanza, pues, a los tres pilares, y no sólo al ámbito propiamente comunitario. De hecho, en el Considerando 17 del Reglamento se afirma que el reconocimiento del derecho de acceso puede exigir que se modifiquen, entre otras disposiciones, "las normas de confidencialidad de los documentos de Schengen".

Merecen especial atención las excepciones al derecho de acceso. El artículo 4º del Reglamento prevé las que se han llamado excepciones absolutas y excepciones relativas, por estar sujetas al examen del interés público en la divulgación de los documentos.

El artículo 4.1 regula las excepciones absolutas: las instituciones denegarán el acceso a un documento cuya divulgación suponga un perjuicio para la protección de, por un lado, el interés público por lo que respecta a la seguridad pública, la defensa y los asuntos militares, las relaciones internacionales, o la política financiera, monetaria o económica de la Comunidad o de un estado miembro; y por otro, de la intimidad y la integridad de las personas, en particular de conformidad con la legislación comunitaria sobre protección de los datos personales.[18] Excepción ésta que es especialmente relevante en el presente Documento.

---

[16] También en la STPI de 6 de julio de 2006, Franchet y Byk contra Comisión, Asuntos T-391/03 y T-70/04.

[17] La propuesta de reforma del Reglamento incorpora una novedad aparentemente menor pero de cierto calado (también en base a la jurisprudencia del Tribunal de Justicia). La expresión "es decir", se sustituye por "en particular", lo que amplía el tipo de documentos respecto de los que cabe solicitar el acceso.

[18] Art. 4.1 del Reglamento.

Por su parte, el nº 2 del mismo artículo 4 recoge las excepciones relativas. Señala que las instituciones denegarán el acceso a un documento cuya divulgación suponga un perjuicio para la protección de los intereses comerciales de una persona física o jurídica, incluida la propiedad intelectual, los procedimientos judiciales y el asesoramiento jurídico,[19] el objetivo de las actividades de inspección, investigación y auditoría, salvo que su divulgación reviste un interés público superior. Es decir, debe llevarse a cabo una ponderación del perjuicio que pueda suponer el acceso y el interés público que pueda justificarlo.

La propuesta de reforma del Reglamento modifica sustancialmente el régimen de las excepciones. Por un lado abandona la distinción entre excepciones absolutas y relativas, eliminando cualquier referencia a que la divulgación de la información revista un interés público superior. Por otro, lo que nos interesa especialmente, reelabora la excepción relativa a la privacidad, que se reconduce mucho más a la protección de datos, en estos términos: Los nombres, títulos y funciones de los cargos públicos, de los empleados públicos y de los representantes de intereses, en relación con sus actividades serán facilitados salvo que, en casos particulares, el acceso pueda afectar a dichas personas. Cualquier otro dato personal será suministrado de acuerdo con las condiciones del tratamiento legítimo de tales datos, tal como se prevé en la legislación de la Comunidad Europea sobre la materia.

4. En particular, acceso a la información y protección de datos de carácter personal en la Ley 19/2013, de 9 de diciembre, de transparencia, acceso a la información y buen gobierno

La importancia de la relación entre transparencia y protección de datos resulta evidente en la Ley 19/2013, que ha dedicado un largo artículo a la protección de datos de carácter personal, el 15, además de la disposición adicional quinta.

El magnífico Informe de la Agencia Española de Protección de Datos de 5 de junio de 2012, emitido de conformidad con lo dispuesto en los artículos 37h) de la LOPD y 5b) del Estatuto de la Agencia, parte de la innegable incidencia de la Ley de transparencia, tanto en lo que a trans-

---

[19] Sobre esta excepción, véase la STPI de 23 de noviembre de 2004, Mauricio Turco contra Consejo, As. T-84/03, El Tribunal entiende que "la expresión asesoramiento jurídico debe entenderse en el sentido de que la protección del interés público puede oponerse a la divulgación del contenido de los documentos elaborados por el servicio jurídico del Consejo en el marco de procedimientos judiciales, pero también para cualquier otro fin" (apartado 62). Añade que "toda vez que los dictámenes jurídicos elaborados en el contexto de procedimientos judiciales están ya comprendidos en la excepción relativa a la protección de dichos procedimientos .... la mención expresa del asesoramiento jurídico entre las excepciones tienen necesariamente un alcance distinto del de la excepción relativa a los procedimientos judiciales" (apartado 65).

parencia activa se refiere como en el acceso a la información, en el derecho fundamental a la protección de datos. Y llama la atención acerca de la necesidad de que la transparencia sea "congruente con los principios que conforman el derecho fundamental a la protección de datos de carácter personal". Señala que la divulgación de la información que obre en poder de los sujetos obligados implicará, como punto de partida, la realización de un tratamiento específico sobre los datos de carácter personal que tal información pudiera contener y, más en particular, que en cuanto al acceso a información contenida en archivos que tengan la consideración de ficheros de datos de carácter personal conforme a la LOPD, deberán tenerse en cuenta las previsiones de ésta, de tal suerte que sólo cabrá conceder el acceso si el mismo es conforme no sólo con la Ley de Transparencia, sino asimismo con la LOPD.

El análisis que la Agencia hace del Anteproyecto en el ámbito de la protección de datos es muy meticuloso, y gran parte de sus observaciones han sido recogidas en el texto final de la Ley, entre otros extremos, en lo que al propio texto del artículo 15, que responde en lo esencial a la propuesta que la Agencia incorpora a su Informe.

En definitiva, de lo que se trata, una vez más, es de buscar el equilibrio entre transparencia, acceso a la información y protección de datos de carácter personal. El llamado Grupo de Trabajo de Autoridades de Protección de Datos, Grupo del Artículo 29, y el Tribunal de Justicia de la Unión Europea se han ocupado en reiteradas ocasiones del tema. Asimismo es de destacar el Documento Public access to documents and data protection elaborado por el Supervisor Europeo de Protección de Datos .

El Grupo de Trabajo del Artículo 29, en su Dictamen 3/99, relativo a Información del sector público y protección de datos personales, (WP 20) aprobado el 3 de mayo de 2003 señala que "el legislador, cuando desea que un dato se vuelva accesible al público no considera sin embargo que haya de convertirse en res nullius. Tal es la filosofía del conjunto de nuestras legislaciones. El carácter público de un dato de carácter personal, resulte de una normativa o de la voluntad de la propia persona a la que alude el dato, no priva ipso facto y para siempre, a dicha persona de la protección que le garantiza la ley en virtud de los principios fundamentales de defensa de la identidad humana". Resulta necesario conciliar el respeto del derecho a la intimidad y a la protección de los datos personales de los ciudadanos con el derecho a acceder a la información del sector público, y en este sentido el Grupo concluye que es necesario tener en cuenta los siguientes aspectos:

a) valoración caso por caso de la cuestión de si un dato de carácter personal puede publicarse/hacerse accesible o no, y en caso afirmativo en qué condiciones y en qué soporte (digitalización o no, difusión en internet o no, etc.);

b) principios de finalidad y legitimidad;

c) información de la persona en cuestión;

d) derecho de oposición de la persona en cuestión; utilización de las nuevas tecnologías para contribuir al respeto del derecho a la intimidad.

También es importante, como sabemos, la jurisprudencia del Tribunal de Justicia. Ya antes me he referido en varias ocasiones a la Sentencia del Tribunal de Justicia de 20 de mayo de 2003, Rundfunk y otros, y la del Tribunal de Primera Instancia de 8 de noviembre de 2007, Bavarian Lager contra Comisión, así como la Sentencia del Tribunal de Justicia, Gran Sala, de 29 de junio de 2010, dictada como consecuencia del recurso presentado contra la última de las citadas.

Dicho lo anterior, me refiero ahora al citado artículo 15 de la Ley.

Ante todo hay que decir que finalmente, tras más de veinte años, las normas sustantivas y procedimentales en materia de protección de datos y acceso aciertan a encontrarse y convivir. Por fin se supera la falta de coordinación existente, primero entre la Ley 30/1992 y la Ley Orgánica de Tratamiento Automatizado de Datos de 1992, y después entre la reforma de la Ley de Procedimiento de 1999 y la LOPD del mismo año. Resultaba inexplicable esa falta de encuentro, que, como digo, ahora, por fin, se resuelve.

Pese a que no se califica como tal, la protección de datos es un límite, o una excepción, a la regla de apertura y acceso a la información. Límite que se encuentra en todas las normas nacionales y textos internacionales que regulan la transparencia. Y que, como hemos dicho, en la Ley merece un tratamiento diferenciado y más detallado que el resto de límites a los que antes me refería. Sin perjuicio de lo que sin duda debemos a la influencia de la Agencia Española de Protección de Datos en ese tratamiento propio, lo cierto es que la entidad de la protección de datos y la existencia de la LOPD justifican con creces esta situación.

La cuestión es relevante porque la Ley 19/2013 supone, ante todo y en principio, un título habilitante para poder llevar a cabo, sin consentimiento de los afectados, la cesión de sus datos personales a terceros (los solicitantes del acceso), lo que nos pone en la pista del artículo 11 de la LOPD, que regula la cesión de datos y dispone que ésta no será posible sin consentimiento de los afectados salvo que una ley lo autorice, y esta es precisamente, en nuestro caso, la Ley de Transparencia. Por tanto, frente a la situación anterior, que partía de la regla general de la necesidad del consentimiento para proceder a la cesión de los datos que resultasen afectados ante una petición de acceso a archivos y documentos, hoy la situación es cabalmente la contraria: el punto de partida es que la cesión viene habilitada por la Ley.

Esta conclusión, sin embargo, no debe hacernos olvidar que en todo caso debe respetarse lo que dispone la LOPD y en particular los principios configuradores del derecho a la protección de datos. De este modo, el artículo 15.1 de la Ley 19/2013 parte de la base de que la cesión de datos especialmente protegidos requiere en todo caso el consentimiento expreso del afectado, que además debe ser escrito si revelan la ideología, afiliación sindical, religión y creencias de los afectados, a menos que éstos los hubiera hecho manifiestamente públicos con anterioridad (en aplicación sin duda del artículo 8.2.e) de la Directiva 95/46/CE). En caso de que la información solicitada no contuviera datos especialmente protegidos, el órgano al que se dirija la solicitud concederá el acceso previa ponderación suficientemente razonada del interés público en la divulgación de la información y los derechos de los afectados cuyos datos aparezcan en la información solicitada, en particular su derecho fundamental a la protección de datos de carácter personal (art. 15.3). Esta ponderación es quizá la clave de bóveda y al mismo tiempo el caballo de Troya de la relación y convivencia entre acceso a la información y protección de datos. Ponderación que, por cierto, no es necesaria en relación con el acceso a datos especialmente protegidos, pues en este caso siempre será necesario el consentimiento expreso del afectado, lo que hace innecesaria la ponderación: si se cuenta con el consentimiento la cesión es posible sin que se requiera ejercicio de ponderación alguno, y si tal consentimiento no se da tampoco cabe ponderación porque ésta no puede habilitar una cesión que sólo es posible con el consentimiento del afectado. Esta regla tiene una excepción: los datos hechos manifiestamente públicos a que se refiere el artículo 15.1 párrafo primero, pues en este caso, al no ser necesario el consentimiento, será preciso llevar a cabo la ponderación con carácter previo a la comunicación de los datos.

El art. 15.3 determina los criterios que, para la realización de la citada ponderación, tomará en consideración el órgano ante quien se solicite el acceso. Tales criterios no son los únicos posibles, aunque sí los que "particularmente" deben tenerse en cuenta. Pero el verdadero problema radica en que la repetida ponderación la lleva a cabo el órgano ante quien se solicita el acceso. Ponderación que ha de moverse necesariamente y a su vez en el ámbito de los criterios relativos a la protección de datos. En caso de que se deniegue el acceso por considerar preferente el respeto a la protección de datos, cabrá interponer reclamación ante el Consejo de Transparencia y Buen Gobierno, al objeto de que decida su Presidente (art. 38.2.c) de la Ley), que deberá resolver valorando cómo afecta la solicitud de acceso a la protección de datos y al derecho de acceso a la información pública.

La conclusión innegable de lo anterior es que tanto el sujeto obligado, en primer lugar, como el Consejo de Transparencia, en vía de reclamación, deberán pronunciarse acerca del alcance del derecho a la protección de datos, tutelándolo o no. Cierto que la Disposición adicional quinta regula la colaboración entre el Consejo de Transparencia y la Agencia Española de Protección de Datos, y a tal fin señala que uno y otra "adoptarán conjuntamente los criterios de aplicación, en su ámbito de actuación, de las reglas contenidas en el artículo 15 de esta Ley, en particular en lo que respecta a la ponderación del interés público en el acceso a la información y la garantía de los derechos de los interesados cuyos datos se contuviesen en la misma, de conformidad con lo dispuesto en esta Ley y en la Ley Orgánica 15/1999, de 13 de diciembre". Pero, sin perjuicio de que nada se dice acerca de cómo han de elaborarse tales criterios, lo cierto es que los conflictos y posibles disparidades de criterios pueden producirse y sin duda se producirán. Pensemos en el siguiente caso: la denegación del acceso a cierta información que contiene datos personales, pero sólo en parte, por entender que parte de esa información personal puede facilitarse pero no toda. Cabe entonces suponer que el solicitante del acceso puede presentar reclamación ante el Conejo de Transparencia para reclamar que se le facilite el acceso a toda la información, mientras que el titular de los datos desea reclamar contra la cesión de sus datos, siquiera sea parcial, por entender que no debería haberse facilitado ningún dato personal referente a él. Este ocupa el lugar de "tercero" a efectos del art. 24.3 de la Ley de Transparencia, pero al mismo tiempo es afectado directo de acuerdo a la LOPD, y podrá presentar denuncia ante la Agencia de Protección de Datos correspondiente por lo que él puede considerar una cesión inconsentida de datos. Nos encontramos entonces ante unos mismos hechos que dan lugar a dos reclamaciones distintas presentadas ante dos órganos distintos con distintas competencias pero que deberían llegar a conclusiones semejantes. Uno de ellos, sin embargo, debe ceñirse a valorar la situación desde la perspectiva de la transparencia, y otro desde la de la protección de datos.

Parece claro que lo que quiero plantear es las reservas que genera el hecho de haber creado un órgano específico y nuevo como el Consejo de Transparencia, que no debe tener competencias en materia de protección de datos, y que sin embargo va a verse abocado a ejercerlas, pese a que es la Agencia de Protección de Datos la que, de acuerdo con la LOPD, la Directiva 95/46/CE y el propio artículo 8 de la Carta Europea de Derechos Fundamentales, está llamada a tutelar y proteger el derecho fundamental a la protección de datos de carácter personal.

Por lo demás, las resoluciones que dicten los sujetos obligados otorgando o no el acceso cuando se vean afectados datos personales deberán ser siempre motivadas. Si se otorga el acceso, porque la resolución debe ponderar de modo suficientemente razonado el interés público en la divulgación de la información y los derechos de los afectados cuyos datos aparezcan en la información solicitada (art. 15.3); y si se deniega, porque tal denegación debe ser siempre motivada (art. 20.2).

Por último es preciso apuntar las siguientes cuestiones.

Pese a lo que establece el artículo 17.3 de la Ley de Transparencia, en el sentido de no obligar a los solicitantes a motivar su solicitud de acceso, debe plantearse si en caso de que el acceso afecte a información que contenga datos personales podría exigirse algún tipo de motivación. Ello se debe a la doctrina que deriva de la Sentencia del Tribunal de Justicia, Gran Sala, de 29 de junio de 2010, Asunto C-28/08 P, asunto Bavarian Lager, que ya conocemos. En ella el Tribunal, como sabemos, consideró que está justificado que el solicitante del acceso deba demostrar la necesidad de transmitir los datos personales en su caso implicados, y que la no presentación de justificación "expresa y legítima ni ningún argumento convincente para demostrar la necesidad de la transmisión de dichos datos personales" impide verificar si no existían motivos para suponer que esa transmisión podría perjudicar los intereses legítimos de los interesados.

Según el artículo 15.2, "con carácter general, y salvo que en el caso concreto prevalezca la protección de datos personales u otros derechos constitucionalmente protegidos sobre el interés público en la divulgación que lo impida, se concederá el acceso a información que contenga datos meramente identificativos relacionados con la organización, funcionamiento o actividad pública del órgano". Choca esta previsión tan garantista pues en principio los datos meramente identificativos a que se refiere este apartado estarían fuera del ámbito de protección de la LOPD, o al menos de su Reglamento de desarrollo aprobado por Real Decreto 1720/2007, cuyo art. 2.2 deja fuera de su ámbito de aplicación a los llamados datos de contacto, que coinciden con lo que puede considerarse datos meramente identificativos.

El artículo 15.3 señala con razón que no será aplicable lo que hasta ahora hemos visto si el acceso se efectúa previa disociación de los datos de carácter personal de modo que se impida la identificación de las personas afectadas. Y ello es así porque los datos disociados no tienen en principio la consideración de dato de carácter personal.

En fin, el apartado 5 del reiterado art. 15 dispone que la normativa de protección de datos personales será de aplicación al tratamiento posterior de los obtenidos a través del ejercicio del derecho de acceso. Algo absolutamente lógico de acuerdo a las exigencias derivadas del respeto al principio de finalidad y al resto de principios de la protección de datos.

— 5 —

Los límites a la transparencia en la Unión Europea. El menguado alcance del derecho de los ciudadanos a acceder a la información en poder de las instituciones europeas

JOSÉ MARIA PORRAS RAMÍREZ[1]

Sumario: I. Introducción. La exigencia democrática de apertura y transparencia de las instituciones europeas; II. El derecho de los ciudadanos a acceder a los documentos en poder de las instituciones europeas (Art. 15.3 TFUE y Art. 42 CDFUE); 1. Origen y evolución de la regulación que incorporan los Tratados; 2. Relevancia y limitaciones del Reglamento (EC) nº 1049/2001, de 30 de Mayo de 2001; 3. Las disposiciones específicas adoptadas por las instituciones europeas; a. Del Parlamento Europeo; b. De la Comisión; c. Del Consejo; d. Del Consejo Europeo; 4. Peculiaridades que afectan al Tribunal de Justicia de la Unión Europea, al Banco Central Europeo y al Banco Europeo de Inversiones; a. El Tribunal de Justicia de la Unión Europea; b. El Banco Central Europeo; c. El Banco Europeo de Inversiones; 5. El acceso preferente a los documentos legislativos del Parlamento Europeo y del Consejo; III. Conclusión.

I. Introducción. La exigencia democrática de apertura y transparencia de las instituciones europeas

El desarrollo en un marco integrado, paulatinamente racionalizado, de las instituciones europeas, tal y como se aprecia, fundamentalmente, a partir de la promulgación del Tratado de Maastricht, es la historia de un proceso constante e ininterrumpido de democratización progresiva de sus estructuras políticas. Sin embargo, una realización completa del principio democrático en el nivel europeo halla más dificultades y desafíos que en el que propio de los Estados miembros.[2] La diversidad constitutiva de la Unión y su complejidad interna explican la existencia de mayores

---

[1] Catedrático de Derecho Constitucional de la Universidad de Granada.
[2] VON BOGDANDY, A., Founding principles, en VON BOGDANDY, A. & BAST, J. (Eds.), *Principles of European Constitutional Law*, Hart/C. H. Beck, New York/Munich, 2010, págs. 11-54; en especial, pág. 51.

obstáculos para su ejecución. Así, la subrayada ausencia de apertura, participación popular, transparencia y adecuada rendición de cuentas de las instituciones europeas en su proceso de toma de decisiones y la también criticada divergencia entre las políticas que aquéllas emprenden y las opciones y preferencias de los ciudadanos, no hacen sino contribuir a la creación del llamado "déficit democrático" de la Unión Europea, expresivo de la existencia de una importante brecha en la relación que se establece entre los gobernantes y los gobernados. Aunque esta circunstancia afecta prácticamente a cualquier régimen político democrático contemporáneo, es, precisamente, en el seno de la Unión, en tanto que organización política supraestatal o, si se prefiere, postestatal, donde la misma se aprecia con más intensidad, explicando su reiterada denuncia.[3]

A fin de modificar esta situación se consideró necesario establecer en los Tratados, no sólo la garantía de la existencia de una arquitectura institucional efectivamente vinculada al principio de democracia representativa (Art. 10 TUE),[4] sino, también, incluir determinaciones complementarias referentes a elementos esenciales de la llamada democracia participativa (Art. 11 TUE). Se pretendía así lograr una integración real de los ciudadanos en el proceso de toma de decisiones de las instituciones europeas, del que se derivara un cambio sustancial en el modelo de gobernanza de la Unión, intensificador de su carácter democrático. Esta preocupación se advierte, de forma insistente, primeramente, en el Preámbulo del Tratado de la Unión Europea, que declara el deseo de "fortalecer el funcionamiento democrático y eficaz de las instituciones, con el fin de que puedan desempeñar mejor las misiones que les son encomendadas, dentro de un marco institucional único" (Considerando 7º). Semejante declaración de intenciones se acompaña de la resolución de "continuar el proceso de creación de una unión cada vez más estrecha entre los pueblos de Europa, en el que las decisiones se tomen de la forma más próxima posible a los ciudadanos, de acuerdo con el principio de subsidiariedad" (Considerando nº 13).[5] A su vez, ya en su parte dispositiva, el Art.1 (2) TEU determina, insistentemente, que "las decisiones de la Unión serán tomadas de la forma más abierta y próxima a los ciudadanos que sea posible". En

---

[3] Cfr., en general, entre otros, ERIKSEN E. O. & FOSSUM, J. E. *Democracy in the European Union. Integration through Deliberation?*, Routledge, London, 2000, passim; MICOSSI, S., *Democracy in the European Union*, Centre for European Policy Studies, Working Document No. 286, Bruxelles, 2008, pág. 1 y ss.; y RIDOLA, P., Diritto Comparato *e Diritto Costituzionale Europeo*, G. Giappichelli, Torino, 2010, pág. 307. HABERMAS, J. *Zur Verfassung Europas. Ein Essay*. (Trad. Esp., *La Constitución de Europa*, Madrid, Trotta, 2012, passim).

[4] PORRAS RAMÍREZ, J. Mª, Article 10: Representative Democracy, en BLANKE, H. J. & MANGIAMELI, S. (Eds.), *The Treaty on European Union. A Commentary*, Springer, Berlin/Heildelberg, 2013, págs. 417-447; en especial, pág. 417.

[5] BLANKE, H. J. Article 1: Establishment and Functioning of the Union, en BLANKE, H. J. & MANGIAMELI, S. (Eds.), *The Treaty on the European Union. A Commentary*, Springer, 2013, págs. 45-107; en especial, pág. 71.

consecuencia, el Art. 10.3 TEU expresa la voluntad de promover la participación popular en la vida democrática de la Unión.

Preceptos tan sugestivos y llenos de posibilidades han de interpretarse conjuntamente con otras disposiciones también muy notables, como las que se expresan en el Art. 11 TUE, que señala la determinación de crear canales de comunicación entre los ciudadanos, las asociaciones representativas y las instituciones europeas, para hacer posible la participación popular en todo proceso político (párrafo 1). También dicha norma dispone el principio que fija el objetivo de acrecentar, mediante el diálogo institucionalizado, la proximidad entre los distintos actores políticos (párrafo 2).[6] Y, asimismo, se enuncia el principio de transparencia que habrá de informar las actuaciones de la Unión (párrafo 3). Todo ello viene a culminar, a modo de manifestación práctica, en el mandato de creación del instituto de la iniciativa legislativa popular (párrafo 4).[7] Así, el Art. 15 TFUE, en tanto que principio de aplicación general, susceptible de ser considerado un desarrollo particular de aquellas sobresalientes referencias normativas, se encarga de especificar y materializar los principios democráticos de apertura y transparencia de las instituciones europeas, en conexión con la Carta de los Derechos Fundamentales de la Unión Europea, certificando así la extraordinaria relevancia adquirida por los derechos de los ciudadanos europeos[8] a fin de promover una gobernanza legítima,[9] asegurar la participación de la sociedad civil en el desarrollo de los procesos políticos de toma de decisiones y garantizar, en suma, el buen funcionamiento democrático de las instituciones de la Unión.[10]

En ese contexto, se procederá, seguidamente, a analizar las consecuencias que se derivan del reconocimiento simultáneo, efectuado por los

---

[6] Cuesta López, V., "The Lisbon's Treaty Provisions on Democratic Principles: A Legal Framework for Participatory Democracy", en *European Public Law*, 16 (1), 2010, págs. 123-138; en especial, págs. 126 y ss.

[7] BOUZA GARCÍA, L. *Democracia participativa, sociedad civil y espacio público en la Unión Europea*, Fundación Alternativas, Madrid, 2010, pág. 16 y, también, GARCÍA MACHO, R., Article 11: Participatory Democracy, en BLANKE, H. J. BLANKE & MANGIAMELI, S. (Eds.), *The Treaty on the European Union. A Commentary*, Springer, Berlin/Heildelberg, 2013, págs. 449-465; en especial, págs. 453.

[8] CLOSA MONTERO, C., European Citizenship and New Forms of Democracy, en AMATO, G., BRIBOSIA, H., DE WITTE, B., (Eds.), *Genèse et destinée de la Constitution européene*, Bruyllant, Bruxelles, 2007, págs. 1037-1054; en especial, págs. 1037 y ss.

[9] Eriksen, E. O., Governance or Democracy. The White Paper on European Governance, en *Jean Monnet Working Paper*, 6, 2001, págs. 22-38; en especial, pág. 34; Bredt, S., Prospects and Limits of Democratic Governance in the EU, en *European Law Journal*, 17 (1), 2001, págs. 35-65; en especial, págs. 35 y ss.; DEHOUSSE, R., Misfits: EU Law and the Transformation of European Governance, JOERGES, C & DEHOUSSE, R. (Eds.), *Good Governance in Europe's Integrated Market*, Oxford University Press, Oxford, 2002, págs. 207-248; en especial, págs. 207 y ss; Follesdal A. & Hix, S., Why There is a Democratic Deficit in the EU? A response to Majone and Moravcsik, en *Journal of Common Market Studies*, 44 (3), 2006, págs. 533-562; en especial, págs. 533 y ss.

[10] Menéndez Menéndez, A. J., The European Democratic Challenge. The Forging of a Supranational Volonté, en *European Law Journal*, 15 (3), 2009, págs. 22-308; en especial, pág. 282.

artículos 15.3 del Tratado de Funcionamiento de la Unión Europea y 42 de la Carta de los Derechos Fundamentales de la Unión Europea, del derecho de los ciudadanos a acceder a la información en poder de las instituciones, órganos y organismos de la Unión, dado que la realización efectiva del mismo pone a prueba la sinceridad de los objetivos señalados.

II. El derecho de los ciudadanos a acceder a los documentos en poder de las instituciones europeas (Art. 15.3 TFUE y Art. 42 CDFUE)

1. Origen y evolución de la regulación que incorporan los Tratados

Las referencias iniciales a este derecho aparecieron contempladas, por vez primera, en el Tratado de Maastricht, en 1992, que adoptó algunas decisiones conformes con los mencionados objetivos europeos de apertura y transparencia (Art. 1 TEU). Su intención no era otra que, a fin de contrarrestar las críticas difundidas, "reforzar el carácter democrático de las instituciones europeas y la confianza pública en la administración".[11] Así, inicialmente, la Comisión y el Consejo adoptaron un "Código de conducta para el acceso a los documentos", que pretendía garantizar "el más amplio acceso posible a los mismos". Seguidamente, ambas instituciones y también el Parlamento Europeo, adoptaron decisiones que regulaban las condiciones exigidas para acceder a esa información.[12] Pero fue el Art. 255 del Tratado de la Comunidad Europea, redactado de conformidad con las modificaciones aportadas por el Tratado de Ámsterdam, quien finalmente introdujo en el Derecho primario de la Unión este significativo derecho. De conformidad con el mismo, el Acta Final que incorpora ese Tratado contiene la Declaración nº 41, "acerca de las normas referidas a la transparencia, el acceso a los documentos y la lucha contra el fraude",[13] en la que se contribuye a la determinación de su alcance efectivo. A su vez, dicha Declaración sugiere al Parlamento Europeo, al Consejo y a la Comi-

---

[11] Declaración No. 17 sobre el Derecho de Acceso a la Información (O.J. C 191 (1992)), añadida al Tratado de Maastricht. Acerca de la determinante influencia sueca en la configuración contemporánea del derecho, vid., Österdahl, I., Openness v. Secrecy: Public Access to Documents in Sweden and in the European Union, en *European Law* Review, 23, 1998, págs. 336-358.

[12] Decisión del Consejo 93/731/CE, relativa al acceso público a los documentos del Consejo (DO. L 340, 31 Diciembre 1993, p. 43); Decisión de la Comisión 94/90/ECSC, EC, Euratom, relativa al acceso público a los documentos de la Comisión (DO L 46, 18 Febrero 1994, pág. 58); y Decisión del Parlamento Europeo 97/632/CE, ECSC, Euratom, relativa al acceso público a los documentos del Parlamento Europeo (DO J. 263, 25 Septiembre 1997, pág. 27).

[13] Vid., Öberg, U., Public Access to Documents After the Entry into Force of Amsterdam Treaty: Much Ado About Nothing?, en *European Integration Online Papers*, 8-2, *1998*, 1998, http://eiop.or.at/eiop/texte/1998-008.htm y RAGNEMALM, H., Démocratie et Transparence: Sur le Droit General d'Acces des Citoyens de l'Union Européenne aux Documents Détenus par les Institutions Communautaires, en *Scritto in Onore di Giuseppe Federico Mancini*, Volume III : Diritto dell'Unione Europea, Giuffré, Milano, 1998, págs. 809-830.

sión que inspiren su funcionamiento en el principio de transparencia que actúa a modo de fundamento material del mismo. A partir del momento en que esos objetivos fueron definidos y declarados, el siguiente paso, representado por el vigente Art 15.3 TFEU, supuso la consideración del derecho de acceso público a los documentos, no como una mera estrategia o política, orientada al fortalecimiento de la legitimidad de las instituciones europeas, tal y como se venía, más bien, manifestando, hasta ese momento, sino, en tanto que componente esencial del principio general de transparencia, como una condición necesaria destinada a garantizar, de manera real y efectiva, el funcionamiento democrático de la Unión.[14] Así, dicha norma, introducida por el Tratado de Lisboa, a pesar de no llegar tan lejos como la que se expresaba en el Art. I-50 del fallido Tratado Constitucional Europeo, que situaba, con gran acierto, el precepto de referencia entre las disposiciones que aluden a los principios democráticos de la Unión, en realidad implica una clarificación, sistematización y expansión de la regulación precedente. Y ello sin detrimento de que dicha normativa aparezca, también, siquiera parcialmente contemplada, en el Art. 42 de la Carta de los Derechos Fundamentales de la Unión Europea, precepto éste directamente vinculado al llamado "estatus de ciudadanía".[15]

Ciertamente, todo sistema institucional legítimo requiere, hoy en día, desde una perspectiva democrática, como garantía de buen gobierno, en primer lugar, un compromiso de apertura y transparencia de sus órganos, que disponga a los mismos para hacer accesible al público el ejercicio de sus funciones; y, en segundo lugar, el reconocimiento de los medios necesarios que permitan el desarrollo de las iniciativas ciudadanas destinadas a la obtención de la información que estimen oportuno solicitar a aquéllos. Así, además de la creación de un espacio efectivo de libertad, que se expresa en la dimensión subjetiva del derecho, no es menos importante la vertiente objetiva que el mismo lleva aparejada, ya que, mediante su realización, se pretende alcanzar la efectiva limitación y control del ejercicio del poder público por parte de las instituciones.[16] Por todo ello, el Art. 15.3 TFEU declara que *"todo ciudadano de la Unión, así como toda persona física o jurídica que resida o tenga su domicilio social en un Estado miembro, tendrá*

---

[14] Cfr., GONZÁLEZ ALONSO, L. N., Artículo 42: Derecho de Acceso a los Documentos, en MANGAS MARTÍN, A. (Dir.) y GONZÁLEZ ALONSO, L. N. (Coord.), *Carta de los Derechos Fundamentales de la Unión Europea. Comentario artículo por artículo*, Fundación BBVA, Madrid, 2008, págs. 678-699.

[15] EU NETWORK OF INDEPENDENT EXPERTS ON FUNDAMENTAL RIGHTS, Article 42: Right of Access to Documents, en *Commentary of the Charter of Fundamental Rights of the European Union*, Online publication: www.ec. Europa.eu/justice/fundamental-rights/files/networkcommentaryfinal-en.pdf 2006, págs 336-338; WEGENER, B. W., Article 42 GrCh, en CALLIES, S., & RUFFERT, M. (Eds.), *EUV/EGV Kommentar*, C.H. Beck, Munchen, 2011, págs. 366 y ss.

[16] Österdahl, I., Openness v. Secrecy..., op. cit., 1998, pág. 336; Harden, I., Citizenship and Information, en *European Public Law*, 2 (7), 2001, págs. 163-193; en especial, pág. 167.

derecho a acceder a los documentos de las instituciones, órganos y organismos de la Unión...".

A este respecto, la principal novedad que presenta el reconocimiento del derecho en cuestión, conforme a las novedosas estipulaciones del Tratado de Lisboa, consiste en que, merced al tenor del mismo, los ciudadanos no tienen por qué limitarse a la solicitud de documentos en poder del Parlamento Europeo, del Consejo y de la Comisión, como indicaba el art. 255 TCE, sino que se les capacita para instar la petición de aquéllos que se encuentren bajo la custodia de cualquier institución, órgano u organismo de la Unión. Por tanto, sin perjuicio de lo dispuesto en el subpárrafo tercero del Art. 15.3 TFEU, según el cual "El Tribunal de Justicia de la Unión Europea, el Banco Central Europeo y el Banco Europeo de Inversiones sólo estarán sujetos al presente apartado cuando ejerzan funciones administrativas"; lo cierto es que el Art. 15.3 TFEU, de forma concordante con lo establecido en el Art. 42 de la Carta de los Derechos Fundamentales de la Unión Europea, representa una expansión sustancial del objeto de aplicación del derecho, con respecto a las previsiones contempladas en el Derecho primario de la Unión hasta entonces vigente, circunstancia ésta que, en principio, debe acogerse muy positivamente.

2. *Relevancia y limitaciones del Reglamento (EC) nº 1049/2001, de 30 de Mayo de 2001*

Sin embargo, la regulación legislativa europea se muestra aún conforme con las determinaciones establecidas en Amsterdam (Art. 255 TEC) y, por tanto, sólo parcialmente con las estipuladas en Lisboa, al no referirse a todas las instituciones, órganos y organismos de la Unión (Art. 15.3 TFEU). Dicha normativa, todavía en vigor, pese a las reiteradas propuestas de modificación y actualización de la misma, no es otra que la aprobada en su día por el Parlamento Europeo y el Consejo, autores conjuntos del, para la época, avanzado *Reglamento (EC) No. 1049/2001, de 30 de Mayo de 2001, "relativo al acceso del público a los documentos del Parlamento Europeo, el Consejo y la Comisión".*[17] Su intención, expresada por el propio Reglamento no era otra que: a) "definir los principios, condiciones y límites, por motivos de interés público o privado, por los que se rige el derecho de acceso a los documentos del Parlamento Europeo, el Consejo y la Comisión..., de modo que se garantice el acceso más amplio posible a los documentos"; b) "establecer normas que garanticen el ejercicio más fácil posible de este derecho"; y c) "promover buenas prácticas administrativas para el acceso a los documentos".

---

[17] DO. L 145/43 (2001).

La ductilidad de esta legislación se manifiesta en el hecho de que, aunque, desde la perspectiva actual, vigente el Tratado de Lisboa, implique formalmente la restricción del objeto de aplicación del derecho a sólo tres instituciones europeas, abarcando, asimismo, a sus agencias y organismos dependientes;[18] lo cierto es que la misma viene a expresar principios, condiciones y límites por los que se rige este derecho que pueden considerarse aplicables genéricamente a las restantes instituciones, órganos y organismos europeos, tal y como demanda el subpárrafo primero del Art. 15.3 TFEU. Ello ha permitido la extensión, en la práctica, del régimen jurídico establecido por la normativa de referencia a la completa arquitectura institucional de la Unión, bien es verdad de que con diferente éxito y alcance. En cualquier caso, la perdurable vigencia del Reglamento obedece, también, por un lado, a los compromisos asumidos, en relación con el mismo, por las propias instituciones europeas, que consideran su regulación tan válida como favorable para sus intereses; y, por otro, a la avanzada jurisprudencia del Tribunal de Justicia de la Unión, que, mediante una interpretación "pro libertate", ha hecho posible una aplicación más beneficiosa del mismo para los intereses de los ciudadanos que la que cabe deducir, en ocasiones, de su restrictivo tenor literal. Aún así existe un elevado consenso acerca de la necesidad de acometer su reforma, a fin de ajustarlo a los relevantes cambios que se han experimentado desde el momento de su adopción. Tales modificaciones han de conllevar la restricción del alcance de las relevantes inmunidades que aún poseen las instituciones, habida cuenta de que las mismas interfieren, de modo no siempre justificado ni razonable, en el desarrollo de un auténtico derecho de los ciudadanos a la información.[19]

Sin embargo, sí ha sido objeto de una positiva modificación del Reglamento, por iniciativa del Parlamento Europeo, la disposición según la cual *"Con arreglo a los mismos principios, condiciones y límites, las instituciones podrán conceder el acceso a los documentos a toda persona física o jurídica que no resida ni tenga su domicilio social en un Estado miembro"* (Art. 2.2). Tal norma revela que el *ámbito subjetivo del derecho* se extiende más allá de las determinaciones mismas de los Tratados, los cuales se limitan a reconocer el derecho, en principio, únicamente, a *"Todo ciudadano de la Unión, así como a toda persona física o jurídica que resida o tenga su domicilio social en un Estado miembro"*. Se confirma así una práctica encomiable, seguida por el Parlamento Europeo, el Consejo y la Comisión, conforme a lo dispuesto en sus propios reglamentos internos. Aún así, hemos de advertir que,

---

[18] D L 173, 27 Junio 2001, p. 5
[19] Kranenborg, H. R., Is it Time to Revise the European Regulation on Public Access to Documents?, en *European Public Law*, 2 (12), 2006, págs. 251-274; en especial, pág. 258. Vid., al respecto, muy destacadamente, COM (2007) 185 final, de 18 de Abril de 2008. *Libro Verde de la Comisión Europea, relativo al acceso público a los documentos en poder de las instituciones europeas. Una revisión.*

según se deduce del Art. 2.2 del mencionado Reglamento, estos otros solicitantes no podrán ser considerados, en sentido estricto, sujetos titulares del derecho, sino meros beneficiarios potenciales de una facultad, puesta a disposición de los mismos por las instituciones europeas, las cuales, consiguientemente, podrán, o no, discrecionalmente concederles si de ese modo lo estiman conveniente u oportuno.

A su vez, cabe constatar la realización simultánea de esfuerzos por adaptar algunos de los aspectos más indeterminados del Reglamento a las actuales necesidades. Así ocurre, particularmente, en lo que toca a la fijación del *objeto del derecho*. Así, el Reglamento en cuestión establece su propia definición del significado del término *"documento"*, que no será considerado únicamente un mero texto escrito, como lo entendía el Código de Conducta de 1993, sino que hará referencia a "…todo contenido, sea cuál sea su soporte (escrito en versión papel o almacenado en forma electrónica, grabación sonora, visual o audiovisual), referente a temas relativos a las políticas, acciones y decisiones que sean competencia de la institución" (Art. 3 a)). La vocación de apertura que manifiesta esta definición, la cual faculta la inclusión de las bases de datos,[20] permite efectuar una moderna reconfiguración del derecho, a fin de legítimamente considerarlo, como procede, un genuino *derecho a la información*, al ponerse mediante aquélla de manifiesto que lo que importa en la misma no es la forma, sino el contenido que albergue.[21] Así pues, el ejercicio por parte de los ciudadanos del derecho de referencia implica, tanto la facultad de solicitar el acceso a los documentos e informaciones en poder de las instituciones europeas, sin necesidad de justificar, al respecto, ningún motivo para ello;[22] como de recibir esa información requerida o una denegación de la misma, razonablemente fundada en motivos expresamente previstos por la ley.[23]

Asimismo, hemos de subrayar que cuando el Art. 15.3 TFEU y, de forma concordante, el Art. 42 CEDF, hacen referencia a los *"documentos de las instituciones"* no están únicamente aludiendo a aquéllos directamente

---

[20] Reglamento (CE) no. 45/2001, del Parlamento Europeo y del Consejo de Diciembre de 2000, relativo a la protección del tratamiento y utilización de los datos personales por las instituciones y organismos de la Comunidad. Cfr., al respecto el relevante caso C-28/08 P. *Comisión v. Bavarian Lager* (ECJ 29 Junio 2010). ECR 2010 I-06055.

[21] Caso C-353/99 P *Council v Heidi Hautala et alii* (ECJ 6 Diciembre 2001) ECR 2001 I-09565. En general, acerca de la jurisprudencia referida a la interpretación y aplicación del Reglamento (CE) No. 1049/2001, relativo al acceso público a los documentos, vid., Heliskoski J. & Leino, P. Darkness at the Break of Moon. The Case Law on Regulation num. 1049/2001 on Access to Documents, en *Common Market Lawr* Review, 43, 2006, págs. 735-781.

[22] Casos acumulados T-391/03 and T-70/04, *Franchet and Byck v. Comisión*, par. 82 (ECJ 2006). ECR 2006 p. II-2023.

[23] AUGUSTYN, M. & MONDA, C., *Transparency and Access to Documents in the EU: Ten Years from the Adoption of Regulation 1049/2001*, European Institute of Public Administration. Maastricht, 2011, págs. 17-20; BONDE, P., *Transparency and openness. Comment on Transparency*, en www.EUABC.com 2014.

emanados de las mismas, sino a todos los documentos que obran en su poder, esto es, con independencia de cuál sea su origen o fuente de producción. Una interpretación extensiva como la indicada, que corrige y sustituye a aquélla, de muy restrictivo alcance, expresada en el Código de Conducta de 1993, se deriva de las previsiones del Art. 2.3 del Reglamento 1049/2001, de acuerdo con el cual *"El presente Reglamento será de aplicación a todos los documentos que obren en poder de una institución; es decir, los documentos por ella elaborados o recibidos y que estén en su posesión, en todos los ámbitos de aplicación de la Unión Europea"*.[24]

Con todo, el mencionado Reglamento se muestra cauteloso a ese respecto, ya que determina, de forma preventiva, que habrá de tenerse en cuenta, antes de autorizar su divulgación, la opinión de los autores de los *"documentos de terceros"*, esto es, de "toda persona física o jurídica, o entidad, exterior a la institución de que se trate, incluidos los Estados miembros, las demás instituciones y órganos comunitarios o no comunitarios, y terceros países". En este sentido, se evaluará la naturaleza y el origen de cada documento solicitado.

Así, en primer lugar, habrá que tener presente la existencia de *"documentos sensibles"*, que merecen un grado o nivel absoluto de protección. Consiguientemente, para proceder a autorizar la divulgación de los mismos se requiere contar con la autorización de su autor. Se alude aquí a "todo documento que tenga su origen en las instituciones o en sus agencias, en los Estados miembros, en los terceros países o en organizaciones internacionales, clasificado como "top secret", "secret" o "confidential", en virtud de las normas vigentes en la institución en cuestión que protegen intereses esenciales de la Unión Europea o de uno o varios Estados miembros", en los ámbitos a los que se refiere el Art. 4.1 a), es decir, "el interés público", por lo que respecta, en particular, a "la seguridad pública" y a "la defensa y los asuntos militares".

Y, en segundo lugar, se encuentran los restantes documentos de terceros, que merecen niveles inferiores de protección. Conforme al Art. 4.4. "...la institución consultará a los terceros con el fin de verificar si son aplicables las excepciones previstas en los apartados 1 y 2, salvo que se deduzca con claridad que se ha de permitir o denegar la divulgación de los mismos".

En cualquier caso, siempre cabe que la institución que posee en su poder el documento solicitado decida, por sí misma, autorizar su divulgación, ofreciendo a los ciudadanos el acceso al mismo, tal y como ha sucedido, en la práctica, en frecuentes ocasiones, en relación con documentos de los Estados miembros que se encuentran bajo la custodia de

---

[24] GONZÁLEZ ALONSO, L. N., Artículo 42: Derecho de Acceso a los Documentos, op. cit., págs. 667-668.

la Comisión. Esta circunstancia suele generar la oposición de sus autores, que invocan el carácter restrictivo que manifiesta la redacción del precepto legal en cuestión, constituyendo la causa más frecuente de litigios ante el Tribunal de Justicia de la Unión Europea.[25]

Así pues, toda persona física o jurídica residente o establecida en la Unión Europea disfruta del derecho a solicitar el acceso a la documentación que obra en poder de las instituciones europeas, sin tener por qué justificar o motivar su petición. Las *solicitudes* se presentarán por escrito, incluyendo el formato electrónico, en cualquiera de los idiomas oficiales y de una manera lo suficientemente precisa como para permitir a la institución en cuestión la correcta identificación del documento requerido (Art. 6.1). El vigente Reglamento 1049/2001 se aplicará a todos los documentos en posesión de las instituciones europeas, en los ámbitos en los que desarrollan sus actividades. De acuerdo con los Arts. 6 a 8 del Reglamento, cada solicitud, con independencia de la persona que la remita, será tramitada por las instituciones en un plazo de quince días laborables a partir de su registro, para lo que la institución cuenta con diez días. De todos modos, la extensión o complejidad misma de la información requerida permite a la institución destinataria de la solicitud contar con quince días más. En caso de denegación total o parcial, o de no recibir respuesta, el solicitante podrá presentar, en el plazo de quince días laborables, contados a partir de la recepción de la respuesta de la institución, una solicitud confirmatoria a la institución con el fin de que reconsidere su postura. De todos modos, el Reglamento traslada la carga de la prueba a la institución a la que se ha dirigido la solicitud. Por tanto, las decisiones denegatorias pueden ser recurridas en la vía administrativa interna y, subsiguientemente, pueden ser objeto de un recurso de anulación ante la jurisdicción europea (Art. 263 TFEU), y de una queja ante el Defensor del Pueblo Europeo (Art. 228 TFEU).[26]

Como es de prever, no todos los documentos deberán hacerse públicos por parte de las instituciones, ya que pueden referirse a materias acerca de las cuales cabe considerar necesario mantener la confidencialidad, lo que implica restringir el acceso público a los mismos. Así, el Art. 4 del Reglamento 1049/2001 establece un listado de *excepciones*, que permite a las instituciones europeas receptoras de solicitudes de información contrastar, conforme al mismo, si su divulgación supone, a su juicio, un perjuicio para la protección de "intereses públicos o privados", contemplados expresamente en cláusulas en exceso genéricas e indeterminadas, dispuestas al efecto en el Reglamento, que el Tribunal de Justicia de la Unión se

---

[25] Flanagan, A., EU Freedom of Information: Determining Where the Interest Lies, en *European Public Law*, 4 (13), págs. 595-632.; en especial, pág. 603 y ss.
[26] GONZÁLEZ ALONSO, L. N., Artículo 42: *Derecho de Acceso a los Documentos*, op. cit, pág. 694.

ha visto, por tanto, en la necesidad de aclarar y precisar reiteradamente. En tales materias, la salvaguardia de los intereses señalados, en principio, prevalece sobre el ejercicio del derecho de los ciudadanos a acceder a los documentos que se encuentran en poder de las instituciones europeas. Sin embargo, si se demuestra que la divulgación de un documento representa un "interés público superior", el derecho de acceso a los documentos prevalecerá, tal y como dispone el Art. 4.3 del Reglamento de referencia y se ha encargado de garantizar, con insistencia, la jurisdicción europea.

Así, a pesar del notable esfuerzo de transparencia acometido en su momento por la norma indicada, lo cierto es que subsisten ámbitos importantes en los que se invoca la reserva de confidencialidad, a veces, cuestionablemente. No en vano, las excepciones que impiden al acceso general de los ciudadanos a la información en poder de las instituciones, órganos y organismos de la Unión, protegen, también, a los *"documentos para uso interno"*, que afectan a "consultas y deliberaciones" (Art. 4.3), incluso después de adoptada la decisión, si su revelación supone un perjuicio para el proceso de adopción de la misma, y se ha de "salvaguardar su capacidad para ejercer sus funciones", tal y como se declara en el considerando nº 11 del Reglamento. En consecuencia, el citado Art. 4.3 insiste en que "se denegará el acceso a un documento elaborado por una institución para uso interno o recibido por ella, relacionado con un asunto sobre el que la institución no haya tomado todavía una decisión, si su divulgación perjudicara gravemente el proceso de toma de decisiones de la institución, salvo que dicha divulgación revista un interés público superior". También, por el mismo motivo, "se denegará el acceso a un documento que contenga opiniones para uso interno, en el marco de deliberaciones o consultas previas en el seno de la institución, incluso después de adoptada la decisión, si la divulgación del documento perjudicara gravemente el proceso de toma de decisiones de la institución, salvo que revista un "interés público superior".[27] De todos modos, el Tribunal de Justicia de la Unión Europea ha determinado, con carácter general, que las excepciones señaladas en el Art. 4 del Reglamento deberán interpretarse y aplicarse restrictivamente, lo que ha permitido, caso por caso, limitar su alcance de manera muy efectiva, al tiempo que apreciar debidamente la concurrencia del mencionado "interés público superior" que, a menudo, asiste al solicitante de la información requerida.

Entretanto se produce una amplia reforma de la legislación de referencia, la Unión se ha visto obligada a extender plenamente el derecho de acceso a los documentos en poder de todas sus instituciones, orga-

---

[27] ÁLVAREZ GONZÁLEZ, E. M. Artículo 42: Derecho de Acceso a los Documentos, en MONEREO ATIENZA, C. y MONEREO PÉREZ, J. L. (Eds.), *La Europa de los Derechos. Estudio Sistemático de la Carta de los Derechos* Fundamentales, Comares, Granada, 2012, págs. 1143-1170; en especial, pág. 1149.

nismos y agencias, cuando menos en relación con una materia concreta: *la información concerniente al medio ambiente*, de resultas de su adhesión al Convenio de Aarhus. Así, conforme al Art. 3 del Reglamento que regula la aplicación del mismo, "el Reglamento (EC) No. 1049/2001 se aplicará a cualquier solicitud de acceso a la información (medioambiental) que obre en poder de las instituciones comunitarias, sin discriminación por razón de nacionalidad, ciudadanía o domicilio, y en el caso de las personas jurídicas, sin discriminación por razón del lugar en que éstas tengan su sede oficial o un centro efectivo de actividades". Así, para los propósitos del Reglamento, la palabra "instituciones" habrá de interpretarse como sinónimo de "instituciones u organismos de la Comunidad".[28] La firma de este Convenio, con las consecuencias que de él se derivan, ha puesto de manifiesto la existencia de contradicciones entre las excepciones dispuestas en el Reglamento 1049/2001, para limitar el acceso de los ciudadanos a los documentos, y aquéllas que se establecen en el más avanzado Convenio de Aarhus, lo que aconseja la unificación de los criterios. No en vano, conviene insistir en que es el cuestionamiento de la extensiva interpretación y aplicación que las instituciones europeas efectúan de las excepciones dispuestas en el Reglamento indicado, lo que motiva que se genere una más abundante litigiosidad ante la jurisdicción europea.[29]

3. Las disposiciones específicas adoptadas por las instituciones europeas

Además de la regulación que se expresa, con carácter general, en el Reglamento 1049/2001, es necesario referirse, también, a las disposiciones específicas sobre la materia que han adoptado, para su uso interno, las instituciones europeas. Las mismas habrán de interpretarse en el marco del citado Reglamento 1049/2001, que garantiza y hace posible, conforme a sus principios y condiciones generales, el ejercicio del derecho de los ciudadanos a acceder a los documentos en poder de las instituciones, órganos y organismos de la Unión.[30] Lo indicado trae causa del subpárrafo segundo del Art. 15.3, ausente, sin embargo, en la concisa redacción del Art 42 de la Carta. En aquél se determina: *"Cada una de las instituciones, órganos u organismos garantizará la transparencia de sus trabajos y elaborará en su reglamento interno disposiciones específicas sobre el acceso a sus documentos, de conformidad con los*

---

[28] Art. 3 del Reglamento (EC) No. 1367/2006, del Parlamento Europeo y del Consejo, de 6 Septiembre de 2006, relativo a la aplicación de las disposiciones del Convenio de Aarhus, relativo al acceso a la información de las instituciones comunitarias y de sus organismos, la participación pública en el proceso de toma de decisiones y el acceso a la justicia en asuntos medioambientales.
[29] Como sentencias ejemplares, cfr., los Casos acumulados C-39/05 P. y C-52/05 P. *Suecia y Maurizio Turco v. Consejo y Comisión* (ECJ 1 Julio 2008) para 36. ECR 2008 I-04723.
[30] Caso C-404/10 P. *Comisión v Éditions Odile Jakobs SAS* (ECJ 28 Junio 2012) para 145. ECR 2012 I-0000.

reglamentos contemplados en el párrafo segundo". Con arreglo a ese mandato, el Parlamento Europeo, el Consejo y la Comisión han establecido normas específicas que facilitan el ejercicio efectivo del mencionado derecho, de acuerdo, cabe insistir, con lo prevenido, con carácter general, en el Reglamento (EC) 1049/2001. Como se comprobará, se trata de reglas que incorporan un régimen jurídico particular, ligado al carácter o naturaleza de la institución correspondiente, que, algunos casos, supone una mejora significativa con respecto a lo dispuesto en la regulación genérica indicada.

a. Del Parlamento Europeo

Así sucede, muy especialmente, en relación con lo dispuesto, sobre el particular, en el Reglamento del Parlamento Europeo, sin duda, la institución más transparente de la Unión, que dedica su detallado Art. 116 a esta cuestión, en conjunción con las disposiciones que incorpora su Anexo VII. Así, en primer lugar, el citado Artículo determina, con carácter general, que todo *"documento del Parlamento"* y, particularmente, los *"documentos legislativos"*, debidamente registrados, serán directamente accesibles a sus solicitantes. Por tanto, "las categorías de documentos que sean directamente accesibles se describirán en una lista aprobada por la Mesa que se publicará en el sitio web del Parlamento". Aún así "esta lista no restringirá el acceso a los documentos no incluidos en las categorías descritas; dichos documentos se facilitarán previa solicitud por escrito". Ello supone que la Mesa del Parlamento aprobará normas o acuerdos para determinar las modalidades de acceso, que se publicarán en el Diario Oficial de la Unión Europea. La Mesa designará a los responsables de la tramitación de las solicitudes iniciales y aprobará decisiones sobre las solicitudes confirmatorias y las solicitudes sobre documentos sensibles. En cualquier caso, uno de los Vicepresidentes será responsable de la supervisión de la tramitación de las solicitudes. Y una comisión competente del Parlamento elaborará un informe anual sobre la base de la información proporcionada y lo remitirá al Pleno. Dicha comisión examinará y evaluará los informes aprobados por otras instituciones y agencias. En este sentido, la Conferencia de Presidentes designará a los representantes del Parlamento en el "Comité interinstitucional" establecido conforme al Art. 15.2 del Reglamento 1049/2001.

A su vez, de forma más específica, el Anexo VII, dedicado a los *"documentos confidenciales e información sensible"* establece un procedimiento especial para el examen de las solicitudes de acceso a los "documentos confidenciales" transmitidos al Parlamento Europeo;[31] disposiciones especiales para asegurar el acceso del Parlamento Europeo a la información

---

[31] Adoptado por la Decisión del Parlamento Europeo de 15 Febrero de 1989 y modificado por la Decisión de 13 Noviembre de 2001.

sensible en el ámbito de la política de seguridad y defensa;[32] disposiciones especiales que regulan los conflictos de intereses personales; y, más recientemente, ha de destacarse la adopción por parte de la Mesa del Parlamento de una importante decisión referida al tratamiento de la información confidencial por parte de la institución,[33] que vincula el derecho de acceso a la información con una protección adecuada al carácter confidencial que, en ocasiones, presenta la misma, conforme a los nuevos objetivos marcados por el Tratado de Lisboa al Parlamento Europeo y al Acuerdo Institucional que regula las relaciones entre el Parlamento Europeo y la Comisión (Anexo XIII).[34]

b. De la Comisión

Asimismo, ha de indicarse que, aunque las reuniones de la Comisión, a diferencia de las Parlamento, no se llevarán a cabo en público, siendo, además, sus deliberaciones confidenciales (Art. 9 de su Reglamento interno), lo que no convierte a esta institución, siquiera "prima facie", precisamente en un ejemplo de apertura y transparencia, lo cierto es que la misma ha adoptado un Anexo a su Reglamento que contiene un *"Código de Buena Conducta Administrativa para el personal de la Comisión Europea en sus relaciones con el público"*,[35] expresivo de su propósito de acercamiento a los ciudadanos. El mismo dice orientarse a la promoción del buen gobierno y la garantía de la participación en el mismo de la sociedad civil. Dicho Código establece, con carácter general: "En los casos en que un ciudadano requiera una información relativa a un procedimiento administrativo de la Comisión, el personal velará por que esta información se proporcione en el plazo fijado para el procedimiento en cuestión". Así, en relación con la solicitud de documentos, se establecen normas especiales dignas de ser destacadas. Así, sucede, en particular, con las "Disposiciones de la Comisión relativas a la aplicación del Reglamento (EC) 1049/2001".[36] Las mismas se refieren a documentos que se encuentran en poder de la Comisión, estableciendo los requisitos que han de poseer las solicitudes de los mismos, su tratamiento, especialmente cuando afectan a documentos clasificados, de conformidad con las reglas de seguridad de la Comisión, las consultas que deberá efectuar la Comisión si el documento requerido pro-

---

[32] DO C 298, 30.11.2002, p. 1. y DO C 298, 30.11.202, p. 4 (`Aplicación del Acuerdo Interinstitucional que regula el acceso del Parlamento a los documentos sensibles en la esfera de la política de seguridad y defensa´).

[33] DO C 190, 30.6.2011, p. 2. Reformado por una nueva Decisión de la Mesa del Parlamento Europeo, de 15 de Abril de 2013.

[34] DO L 304, 20.11.2010, p. 47.

[35] DO L 55, 5.3.2010, p. 60.

[36] DO (EC) L 345/95, 29.12.2001 Decisión de la Comisión de 5 de Diciembre de 2001, que reforma su Reglamento interno (2001/937/EC, ECSC, Euratom).

viene de un tercero y las medidas existentes para facilitar el acceso a los mismos. Dichas disposiciones cuentan también con importantes anexos referidos a la gestión de documentos, el procesamiento de documentos electrónicos y disposiciones acerca de la aplicación del Convenio de Aarhus. Todo ello permite constatar lo mucho que la Comisión ha mejorado su transparencia, sobre todo si se considera cuál era la lamentable situación de partida. Así, lo cierto es que la misma suministra a los ciudadanos buena parte de la información que le requieren, si bien en su normativa ha dispuesto la existencia de excepciones, de gran alcance, orientadas fundamentalmente a mantener la confidencialidad de sus consultas y deliberaciones internas. Dice así pretender salvaguardar la realización de los cometidos que la propia Comisión ha de desarrollar; más, en realidad, lo que pretende y, de hecho consigue, es mantener la confidencialidad de los debates y decisiones adoptadas por los numerosos grupos de trabajo dependientes de la misma. Dicha excepción, junto con aquélla que, interpretada extensivamente, lleva a la institución a restringir la divulgación de los datos personales,[37] son las más habitualmente alegadas por la institución para rechazar el acceso a los documentos que le reclaman los ciudadanos. Las mismas, a pesar de los indudables avances experimentados, constituyen significativos obstáculos para la obtención de una mayor transparencia en sus trabajos. De ahí que removerlos constituya una tarea aún abierta y un desafío democrático permanente.

c. Del Consejo

Por su parte, conforme al Art. 10 de su Reglamento, el Consejo dedica el importante Anexo II del mismo a incorporar unas *"disposiciones específicas relativas al acceso público a los documentos del Consejo"*, las cuales se desarrollan "con arreglo a los principios, condiciones y límites que se definen en el Reglamento (CE) No 1049/2001".[38] Estas disposiciones regulan las consultas sobre los documentos de terceros, las peticiones de consulta recibidas de otras instituciones o de los Estados miembros, los documentos procedentes de los Estados miembros, las solicitudes presentadas por los Estados miembros y la tramitación de las solicitudes de información. También incluyen una lista de documentos directamente accesibles al público. Pero, en este caso, como sucede con la Comisión, las excepciones expresadas en el Reglamento 1049/2001 son, también, utilizadas por el Consejo para justificar su voluntad de rechazar las solicitudes de acceso a los documentos que obran en su poder.

---

[37] Vid., el Informe de la Comisión acerca de la aplicación en 2012 del Reglamento (CE) No 1049/2001 relativo al acceso público a los documentos del Parlamento Europeo, el Consejo y la Comisión (COM/2013/0515 final).

[38] DO L 325, 11.12.2009, p. 35 Decisión del Consejo de 1 de Diciembre de 2009, que adopta el Reglamento del Consejo (2009/937/EU)

De todos modos, también cabe apreciar significativos progresos. Así, en relación con los actos adoptados por el Consejo en el curso de todo procedimiento legislativo, ordinario o especial, y con los proyectos comunes aprobados por el Comité de Conciliación en el marco del procedimiento legislativo ordinario (Art. 11.5 d) del Anexo II), es muy importante subrayar la orden que, en tales situaciones, se transmite a la Secretaría General del Consejo a fin de que haga accesibles al público todos los documentos preparatorios relacionados con dichos actos, tales como notas informativas, informes, informes de situación e informes acerca de la marcha de las deliberaciones en el Consejo o en alguno de sus órganos preparatorios ("resultados de los trabajos"),[39] con exclusión de los dictámenes y contribuciones del Servicio Jurídico; a menos que sean aplicables las excepciones establecidas en el Art. 4, apartados 1 y 2, y apartado 3, párrafo 2, del Reglamento 1049/2001 (Art. 11.6 del Anexo II).

Sin embargo, se rechazará la divulgación de las deliberaciones internas y las consultas preliminares en el seno de la institución, incluso después de haberse tomado la decisión correspondiente. De ese modo viene a asumirse, en la práctica, que las actividades de los grupos de trabajo del Consejo, al igual que sucede en el caso de la Comisión, se mantendrán en secreto. Además, se reconoce el derecho que poseen los Estados miembros de vetar el acceso público a los documentos que reflejen la posición individual de sus delegaciones en el Consejo. Ello demuestra la persistencia, no siempre razonable ni justificable, de límites al libre acceso de los ciudadanos a la información en poder del Consejo, los cuales actúan en detrimento de su proclamada voluntad de transparencia.

d. Del Consejo Europeo

Y, asimismo, es necesario referirse a las determinaciones que se contienen en el Reglamento del Consejo Europeo,[40] cuyo Art. 10.2 establece: "Las disposiciones relativas al acceso del público a los documentos del Consejo que figuran en el Anexo II del Reglamento interno del Consejo son aplicables, `mutatis mutandis´, a los documentos del Consejo Europeo". Así, el Art. 11 insiste en que *"Sin perjuicio de las disposiciones relativas al acceso del público a los documentos, las deliberaciones del Consejo Europeo estarán sometidas al secreto profesional, siempre que el Consejo Europeo no decida lo contrario"*. En la práctica, una disposición semejante permite la ex-

---

[39] En el Caso *Turco*, el Tribunal de Justicia de la Unión Europea hace un llamamiento al Consejo a fin de que refuerce `el derecho democrático de los ciudadanos europeos a examinar la información que ha formado la base de un acto legislativo´. Vid., los Casos acumulados C-39/05 P. y C-52/05 P. *Suecia y Maurizio Turco v. Consejo y Comisión* (ECJ 1 Julio 2008) para 36. ECR 2008 I-04723.

[40] DO L 315 2.12.2009, p. 51. Decisión del Consejo Europeo de 1 de Diciembre de 2009, por el que adopta su Reglamento interno (2009/882/EU).

tensión de la confidencialidad a todas las actividades de la institución. Ese poder omnímodo del Consejo Europeo se manifiesta, asimismo, en el siguiente párrafo del Art. 11, que faculta a la mencionada institución para autorizar, o no, la presentación ante los Tribunales de copia o extracto de cualquier documento del Consejo Europeo que no se haya hecho accesible al público de conformidad con lo dispuesto en el Art. 10. Ello revela, una vez más, la privilegiada naturaleza intergubernamental de una institución, ciertamente singular y preeminente,[41] que no aparece sujeta al deber genérico de facilitar a ciudadanos, ante los que no se considera responsable, ex art. 10.2 TUE, la información acerca de sus actividades que le pueda ser requerida por los mismos.[42]

4. Peculiaridades que afectan al Tribunal de Justicia de la Unión Europea, al Banco Central Europeo y al Banco Europeo de Inversiones

El subpárrafo tercero del Art. 15.3 TFEU establece una referencia expresa a aquellas instituciones que sólo habrán de asumir, con todas las consecuencias, el principio de transparencia y la consiguiente garantía del acceso público a la información que obra en su poder, cuando ejerzan *funciones administrativas*. No en vano, las deliberaciones del Tribunal de Justicia de la Unión Europea, las sesiones del Consejo de Gobierno del Banco Central Europeo y las de la Comisión de Gestión del Banco Europeo de Inversiones no serán públicas. Por tanto, el derecho cívico de referencia encuentra un obstáculo extraordinario de cara a su realización, en relación con los más importantes actos protagonizados por esas instituciones. Sin embargo, en virtud de la potestad de autoorganización que se les reconoce, se faculta a las mismas para que adopten las disposiciones que permitan un mayor acceso de los ciudadanos a sus documentos, siquiera en relación al ejercicio de sus funciones administrativas.

a. El Tribunal de Justicia de la Unión Europea

Así, en el caso del Tribunal de Justicia de la Unión Europea ha de señalarse que esta importantísima institución[43] adoptó una Decisión *"relativa al acceso público a los documentos que obran en su poder en el ejercicio de*

---

[41] EDJAHARIAN, V., Article 15: The European Council, en BLANKE, H. J. & MANGIAMELI, S. (Eds.), *The Treaty on the European Union. A Commentary*, op. cit., págs. 615-643; en especial, pág. 629.

[42] PORRAS RAMÍREZ, J. Mª, Article 10: Representative Democracy, en BLANKE, H. J. & MANGIAMELI, S. (Eds.), *The Treaty on the European Union. A Commentary*, op. cit., pág. 424.

[43] ARNULL, A., Article 19: The Court of Justice of the European Union, en BLANKE, H. J. & MANGIAMELI, S. (Eds.), *The Treaty on the European Union. A Commentary*, op. cit., págs. 759-783; en especial, pág. 761.

sus funciones administrativas".[44] Ello explica que dicha normativa no sea de aplicación a los documentos judiciales, a pesar de que la línea que separa a sus dos clases de actividades no siempre es fácil de trazar. La mencionada Decisión se aplica, por tanto, tan solo a aquellos documentos que se encuentran en poder de la institución, ya hayan sido los mismos elaborados o recibidos por la misma, "en el marco del ejercicio de sus funciones administrativas" (Art. 1). Consecuentemente, el funcionamiento de la organización, la gestión de los recursos humanos y el mantenimiento de la infraestructura del Tribunal constituyen las actividades que entran dentro de la categoría administrativa sujeta al principio de transparência.[45] Los beneficiarios de la Decisión serán los ciudadanos de la Unión y cualquier persona física o jurídica que resida o tenga su domicilio social en un Estado miembro, con las condiciones y límites que se establecen en la Decisión, y, también, en su caso, aquellas otras que, aun no reuniendo esos requisitos, el Tribunal decida concederles acceso a los documentos que requieran (Art. 2). La lista de excepciones que incorpora la Decisión de referencia es la previsible, al ser análoga a la que establece el Reglamento 1049/2001. Estas excepciones permiten al Tribunal de Justicia rechazar el acceso a los documentos cuando su divulgación pueda socavar la protección del interés público (seguridad pública, defensa y asuntos militares, relaciones internacionales, política financiera, monetaria o económica de la Unión o de un Estado miembro (Art.1 a)), la privacidad e integridad de las personas (en especial, la protección de sus datos personales (Art.1 b)); los intereses comerciales, los procedimientos judiciales y los asesoramientos jurídicos; y el objetivo de las actividades de inspección, investigación y auditoría (Art. 2). Sin embargo, el alcance de estas excepciones se ha visto restringido por la incorporación a la Decisión de la propia jurisprudencia del Tribunal de Justicia. Aún así, conforme a la norma indicada cabe, también, rechazar la divulgación de documentos si ello puede perjudicar al proceso de adopción de decisiones del Tribunal; y se comprueba que los mismos contienen opiniones para su uso interno, en tanto que son parte de deliberaciones y consultas preliminares en el seno del propio Tribunal, prohibiéndose su divulgación, incluso después de que la decisión haya sido tomada (Art. 3.3). Sin embargo, se dispone que, aun viéndose afectadas las excepciones recogidas en los párrafos 2 y 3 del Art. 3, si se observa la presencia de un interés público superior que aconseje su divulgación, aquéllas no se aplicarán (Art. 3.4).

A su vez, siguiendo su propia jurisprudencia, la Decisión determina que si sólo ciertas partes de un documento se encuentran cubiertas por alguna excepción reseñada en los tres primeros apartados del Artículo en

---

[44] DO C 38/2, de 11.12.2012 (2013/C 38/02).

[45] ALEMANNO, A. and STEFAN, O, Openness at the Court of Justice of the European Union: toppling a taboo, en *Common Market Law Review*, 51 (1), 2014, pp. 97-140; en especial, págs. 108 y ss.

cuestión, las restantes partes del mismo habrán de divulgarse (Art. 3.5). Estas excepciones sólo se aplicarán durante un plazo máximo de treinta años. Pero las relativas a la privacidad o a los intereses comerciales continuarán aplicándose, si se advierte necesario, yendo así más allá de ese período (Art. 3.6). En cualquier caso, como dispone el Art. 9 de la Decisión, el Tribunal de Justicia de la Unión Europea no concederá el acceso a los "documentos de terceros" que obran en su poder, hasta que no reciba la conformidad del tercero de que se trate.

En suma, a pesar de las peculiaridades que reviste la institución, que llevan a preservar el ejercicio de la función jurisdiccional que desarrolla, lo cierto es que estamos en presencia de una regulación avanzada, aunque sujeta a importantes limitaciones, que revelan su voluntad de mostrarse, en la medida en que le es posible, respetuosa con el principio de transparencia institucional y con el derecho de los ciudadanos de acceso a la información, que reconocen, de forma complementaria, el Art. 15 TFEU y el Art. 42 CDFUE.

b. El Banco Central Europeo

El Banco Central Europeo[46] aprobó, asimismo, por medio de su Consejo de Gobierno, su propia *Decisión relativa al acceso público a los documentos*, conforme a lo dispuesto en el Art. 23 del propio Reglamento de la institución.[47] El objeto de esta Decisión es "establecer las condiciones y los límites con los que el Banco Central Europeo dará acceso al público a sus documentos y promover buenas prácticas administrativas para dicho acceso" (Art. 1). De acuerdo con dicha normativa se entenderá por "documento del BCE", "todo contenido, sea cual fuere su soporte, ...que el BCE expida o tenga en su poder y que se refiera a sus políticas, actividades o decisiones, así como los documentos procedentes del Instituto Monetario Europeo (IME) y del Comité de Gobernadores de los bancos centrales de los Estados miembros de la Unión Europea".

A este respecto, resulta muy importante subrayar el desmesurado alcance de las excepciones que se contemplan en la Decisión. Las mismas permiten al Banco Central Europeo rechazar el acceso a los documentos cuya divulgación pueda socavar la protección del interés público, entendiendo por tal la confidencialidad de las deliberaciones de los órganos rectores del BCE; la política financiera, monetaria o económica de la

---

[46] CHEVALLIERS-GOVERS, C., Article 13: The Institutions, en BLANKE, H. J. & MANGIAMELI, S. (Eds.), *The Treaty on the European Union. A Commentary*, op. cit., págs. 529-586; en especial, pág. 564.

[47] DO L 80/42 18.3.2004. Decisión ECB/2004/2, de 19 de Febrero de 2004, por el que se aprueba el Reglamento del Banco Central Europeo. Y vid., DO L 158/37 16.6.2011 Decisión del Banco Central Europeo de 9 de Mayo de 2011, que modifica la Decisión ECB/2004/3 `sobre el acceso público a los documentos del Banco Central Europeo (ECB/2011/6) (2011/342/EU).

Comunidad o de un Estado Miembro, las finanzas internas del BCE o de los BCN, la protección de la integridad de los billetes en euros, la seguridad pública, las relaciones financieras, monetarias o económicas internacionales; además de la intimidad y la integridad de la persona, en especial referida a la protección de datos personales; la confidencialidad de la información protegida como tal por el Derecho de la Unión y la estabilidad del sistema financiero de la Unión o de un Estado miembro (Art. 4.1). El Banco Central Europeo podrá rechazar, también, el acceso a los documentos a fin de proteger los intereses comerciales de personas físicas o jurídicas, las actuaciones judiciales y el asesoramiento jurídico, el objetivo de las inspecciones, investigaciones y auditorías, salvo que su divulgación revista un interés jurídico superior (Art. 4.2). Además, "se denegará el acceso a documentos que contengan opiniones para uso interno en el marco de deliberaciones y consultas previas en el seno del BCE o con los BCN, incluso después de adoptada la decisión, salvo que su divulgación revista un interés público superior" (Art. 4.3). En cuanto a los documentos de terceros, el BCE consultará a éstos para determinar si es aplicable alguna de las excepciones del presente artículo. A su vez, a las solicitudes de acceso a los documentos de la Junta Europea de Riesgo Sistémico, se aplicará la Decisión JERS/2011/5.[48] (Art. 4.4). En todo caso, conforme a la jurisprudencia del Tribunal de Justicia, cuando una excepción sea aplicable sólo a una parte de un documento solicitado, el resto del documento se divulgará (Art. 4.5). Con carácter general, todas las excepciones señaladas se aplicarán mientras el contenido de los documentos justifique su protección. Así, a menos que el Consejo de Gobierno del BCE disponga otra cosa, las excepciones se aplicarán por un período máximo de treinta años; pero aquéllas que se basen en la intimidad o los intereses comerciales podrán mantenerse una vez superado ese plazo (Art. 4.6).

En suma, de acuerdo con las excepciones indicadas, el Banco Central Europeo se muestra como una institución escasamente transparente, especialmente en lo que se refiere a las posibilidades de control de su estrategia, el examen de los procedimientos que sigue y la fiscalización de las decisiones que adopta. Su papel crucial en el marco de la arquitectura institucional de la Unión monetaria no hace sino subrayar sus carencias democráticas, de las que su resistencia a divulgar la información que obra en su poder, garantizando a los ciudadanos el acceso a la misma, no es sino un testimonio más de su peculiar naturaleza.[49]

---

[48] Elaborado conforme a los nuevos y específicos objetivos conferidos al BCE en relación con el funcionamiento de la Junta Europeo de Riesgo Sistémico. Vid., DO C 176, 16.6.2011, p. 3, en conexión con DO L 331, 15.12.2010, p. 162.

[49] AMTENBRINK, F. & VAN DUIN, K., The European Central Bank Before the European Parliament: Theory and Practice After Ten Years of Monetary Dialogue, en *European Law Review*, 34-4, 2009, págs. 561-583.

c. El Banco Europeo de Inversiones

Finalmente, ha de indicarse que el Banco Europeo de Inversiones también ha adoptado sus propias *"Normas relativas al acceso del público a la documentación"*,[50] conformes, por fin, con el Reglamento 1049/2001, rasgo éste que no se advertía en las aprobadas por esta institución con anterioridad,[51] lo que aconsejó su sustitución por las actuales. Así, las nuevas normas se publicaron "con la intención de no perjudicar el pleno ejercicio de sus funciones como institución financiera, tal y como aparece establecida en los Tratados". A su vez, el Banco redactó un "Código de Buena Práctica Administrativa para el personal del BEI en sus relaciones con el público".[52] Y, posteriormente, una nueva Decisión le llevó a aprobar un importante documento acerca de su Política de Divulgación Pública[53] que venía a reemplazar a la hasta entonces existente. Por medio de la misma el Banco Europeo de Inversiones fija los principios, condiciones y límites de acceso a la información que obra en su poder. Más recientemente, hay que referirse al documento titulado *"Política de Transparencia del Banco Europeo de Inversiones"*, de 2010,[54] aprobada por la Junta Directiva del Banco, que ha alterado la regulación vigente, de conformidad con lo establecido en el Art. 18 del Reglamento de la propia institución. Este importante documento, en el que merece detenerse, representa un progreso muy significativo en el incremento de la apertura y transparencia de esta institución, a través de la definición y ejecución de principios y prácticas de buen gobierno. Su intención no es otra que "mejorar la rendición de cuentas del BEI ante las partes interesadas y ante los ciudadanos en general, ofreciéndoles acceso a una información que les capacitará para comprender su gobernanza, estrategia, políticas, actividades y prácticas".

En este sentido, ha de hacerse hincapié, como es habitual, en las excepciones que se han dispuesto, ya que las mismas prueban la voluntad real de transparencia de la institución y sus límites. Así, más allá de las frecuentemente alegadas, que son comunes a las demás instituciones europeas, y de aquéllas relacionadas con el deber de guardar el secreto profesional (Art. 339 TFUE) y de la legislación que protege el tratamiento y difusión de los datos personales; se dispone que el acceso total o parcial a un documento podrá rechazarse cuando su divulgación pueda perjudicar la protección de "la política financiera, monetaria o económica de la Unión Europea, sus instituciones y organismos o a un Estado miembro"

---

[50] DO C 292/10 27.11.2002. Decisión del Banco Europeo de Inversiones `Disposiciones acerca del acceso público a los documentos´. (2002/C 292/08).

[51] DO C 243, 9.8.1997.

[52] DO C 17, 19.1.2001.

53 DO C 332/45 30.12.2006.

[54] Cfr., http:www.eib.org/attachments/strategies/transparency_policy_pdf

y "la integridad del proceso de toma de decisiones del Banco". También se rechazará el acceso a "la información que forma parte de la relación confidencial que el Banco mantiene con sus socios de negocios". A su vez, se dispone que la misma confidencialidad que inspira a las normas nacionales y a las normas del sector bancario que afectan a los contratos de negocios y a la actividad del mercado, se aplicarán por Banco.

Como puede advertirse, el extenso alcance de estas excepciones restringe significativamente el acceso público a la información en poder del Banco. Aún así las previsiones que se contienen en el Convenio de Aarhus, incorporado obligatoriamente al documento sobre política de transparencia de la institución, han permitido a los ciudadanos, bien acceder a la información medioambiental que se encuentra disponible a los mismos en el sitio web del propio Banco, ya su solicitud formal hecha al mismo, a través de los cauces previstos. Ello ha supuesto la apertura de una brecha en el muro de opacidad construido por esta institución.

5. El acceso preferente a los documentos legislativos del Parlamento Europeo y del Consejo

Por último, en relación al alcance del derecho, ha de hacerse alusión a la significación que posee el subpárrafo cuarto del Art. 15.3 TFUE. En dicho precepto se dispone: *"El Parlamento Europeo y el Consejo garantizarán la publicidad de los documentos relativos a los procedimientos legislativos en las condiciones establecidas por los reglamentos contemplados en el párrafo segundo"*. Dicha norma viene a complementar la establecida en el apartado segundo del Art. 15 TFEU, según la cual "Las sesiones del Parlamento Europeo serán públicas, así como las del Consejo en las que éste delibere y vote sobre un proyecto de acto legislativo".[55] Como es de prever los respectivos reglamentos de las dos instituciones mencionadas garantizan expresamente ambas previsiones.

En referencia a la que ahora nos ocupa cabe señalar, en primer lugar, en relación con los documentos legislativos discutidos y aprobados por el *Parlamento Europeo,* que los denominados *"documentos relativos a los procedimientos legislativos"* (Art. 15.3 (4) TFUE), conforme a la expresión empleada por el Tratado, son, evidentemente, "documentos del Parlamento". Por tanto, los mismos, en tanto que "elaborados o recibidos por funcionarios del Parlamento", deberán publicarse, habida cuenta de su

---

[55] En general, cfr., Best, E., Legislative Procedures Alter Lisbon; Fewer, Simpler, Clearer?, en *Maastricht Journal of European and Comparative Law*, 15 (1), págs. 85-96. DE WITTE, B. ET ALII, *Legislating Alter Lisbon. New Opportunities for the European Parliament*, European University Institute. Robert Shuman Centre for Advanced Studies, Florence, 2010, passim. CORBETT, R., The Evolving Roles of the European Parliament and of National Parliaments, en BIONDI, R, EECKHOUT, P & RIPLEY, S. (eds.), *EU Law After Lisbon*, Oxford University Press, Oxford, 20102, págs. 249-262.

carácter normativo (Art. 193 RPE) y, también, conforme al Art. 116.2 RPE, a los efectos de garantizar el libre acceso a los mismos de los ciudadanos. En consecuencia, a fin de asegurar la realización del mencionado derecho "la Mesa establecerá normas para garantizar que todos los documentos del Parlamento estén registrados". Así, el Art. 116.3 alude a la existencia de un registro de los documentos del Parlamento, entre los que se encontrarán, lógicamente, los de carácter legislativo. Ese registro se vincula a la necesidad, reconocida por el Reglamento 1049/2001, de hacer directamente accesibles los mencionados documentos, los cuales se suministrarán en un soporte escrito, independientemente de que, además, los mismos se contengan en una relación aprobada por la Mesa, publicada, de forma constantemente actualizada, en el sitio web del propio Parlamento Europeo.[56]

Por su parte, el Reglamento del *Consejo* dedica, también, una especial atención a la publicación de los *documentos legislativos*, a fin de garantizar el acceso público a los mismos. Así, inicialmente, el Art. 7 determina que "los documentos presentados al Consejo que figuren en un punto de su orden del día incluido en la parte `Deliberaciones legislativas´ se harán públicos, así como los elementos del acta del Consejo que se refieran a esta parte del orden del día". Adicionalmente, el Art. 10 del mencionado Reglamento se remite a las normas especiales sobre acceso del público a los documentos del Consejo que figuran en el Anexo II del Reglamento. Estas *"Disposiciones específicas relativas al acceso del público a los documentos del Consejo"* representan un considerable avance en relación a las previsiones que establecía el antiguo Art. 207.3 TCE, que se limitaba a instar al Consejo a que facilitara un mayor acceso a los documentos en los casos en que dicha institución actuara en ejercicio de su capacidad legislativa, mas "sin menoscabo de la eficacia de su proceso de toma de decisiones".

Entre las Disposiciones específicas hoy vigentes ha de destacarse la que se establece en su Art. 10, precepto éste que habilita a la Secretaría General de la institución para que se encargue de dar acceso público al registro de documentos del Consejo. Su contenido se publicará en Internet, sin perjuicio de lo dispuesto en materia de tratamiento de datos personales.[57] A su vez, el Art. 11 se refiere expresamente a los documentos que se con-

---

[56] Cfr., el mencionado Anexo X (`Declaración Conjunta del Parlamento Europeo, el Consejo y la Comisión, de 13 de Junio de2007 sobre disposiciones acerca del procedimiento de codecisión´, DO C 145, 30.6.2007, p.5) y el Anexo XI (`Código de Conducta para las negociaciones en el contexto del procedimiento legislativo ordinario´, aprobado por la Conferencia de Presidentes de 18 de Septiembre de 2008´), agregados al Reglamento del Parlamento Europeo, como también el `Acuerdo Interinstitucional Legislar Mejor´, DO C 321, 31.12.2003, p.1.

[57] DO L 8, 12.1.2002, p. 1 (Reglamento (CE) No 45/2001 del Parlamento Europeo y del Consejo, de 18 de Diciembre de 2000 `sobre la protección de las personas en relación con el tratamiento y la libre circulación de sus datos personales por las instituciones y organismos comunitarios´); y vid., Art. 16 del Reglamento (CE) No. 1049/2001.

sideran directamente accesibles al público. Así, los de carácter legislativo hacen referencia a "todo documento establecido o comunicado en el curso de procedimientos de adopción de actos legislativos". Una interpretación extensiva permite hacer accesibles al público, también, "las notas de transmisión y las copias de cartas que se refieran a actos legislativos", "los documentos presentados al Consejo que aparezcan en los puntos del orden del día incluidos en la parte `Deliberaciones legislativas´", "las notas presentadas al COREPER y/o al Consejo para su aprobación...relativas a proyectos de actos legislativos..., así como los proyectos de actos legislativos..." y "los actos adoptados por el Consejo en el curso de un procedimiento legislativo ordinario o especial y los proyectos comunes aprobados por el Comité de Conciliación en el marco del procedimiento legislativo ordinario".

Una vez que se haya producido la adopción de uno de los actos reseñados, la Secretaría General hará accesibles al público todos los documentos relacionados con dicho acto que se hayan elaborado con carácter previo y a los que no sean aplicables las excepciones indicadas en el Art. 4 del Reglamento 1049/2001, esto es, las notas informativas, informes, informes de situación e informes sobre la marcha de las deliberaciones en el Consejo o en alguno de sus órganos preparatorios ("resultados de los trabajos"), con excepción de los dictámenes y contribuciones del Servicio Jurídico. Sin embargo, cuando así lo solicite un Estado miembro, no se harán accesibles al público los documentos indicados que recojan la posición particular de la Delegación de ese Estado Miembro en el Consejo. Esta determinación se muestra como un destacado signo de la incompleta y limitada proyección del principio democrático en la arquitectura institucional de la Unión Europea. Y es que no siempre se alegan restricciones justificables para limitar el derecho de los ciudadanos a acceder a la información que maneja el Consejo, lo que explica por qué esta institución, a pesar de los indudables avances experimentados,[58] sigue siendo acusada de falta de apertura y transparencia en su funcionamiento.

III. Conclusión

En resumen, ha de destacarse que, en orden a promover una buena gobernanza, asegurando la participación de la sociedad civil en el proceso de toma de decisiones de las instituciones europeas, aun manifestándose progresos apreciables, queda, aún, un largo camino por recorrer. Lograr una mayor apertura y transparencia de las instituciones europeas constituye así una tarea pendiente y un desafío permanente que requiere un

---

[58] EDJAHARIAN, V., Article 16: The Council, en BLANKE, H. J. & MANGIAMELI, S. (eds.), *The Treaty on the European Union. A Commentary*, op. cit, págs. 645-680.

compromiso decidido por parte de todos los actores implicados. Por eso, es absolutamente necesario continuar avanzado en el curso del proceso político orientado a la definición del modelo europeo de democracia supraestatal, el cual, lejos de verse completado, ofrece muestras evidentes de sus carencias más significativas.

Parte Especial

Temas específicos em matéria de acesso à informação no Brasil e na Espanha

— 6 —

Proteção de dados pessoais como limite ao acesso à informação e seu tratamento posterior

MARIO VIOLA[1]
DANILO DONEDA[2]

Sumário: 1. Introdução; 2. Da normativa aplicável ao tratamento de dados pessoais; 3. Restrição de acesso a informações pessoais; 4. O princípio da finalidade como limite à utilização de informações pessoais obtidas com base na LAI; 5. Conclusão.

1. Introdução[3]

A transparência dos dados em mãos do poder público, princípio constitucional que foi regulamentado no Brasil pela Lei de Acesso à Informação (Lei 12.527, de 2011), tem um dos seus limites na vedação ao fornecimento de dados pessoais pelo poder público. A composição entre os princípios da proteção da privacidade e da transparência é tema que perpassa a regulamentação referente aos dois assuntos, que são, portanto, interligados e com delimitações que são objeto de debate.[4]

Tal delimitação afigura-se como necessária em diversos sistemas jurídicos. Na União Europeia, por exemplo, o Grupo de Trabalho do Artigo 29 (WP29),[5] em seu parecer sobre os dados abertos e a reutilização de

---

[1] É coordenador de pesquisa na área de privacidade e proteção de dados no Instituto de Tecnologia e Sociedade. É também Doutor em direito pelo Instituto Universitário Europeu e Mestre em Direito Civil pela Universidade do Estado do Rio de Janeiro.

[2] É Professor da Faculdade de Direito do Estado do Rio de Janeiro. É também Doutor e Mestre em Direito Civil pela Universidade do Estado do Rio de Janeiro.

[3] O inciso V do art. 4º da Lei nº 12.527/11 define como tratamento da informação o "conjunto de ações referentes à produção, recepção, classificação, utilização, acesso, reprodução, transporte, transmissão, distribuição, arquivamento, armazenamento, eliminação, avaliação, destinação ou controle da informação".

[4] O tema é tratado, entre outros, em BANISAR, David. *The Right to Information and Privacy: Balancing Rights and Managing Conflicts*, disponível em <http://papers.ssrn.com/sol3/papers.cfm?abstract_id=1786473>.

[5] O grupo de trabalho artigo 29 congrega representantes de comissários de proteção de dados da União Europeia para a discussão de temas relacionados à proteção de dados e privacidade.

informações do setor público, destacou que o objetivo de se assegurar acesso à informação gerida por órgãos públicos é garantir transparência e controle sobre esses mesmos órgãos.[6] Ou seja, antes de mais nada, os objetivos primários dos direitos de acesso à informação sob controle da administração pública estão relacionados à garantia da transparência dos atores públicos, com evidente incremente do controle democrático: "(...) os objetivos primários de direitos de acesso à informação têm a ver com a salvaguarda da transparência dos agentes públicos, com o reforço dos controles democráticos",[7] mas essa transparência tem que ser efetivada em consonância com os direitos fundamentais de privacidade e proteção de dados, e é justamente esse objetivo por trás do disposto no art. 31 da LAI, que visa justamente garantir esse equilíbrio de interesses, como analisaremos neste artigo.

Considerando que, no Brasil, tanto a proteção da privacidade quanto a transparência são direitos fundamentais previstos constitucionalmente, ainda que somente o segundo tenha sido regulamentado em forma de uma lei específica, cabe verificar de que forma deve-se orientar a interpretação dos princípios em questão de forma a proteger o cidadão na integralidade do projeto constitucional.

2. Da normativa aplicável ao tratamento de dados pessoais[8]

O Brasil, ao contrário de outros países na América do Sul, não possui uma lei geral de proteção de dados pessoais, apresentando, por sua vez, dispositivos constitucionais gerais e algumas normas setoriais sobre o tema. A Constituição brasileira reconhece, em seu art. 5º, X, a vida privada, a intimidade, a honra e a imagem como direitos fundamentais. Esse mesmo artigo 5º garante a proteção de outros aspectos da vida privada (art. 5º, XI, XII, XIV),[9] tendo criado no inciso LXXII uma nova ação

---

[6] Article 29 Working Party. Opinion 06/2013 on open data and public sector information ('PSI') reuse, Adopted on 5 June 2013. Available at http://ec.europa.eu/justice/data-protection/article-29/documentation/opinion-recommendation/files/2013/wp207_en.pdf. p. 3.

[7] Mireille van Eechoud; Katleen Janssen. Rights of Access to Public Sector Information. Masaryk University Journal of Law and Technology [Vol. 6:3]. Available at https://mujlt.law.muni.cz/storage/1373986505_sb_10-vaneechoud.pdf. Accessed 6 December 2013, p. 478.

[8] O inciso V do art. 4º da Lei nº 12.527/11 define como tratamento da informação o "conjunto de ações referentes à produção, recepção, classificação, utilização, acesso, reprodução, transporte, transmissão, distribuição, arquivamento, armazenamento, eliminação, avaliação, destinação ou controle da informação".

[9] V. Privacy and Human Rights 2006. An international survey of Privacy Laws and Developments. Electronic Privacy Information Center (Washington, DC, USA) and Privacy International (United States of America, 2006). Disponível em http://www.privacyinternational.org/article.shtml?cmd[347]=x-347-559539. (17.04.15).

constitucional: o *habeas data*.[10] O Código Civil brasileiro adotou uma posição similar, incluindo em seu artigo 21 a privacidade como um direito da personalidade e estendeu, no que couber, a proteção dos direitos da personalidade às pessoas jurídicas.[11] Apesar disso, as únicas normas que tratam especificamente do tratamento de dados pessoais, além do *habeas data*, são o Código de Defesa do Consumidor,[12] a Lei do Cadastro Positivo,[13] a Lei de Acesso à Informação (LAI)[14] e o Marco Civil da Internet, este último com relação aos dados coletados pela web. Os artigos 43 e 44 do Código de Defesa do Consumidor regulam a manutenção de bases de dados e arquivos de dados, estabelecendo uma série de direitos para os consumidores.[15]

O Código de Defesa do Consumidor reconhece, em primeiro lugar, o direito do consumidor de ser informado pelo responsável pelo banco de dados[16] de que seus dados estão sendo tratados.[17] Essa comunicação deve ser efetuada antes da informação ser disponibilizada para consulta,[18] para que o consumidor possa exercer seu direito de acesso e correção e os demais direitos assegurados pelo artigo 43.[19] Como consequência, caso o responsável pelo tratamento de dados não comunique ao consumidor num prazo razoável, este poderá pleitear indenização pelos danos causados.

O Código também reconhece os direitos de acesso[20] e correção,[21] dando aos consumidores a possibilidade de acessar qualquer informação armazenada e a corrigi-la caso haja alguma inexatidão (art. 43, *caput*

---

[10] BESSA, Leonardo Roscoe. O Consumidor e os Limites dos Bancos de Dados de Crédito. Biblioteca de Direito do Consumidor V. 25. Revista dos Tribunais, São Paulo, 2003. p. 107.

[11] Nesse sentido é o art. 52 do Código Civil.

[12] A Lei Complementar nº 105/2001 regula a troca de informações negativas entre as instituições financeiras e o Banco Central do Brasil.

[13] Lei nº 12.414, de 2011.

[14] Lei nº 12.527, de 2011.

[15] O Código de Defesa do Consumidor não traz uma definição de dados pessoais, porém se aplica tanto a pessoas físicas quanto jurídicas. Vide artigo 2.

[16] Apesar de o Código estabelecer uma responsabilidade solidária para o gestor da base de dados e o fornecedor de bens ou serviços que incluiu os dados do consumidor nos cadastros de proteção ao crédito, o Superior Tribunal de Justiça pacificou entendimento que a responsabilidade é apenas do fornecedor de produtos ou serviços (Súmula n º 359 do STJ).

[17] Art. 43, §2º

[18] Não há previsão no Código do momento em que a comunicação deverá ser feita, porém a consenso tanto na doutrina quanto na jurisprudência no sentido de que essa comunicação deve ser feita de forma a possibilitar que o consumidor possa exercer seus direitos antes de o dado estar disponível para consulta. Vale salientar que existe uma lei do Estado do Rio de Janeiro que estabelece o prazo de dez dias como razoável (Lei nº 3.244, 6 de setembro de 1999). Disponível em http://www.alerj.rj.gov.br/processo2.htm. (17.04.2015).

[19] BENJAMIN, Antonio Herman Vasconcelos et al. Código Brasileiro de Defesa do Consumidor comentado pelos autores do anteprojeto. 9.ed. Forense, São Paulo, 2007. p. 405.

[20] Ibid. p. 413.

[21] Ibid. p. 416.

e § 3º).²² Nos casos em que o responsável pelo tratamento de dados não permitir que os consumidores possam exercer os direitos estabelecidos neste Código, estes poderão pleitear a compensação de eventuais danos e poderão exercer seus direitos através das vias judiciais ordinárias (art. 43, § 4º) ou se valer da ação de *habeas data*.²³ Por outro lado, o artigo 43, em seus §§ 1º e 5º, afirma que qualquer informação negativa sobre o consumidor não poderá ser armazenada por mais de cinco anos ou após a consumação da prescrição da ação de cobrança do respectivo debito. Também nesse caso, se o responsável pelo tratamento de dados não cumprir esta obrigação, poderão os consumidores buscar a reparação de eventuais danos e solicitar a exclusão da informação correspondente. Esses direitos também se aplicariam a outras hipóteses de tratamento de dados pessoais de consumidores e não apenas às que se referem a cadastros protetivos de crédito. Nesse sentido são as palavras do Ministro Antônio Herman de Vasconcelos Benjamin:

> (...) Ao consumidor é assegurado acesso às informações arquivadas, quaisquer que sejam elas ('dados pessoais e de consumo') e qualquer que seja o local onde se encontrem armazenadas ("cadastros, fichas, registros e dados"). É indiferente, sejam os dados arquivados pelo próprio fornecedor (nos termos do conceito do art. 3º) ou, diferentemente, por entidade prestadora de serviço a terceiros, como Serviços de Proteção ao Crédito – SPCs, SERASA e congêneres. *Em outras palavras, a raison d'être da lei brasileira é, pois, conferir ao consumidor acesso amplo e irrestrito às informações a seu respeito, colhidas de outra fonte que não ele próprio, estejam elas onde estiverem: em organismos privados ou públicos, em cadastros internos das empresas ou em banco de dados prestador de serviços a terceiros.(...) Ressalte-se que o caput do art. 43 não limita o direito de acesso aos SPCs. Ao revés, é até prolixo ao mencionar "cadastros", "fichas", "registros", "dados pessoais" e "dados de consumo".*²⁴ (grifos nossos)

No mesmo sentido sustenta Luiz Rizzatto Nunes, afirmando que "muito embora a ênfase e a discussão em torno das regras instituídas no art. 43 recaiam nos chamados cadastros de inadimplentes dos serviços de proteção ao crédito, *a norma incide em sistemas de informação mais ampla*" (grifo nosso).²⁵ Essa interpretação foi seguida recentemente pelo Superior Tribunal de Justiça, em voto da lavra do Ministro Paulo de Tarso Sanseverino:

---

²² O direito de cancelamento do dado está implícito, visto que caso haja alguma informação incorreta ou quando o prazo de armazenamento tenha expirado, o consumidor poderá solicitar a exclusão de tal informação.

²³ O procedimento do *habeas data* foi regulado pela Lei Federal nº 9.507, 12 de novembro de 1997. Disponível em http://www.planalto.gov.br/ccivil_03/Leis/L9507.htm. (17.04.2015).

²⁴ BENJAMIN, Antônio Herman de Vasconcelos et al. Código Brasileiro de Defesa do Consumidor: comentado. 7. ed. Rio de Janeiro: Forense Universitária, 2001. p. 405.

²⁵ NUNES, Luiz A. Rizatto. Comentários ao Código de Defesa do Consumidor: Direito Material (arts. 1 ao 54). São Paulo: Saraiva, 2000, p. 514.

Ressalte-se que o CDC não restringiu sua regulamentação aos cadastros ou bancos de dados de informações negativas (arquivos negativos), embora tenham se tornado os mais comuns no mercado até poucos anos atrás (SPC, Serasa, etc.).[26]

Destaque-se, outrossim, que o mesmo Superior Tribunal de Justiça consolidou entendimento no sentido de que "Restrições ao crédito derivadas de informações constantes em bancos de dados públicos, como os pertencentes a cartórios de protesto de títulos e de distribuição judicial, por serem de notoriedade pública, afastam o dever de notificação por parte do órgão de proteção ao crédito".[27] Entretanto, nos bancos de dados de consulta restrita, como é o caso do cadastro de emitentes de cheques sem fundo mantido pelo Banco Central, permanece o dever de notificação por parte do mantenedor da base de dados que incluir em seu banco de dados informação oriunda de banco de dados de consulta restrita,[28] quando essa informação tiver caráter negativo.

Cabe salientar que o princípio da finalidade, um dos princípios basilares das leis sobre a proteção de dados pessoais, mesmo antes de ser expressamente reconhecido pela legislação brasileira – com a lei do cadastro positivo e, posteriormente, com o Marco Civil da Internet – foi aplicado em um famoso caso decidido pelo Superior Tribunal de Justiça, relatado pelo então Ministro Ruy Rosado de Aguiar, como limite para o tratamento de dados realizado por cadastros de proteção ao crédito:

> 2. O Serviço de Proteção ao Crédito (SPC), instituído em diversas cidades pelas entidades de classe de comerciantes e lojistas, tem a finalidade de informar seus associados sobre a existência de débitos pendentes por comprador que pretenda obter novo financiamento. É evidente o benefício que dele decorre em favor da agilidade e da segurança das operações comerciais, assim como não se pode negar ao vendedor o direito de informar-se sobre o crédito do seu cliente na praça, e de repartir com os demais os dados que sobre ele dispõe. *Essa atividade, porém, em razão da sua própria importância social e dos graves efeitos dela decorrentes – pois até para inscrição em concurso público tem sido exigida certidão negativa no SPC – deve ser exercida dentro dos limites que, permitindo a realização de sua finalidade, não se transforme em causa e ocasião de dano social maior do que o bem visado.*[29] (grifo nosso)

Por outro lado, de acordo com o Código de Defesa do Consumidor, a criação de uma base de dados que contenha dados pessoais – definição essa não contida no CDC – não está sujeita a autorização, seja do consumi-

---

[26] Superior Tribunal de Justiça. Recurso Especial nº 1.419.697 – RJ. Rel. Min. Paulo de Tarso Sanseverino. Julg. em 12.11.2014.
[27] Superior Tribunal de Justiça. 4ª Turma. RECURSO ESPECIAL nº 1.033.274 – MS. Rel. Min. Luis Felipe Salomão. Julg. em 06.08.2013.
[28] Ibid.
[29] *Apud* DONEDA, Danilo; VIOLA DE AZEVEDO CUNHA. Risco e Informação Pessoal: o Princípio da Finalidade e a Proteção de Dados no Ordenamento Brasileiro. *Revista Brasileira de Risco e Seguro*. v. 5, n. 10, p. 85-102, out. 2009/mar. 2010. p. 99.

dor ou de qualquer autoridade pública,[30] sendo exceção a essa regra a lei do cadastro positivo que exige a autorização prévia do consumidor.

Outra lei que trata da proteção de dados pessoais é a já citada lei do Cadastro Positivo, Lei nº 12.414, de 9 de junho de 2011, que disciplina a formação e consulta a bancos de dados com informações de adimplemento, de pessoas naturais ou de pessoas jurídicas, para formação de histórico de crédito.[31]

Dentro das disposições sobre proteção de dados pessoais contidas nessa lei, estão a definição de dados sensíveis e alguns direitos dos titulares dos dados. Vale ressaltar que o Superior Tribunal de Justiça, em julgado recente, afetado ao rito dos recursos repetitivos (art. 543-C do CPC), no qual decidiu pela legalidade de serviço que "consiste em compilar dados cadastrais disponibilizados publicamente com cadastros de inadimplência para que o comerciante decida se concede ou não crédito ao consumidor", o chamado *Credit Scoring*, deixou claro que apesar de tal atividade não se enquadrar na definição de cadastro positivo, deveriam os fornecedores desse serviço observar as disposições contidas tanto no CDC quanto na Lei do Cadastro Positivo, "sob pena de caracterização de abuso de direito com eventual ocorrência de danos morais", dispensado o dever de obtenção do consentimento do titular do dado nessas hipóteses, por não se tratar de cadastro positivo.[32]

A Lei de Acesso à Informação – LAI –, Lei nº 12.527/2011, que tem como diretrizes a observância da publicidade como preceito geral e do sigilo como exceção; a divulgação de informações de interesse público, independentemente de solicitações; a utilização de meios de comunicação viabilizados pela tecnologia da informação; o fomento ao desenvolvimento da cultura de transparência na administração pública e o desenvolvimento do controle social da administração pública, reconhece a proteção de dados pessoais como uma possível barreira ao acesso a informações pessoais quando esse acesso puder representar risco para a intimidade, vida privada, honra, imagem ou a outras liberdades e direitos individuais, na forma do que estabelece seu artigo 31. Essa lei será o foco de análise deste trabalho.

Por fim, o Marco Civil da Internet, Lei nº 12.965, de 23 de abril de 2014, estabelece a proteção da privacidade e dos dados pessoais como um dos princípios do uso da internet (Art. 3º, II e III), além de enumerar uma série de regras relacionadas ao tratamento de dados pessoais no ambiente

---

[30] Artigo 43, § 2º, do Código del Consumidor.

[31] Disponível em http://www.planalto.gov.br/ccivil_03/_Ato2011-2014/2011/Lei/L12414.htm. (17.04.2015).

[32] Superior Tribunal de Justiça. Recurso Especial nº 1.419.697 – RJ. Rel. Min. Paulo de Tarso Sanseverino. Julg. em 12.11.2014.

virtual, sendo exemplos a exigência de consentimento para o tratamento de dados pessoais (art. 7º, IX), o dever de cancelamento dos dados por solicitação do seu titular ao término da relação com o responsável pelo tratamento (art. 7º, X) e a observância ao princípio da finalidade (art. 7º, VIII, *a*, *b*, e *c*).

3. Restrição de acesso a informações pessoais

O art. 31 da Lei nº 12.527/11 prevê que as informações pessoais relativas à intimidade, vida privada, honra e imagem "terão seu acesso restrito, *independentemente de classificação de sigilo* e pelo prazo máximo de 100 (cem) anos a contar da sua data de produção, a agentes públicos legalmente autorizados e à pessoa a que elas se referirem" (grifo nosso).

Já o inciso IV do art. 4º da LAI estabelece que informações pessoais "são aquelas relacionadas à pessoa natural identificada ou identificável." Infere-se, assim, que os dados relativos a pessoas jurídicas não estão sujeitos à restrição de acesso estabelecida no art. 31, porém referida lei impõe outras restrições para o tratamento de dados de pessoas jurídicas, em especial em seu art. 22. Esse artigo ressalva hipóteses legais de sigilo e de segredo de justiça e as hipóteses de segredo industrial decorrentes da exploração direta de atividade econômica pelo Estado ou por pessoa física ou entidade privada que tenha qualquer vínculo com o poder público, ressalva essa complementada pelo Decreto nº 7.724/12, em seus arts. 5º e 6º:

Art. 5º – *omissis*

§ 1º A divulgação de informações de empresas públicas, sociedade de economia mista e demais entidades controladas pela União que atuem em regime de concorrência, sujeitas ao disposto no art. 173 da Constituição, *estará submetida às normas pertinentes da Comissão de Valores Mobiliários, a fim de assegurar sua competitividade, governança corporativa e, quando houver, os interesses de acionistas minoritários.*

§ 2º Não se sujeitam ao disposto neste Decreto as informações relativas à atividade empresarial de pessoas físicas ou jurídicas de direito privado obtidas pelo Banco Central do Brasil, pelas agências reguladoras ou por outros órgãos ou entidades no exercício de atividade de controle, regulação e supervisão da atividade econômica cuja divulgação possa representar vantagem competitiva a outros agentes econômicos.

Art. 6º O acesso à informação disciplinado neste Decreto *não se aplica*:

I – às hipóteses de sigilo previstas na legislação, como fiscal, bancário, de operações e serviços no mercado de capitais, comercial, profissional, industrial e segredo de justiça; e

II – às informações referentes a projetos de pesquisa e desenvolvimento científicos ou tecnológicos cujo sigilo seja imprescindível à segurança da sociedade e do Estado, na forma do § 1º do art. 7º da Lei nº 12.527, de 2011. (grifo nosso)

Portanto, o mencionado artigo explicita a restrição ao acesso a informações pessoais para – além daquelas protegidas por sigilo previsto em lei, como aquelas referidas nos dispositivos supramencionados – aquelas relativas à intimidade, vida privada, honra e imagem. Note-se que, ainda, mesmo essas informações pessoais com acesso restrito podem ser divulgadas ou ser acessadas por terceiros, mediante previsão legal ou consentimento expresso da pessoa a que eles se referirem, conforme admite o inciso II do mesmo § 1º do art. 31. Esse entendimento já encontra respaldo na doutrina pátria:

> A propósito, partindo-se da lição sedimentada na doutrina e na jurisprudência, de que não existem palavras inócuas na lei, entende-se que a restrição de acesso não se aplica a toda e qualquer informação pessoal. Ora, como o próprio §1º do art. 31 já anuncia, apenas serão de acesso restrito aquelas informações que digam respeito à intimidade, vida privada, honra e imagem dos indivíduos. (...)
> Percebe-se, portanto, a total consonância do disposto no art. 31 da LAI com o princípio da relatividade ou conveniência das liberdades públicas. Isso porque, de acordo com este cânone os direitos fundamentais, aqui incluso o da informação, não são ilimitados, uma vez que encontram seus limites nos demais direitos consagrados no texto magno, no caso, o direito à privacidade.[33]

A restrição ao fornecimento de informações pessoais apenas para aquelas relativas à intimidade, vida privada, honra e imagem parece ser a posição adotada pela Controladoria Geral da União, em seu Manual da Lei de Acesso à Informação para Estados e Municípios, ao definir informação pessoal como "aquela relativa à intimidade, à vida privada, à honra e à imagem das pessoas",[34] repetindo a redação do inciso V do art. 3º do Decreto nº 7.724/12, que regulamentou a LAI.[35]

Para a delimitação das informações que estariam sujeitas, em princípio, ao regime de acesso restrito, ou seja, quais são relativas à intimidade, à vida privada, à honra e à imagem, precisa-se entender quais seriam estes conceitos.

Tércio Sampaio Ferraz Júnior, em artigo sobre o sigilo bancário, afirma que a intimidade se refere àqueles "dados que a pessoa guarda para si e que dão consistência à sua pessoalidade, dados de foro íntimo, expressões de autoestima, avaliações personalíssimas com respeito a outros, pudores, enfim, dados que quando constantes de processos comunicativos, exigem do receptor extrema lealdade e confiança, e que, se devassados,

---

[33] GIRÃO, Ingrid Pequeno Sá. A divulgação de informações pessoais como regra e seu sigilo como exceção. Conteúdo Jurídico, Brasília-DF: 11 jun. 2013. Disponível em: <http://www.conteudojuridico.com.br/?artigos&ver=2.43848&seo=1>. (28.04. 15).
[34] Controladoria Geral da União. Manual da LAI para Estados e Municípios. Brasília, 2013. p. 29.
[35] Art. 3º, V – informação pessoal – informação relacionada à pessoa natural identificada ou identificável, relativa à intimidade, vida privada, honra e imagem.

desnudariam a personalidade, quebrariam a consistência psíquica, destruindo a integridade moral do sujeito".[36]

O mesmo autor define informações pessoais relativas à vida privada como aquelas "referentes às opções da convivência, como a escolha de amigos, a frequência de lugares, os relacionamentos familiares, ou seja, de dados que, embora digam respeito aos outros, não afetam (embora no interior da própria convivência, possam vir a afetar) direitos de terceiros (exclusividade da convivência)".[37] Para ele a proteção da imagem corresponde ao "direito de não vê-la mercantilizada, usada, sem o seu exclusivo consentimento, em proveito de outros interesses que não os próprios.[38] Complementa o referido autor que "A privacidade, nesse caso, protege a informação de dados que envolvam avaliações (negativas) do comportamento que, publicadas, podem ferir o bom nome do sujeito, isto é, o modo como ele supõe e deseja ser visto pelos outros".[39]

No mesmo sentido Alexandre de Morais afirma que "intimidade relaciona-se às relações subjetivas e de trato íntimo da pessoa, suas relações familiares e de amizade, enquanto vida privada envolve todos os demais relacionamentos humanos, inclusive os objetivos, tais como relações comerciais, de trabalho, de estudo etc.".[40]

Por fim, a honra tem sua definição como o "princípio que leva alguém a ter uma conduta proba, virtuosa, corajosa e que lhe permite gozar de bom conceito junto à sociedade".[41] Nas palavras de Marcos Vinícius de Corrêa Bittencourt:

> Direito à honra significa a proteção das qualidades pessoais do cidadão, tanto no seu aspecto interno como em relação ao conceito de sua integridade moral na sociedade.[42]

A grande questão trazida pelo processamento automatizado de dados pessoais, no entanto, é uma estrema incerteza quanto aos reais efeitos do tratamento de dados pessoais, o que inviabiliza, em última análise, uma associação apriorística do tratamento de um dado pessoal a um determinado efeito – no caso, ao dano à imagem ou à honra, por exemplo.

---

[36] FERRAZ JÚNIOR, Tércio Sampaio. Sigilo Bancário. Revista de Direito Bancário, do Mercado de Capitais e da Arbitragem. V. 14, nº 14, out-dez 2001. RT: São Paulo. p. 18.

[37] Ibid. p. 18.

[38] FERRAZ JÚNIOR, Tércio Sampaio. Sigilo de dados: o direito à privacidade e os limites à função fiscalizadora do Estado. Revista da Faculdade de Direito da USP. Disponível em http://www.revistas.usp.br/rfdusp/article/viewFile/67231/69841. (28.04.15). p. 443.

[39] Ibid. p. 450.

[40] *Apud* VILLELA, Fábio Goulart. Manual de Direito do Trabalho: teoria e questões. Rio de Janeiro: Elsevier, 2010. p. 148.

[41] Grande Dicionário Houaiss da Língua Portuguesa. Versão Eletrônica. 2012. Disponível em http://houaiss.uol.com.br/. (28.04.15)

[42] *Apud* GIRÃO, Ingrid Pequeno Sá. Op. cit.

Esta vinculação estrita dos dados pessoais a determinados efeitos é algo cada vez mais difícil de ser proposto dada a enorme facilidade de coleta e às possibilidades trazidas pelo tratamento de dados pessoais com técnicas capazes de extrair significados e usos capazes de influenciar diversas esferas da vida da pessoa. Neste sentido, torna-se anacrônica a mera referência aos efeitos do tratamento de dados pessoais aos direitos da personalidade e torna-se praticamente impossível determinar quais os efeitos que o acesso a determinados dados pessoais, pela mera análise seccional de suas características, possa acarretar ao seu titular. Neste panorama, é necessário que o titular dos dados tenha direitos concretos sobre a sua utilização e ganha relevância uma visão objetiva do tratamento de dados pessoais que reconheça como um princípio a sua proteção por si só.

A verificação da existência de interesse público relevante na divulgação de dados pessoais, cotejada com o interesse dos titulares à sua não divulgação, parece ser o caminho apontado pelo Supremo Tribunal Federal ao julgar o ARE 652777, onde se discutia a constitucionalidade da publicação, pelo Município de São Paulo, inclusive em sítio eletrônico mantido por este ente federativo, dos nomes dos seus servidores e do valor dos correspondentes vencimentos e vantagens pecuniárias:

> O Tribunal, apreciando o tema 483 da repercussão geral, por unanimidade e nos termos do voto do Relator, deu provimento ao recurso extraordinário, fixando-se a tese de que é legítima a publicação, inclusive em sítio eletrônico mantido pela Administração Pública, dos nomes dos seus servidores e do valor dos correspondentes vencimentos e vantagens pecuniárias.[43]

A consideração de que nome e vencimentos de servidores não estão sujeitos à restrição de acesso prevista no art. 31 da LAI seguiu-se à apreciação de que há interesse geral na sua divulgação. Desta forma, torna-se possível o controle social dos gastos públicos, em hipótese na qual tal interesse público suplantaria o interesse que os titulares dos dados teriam na sua não divulgação.

Adentrando este campo mais, digamos, objetivo, verifica-se que algumas espécies de dados pessoais, como os dados sensíveis, por se referirem a aspectos da personalidade que, caso sejam de conhecimento público, apresentariam grande potencial de ensejar a discriminação do titular, seriam de antemão dados pessoais que mereceriam um grau maior de proteção pelo ordenamento.

Dados sensíveis seriam "determinados tipos de informação que, caso sejam conhecidas e processadas, prestar-se-iam a uma potencial utilização discriminatória ou particularmente lesiva e que apresentariam

---

[43] SUPREMO TRIBUNAL FEDERAL. ARE 652777 SP. Plenário. Rel. Min. Teori Zavascki, julg. em 23.04.2015.

maiores riscos potenciais que a média para a pessoa e, não raro, para a coletividade",[44] como, por exemplo, dados relativos à raça, credo político ou religioso, opção sexual, histórico médico ou dados genéticos, entre outros.[45] Essa definição de dados ou informações sensíveis foi incorporada ao nosso ordenamento jurídico pela Lei do Cadastro Positivo no inciso II do § 3º de seu art. 3º:

> II – informações sensíveis, assim consideradas aquelas pertinentes à origem social e étnica, à saúde, à informação genética, à orientação sexual e às convicções políticas, religiosas e filosóficas.

Estes dados têm o efetivo potencial de causar prejuízos à esfera íntima da pessoa à qual se referem e, portanto, merecem proteção especial da lei a justificar a restrição de acesso por terceiros. Cabe salientar que, mesmo sem a utilização de tais dados, o tratamento realizado a partir de outras informações de caráter pessoal possa ser qualificado como um tratamento sensível dos dados pessoais, conforme já observou o Tribunal Constitucional alemão no julgamento sobre a lei do censo de 1983,[46] pois mesmo a partir de dados não sensíveis o tratamento pode permitir a obtenção de informações consideradas como sensíveis.[47]

Outras informações que merecem igual proteção são aquelas consideradas excessivas, ou seja, desnecessárias para o atendimento de um determinado fim pretendido pelo tratamento de dados a que são submetidas. A impossibilidade de tratamento de dados tantos sensíveis quanto excessivos foi reconhecida recentemente pelo Superior Tribunal de Justiça no já citado caso do *Credit Scoring*:

> Devem ser prestadas também as informações pessoais do consumidor avaliado que foram consideradas para que ele possa exercer o seu direito de controle acerca das informações excessivas ou sensíveis, que foram expressamente vedadas pelo art. 3º, § 3º, I e II da própria Lei nº 12.414/2011.

---

[44] DONEDA, Danilo. *Da privacidade à proteção de dados pessoais.* Op. cit., p. 160-161.

[45] VIOLA DE AZEVEDO CUNHA, Mario. *Privacidade e Seguro: a coleta e utilização de dados pessoais nos ramos de pessoas e de saúde.* Cadernos de Seguro – Teses n. 33. Funenseg: Rio de Janeiro, 2009. p. 20/21.

[46] "Um dado em si insignificante pode adquirir um novo valor: desse modo, não existem mais dados insignificantes no contexto do processamento eletrônico de dados". MARTINS, Leonardo. (org.) *Cinqüenta anos de Jurisprudência do Tribunal Constitucional federal Alemão.* Montevidéu: Fundação Konrad Adenauer, 2005, p. 244 e 245.

[47] O 16º Congresso Nacional dos Magistrados da Justiça do Trabalho (16º Conamat), realizado em João Pessoa-PB nos dias 1º a 4 de maio de 2012, aprovou enunciado em sentido contraio, estabelecendo a necessidade de consentimento do trabalhador para o tratamento de seus dados pessoais de uma forma geral, quando forem tratados para um fim diverso daquele ao que se destinam: "DADOS PESSOAIS E SENSÍVEIS DO TRABALHADOR. USO E TRATAMENTO. VEDAÇÃO.Os dados pessoais do trabalhador e aqueles sensíveis, referentes à opção religiosa, sexual, filosófica, partidária, entre outros, são protegidos constitucionalmente (arts. 5º, X e XII) e por lei (art. 43 do CDC e Lei 12.414/2011, aplicados analogicamente ao Direito do Trabalho). Por isso, em regra, não podem ser usados nem tratados, sem o consentimento do trabalhador, para fins diversos aos que se destinam".

> Não podem ser valoradas pelo fornecedor do serviço de "credit scoring" *informações sensíveis*, como as relativas à cor, à opção sexual ou à orientação religiosa do consumidor avaliado, *ou excessivas*, como as referentes a gostos pessoais, clube de futebol etc.[48] (grifos no original)

No caso do *credit scoring*, apesar de não se levar em conta de forma ampla a problemática referente à proteção de dados pessoais, foram traçados limites objetivos em relação à natureza dos dados pessoais tratados, excluído-se absolutamente a possibilidade de que dados sensíveis ou dados excessivos sejam considerados na análise de crédito. De uma forma mais geral, a preocupação com os efeitos do tratamento de dados pessoais vem sendo ressaltada pelo Superior Tribunal de Justiça:

> A inserção de dados pessoais do cidadão em bancos de informações tem se constituído em uma das preocupações do Estado moderno, onde o uso da informática e a possibilidade de controle unificado das diversas atividades da pessoa, nas múltiplas situações de vida, permitem o conhecimento de sua conduta pública e privada, até nos mínimos detalhes, podendo chegar à devassa de atos pessoais, invadindo área que deveria ficar restrita à sua intimidade; ao mesmo tempo, o cidadão objeto dessa indiscriminada colheita de informações, muitas vezes, sequer sabe da existência de tal atividade, ou não dispõe de eficazes meios para conhecer o seu resultado, retificá-lo ou cancelá-lo. *E assim como o conjunto dessas informações pode ser usado para fins lícitos, públicos ou privados, na prevenção ou repressão de delitos, ou habilitando o particular a celebrar contratos com pleno conhecimento de causa, também pode servir ao Estado ou ao particular, para alcançar fins contrários à moral ou ao direito, como instrumento de perseguição política ou repressão econômica.*[49] (grifo nosso)

Desta forma, considerando-se o conjunto de meios hoje disponíveis para o tratamento de dados pessoais, que impossibilitam uma avaliação apriorística dos efeitos de seu tratamento para a pessoa, conjuntamente com a cláusula geral de proteção da personalidade presente em nosso ordenamento jurídico, reconhece-se a necessidade de uma interpretação que considere na máxima extensão a proteção aos dados pessoais em conjunto com uma aplicação do acesso à informação que atenda ao interesse público de transparência e controle. Assim, qualquer restrição ao acesso a informações pessoais deve observar como critérios que a informação seja pessoal, sendo que o fato de ser relativa à intimidade, à vida privada, à honra e à imagem da pessoa em questão, não deve ser interpretado em sua literalidade porém quanto ao seu potencial de causar influência na vida e nas escolhas livres de uma pessoa.

É importante salientar, porém, que o fato de a informação pessoal pura e simples não estar abarcada pela restrição de acesso prevista no

---

[48] Superior Tribunal de Justiça. Recurso Especial nº 1.419.697 – RJ. Rel. Min. Paulo de Tarso Sanseverino. Julg. em 12.11.2014

[49] Superior Tribunal de Justiça. Recurso Especial nº 22.337, 4ª Turma, Rel. Min. Ruy Rosado de Aguiar. Julg.em 13.02.1995.

art. 31 da LAI não impede que a administração pública lhe restrinja o acesso em razão de entender que é imprescindível à segurança da sociedade ou do Estado, conforme lhe autoriza o art. 23 da LAI.[50]

Além disso, o fato de a informação não ter acesso restrito não importa dizer que nenhum procedimento deva ser observado para sua obtenção. Os arts. 10 a 14 da LAI e 11 a 14 do Decreto nº 7.724/12 estabelecem o procedimento para acesso a informações em poder da União, Estados, Distrito Federal e Municípios e das autarquias, fundações públicas, empresas públicas, sociedades de economia mista e demais entidades controladas direta ou indiretamente por esses entes federativos.

Por fim, acreditamos que outro limite ao acesso à informação pessoal, seja ela de acesso restrito ou não, seja o já citado princípio da finalidade, do qual nos ocuparemos no próximo tópico.

4. O princípio da finalidade como limite à utilização de informações pessoais obtidas com base na LAI

A utilização secundária de informações pessoais, isto é, a sua utilização para finalidades diversas daquelas para as quais as informações foram obtidas, é questão de absoluta relevância em várias normativas relacionadas à proteção de dados pessoais.

De acordo com o princípio da finalidade, o motivo da coleta ou fornecimento de uma informação pessoal deve ser compatível com o objetivo final do tratamento ao qual esta informação será submetida. Desta forma, seja quando a informação for coletada diretamente do seu titular ou quando houver a consulta a um repositório de dados, a sua utilização sempre estará vinculada ao motivo que fundamentou esta coleta. Cria-se, desta forma, uma ligação entre a informação e a sua origem, vinculando-a ao fim de sua coleta, de modo que esta deva ser levada em consideração em qualquer tratamento ulterior.

Assim, o princípio da finalidade se coloca como um potencial limite à utilização das informações pessoais obtidas com base na LAI, já que seu

---

[50] Art. 23. São consideradas imprescindíveis à segurança da sociedade ou do Estado e, portanto, passíveis de classificação as informações cuja divulgação ou acesso irrestrito possam: I – pôr em risco a defesa e a soberania nacionais ou a integridade do território nacional; II – prejudicar ou pôr em risco a condução de negociações ou as relações internacionais do País, ou as que tenham sido fornecidas em caráter sigiloso por outros Estados e organismos internacionais; III – pôr em risco a vida, a segurança ou a saúde da população; IV – oferecer elevado risco à estabilidade financeira, econômica ou monetária do País; V – prejudicar ou causar risco a planos ou operações estratégicos das Forças Armadas; VI – prejudicar ou causar risco a projetos de pesquisa e desenvolvimento científico ou tecnológico, assim como a sistemas, bens, instalações ou áreas de interesse estratégico nacional; VII – pôr em risco a segurança de instituições ou de altas autoridades nacionais ou estrangeiras e seus familiares; ou VIII – comprometer atividades de inteligência, bem como de investigação ou fiscalização em andamento, relacionadas com a prevenção ou repressão de infrações.

tratamento inicial pela administração pública se deu para o atingimento de um fim de interesse público, como a realização de políticas públicas, apenas para citar um exemplo.

O princípio da finalidade é um corolário do pressuposto de que a informação pessoal, como expressão direta da personalidade, nunca perde o vínculo com seu titular. Antes de ser meramente abstrata e sujeita à livre disposição, esta informação, à medida que identifica alguma característica de uma pessoa, estará sempre vinculada a ela. Um desvio da finalidade para a qual foi recolhida pode tornar inócua qualquer tentativa de proteção e controle desta informação por parte do seu titular.

Ainda que não exista ainda no ordenamento jurídico brasileiro normativa genérica que aborde o princípio da finalidade, as disposições contidas na Lei do Cadastro Positivo e no Marco Civil da Internet, lidas à luz da cláusula geral de proteção da personalidade e da consideração de que a informação pessoal é elemento integrante da personalidade materializam esse princípio. Não obstante, nota-se que a ideia da afetação da informação pessoal à razão pela qual foi coletada vem prosperando em diversos documentos normativos mais recentes, como o Decreto nº 6.135/07, que trata da elaboração do Cadastro Único para programas sociais do Governo Federal e que, portanto, influencia a utilização dessas informações com base na LAI. Prevê referido decreto, em seu artigo 8º, que:

> Art. 8º Os dados de identificação das famílias do CadÚnico são sigilosos e somente *poderão ser utilizados para as seguintes finalidades:*
> I – formulação e gestão de políticas públicas; e
> II – realização de estudos e pesquisas. (grifo nosso)

Portanto, mesmo que essas informações venham a ser divulgadas publicamente pela administração pública, para fins de garantir transparência e o controle democrático das políticas públicas a elas relacionadas por parte da população em geral, elas têm a finalidade de seu tratamento restritivamente definida, o que importa dizer que sua utilização para finalidades distintas estaria vedada, sendo a finalidade nesse caso outro obstáculo ao acesso e utilização posterior dessas informações com base na LAI.

5. Conclusão

Transparência e privacidade são lados opostos de uma mesma moeda – em diversas situações um determinado ordenamento deve realizar opções sobre qual delas deve prosperar em casos determinados. Esta dicotomia, no entanto, está longe de apontar para uma tensão puramente entre interesse público e interesse individual, visto que o direito à privacidade (e uma consequente impossibilidade de fornecimento de dados pessoais pelo poder público), apesar de se configurar em um direito de cunho individualista, é parte fundamental de todo sistema democrático e deve ser defendido para que se evitem as tentações de cunho totalitarista e que retirem do indivíduo a possibilidade de se valer de sua esfera privada para que possa realizar livremente suas potencialidades e possa livremente realizar as suas escolhas.

Neste sentido, afigura-se necessário o aprofundamento do debate em torno dos dados pessoais que leve em conta esta natureza de sua proteção, considerando, ademais, a necessidade de uma regulamentação específica para a matéria nos moldes da Lei de Acesso à Informação e na esteira do que já ocorre hoje em mais de 100 países que contam com normativas gerais de proteção aos dados pessoais em seus ordenamentos.

— 7 —

A necessária compatibilização do direito à informação aos direitos de personalidade e à dignidade humana: o papel da educação para os direitos humanos à comunicação social em um contexto pós-ADPF nº 130/DF

MÔNIA CLARISSA HENNIG LEAL[1]
FELIPE DALENOGARE ALVES[2]

Sumário: 1. Introdução; 2. Os Direitos Fundamentais e sua aplicação no âmbito das relações privadas: apontamentos contemporâneos; 3. A necessária compatibilização entre o direito à informação/liberdade de imprensa e os direitos de personalidade/dignidade da pessoa humana; 4. O papel da educação para os direitos humanos à comunicação social após a não recepção da Lei de Imprensa pela Constituição de 1988 (ADPF nº 130-DF); 5. Conclusão; Referências.

1. Introdução

O presente trabalho expõe o resultado de uma pesquisa bibliográfica, utilizando-se dos métodos dedutivo, para fins de abordagem, e monográfico, a título procedimental, sobre a temática do direito à informação e sua

---

[1] Pós-Doutora em Direito pela Ruprecht-Karls Universität Heidelberg, Alemanha. Doutora em Direito pela Universidade do Vale do Rio dos Sinos – Unisinos. Professora e Coordenadora Adjunta do Programa de Pós-Graduação em Direito (Mestrado e Doutorado) da Universidade de Santa Cruz do Sul – UNISC. Coordenadora do Grupo de Pesquisa "Jurisdição Constitucional Aberta", vinculado e financiado pelo CNPq e à Academia Brasileira de Direito Constitucional ABDConst, desenvolvido junto ao Centro Integrado de Estudos e Pesquisas em Políticas Públicas – CIEPPP (financiado pelo FINEP), ligado ao PPGD da Universidade de Santa Cruz do Sul. Bolsista de produtividade em pesquisa do CNPq. Email: moniah@unisc.br

[2] Mestrando no Programa de Pós-Graduação em Direito (Mestrado e Doutorado) da Universidade de Santa Cruz do Sul – UNISC. Especialista em Direito Público pela Universidade Cândido Mendes – UCAM – e em Gestão Pública Municipal pela Universidade Federal de Santa Maria – UFSM. Membro do Grupo de Pesquisa "Jurisdição Constitucional Aberta", vinculado e financiado pelo CNPq e à Academia Brasileira de Direito Constitucional ABDConst, desenvolvido junto ao Centro Integrado de Estudos e Pesquisas em Políticas Públicas – CIEPPP (financiado pelo FINEP) –, ligado ao PPGD da Universidade de Santa Cruz do Sul. Email: felipe@estudosdedireito.com.br

necessária compatibilização com os direitos de personalidade e à própria dignidade humana, tendo por objetivo principal analisar – sob os contornos do constitucionalismo contemporâneo – o papel que a educação para os direitos humanos representa na formação dos profissionais que atuam na comunicação social, principalmente após o julgamento da ADPF nº 130/DF, no qual assentou-se o entendimento de que a Lei nº 5.250/67 (Lei de Imprensa) não foi recepcionada pela Constituição de 1988.

Consecutivo às atrocidades intercorridas na Segunda Guerra Mundial, um traço configurou-se característico em grande parte das Constituições contemporâneas: a presença substancial de direitos fundamentais, sejam eles individuais, coletivos ou sociais – a exemplo da atual Constituição Brasileira. Esses direitos passaram a ser vislumbrados como vetores principiológicos à atuação tanto da esfera pública quanto privada. Significa dizer que, além de vincular o próprio Estado nas suas relações com os particulares (eficácia vertical), balizam e delimitam as relações destes entre si (eficácia horizontal), no intuito de dar concretude ao fundamento principal da República, qual seja, a dignidade da pessoa humana.

Dentre estes, encontra-se o direito à informação, tido como um dos pilares do Estado Democrático de Direito. A liberdade de imprensa consiste na proibição de toda e qualquer censura, seja ela prévia ou posterior. Este direito, entretanto, deve ser exercido em compatibilidade com os demais direitos fundamentais – direitos de personalidade (honra, imagem, privacidade e intimidade), direito à presunção de inocência e a própria dignidade humana.

Para isso, a inserção da educação para os direitos humanos na formação dos profissionais atuantes nos meios de comunicação social encapa importante instrumento na concretização da autorregulação da imprensa, no sentido de garantir os direitos fundamentais constitucionalmente assegurados aos envolvidos no fato noticiado.

Estabelecido este contexto, a pesquisa justifica-se pela necessidade de desenvolvimento de um estudo capaz de elucidar pontos importantes acerca desta temática, como a seguinte questão: qual o papel da educação para os direitos humanos à autorregulação social da imprensa para a efetivação do direito à informação em consonância com os demais direitos fundamentais e a própria dignidade humana?

Nesse sentido, serão abordados os principais aspectos referentes ao tema, como os direitos fundamentais nas relações privadas, o direito à informação e os direitos de personalidade, além do papel da educação para os direitos humanos na formação dos profissionais ativos à comunicação social, visando-se a demonstrar que é possível a garantia do direito à informação, em consonância com os direitos fundamentais, especialmente os relativos à personalidade, efetivando-se uma cultura de educação para os direitos humanos.

2. Os Direitos Fundamentais e sua aplicação no âmbito das relações privadas: apontamentos contemporâneos

Na estrutura erigida às Constituições é que se expressa a laica cultura jurídica, refletindo diretamente no sistema de direitos fundamentais e representando as concepções doutrinárias contemporâneas à sua elaboração (PÉREZ LUÑO, 2012, p. 16-17). Com efeito, afirma-se que os direitos fundamentais são – assim como os humanos – históricos, nascem e se aprimoram de forma gradual, como conquistas das lutas por novas liberdades (BOBBIO, 2004, p. 9).[3]

Assim, os direitos fundamentais representam determinados valores básicos, que, somados aos princípios fundamentais do Estado, formam o núcleo substancial do Estado Democrático de Direito, considerado, ao mesmo tempo, pressuposto, garantia e instrumento de democracia (SARLET, 2007a, p. 72).

A Constituição da República de 1988 demonstra claramente o compasso entre tempo e conquista de direitos. Abarcando minimamente, três dimensões de direitos fundamentais, integra uma estrutura considerada verdadeira carta de alforria de um povo que, à época de sua promulgação, esperava por esses direitos, em especial os de primeira dimensão, haja vista a submissão durante mais de duas décadas, ao regime militar.

No tocante ao sistema de direitos fundamentais, convém ter em mente que não se trata de um conjunto lógico-dedutivo; uma vez que não é autônomo e autossuficiente, mas aberto e flexível; em igual sintonia à norma constitucional como um todo e, ainda, ao contexto social que o envolve em determinado momento histórico (SARLET, 2007a, p. 85-86).

Isto posto, defende-se a ideia de que, frente ao caráter aberto dos direitos fundamentais, marcadamente principiológicos, há uma interação direta com o seio social em que se inserem, constituindo uma ordem objetiva de valores (LEAL, 2007, p. 1). Mais do que isso, considera-se apresentar duplo caráter, não se revestindo apenas em vetores objetivos, mas em subjetivos, no sentido de que outorga ao titular, a possibilidade de imposição perante terceiros (MENDES, 2002, p. 2).

---

[3] Parte dos conceitos apresentados nesta seção foram originalmente apresentados in: LEAL, Mônia Clarissa Hennig; ALVES, Felipe Dalenogare. *A JURISDIÇÃO CONSTITUCIONAL E OS DIREITOS FUNDAMENTAIS NA SOCIEDADE DA INFORMAÇÃO*: as biografias não autorizadas e os caminhos do PL nº 393/2011 (legislativo) e da ADI nº 4815-DF (jurisdicional). In: ZIEMANN, Aneline dos Santos; ALVES, Felipe Dalenogare (Orgs). A jurisdição constitucional e os direitos fundamentais nas relações privadas: questões contemporâneas. São Paulo: Perse, 2014.

Recenseando sua influência axiológica objetiva, os direitos fundamentais resultam da fusão entre as diferentes demandas sociais – obtidas tanto de relações de tensão, quanto de cooperação – que informam e dão conformidade a todo o ordenamento jurídico (PÉREZ LUÑO, 2013, p. 17-18), estabelecendo-se como vetores não somente a este, mas em todas as ações dos Poderes do Estado e da sociedade (SARLET, 2007a, p. 168).

Em sua representação axiológica subjetiva, os direitos fundamentais constituem-se no estatuto jurídico dos indivíduos, tutelando tanto sua autonomia, quanto a liberdade e a segurança, seja frente ao Estado ou entre si. Salienta-se, no Constitucionalismo Contemporâneo, a conversão desses direitos em elementos de defesa não apenas contra o Estado, mas também nas relações entre os particulares, podendo ser exigíveis (PÉREZ LUÑO, 2013, p. 18-19).

Assim, quando se atribui o *status* subjetivo ao direito fundamental, refere-se a viabilidade jurídica da exigência de concretização do direito por parte do titular, seja face ao Estado ou outro par (SARLET, 2007a, p. 179-180). Resulta assim, além da eficácia vertical (particular-Estado), a eficácia horizontal (particular-particular).

A eficácia horizontal decorre da noção de que não só o Estado pode afrontar o direito fundamental do indivíduo, mas também estes entre si, principalmente no tocante aos conflitos sociais e econômicos, decorrentes de uma assimetria nas relações privadas. Dessa forma, quanto maior a desigualdade entre os membros de uma sociedade, excelsa será a proteção do Estado na tutela dos direitos fundamentais em jogo, diante do conflito entre seus membros (CARVALHO, 2008, p. 690).

No âmbito da eficácia dos direitos fundamentais entre os particulares, pode-se observar o predomínio de três teorias, expressas da seguinte forma: a) eficácia mediata – indireta; b) eficácia imediata – direta; e c) recusa da eficácia. Ainda, têm-se a teoria do dever de proteção (*Schutzpficht*), a qual, concordando-se com Sarlet (2000, p. 126), pode apreciar uma tendência de eficácia indireta – mediata.

A respeito da eficácia mediata (indireta), defende-se a ideia – à luz dessa teoria – de que existiria uma recepção dos direitos fundamentais pelo direito privado, tornando-os eficazes entre os particulares posteriormente à aplicação, interpretação e integração do direito privado aos direitos fundamentais (SARLET, 2007a, p. 403-404).

Dito de outro modo, afluiria uma relativização destes direitos em deferência à autonomia privada e a responsabilidade individual, cabendo ao Estado (legislador) a compatibilização dos direitos fundamentais às relações privadas, através de uma regulamentação em conformidade com os valores sociais (NOVELINO, 2008, p. 232-233).

No que tange à eficácia imediata (direta), tem-se que ela decorre da força normativa da Constituição, no sentido de que se os direitos fundamentais constituem-se normas válidas (e vetores) para toda a ordem jurídica, não há direito privado (e, por consequência, relações privadas) fora da égide da Constituição (SARLET, 2007a, p. 404).

A crítica que se faz à eficácia direta e imediata dos direitos fundamentais às relações privadas diz respeito a um eventual esvaziamento da autonomia privada, uma conjeturada insegurança jurídica ou expansão dos "poderes dos juízes" (em detrimento do legislador) além da suposta despersonificação do direito privado – que restaria curvado aos direitos fundamentais (ADOLFO, 2008, p. 402).

Há, ainda, a teoria que considera a recusa da eficácia. Esta corrente – adotada nos Estados Unidos e conhecida por *State action* – não contemplando a eficácia horizontal, nega qualquer efeito dos direitos fundamentais às relações privadas (NOVELINO, 2008, p. 230).

De toda sorte, independente do reconhecimento ou negação da eficácia horizontal direta, não há resolução uníssona ao debate, sendo necessária a análise do caso concreto – pressupondo a existência de uma norma de direito privado, bem como de um objeto regulador das relações entre os particulares (SARLET, 2007a, p. 405).

Percebe-se que a opção pela eficácia direta ou indireta revela, além dos argumentos jurídicos, um prisma político e ideológico, tornando possível a associação da primeira opção ao viés de Estado Social de Direito, objetivando um constitucionalismo de igualdade, enquanto a segunda assemelha-se ao constitucionalismo liberal-burguês (SARLET, 2007b, p. 82). Reconhece-se, todavia, que essa relação não é absoluta, pois mesmo no caso da eficácia indireta, encontra-se presente o fenômeno da constitucionalização do direito, o qual não se constitui prática genuinamente liberal.

Faz-se necessário proferir que os direitos fundamentais estão intrinsecamente associados à concepção de dignidade da pessoa humana, a qual – sequente à segunda guerra – foi amplamente consagrada como princípio de ordem política, figurando à maior parte das Constituições contemporâneas (GRIMM, 2010, p. 4).

A Constituição de 1988 atribuiu à dignidade da pessoa humana o *status* de fundamento republicano, sob o qual deve ser pautado tanto o agir do Estado, quanto da sociedade. É, sobretudo, a este fundamento que deve se curvar todo o ordenamento jurídico brasileiro, inclusive (e por que não?) as normas de direito privado, mesmo que aplicadas estritamente neste âmbito.

Isso decorre da dimensão objetiva dos direitos fundamentais, constituindo-se sua eficácia irradiante. Significa dizer que "os valores que dão lastro aos direitos fundamentais penetram por todo o ordenamento jurídico, condicionando a interpretação das normas legais e atuando como impulsos e diretrizes para o legislador, à administração e o Judiciário", ensejando a humanização de toda a ordem jurídica, principalmente sob a dignidade humana, a igualdade formal bem como, material e a justiça social (SARMENTO, 2004, p. 155).

Dito de outro modo, "nasce a ideia de que os direitos fundamentais são úteis não apenas para conter o poder estatal, mas também para conter os excessos de poder entre os particulares", o que, no âmbito das relações privadas, limitará a autonomia de vontade, "não apenas no sentido de reprimir os atos considerados socialmente lesivos, mas tendo como perspectiva a concretização e promoção dos princípios constitucionais da solidariedade social e da dignidade da pessoa humana" (CERQUEIRA; REIS, 2013, p. 102-103).

Assim, sob a aura do constitucionalismo contemporâneo, têm-se em observância a eficácia dos direitos fundamentais nas relações entre os particulares representando não meramente o acolhimento – pelo seio constitucional, das normas atinentes a estas relações – e sim, algo maior, irradiando uma obrigatória releitura de todos os institutos de direito privado, sob a luz constitucional, em especial àqueles direitos e à dignidade humana, como será visto a seguir (ADOLFO, 2008, p. 389).

3. A necessária compatibilização entre o direito à informação/liberdade de imprensa e os direitos de personalidade/dignidade da pessoa humana

Atualmente, a imprensa televisiva tem explorado cada vez mais os programas jornalísticos policiais, ocupando grande parte da programação diária.[4] Não faltam casos a serem exibidos e reexibidos durante um mesmo programa. Acontecimentos envolvendo a prática de furto simples à homicídios, sem desconsiderar ocorrências de trânsito e fatos cotidianos flagrados pelos repórteres que circundam as regiões metropolitanas – principalmente São Paulo e Rio de Janeiro.

Grande parte dos programas, além de dispor de comentaristas "especialistas" em segurança pública, atraem expectadores com entrevistas variadas. Os holofotes recaem sobre policiais militares, delegados de polí-

---

[4] Apenas para se ter exemplo do tempo aproximado, o programa "Brasil Urgente", da Rede Bandeirantes, é exibido, diariamente, por mais de três horas (das 16:15h às 16:20h). A Rede Record exibe duas vezes diárias o programa "Balanço Geral" (das 06:00h às 07:10h e das 12:00 às 14:30), somado ao programa "Cidade Alerta" (das 17:20h às 20:40h), juntos, apenas estes três programas somam mais de seis horas de programação. Informações disponíveis, respectivamente, em: <http://www.ban-d.uol.com.br/tv/programacao.asp> e <http://rederecord.r7.com/programacao/>. Acesso em 21 jan. 2015.

cia, promotores de justiça, advogados, juízes e, principalmente, os envolvidos – vítima, suspeito, indiciado ou réu. Estes, por sua vez, geralmente desprestigiados intelectualmente e desfavorecidos pela situação momentânea, por vezes tornam-se verdadeiros "humoristas" do programa.[5]

A linguagem utilizada por parte dos apresentadores e o emprego indiscriminado de termos com significação técnica de alta relevância (a exemplo de suspeito, indiciado e réu), além de cenas que expõem a prévia acusação/condenação social do exposto – sem sequer transcorrer o devido processo legal, com todas as garantias constitucionais/legais – se estendem a um patamar além da falta de ética, atingindo o nível de violação de direitos fundamentais.[6]

Esta breve introdução da seção tenciona demonstrar o conflito de direitos fundamentais presenciados, principalmente, pela ausência, no Estado brasileiro, de uma lei de imprensa. De um lado, figuram o direito à informação, liberdade de expressão e de imprensa e, de outro, o direito à honra, intimidade, imagem, presunção de inocência e a própria dignidade.

O direito à informação encontra-se previsto tanto no rol dos direitos individuais e coletivos (Art. 5º, inciso XIV) quanto no capítulo destinado à comunicação social (Art. 220), sendo que "nenhuma lei conterá dispositivo que possa constituir embaraço à plena liberdade de informação jornalística em qualquer veículo de comunicação social" (Art. 220, § 1º).

A proteção constitucional de tal direito objetiva, principalmente, que não se atribua a alguém (indivíduo, grupo, pessoa pública ou privada) o *status* de "guardião das portas", vindo a impedir ou limitar o acesso a qualquer informação que tenha relevância social (CANOTILHO; MACHADO; GAIO JÚNIOR, 2014, p. 31). Traduz-se no ícone da sociedade da informação, o direito de poder informar – sujeito ativo – e o direito de ser informado – sujeito passivo difuso (BARROSO, 2001).

Nesse contexto, o constituinte previu a impossibilidade de embaraço à liberdade de informação em sua plenitude. Entretanto, reitera ainda que esse direito encontra-se relacionado aos interesses públicos informativos, isso porque a sociedade contemporânea, da informação, se constitui em verdadeiro "fórum" interativo, onde predomina o discurso público,

---

[5] Interessante analisar o vídeo de duas reportagens produzidas pela Rede Bandeirantes. A primeira ocorrida em local próprio para tal (ao fundo aparece, em banner estampado, o símbolo da polícia civil local) encontra-se disponível em: <https://www.youtube.com/watch?v=wzR8LYCHgoo>. A segunda, disponível em: <https://www.youtube.com/watch?v=1lk0yMCCWso>, gerou denúncia por parte do Ministério Público Federal no Estado da Bahia, questionando-se, inclusive, às "sessões de entrevistas" dos presos em Salvador: <http://www.revistaforum.com.br/blogdorovai/2012/05/23/repo-rter-da-band-mirella-cunha-e-processada-por-mp-federal-na-bahia/>.Acesso em: 21 jan. 2015.

[6] É necessário dizer que, não obstante as violações aos direitos fundamentais possam ocorrer por falta de conhecimento ou de uma cultura de respeito a tais direitos, em muitas ocasiões elas ocorrem conscientemente, como forma de buscar audiência ao programa.

permitindo que a informação não se submeta à autorização, filtro de qualquer natureza, censura ou padronização (CANOTILHO; MACHADO; GAIO JÚNIOR, 2014, p. 40).

Por outro lado, a Constituição é explícita ao ressalvar a garantia aos direitos de personalidade, como intimidade, vida privada, honra e imagem pessoal, assegurando, além de indenização ao dano material e moral – oriundo da violação, o direito de resposta proporcional ao agravo (Art. 5º, incisos V e X). Nesse sentido, sustenta-se que:

> O direito de receber informações verdadeiras é um direito de liberdade e caracteriza-se essencialmente por estar dirigido a todos os cidadãos, independentemente de raça, credo ou convicção político-filosófica, com a finalidade de fornecimento de subsídios para a formação de convicções relativas a assuntos públicos (MORAES, 2003, p. 162).

O direito à informação deve ser compatibilizado aos direitos de personalidade. Ambos, como se sabe, não são absolutos, carecendo de ponderação. Contemplando esse quadro, o aplicador do direito, na análise de determinado caso concreto, principalmente àqueles que envolvam a personalidade da pessoa, deve suprir a omissão legislativa (lei de regulação à imprensa), verificando a adequação e a necessidade da vinculação (da imagem) para o efetivo exercício da liberdade de informação, procedendo, em caso positivo, à ponderação entre os direitos fundamentais em conflito – informação x personalidade (SCHREIBER, 2011, p. 110).

Há de se reconhecer a dificuldade quase que "dramática" da convivência harmoniosa entre o direito à informação e os direitos de personalidade (GARCIA, 2012, p. 38), ressaltando-se, porém, a incontestável compatibilização de ambos, precipuamente, no que concerne à honra, imagem, intimidade e vida privada.

Em síntese, o direito à honra visa à proteção da dignidade da pessoa – a reputação (frente a si e ao seu meio social). Reconhece-se que, no Brasil, este direito, por vezes, é relativizado frente à veracidade do fato em análise, sobressaindo-se a verdade – interesse coletivo – em detrimento à honra pessoal – interesse privado (BARROSO, 2001, s.p), o que deve ser visto com certa ressalva.[7]

Visto de outra forma, a honra tem o escopo da defesa do indivíduo frente às inculpações difamatórias, as quais – providas de falsidade – colocariam em risco a moral externa, ascendendo ao convívio, comprome-

---

[7] Observa-se, como exemplo, trecho de recente acórdão da 4ª Turma do STJ: "É assente que, no exercício do direito fundamental de liberdade de imprensa, havendo divulgação de informações verdadeiras e fidedignas, de interesse público, não há de falar em configuração de dano moral. Contudo, referida liberdade de informação e de manifestação do pensamento não constitui direito absoluto, podendo ser relativizado quando colidir com o direito à proteção da honra e à imagem dos indivíduos, bem como quando ofender o princípio constitucional da dignidade da pessoa humana" (BRASIL, STJ, AgRg no AREsp nº 147136/SP, 2014).

tendo-o (seja por ação ou interação), frente à esfera social em que se insere (CANOTILHO; MACHADO; GAIO JÚNIOR, 2014, p. 63).

O direito à imagem tutela a representação (seja física integral ou parcial) da pessoa, ou, até mesmo, às características que a tornariam reconhecida. Assim, regra geral, a utilização da imagem está condicionada à permissão do particular, desde que não se trate da divulgação de conhecimento relacionado à história, ciência ou à informação de caráter jornalístico (BARROSO, 2001).

Nesse sentido, não havendo prática da imagem para fins de promoção ou patrocínio de bens ou serviços, a utilização – vinculada à informação de interesse público relevante ou às "figuras públicas", torna este direito restringido (CANOTILHO; MACHADO; GAIO JÚNIOR, 2014, p. 62-63), o que também deve ser considerado com as devidas ressalvas.[8]

O direito à intimidade e à vida privada abarca o direito de privacidade. Significa dizer que no contexto da vida pessoal, existem momentos e fatos que devem ser protegidos de terceiros (a exemplo, destaca-se o ocorrido no interior do domicílio, os comentários proferidos, a vida familiar, as relações afetivas, etc.). De forma geral, esse tipo de informação não se encontra compreendida pelo interesse público, por condizer exclusivamente à pessoa interessada[9] (BARROSO, 2001).

Quando relacionado às pessoas públicas, todavia, há a viabilidade de admissão, em regra, de maior curiosidade na privacidade definida no seio desses círculos (públicos), especialmente, no tocante ao interesse coletivo na vida e na conduta dessas figuras, o que, do contrário, deve percorrer a ponderação mais rígida deste interesse[10] (CANOTILHO; MACHADO; GAIO JÚNIOR, 2014, p. 68-69).

---

[8] Em acórdão de relatoria do Min. Marco Buzzi, também da 4ª Turma do STJ, torna-se cristalina a referida cautela: "Tribunal de origem que, com amparo nos elementos de convicção dos autos e adotando o entendimento desta Corte Superior, consignou estar configurada a lesão à honra e à imagem do magistrado, pois a reportagem, apesar de descrever fatos efetivamente ocorridos, veiculou afirmações imprecisas, abusando de recursos retóricos e que geraram dúvida quanto à conduta do magistrado" (BRASIL, STJ, AgRg no AREsp nº 163884/RJ, 2014).

[9] Em decisão da 3ª Turma do STJ, pode-se observar o entendimento: "Ofende a intimidade e a honra, causando dano moral indenizável, a veiculação jornalística de reportagem, estampando "manchete" com adjetivo indicativo de ofensivo juízo negativo de valor, seguida de narrativa com termos de crítica sob a ótica subjetiva de fatos *sub judice* da vida pessoal e de familiares, extraídos de processo judicial protegido por sigilo de Justiça" (BRASIL, STJ, REsp nº 1420285/MA, 2014).

[10] Esse foi o entendimento assentado pela 4ª Turma do STJ, cujo extrato da ementa é assim retratado: "Tratando-se de imagem de multidão, de pessoa famosa ou ocupante de cargo público, deve ser ponderado se, dadas as circunstâncias, a exposição da imagem é ofensiva à privacidade ou à intimidade do retratado, o que poderia ensejar algum dano patrimonial ou extrapatrimonial. Há, nessas hipóteses, em regra, presunção de consentimento do uso da imagem, desde que preservada a vida privada. [...] Com base nessas considerações, conclui-se que a utilização de fotografia do magistrado adequadamente trajado, em seu ambiente de trabalho, dentro da Corte Estadual onde exerce a função judicante, serviu apenas para ilustrar a matéria jornalística, não constituindo, per se, violação

Nos casos que envolvam processos penais de grande repercussão na imprensa (muitos adquirem este *status* por absoluto interesse desta), a colisão entre os direitos fundamentais se torna ainda mais intensa, pois além dos direitos já discutidos, acrescentam-se direitos como a publicidade processual (Art. 5º, inciso LX, da Constituição) e a presunção da inocência (Art. 5º, inciso LVII).[11]

O que se percebe, muitas vezes, concordando-se com Souza (2010, p. 133), é que existe "uma preocupação dos meios de comunicação em massa não tanto com o fato em si e sua correspondência – verdade ou falsidade, e muito menos com a aplicação dos princípios da culpabilidade e presunção de inocência, mas com o imediato etiquetamento do suposto autor do crime". Assim, descreve-o como ameaça à ordem social, desconsiderando, se ao final do devido processo legal, este será considerado inocente.

O autor ainda destaca outro ponto relevante à atuação da imprensa, quando esta considera o direito à informação como absoluto e acima de tudo, referente à cobrança de uma atuação jurisdicional imediata. Não havendo reprimenda ao sentido por ela ensejado, "desencadeia-se no âmbito da opinião pública um sentimento de frustação e de perplexidade, a ponto de pôr em dúvida a própria legitimidade do Poder Judiciário" (SOUZA, 2010, p. 133).

Há de se afirmar que "em alguns casos é possível se constatar um discurso direcionado e desvirtuado, o que muitas vezes compromete o resultado final da informação". Com isso, cresce em importância a responsabilidade da atuação da mídia no trato à informação, pois "o discurso jornalístico oferecido na imprensa e na televisão atua como aquisição de conhecimento e formação de opiniões sobre a maior parte dos eventos do mundo" (CASTRO; KRAVETZ, 2013, p. 202).

Costa Júnior (1995, p. 63), ao exemplificar situações de inescusável contenção do direito à informação, destaca que "as publicações que se destinem exclusivamente à satisfação de uma curiosidade quase patológica do populacho ou à difusão da malignidade estão evidentemente excluídas da liberdade que se confere à imprensa, para manifestação das ideias". Não se trata de restringir a liberdade de imprensa ou o direito à informação, mas de compatibilizá-los aos demais direitos fundamentais, em conformidade ao Art. 220, § 1º, da própria Constituição, eis que não há discussão acerca de sua liberdade:

> Não cabe ao Estado, por qualquer dos seus órgãos, definir previamente o que pode ou o que não pode ser dito por indivíduos e jornalistas. Dever de omissão que inclui a própria

---

ao direito de preservação de sua imagem ou de sua vida íntima e privada" (BRASIL, STJ, REsp nº 801106/DF, 2012).

[11] A respeito ver SILVA (2012).

atividade legislativa, pois é vedado à lei dispor sobre o núcleo duro das atividades jornalísticas, assim entendidas as coordenadas de tempo e de conteúdo da manifestação do pensamento, da informação e da criação *lato sensu*. Vale dizer: não há liberdade de imprensa pela metade ou sob as tenazes da censura prévia, pouco importando o poder estatal de que ela provenha. Isso porque a liberdade de imprensa não é uma bolha normativa ou uma fórmula prescritiva oca. Tem conteúdo, e esse conteúdo é formado pelo rol de liberdades que se lê a partir da cabeça do art. 220 da CF: liberdade de "manifestação do pensamento", liberdade de "criação", liberdade de 'expressão', liberdade de "informação" (BRASIL, STF, ADI nº 4.451, 2010).

Assim, avulta a dimensão do exercício de uma liberdade de imprensa, com o correspondente direito à informação, de modo responsável, respeitando os direitos de personalidade e a dignidade humana, encontrando-se em mesmo nível. Para isso, a inserção da educação para os direitos humanos na formação dos profissionais de comunicação social demonstra-se importante ferramenta na busca desta compatibilização, como se tentará evidenciar na seção a seguir.

4. O papel da educação para os direitos humanos à comunicação social após a não recepção da Lei de Imprensa pela Constituição de 1988 (ADPF nº 130-DF)

Dentre os fundamentos que embasaram a decisão do Supremo Tribunal Federal no sentido da não recepção integral da Lei nº 5.250/67 no julgamento da ADPF nº 130/DF, está a incompatibilidade de qualquer censura prévia ao direito à informação, sendo "lógica encampada pela nossa Constituição" a "autorregulação" ou "regulação social" da atividade de imprensa (BRASIL, STF, ADPF nº 130/DF, 2009).

A autorregulação da imprensa funciona como "mecanismo de permanente ajuste de limites da sua liberdade ao sentir-pensar da sociedade civil". Isso porque "os padrões de seletividade do próprio corpo social operam como antídoto que o tempo não cessa de aprimorar contra os abusos e desvios jornalísticos", sendo por essa razão que, ao tempo em se reverencia a liberdade, não se desconsidera a inerente responsabilidade da imprensa (BRASIL, STF, ADPF nº 130/DF, 2009).

Nesse sentido, para que a autorregulação da imprensa se perfaça, torna-se imperativo que a formação dos profissionais atuantes na comunicação social integre conteúdo mínimo de educação para os direitos humanos.[12] É possível vislumbrar, assim, a necessidade de atuação estatal,

---

[12] Apenas para se ter noção, não há, na grade curricular do curso de Comunicação Social/Jornalismo das principais Universidades Públicas do Rio Grande do Sul, uma disciplina voltada aos direitos humanos. Veja, respectivamente: Universidade Federal do Rio Grande do Sul (disponível em: <http://www1.ufrgs.br/graduacao/xInformacoesAcademicas/curriculo.php?CodHabilitacao=60&CodCurriculo=185&sem=2014022>). Universidade Federal de Santa Maria (disponível em: <http://po-rtal.

objetivando-se estabelecer, via legislação educacional, a previsão de tal conteúdo, de forma autônoma, e não meramente transversal.

Essa atuação normativa do poder público vai ao encontro da teoria do "dever de proteção" (*Schutzpficht*), decorrente da dimensão objetiva dos direitos fundamentais, a qual foi lapidada inicialmente na Alemanha, e impõe que ao Estado não cabe apenas um papel de expectador, mas também uma função de guardião dos direitos fundamentais,[13] por meio da criação de condições adequadas para o seu exercício e fruição.

A expressão *direitos humanos* alude "de uma forma abreviada e genérica de se referir a um conjunto de exigências e enunciados jurídicos que são superiores aos demais direitos" (GORCZEVSKI, 2009, p. 20), representando um conjunto de premissas mínimas à existência humana com dignidade e expressando "as necessidades humanas que, através da história dos mais diversos povos, surgiram como imprescindíveis para que a vida humana tenha a dignidade que lhe é inerente" (GORCZEVSKI, 2009, p. 20).[14]

Compreendendo um dos propósitos deste trabalho está o de incutir o gérmen à sociedade brasileira – visando um futuro ideal, onde se verifique a compatibilização entre o direito à informação e demais direitos (como os de personalidade, presunção de inocência e a própria dignidade humana), destacando-se a relevância de os profissionais atuantes nos meios de comunicação atentarem para as características básicas dos direitos humanos.

Inerentes a qualquer ser humano, pois se trata de direitos ínsitos, são considerados *congênitos*. Estendem-se a qualquer tempo e lugar e a toda a humanidade, constituindo-se *universais*; exigem seu respeito por qualquer pessoa, comunidade ou autoridade, tornando-se *absolutos* e sua existência sendo obrigação ontológica, derivada da própria natureza humana, arrogam-se *necessários* (GORCZEVSKI; TAUCHEN, 2008, p. 66).

São indissociáveis à essência humana, ou seja, não se renunciam, transferem ou transmitem sob qualquer título, caracterizando-os *inaliená-*

---

ufsm.br/ementario/curso.html?curso=728>); Universidade Federal de Pelotas (disponível em: <http://wp.ufpel.edu.br/jornalismo/?page_id=12>);

[13] Conforme Mendes (2002, p. 11) pode-se desdobrar o dever de proteção em três frentes de atuação interligadas: um *dever de proibição* (*Verbotspflicht*), o qual se constitui em um dever de se proibir determinada conduta; um *dever de segurança* (*Sicherheitspflicht*), que estabelece ao Estado o dever de proteger o particular contra agressões de terceiros, adotando-se diferentes medidas; 3) um *dever de evitar riscos* (*Risikopflicht*), que impõe ao Estado a obrigação de evitar riscos, adotando medidas preventivas, em especial no que condiz com o desenvolvimento técnico ou tecnológico.

[14] Parte dos conceitos acerca da educação para os direitos humanos foram trabalhados, originalmente, no contexto da tutela dos direitos contramajoritários, In: ALVES, Felipe Dalenogare; MEOTTI, Francieli Freitas. *DIREITOS FUNDAMENTAIS E DEMOCRACIA NO ESTADO DEMOCRÁTICO DE DIREITO: a educação para os Direitos Humanos como contraponto à atuação da jurisdição constitucional na tutela dos direitos contramajoritários*. In: GORCZEVSKI, Clovis (Org). *Direitos Humanos & Participação Política*. v. 5. Porto Alegre: Imprensa Livre, 2014, p. 463-485.

veis. Contrário a eles, nenhuma pessoa ou autoridade (inclusive o legislador) pode atentar, mesmo que "legitimamente", o que os define *invioláveis*. Ainda que qualquer ser humano, individualmente ou em grupo, se veja, materialmente, privado de exercê-los, em virtude de alguma circunstância fática insuperável, não caducam, tampouco expiram temporalmente, fazendo-os *imprescritíveis* (GORCZEVSKI; TAUCHEN, 2008, p. 67).

No intuito de estabelecer no seio social a cultura de respeito aos direitos humanos, contudo, se faz indispensável também a educação – mesmo que em longo prazo – voltada a estes direitos. Ainda que corresponda a um processo difícil e complexo, não se descaracteriza como utopia "que se realiza na própria tentativa de realizá-la" (GORCZEVSKI; TAUCHEN, 2008, p. 73). Assim ensina Mandela:

> Ninguém nasce odiando outra pessoa pela cor de sua pele, por sua origem ou por sua religião. Para odiar, as pessoas precisam aprender; e, se elas podem aprender a odiar, podem ser ensinadas a amar, pois o amor chega mais naturalmente ao coração humano do que o seu oposto.[15]

Isso posto, alega-se que o cerne da educação para os direitos humanos está na "aspiração de proteger a dignidade humana de todas as pessoas" (MOREIRA; GOMES, 2013, p. 44), bem como em "criar uma cultura preventiva, fundamental para erradicar a violação dos mesmos" (GORCZEVSKI, 2009, p. 221), cujo prelúdio não necessariamente deva partir em ordem ascendente, mas, de forma efetiva, podendo ser decrescente, visto que a prática destes direitos somente se concretizará a partir do real conhecimento e percepção dos mesmos (GORCZEVSKI; KONRAD, 2013, p. 73).

Enfim, a educação para os direitos humanos tem como originária finalidade a prevenção de suas violações, incentivando atitudes e iniciativas calcadas na tolerância, na solidariedade e no respeito (GORCZEVSKI, 2009, p. 221), podendo ser definida como um conjunto de atividades educativas, capacitarias e difusas de informações voltadas a estabelecer uma cultura universal dos direitos humanos[16] e de respeito à dignidade humana, propiciando ao homem o apanágio de atuar como participante efetivo na construção de sua própria história.

A importância da educação para os direitos humanos destaca-se em dispositivos internacionais, como na Declaração Universal dos Direitos do Homem, que elenca o direito à educação "orientada no sentido do pleno desenvolvimento da personalidade humana e do fortalecimento do

---

[15] Esta citação é célebre de Nelson Mandela, extraída de: GORCZEVSKI, 2009, p. 220.
[16] A propósito, ver o inteiro teor em: ORGANIZAÇÃO DAS NAÇÕES UNIDAS. *Plan de acción – Programa Mundial para la Educación em derechos humanos – Primera Etapa*. Nova Iorque: ONU, 2006. p. 1.

respeito pelos direitos humanos e pelas liberdades fundamentais",[17] na Carta da Organização dos Estados Americanos, a qual prevê que "a educação dos povos deve orientar-se para a justiça, a liberdade e a paz"[18] e no Pacto Internacional sobre Direitos Econômicos, Sociais e Culturais, o qual impõe que a "educação deverá visar ao pleno desenvolvimento da personalidade humana e do sentido da sua dignidade e reforçar o respeito pelos direitos do homem e das liberdades fundamentais".[19]

No Brasil, em consonância aos dispositivos internacionais, o tema auferiu atenção específica em 2007, com o Plano Nacional de Educação em Direitos Humanos, o qual enfatiza que "a educação em direitos humanos, ao longo de todo o processo de redemocratização e de fortalecimento do regime democrático, tem buscado contribuir para dar sustentação às ações de promoção, proteção e defesa dos direitos humanos, e de reparação das violações",[20] tendo como objetivo difundir a cultura dos direitos humanos no país.

É unânime e pacífico, assim, o reconhecimento da premência de implantação de uma educação direcionada ao conhecimento/respeito/exercício dos direitos humanos (GORCZEVSKI, 2009, p. 224), isto porque:

> A compreensão dos princípios e procedimentos de direitos humanos habilita as pessoas a participar nas decisões determinantes para as suas vidas, funciona na resolução de conflitos e manutenção da paz segundo os direitos humanos, e é uma estratégia viável para um desenvolvimento humano, social e económico centrado na pessoa. A educação para os direitos humanos (EDH) e a sua aprendizagem têm de ser assumidas por todos os atores e interessados, pela sociedade civil, bem como pelos governos e pelas empresas transnacionais. Através da aprendizagem dos direitos humanos, uma verdadeira "*cultura de direitos humanos*" pode ser desenvolvida, baseada no respeito, proteção, satisfação, cumprimento e prática dos direitos humanos (MOREIRA; GOMES, 2013, p. 45).

Nesse sentido, significaria que se os profissionais responsáveis por transmitir a informação, caso investidos de uma "cultura de direitos humanos", saberiam respeitar os direitos dos envolvidos nos fatos noticiados. Os valores petrificados pelo Constituinte como Direitos Fundamentais avocam-se em garantias mínimas à digna existência humana, não

---

[17] A propósito, ver o inteiro teor em: ORGANIZAÇÃO DAS NAÇÕES UNIDAS. *Declaração Universal dos Direitos do Homem*. p. 12. Disponível em: <http://unicrio.org.br/img/DeclU_D_HumanosVersoInt-ernet.pdf>. Acesso em: 17 nov 2013.

[18] A propósito, ver o inteiro teor em: ORGANIZAÇÃO DOS ESTADOS AMERICANOS. *Carta da Organização dos Estados Americanos*. Disponível em: <http://www.oas.org/dil/port/tratad-os_A41_Carta_da_Organização_dos_Estados_Americanos.htm>. Acesso em: 17 nov 2013.

[19] A propósito, ver o inteiro teor em: ORGANIZAÇÃO DAS NAÇÕES UNIDAS. Pacto Internacional dos Direitos Econômicos, Sociais e Culturais. p. 6. Disponível em: <http://www.oas.org/dil/port/1966%20-Pacto%20Internacional%20sobre%20os%20Direitos%20Econ%C3%B3micos, %20Sociais%20e%20Culturais.pdf>. Acesso em: 17 nov 2013.

[20] A propósito, ver o inteiro teor em: BRASIL. Plano Nacional de Educação em Direitos Humanos. p. 26. Disponível em: <http://portal.mj.gov.br/sedh/edh/pnedhpor.pdf>. Acesso em: 17 nov 2013.

podendo ser afrontados, mitigados ou esquecidos por aqueles a quem não lhes convém.

Destarte, não restam dúvidas de que a educação em direitos humanos é "uma importante ferramenta para a prevenção das violações dos direitos humanos, fomentando a conduta e atitudes baseadas na tolerância, na solidariedade e no respeito" (ESCOBERO, 1995), originando "sociedades onde a proteção dos direitos humanos seja compreendida por todos – e responsabilidade de todos" (ESCOBERO, 1995), incluindo-se os meios de comunicação social.

Sabe-se, entretanto, que, para formar cidadãos comprometidos e engajados ao respeito dos direitos humanos, é imperiosa a necessidade de comprometimento da sociedade em sua totalidade, de forma que cada um admita sua parcela de responsabilidade. É por esses fundamentos que a educação para os direitos humanos demanda a inserção efetiva de todos os segmentos sociais:

> A educação como vemos se mantém estreitamente unida à forma de organizar e pensar a sociedade. É impensável, portanto, uma educação sem valores, desvinculada de uma dimensão utópica. Educação, ética e política são vértices da construção utópica da paz que necessita de uma cultura de direitos humanos baseada não em qualquer tipo de democracia (representativa, avançada, etc.), mas sim na democracia participativa na perspectiva de um renovado humanismo (Pérez Tapias, 1996). Democracia que tem como principal protagonista a cidadania que participa na elaboração, aplicação e promoção de um conjunto de valores (RAYO, 2004, p. 174-175).

Como impõe a Declaração Universal dos Direitos do Homem – já em seu preâmbulo – é compulsório que "cada indivíduo e cada órgão da sociedade se esforce, através do ensino e da educação, por promover o respeito a esses direitos e liberdades".[21] Isso é possível, eis que "a educação em Direitos Humanos comporta processos socializadores de uma Cultura em Direitos Humanos, que a disseminem nas relações e práticas sociais, no sentido de capacitar os sujeitos (individuais e coletivos) para a defesa e promoção desta cultura" (SILVEIRA et al., 2007, p. 245).

Por fim, se os meios de comunicação social são produtos da sociedade que retratam, é oportuno que se estabeleça uma cultura de respeito aos direitos fundamentais (positivados na Constituição), haja vista que a contingência se dará por meio de uma educação para os direitos humanos, a julgar que uma das características marcantes da sociedade contemporânea consiste na propagação de comunidades multiculturais, multiétnicas e multirreligiosas, o que exige uma educação voltada às diferenças e à tolerância (GORCZEVSKI, 2009, p. 226).

---

[21] A propósito ver: Declaração Universal dos Direitos do Homem, já citada.

5. Conclusão

Como visto, a eficácia horizontal dos direitos fundamentais faz com que estes não sejam aplicáveis apenas nas relações entre Estado e particulares, como também nas relações destes entre si. Isso posto, deve existir a vital harmonia entre todos os atores sociais e respeito aos direitos fundamentais correspondentes.

Ao mesmo tempo em que o direito à informação exige a liberdade de imprensa, esta deve desenvolver-se com responsabilidade. Isso significa que, no exercício da comunicação social, os envolvidos no fato noticiado não podem ter seus direitos fundamentais e sua própria dignidade desrespeitada.

Dentre estes direitos, enfatizam-se os direitos de personalidade, os quais cotidianamente são desrespeitados por parte da imprensa, principalmente concernentes aos programas policiais. Somam-se a estes direitos a própria presunção de inocência e a dignidade humana.

Diante disso, torna-se impreterível que, por meio de uma autorregulação social, principalmente após o julgamento da ADPF nº 130/DF, ambos os direitos sejam harmonizados e exercidos em compatibilidade.

Nesse sentido, deve a sociedade rejeitar a prática do discurso do ódio, da intolerância, das manifestações violadoras de direitos fundamentais e de qualquer abuso ao direito da liberdade de imprensa. Nesse sentido, observa-se a importância da educação para os direitos humanos e sua inserção e desenvolvimento no âmbito da formação dos profissionais que atuam nos meios de comunicação social.

Havendo uma educação voltada ao respeito dos direitos humanos, consequentemente, os profissionais tenderão a tornar o exercício do direito à informação íntegro e responsável.

Referências

ADOLFO, Luiz Gonzaga Silva. *Obras privadas, benefícios coletivos: a dimensão pública do direito autoral na sociedade da informação*. Porto Alegre: Sergio Antonio Fabris, 2008.

BARROSO, Luís Roberto. Colisão entre Liberdade de Expressão e Direitos da Personalidade. Critérios de Ponderação. Interpretação Constitucionalmente adequada do Código Civil e da Lei de Imprensa. 2001. Disponível em: <http://www.migalhas.com.br/arquivo_artigo/art_03-10-01.htm>. Acesso em: 5 jul 14.

BOBBIO, Norberto. *A era dos direitos*. Trad. Carlos Nelson Coutinho. 7. Reimp. Rio de Janeiro: Elsevier, 2004.

BRASIL. Constituição da República Federativa do Brasil de 1988. Disponível em: <http://www.planalto.gov.br/ccivil_03/constituicao/ConstituicaoCompilado.htm>. Acesso em: 14 out. 2014.

——. Plano Nacional de Educação em Direitos Humanos. Disponível em: <http://portal.mj.gov.br/sedh/edh/pnedhpor.pdf>. Acesso em: 17 nov 2013.

――. STF. ADI n° 4.451. Rel. Min. Ayres Britto. Julg. 2 set. 2010. Disponível em: <http://redir.stf.jus.br/paginadorpub/paginador.jsp?docTP=TP&docID=2613221>. Acesso em: 23 jan. 2015.

――. STF. ADPF n° 130/DF. Rel. Min. Ayres Britto. Julg. 30 abr. 2009. Disponível em: <http://redir.stf.jus.br/paginador/paginador.jsp?docTP=AC&docID=605411>. Acesso em: 23 jan. 2015.

――. STJ. AgRg no AREsp n° 147136/SP. Rel. Min. Marco Buzzi. 4ª Turma. Julg. 9 dez. 2014. Disponível em: <https://ww2.stj.jus.br/processo/revista/inteiroteor/?num_registro=201200325246&dt_publicacao=15/12/2014>. Acesso em: 11 fev. 2015.

――. STJ. AgRg no AREsp n° 163884/RJ. Rel. Min. Marco Buzzi. 4ª Turma. Julg. 23 out. 2014. Disponível em: <https://ww2.stj.jus.br/processo/revista/inteiroteor/?num_registro=201200701281&dt_publicacao=07/11/2014>. Acesso em: 11 fev. 2015.

――. STJ. REsp n° 801106/DF. Rel. Min. Raul Araújo. 4ª Turma. Julg. 12 jun. 2012. Disponível em: <https://ww2.stj.jus.br/processo/revista/inteiroteor/?num_registro=200501951627&dt_publicacao=12/03/2013>. Acesso em: 11 fev. 2015.

――. STJ. REsp n° 1420285/MA. Rel. Min. Sidnei Beneti. 3ª Turma. Julg. 20 mai. 2014. Disponível em: <https://ww2.stj.jus.br/processo/revista/inteiroteor/?num_registro=201303726388&dt_publicacao=02/06/2014>. Acesso em: 11 fev. 2015.

CANOTILHO, José Joaquim Gomes; MACHADO, Jónatas E. M; GAIO JÚNIOR, Antônio Pereira. *Biografia não autorizada versus liberdade de expressão*. Curitiba: Juruá, 2014.

CARVALHO, Kildare Gonçalves. *Direito Constitucional*: teoria do Estado e da Constituição – direito constitucional positivo. 14. ed. rev. atual. e amp. Belo Horizonte: Del Rey, 2008.

CASTRO, Matheus Felipe de Castro; KRAVETZ, Rafaella Zanatta Caon. O PODER DA MÍDIA NA CONSTRUÇÃO "DAS VERDADES": o direito fundamental à imagem e a violação à dignidade humana do acusado em processo criminal sem trânsito em julgado. In: Unoesc International Legal Seminar. v. 2. n. 1. Chapecó: EdUNOESC, 2013.

CERQUEIRA, Katia Leão; REIS, Jorge Renato dos. A constitucionalização do direito privado e suas implicações ao poder judiciário: uma análise da ampliação da função jurisdicional em matéria de interpretação e aplicação dos direitos fundamentais nas relações entre particulares. In: ――; ――. *Intersecções Jurídicas entre o público e o privado*. Santa Cruz do Sul: IPR, 2013.

COSTA JÚNIOR, Paulo José da. *O direito de estar só: tutela penal da intimidade*. São Paulo: Revista dos Tribunais, 1995.

ESCOBERO, Santos Jorna. Presentación. In: *Educación em Derechos Humanos*. Propuestas Didácticas. Madrid: Sección Española de Amnistia Internacional, 1995.

GARCIA, Rebeca. Biografias não autorizadas: liberdade de expressão e privacidade na história da vida privada. In: *Revista de Direto Privado*. a. 13. v. 52. São Paulo: Revista dos Tribunais, 2012.

GORCZEVSKI, Clovis. *Direitos Humanos, Educação e Cidadania: conhecer, educar, praticar*. Santa Cruz do Sul: EdUNISC, 2009.

――; TAUCHEN, Gionara. *Educação em Direitos Humanos*: para uma cultura de paz. In: Revista Educação. v. 31. n. 1. Porto Alegre: PUCRS, 2008.

――; KONRAD, Letícia Regina. A mediação na jurisdição paraestatal da sociedade multicultural: educando para a cidadania e concretizando direitos humanos. In: COSTA, Marli Marlene Moraes da; COLPO, Rosane Teresinha Carvalho; VEZENTINI, Sabrina Cassol. *Direito, Cidadania & Políticas Públicas*. Porto Alegre: Imprensa Livre, 2013.

GRIMM, Dieter. A dignidade humana é intangível. In: *Revista de Direito do Estado*. v. 5. n. 19-20, 2010.

LEAL, Mônia Clarissa Hennig. *Jurisdição Constitucional Aberta*: Reflexões sobre a Legitimidade e os Limites da Jurisdição na Ordem Democrática. Uma Abordagem a Partir das Teorias Constitucionais Alemã e Norte-Americana. Rio de Janeiro: Lumen Juris, 2007.

——; ALVES, Felipe Dalenogare. A JURISDIÇÃO CONSTITUCIONAL E OS DIREITOS FUNDAMENTAIS NA SOCIEDADE DA INFORMAÇÃO: as biografias não autorizadas e os caminhos do PL nº 393/2011 (legislativo) e da ADI nº 4815-DF (jurisdicional). In: ZIEMANN, Aneline dos Santos; ALVES, Felipe Dalenogare (Orgs). A jurisdição constitucional e os direitos fundamentais nas relações privadas: questões contemporâneas. São Paulo: Perse, 2014.

MENDES, Gilmar Ferreira. Os direitos fundamentais e seus múltiplos significados na ordem constitucional. In: *Revista Diálogo Jurídico*. n. 10. Salvador: IDP, 2002.

MORAES, Alexandre. *Direitos Humanos Fundamentais*. 5. ed. São Paulo: Atlas, 2003.

MOREIRA, Vital; GOMES, Carla De Marcelino. (Coords). *COMPREENDER OS DIREITOS HUMANOS*: manual de educação para os direitos humanos. Lisboa: CPLP, 2013.

NOVELINO, Marcelo. Direito Constitucional. 2. ed. rev. e atual. São Paulo: Método, 2008.

ORGANIZAÇÃO DAS NAÇÕES UNIDAS. Plan de acción – Programa Mundial para la Educación em derechos humanos – Primera Etapa. Nova Iorque: ONU, 2006.

——. Declaração Universal dos Direitos do Homem. Disponível em: <http://unicrio.org.br/img/DeclU_D_HumanosVersoInt-ernet.pdf>. Acesso em: 17 nov 2013.

——. Pacto Internacional dos Direitos Econômicos, Sociais e Culturais. Disponível em: <http://www.oas.org/dil/port/1966%20-Pacto%20Internacional%20sobre%20os%20Direitos%20Econ%C3%B3micos,%20Sociais%20e%20Culturais.pdf>. Acesso em: 17 nov 2013.

ORGANIZAÇÃO DOS ESTADOS AMERICANOS. Carta da Organização dos Estados Americanos. Disponível em: <http://www.oas.org/dil/port/tratad-os_A41_Carta_da_Organização_dos_Estados_Americanos.htm>. Acesso em: 17 nov 2013.

PÉREZ LUÑO, Antonio Enrique. *Perspectivas e tendências atuais do Estado Constitucional*. Trad. José Luis Bolzan de Morais e Valéria Ribas do Nascimento. Porto Alegre: Livraria do Advogado, 2012.

——. Los Derechos Fundamentales. 13. ed. Madrid: Tecnos, 2013.

RAYO, José Tuvilla. *Educação em direitos humanos*: rumo a uma perspectiva global. Trad. Jussara Haubert Rodrigues. Porto Alegre: Artmed, 2004.

SARLET, Ingo Wolfgang. Direitos Fundamentais e Direito Privado: algumas considerações em torno da vinculação dos particulares aos direitos fundamentais. In: —— (Org). *A Constituição Concretizada: construindo pontes com o público e o privado*. Porto Alegre: Livraria do Advogado, 2000.

——. *A eficácia dos direitos fundamentais*. 8. ed. rev. e atual. Porto Alegre: Livraria do Advogado, 2007a.

——. Direitos Fundamentais e direito privado: algumas considerações em torno da vinculação dos particulares aos direitos fundamentais. In: *Revista Jurídica*. v. 55. n. 352. Porto Alegre: Notadez, 2007b.

SARMENTO, Daniel. *Direitos Fundamentais e Relações Privadas*. Rio de Janeiro: Lumen Juris, 2004.

SCHREIBER, Anderson. *Direitos da personalidade*. São Paulo: Atlas, 2011.

SILVA, Ricardo Machado da. A presunção de inocência e o terceiro tempo do espírito: observação da presunção de inocência frente à sociedade da informação. In: ADOLFO, Luiz Gonzaga Silva (Org). *Direitos Fundamentais na Sociedade da Informação*. Florianópolis: GEDAI, 2012.

SILVEIRA, Rosa Maria Godoy. *et al.* (Org). *Educação em Direitos Humanos*: fundamentos teórico-metodológicos. João Pessoa: Universitária, 2007. p. 245.

SOUZA, Artur César de. *A decisão do juiz e a influência da mídia*. São Paulo: Revista dos Tribunais, 2010.

— 8 —

Direitos de expressão e de informação: posição preferencial, biografias desautorizadas e esquecimento

WALTER CLAUDIUS ROTHENBURG[1]

Sumário: Precisão conceitual; Liberdade de expressão, direito preferencial?; Biografias desautorizadas; Direito ao esquecimento; Referências bibliográficas.

Não é possível ao ser humano apresentar-se como sujeito de direito sem condições adequadas de comunicação. Nessa medida, comunicar-se é existir. Os direitos de expressão e de informação assumem uma importância ímpar na sociedade atual, baseada em meios e modos de comunicação potencializados e redefinidos pela informática.[2] Enfrentamos no Brasil, à semelhança do que acontece em diversos outros lugares, questões que desafiam o Direito no que concerne à importância a ser conferida aos direitos de expressão e de informação.

Como sustentar, teoricamente, a superioridade dos direitos fundamentais de expressão e de informação em abstrato, independentemente da configuração específica dos casos concretos? A Constituição brasileira prevê outros direitos de envergadura semelhante, como são os direitos fundamentais de privacidade e de imagem. É provável que muitas das questões surgidas revelem uma prevalência dos direitos de expressão e de informação em concreto, os quais, nos contextos apresentados, não devem sofrer restrição exagerada (indevida). A frequência na prática não autoriza, porém, uma preferência ideal.

Duas discussões atuais inserem-se neste panorama. A recente decisão do Supremo Tribunal Federal acerca da desnecessidade de autorização para publicação de biografias (Ação Direta de Inconstitucionalidade 4.815/DF) fez predominarem os direitos de expressão e de informação. Em outro sentido, duas decisões do Superior Tribunal de Justiça (nos

---

[1] Mestre e Doutor pela UFPR, Pós-graduado em Direito Constitucional pela Universidade de Paris II, Professor da Instituição Toledo de Ensino, Procurador Regional da República.

[2] Doneda, 2014, p. 441.

Recursos Especiais 1.334.097/RJ e 1.335.153/RJ) admitiram a restrição à veiculação de informações a respeito de pessoas conhecidas e permitem trazer à discussão um tema mais amplo e igualmente momentoso, o direito ao esquecimento, recentemente afirmado pelo Tribunal Europeu de Direitos Humanos. O Supremo Tribunal Federal deverá apreciar essa questão.[3]

Penso que o Supremo Tribunal Federal esteja com a razão no caso das biografias desautorizadas, mas não o Superior Tribunal de Justiça nos casos de direito ao esquecimento. A restrição aos direitos de expressão e de informação é indevida em relação a pessoas conhecidas que justifiquem o interesse do público, mas isso não significa que inexista a possibilidade jurídica de alguma proteção das pessoas em geral em face de informações que lhes digam respeito.

Precisão conceitual

São diversos os termos utilizados pela Constituição brasileira – mas também pela doutrina – para designar os direitos fundamentais de expressão e de informação e seus correlatos. Alguma clareza e objetividade é necessária, sem qualquer pretensão à uniformidade ou a um rigor excessivo. Importa é transmitir uma mensagem compreensível e isso parece que a Constituição faz. Valho-me da ambiguidade ao utilizar a palavra "precisão", pois mais do que a utilização de termos e conceitos específicos (precisos), aludo à necessidade (precisão) de que os significados emprestados aos termos sejam compreendidos adequadamente.

A possibilidade atribuída às pessoas de obterem compreensão e estabelecerem comunicação interessa-nos enquanto projeção jurídica, ou seja, sob forma de *direitos*. Formar e expressar o pensamento, gozar de liberdade de consciência e de crença, ter acesso à informação etc. são todos direitos. E direitos da mais alta qualidade jurídica (normativa), à medida que são consagrados nas Constituições e no Direito Internacional como direitos *fundamentais*.

O termo "liberdade" não descreve inteiramente a dimensão desses direitos, que não se resumem a assegurar a seus titulares uma esfera de atuação desimpedida, garantida em face de restrições por parte do Poder Público ou até de particulares. Existe sempre um aspecto *objetivo* dos direitos fundamentais, no sentido de conformarem a organização e o funcionamento da sociedade em geral.[4] Por isso, o termo "liberdade" (de manifestação do pensamento, de expressão, de imprensa, de informa-

---

[3] Recurso Extraordinário 789.246/RJ, relator Ministro Celso de Mello; Recurso Extraordinário 833.248/RJ, relator Ministro Dias Toffoli, ambos com agravos.

[4] Sarmento, 2014, p. 256.

ção...) não é o mais adequado, embora não seja incorreto, pois cobre um aspecto imprescindível – conquanto parcial – dos direitos fundamentais, que é o aspecto subjetivo. Utilizo-me eventualmente dessa forma clássica, mas consciente de sua parcialidade (incompletude): *"os direitos fundamentais podem cobrir um campo bem mais vasto que o das liberdades públicas"* (L. Favoreu *et. al.*).[5]

A expressão é uma atitude que pressupõe um objeto, aquilo que é expresso. Esse objeto é o pensamento, que inclusive pode ou não ser exprimido, ou seja, a pessoa pode preferir não externar o que lhe passa pela cabeça ou o que lhe vai na alma. Nesse sentido, o direito de expressão é equivalente ao direito de manifestação do pensamento, pois não há como expressar-se sem manifestar algum pensamento.[6] Porém, o direito de expressão (ou de manifestação do pensamento), tal como outros direitos, envolve seu negativo, o não fazer (a "liberdade" negativa): o direito de expressar-se inclui a opção pelo silêncio, pelo recato, pela discrição, pelo segredo; o direito de manifestação do pensamento inclui a alternativa de não se manifestar. A Constituição brasileira encampa ambas as expressões: o art. 5º, IV, estabelece que *"é livre a manifestação do pensamento"*, enquanto o art. 5º, IX, estabelece que *"é livre a expressão da atividade intelectual, artística, científica e de comunicação"*, e o art. 220 menciona, juntas, a manifestação do pensamento e a expressão, além da informação.

Há, todavia, um momento anterior a ser promovido e protegido pelo Direito, que é o da própria *formação* do pensamento. Com efeito, é preciso que as pessoas possam estar formadas e informadas o suficiente para compreenderem a si e ao mundo e conseguirem refletir criticamente. Embora essa esfera interna (subjetiva) seja de difícil apreensão e relativamente infensa a uma avaliação jurídica, pois é quase impossível saber das condições de formação do pensamento e perigosíssimo pretender que o Direito alcance – e controle – tal dimensão, é viável procurar garantir que as condições sejam adequadas. Meios biológicos e sociais que assegurem saúde e alimentação suficientes, por exemplo, bem como acompanhamento materno no caso de crianças, são exemplos. A Constituição brasileira estabelece, a propósito, a licença à gestante – que melhor seria dita "licença-maternidade" – e a licença-paternidade (art. 7º, XVIII e XIX); o direito à educação (art. 205); a garantia do *"pleno exercício dos direitos culturais e acesso às fontes da cultura nacional"*, bem como *"a valorização e a difusão das manifestações culturais"* (art. 215); princípios que deverão ser atendidos pela produção e pela programação das emissoras de rádio e televisão, dentre os quais o *"respeito aos valores éticos e sociais da pessoa e da família"* (art. 221);

---

[5] Favoreu *et al.*, 2007, p. 2 e 70-71.
[6] Meyer-Pflug, 2009, p. 35.

os direitos da criança, do adolescente e do jovem como deveres da família, da sociedade e do Estado (art. 226), dentre ainda outros.

O termo que melhor designa esse momento prévio em que se procura uma garantia jurídica para a formação adequada do pensamento é "consciência", ou melhor, "direito de consciência". A Constituição brasileira refere-se a ele no art. 5º, VI, ao assegurar que "*é inviolável a liberdade de consciência e de crença*", embora esse dispositivo seja mais comumente relacionado à liberdade "espiritual" (religiosa, filosófica, ideológica, política).[7] Há, portanto, um direito de consciência, um direito de manifestação do pensamento e um direito de expressão, que se interrelacionam, se complementam, se reforçam.

O direito de informação está fortemente vinculado a esse conjunto de direitos, sendo, em certa medida, uma projeção deles. Trata-se de um direito ou grupo de direitos que contempla tanto o destinatário da informação (direito de se informar e de ser informado), quanto aquele que produz e divulga a informação (direito de informar). Assim, o direito de formar e manifestar (expressar) o pensamento depende de informações, e o direito de manifestação do pensamento (expressão) apresenta como uma de suas mais importantes modalidades o direito de informar. Ademais, a informação, junto com o entretenimento e outras formas de expressão, demanda toda uma organização que caracteriza os meios de comunicação social, igualmente previstos na Constituição (arts. 220 a 224).

Liberdade de expressão, direito preferencial?

Muito embora seja um princípio de interpretação constitucional amplamente adotado, que aos direitos assegurados na Constituição e especialmente aos direitos fundamentais deve-se emprestar a mesma importância em abstrato, ou seja, em linha de partida, e que não se deve, portanto, estabelecer previamente uma ordem de prevalência (hierarquia) entre eles, sendo a eventual preponderância de algum direito fundamental em relação a outro resultado de uma avaliação concreta da situação (ponderação dos direitos fundamentais em jogo em conformidade com o critério da proporcionalidade), ainda assim muitos afirmam que o direito de manifestação do pensamento (liberdade de expressão), sobretudo o dos meios de comunicação social (liberdade de imprensa), goza de uma *posição preferencial*. (Espero que o leitor tenha conseguido chegar ao final da longa frase que acabo de elaborar sem objetividade, sem estilo e sem fôlego.) Todavia, é perceptível a incoerência.

---

[7] Dimoulis e Martins, 2014, p. 172-173, com destaque para a opinião do primeiro dos autores; Rothenburg, 2014, p. .

Ninguém parece estar disposto a admitir que existam direitos absolutos. Dizer que as liberdades de expressão e de informação gozam de uma posição preferencial não é sustentar que esses direitos se sobrepõem sempre a outros com os quais venham a entrar em conflito. Aceita-se, assim, que há sempre necessidade de avaliar a situação em concreto e considerar os diversos direitos fundamentais em jogo. Para Jónatas E. M. Machado, os conteúdos comunicativos não devem ser valorados com base em seu mérito intrínseco ou em sua qualidade ética, *"mas sim na ponderação, mediada democraticamente, do impacto, intersubjetivamente comprovado, que os mesmos possam ter noutros direitos ou bens dignos de proteção constitucional"*.[8]

A divergência está na admissão de que as liberdades de expressão e de imprensa teriam uma vantagem inicial, um peso maior desde a largada, sendo preciso superá-lo no processo de ponderação. Isso equivale a dizer que quem pretendesse o afastamento dessas liberdades haveria de arcar com um ônus argumentativo severo. Seria mais fácil, enfim, fazer prevalecer as liberdades de expressão e de informação em relação, por exemplo, ao direito de privacidade. Não creio, porém, que tal perspectiva seja correta.

Um critério necessário e seguro para verificar a presença e a importância dos diferentes direitos fundamentais em questão é o modo como estão positivados na Constituição e em outras fontes jurídicas dotadas de superioridade (tais como, com cada vez mais frequência, as normas de Direito Internacional). Aqui, o exame da Constituição brasileira não aponta para uma prevalência inicial de algum desses direitos fundamentais.

É certo que há previsão expressa do direito de manifestação do pensamento (art. 5º, IV) e seus correlatos liberdade de expressão (art. 5º, IX) e acesso à informação (art. 5º, XIV e XXXIII), esta garantida pelo *habeas data* (art. 5º, LXXII). Tais preceitos nem sempre permitem distinguir perfeitamente os direitos, que se complementam e se reforçam.

Existe ainda a previsão constitucional dos meios de comunicação social, em capítulo sobre a ordem social, e que têm um caráter mais objetivo, de viés institucional. Conforme afirmado pelo Supremo Tribunal Federal na ementa do julgamento da Arguição de Descumprimento de Preceito Fundamental 130/DF, *"[o] capítulo constitucional da comunicação social [atua] como segmento prolongador das liberdades de manifestação do pensamento, de informação e de expressão artística, científica, intelectual e comunicacional"*, sendo revestido de fundamentalidade que é transpassada *"da fundamentalidade dos direitos prolongados"*. Com efeito, a Constituição ressalta a vedação de restrições à manifestação do pensamento, à criação, à expressão e à informação, e especialmente à plena liberdade de informação jornalística

---

[8] Machado, 2002, p. 419.

(art. 220), sendo que é feita referência explícita à observância dos dispositivos relacionados ao direito de manifestação do pensamento; ao livre exercício de qualquer trabalho, ofício ou profissão (art. 5º, XIII) e ao acesso à informação, mas igualmente a direitos potencialmente "opostos": direito de resposta e de indenização por dano material, moral ou à imagem (art. 5º, V); inviolabilidade da intimidade, da vida privada, da honra e da imagem das pessoas, e direito à indenização por dano material ou moral (art. 5º, X). Destaque-se a veemente proibição de *"toda e qualquer censura de natureza política, ideológica e artística"* (art. 220, § 2º).[9]

Todavia, são igualmente previstos os direitos relacionados à privacidade e à imagem das pessoas, já mencionados, aos quais se acrescem as previsões alusivas à inviolabilidade de consciência e de crença (art. 5º, VI); à inviolabilidade doméstica (art. 5º, XI) e do sigilo da correspondência e das comunicações (art. 5º, XII); ao sigilo da fonte, quando necessário ao exercício profissional, relativo ao acesso à informação (art. 5º, XIV). Todos esses direitos funcionam como limites aos direitos de expressão e de informação.[10] A limitação também pode decorrer de outros valores previstos na Constituição, que veda as diversas formas de discriminação (art. 3º, IV; art. 5º, XLI), protege as manifestações culturais (art. 215) e, de modo especialmente enfático, assegura os direitos das crianças, adolescentes e jovens *"com absoluta prioridade"* (art. 227).

Nem a quantidade das referências (que são numerosas e por vezes redundantes no panorama de uma Constituição prolixa[11]), nem a extensão das previsões são fatores decisivos para uma maior importância de determinado direito fundamental. Pode acontecer de uma só previsão revelar um direito fundamental, o que já exige ponderação com outro direito fundamental contemplado em vários dispositivos. Um exemplo extremo é o do art. 68 do Ato das Disposições Constitucionais Transitórias, que assegura aos remanescentes das comunidades de quilombos a propriedade das terras por eles ocupadas com tradicionalidade e contrapõe-se, em certa medida, ao regime comum de propriedade previsto em diversos dispositivos. Não se trata, portanto, apenas de considerar quantas vezes a Constituição se refere aos direitos de expressão e de informação, e de quantas vezes ela se refere aos direitos de privacidade e de imagem. Também não se trata apenas de considerar como a Constituição dispõe especificamente de cada um desses direitos. É claro que tais dados são relevantes em termos de Direito positivo, mas não são os únicos. Particularmente quanto aos direitos de expressão e de informação, e aos direitos de privacidade e de imagem, a Constituição brasileira apresenta

---

[9] Canotilho, Machado e Gaio Júnior, 2014, p. 29.
[10] Tavares, 2015, p. 484-486.
[11] Rothenburg, 2010, p. 23-24.

um tratamento semelhante, sendo pródiga em referências a todos eles e não autorizando, assim, a conclusão de que privilegia algum em linha de princípio.

Outros argumentos também não oferecem indicação segura de que se deva conceder primazia a um ou outro direito fundamental. Se é certo que o Brasil atravessou períodos sombrios de ditadura e que a Constituição de 1988 significou a superação dessa forma de poder que esconde e se esconde[12] – o que autoriza afirmar a liberdade de expressão e de informação –, não é menos verdade que o poder arbitrário da ditadura violava os direitos fundamentais de privacidade e de imagem, os quais vieram a ser igualmente enfatizados pela Constituição.

A supremacia do interesse público em face do interesse particular é um conhecido cânone retórico do Direito Público, que possui inegável serventia para o regime jurídico dos bens e serviços públicos. Mas é um princípio limitado, ao qual se deve conferir o devido alcance e não mais do que isso.[13] Algumas de suas premissas e implicações são altamente questionáveis e talvez não se sustentem mais, como a de que as pessoas em geral (os "súditos" ou "administrados") estariam em uma posição de inferioridade ou subordinação em relação ao Poder Público. No campo dos direitos fundamentais, o sentido pode até ser inverso, protegendo-se o interesse particular em face do interesse público. Ilustração é dada pelo dispositivo constitucional que assegura a publicidade dos julgamentos do Poder Judiciário, mas permite que a lei limite *"a presença, em determinados atos, às próprias partes e a seus advogados, ou somente a estes, em casos nos quais a preservação do direito à intimidade do interessado no sigilo não prejudique o interesse público à informação"* (art. 93, IX).

Sendo assim, não se pode afirmar que os direitos de expressão e de informação têm uma posição preferencial no ordenamento jurídico brasileiro. Eles são tão fundamentais quanto outros também previstos na Constituição. Nos casos concretos, será sempre preciso verificar que determinada situação está contida no âmbito de proteção desses direitos e que deve prevalecer em face de outros direitos fundamentais implicados. Não se pode afastar a exigência de *"uma rigorosa avaliação dos direitos e bens jurídicos contrapostos e dos níveis de afetação dos mesmos, ademais de um cuidadoso teste de proporcionalidade, observando-se sempre a proibição de toda e qualquer censura prévia"* (Ingo W. Sarlet).[14]

Nesse contexto, aceita-se que pessoas famosas, que legitimamente desafiam o interesse de outras, como é o caso de políticos, artistas e des-

---

[12] Paráfrase a Norberto Bobbio.
[13] Justen Filho, 2014, p. 150-158.
[14] Sarlet, 2015a, in <http://www.conjur.com.br/2015-jun-19/direitos-fundamentais-liberdade-expressao-biografias-nao-autorizadas>, acesso em 07/07/2015.

portistas notórios, tenham uma esfera de privacidade reduzida e sejam mais suscetíveis ao foco da mídia, enquanto as pessoas comuns podem reivindicar legitimamente uma esfera de privacidade mais abrangente e menos infensas à exposição.

O Supremo Tribunal Federal tem afirmado a prevalência dos direitos fundamentais à expressão e à informação em casos que envolvem restrições aos meios de comunicação social. Ocorreu isso quando a Lei de Imprensa oriunda do regime anterior (Lei 5.250/1967) foi declarada incompatível com a Constituição de 1988, mais de vinte anos depois, no julgamento da Arguição de Descumprimento de Preceito Fundamental 130/DF, proposta pelo Partido Democrático Trabalhista (PDT). O relator foi o Ministro Carlos Ayres Britto, e o julgamento deu-se em 30 de abril de 2009. Conquanto acertada a conclusão acerca das restrições indevidas que a Lei de Imprensa impunha aos direitos fundamentais de expressão e de informação, é discutível a fundamentação aduzida. Veja-se o seguinte trecho da ementa:

> Os direitos que dão conteúdo à liberdade de imprensa são bens de personalidade que se qualificam como sobredireitos. Daí que, no limite, as relações de imprensa e as relações de intimidade, vida privada, imagem e honra são de mútua excludência, no sentido de que as primeiras se antecipam, no tempo, às segundas; ou seja, antes de tudo prevalecem as relações de imprensa como superiores bens jurídicos e natural forma de controle social sobre o poder do Estado, sobrevindo as demais relações como eventual responsabilização ou consequência do pleno gozo das primeiras. A expressão constitucional "observado o disposto nesta Constituição" (parte final do art. 220) traduz a incidência dos dispositivos tutelares de outros bens de personalidade, é certo, mas como consequência ou responsabilização pelo desfrute da "plena liberdade de informação jornalística" (§ 1º do mesmo art. 220 da Constituição Federal).

É difícil aceitar a qualificação de determinado direito estabelecido na Constituição como "*sobredireito*", assim como depõe contra o princípio interpretativo da equivalente valia dos direitos fundamentais a assertiva de que as relações de imprensa são "*superiores bens jurídicos*" que "*se antecipam, no tempo*", e preferem outros direitos fundamentais. Ainda que certamente bem intencionada e festejável quanto ao resultado da decisão a que conduziu, essa fundamentação guarda sabor essencialista. Tal impressão é reforçada em outra parte da ementa, que consigna com muita propriedade a "*relação de mútua causalidade entre liberdade de imprensa e democracia*", mas acaba por fazer uma indevida concessão à hierarquização de direitos fundamentais: "*visualizada como verdadeira irmã siamesa da democracia, a imprensa passa a desfrutar de uma liberdade de atuação ainda maior que a liberdade de pensamento, de informação e de expressão dos indivíduos em si mesmos considerados*".

Só que não existe uma hierarquia predefinida entre os direitos fundamentais, nem um problema de "velocidade" a indicar algum direito específico que chega antes. A esse respeito, a ementa consigna, em outra passagem: *"primeiramente, assegura-se o gozo dos sobredireitos de personalidade em que se traduz a 'livre' e 'plena' manifestação do pensamento, da criação e da informação. Somente depois é que se passa a cobrar do titular de tais situações jurídicas ativas um eventual desrespeito a direitos constitucionais alheios, ainda que também densificadores da personalidade humana"*. Tomando por mote uma acertada frase de efeito do próprio julgado – *"não cabe ao Estado, por qualquer dos seus órgãos, definir previamente o que pode ou o que não pode ser dito por indivíduos e jornalistas"* –, podemos afirmar algo semelhante sobre os diferentes direitos fundamentais em conflito: não cabe ao intérprete definir previamente qual direito fundamental tem preferência.

Ao contrário, o que deve ocorrer é, na apreciação do caso concreto, avaliar *simultaneamente* os diversos direitos fundamentais presentes, para emprestar episodicamente peso maior a algum deles, e não a "antecipação" de determinado direito fundamental.

Configurada uma situação em que possam ser expostas imagens ou informações privadas e delicadas de uma criança, por exemplo, talvez seja cabível até mesmo uma interdição preventiva de publicidade, pois não se pode afirmar em abstrato uma primazia que depende sempre de sopesamento *em concreto* dos direitos fundamentais envolvidos. É o que assevera Ingo Sarlet: *"também nessa esfera – da solução para eventual conflito entre a liberdade de expressão e outros bens fundamentais individuais e coletivos – não há como deixar de considerar as exigências da proporcionalidade e de outros critérios aplicáveis a tais situações"*.[15]

Ainda que, empiricamente, seja constatado um número muito maior de casos em que se tenha atribuído prevalência concreta aos direitos de expressão e de informação, isso significa apenas, do ponto de vista prático, a formação de uma *jurisprudência* em favor desses direitos. Tal jurisprudência constrói parâmetros de decisão, que se configuram – segundo o Ministro Roberto Barroso – pela *"necessidade de escrutínio rigoroso de todas as medidas restritivas da liberdade de expressão, sejam legais, administrativas e mesmo judiciais. Restrições privadas, também e sobretudo, devem ser vistas com suspeição"*.[16]

Mas se a configuração fática for outra (de crítica, por exemplo, e não de mera informação) e levando-se em conta os casos quiçá mais frequentes, merece ser aplaudida a afirmação do Supremo Tribunal Federal, de que *"[a] crítica jornalística, pela sua relação de inerência com o interesse público, não é aprioristicamente suscetível de censura, mesmo que legislativa ou judicialmente intentada"*.

---

[15] Sarlet, 2014, p. 461.

[16] Voto na ADI 4.815/DF, extraído de <http://www.stf.jus.br/arquivo/cms/noticiaNoticiaStf/anexo/ADI4815LRB.pdf>, acesso em 06/07/2015.

O objetivo principal do Supremo Tribunal Federal talvez tenha sido o de acentuar a importância dos direitos de expressão e de informação em face de restrições, sobretudo aquelas pretendidas pelo Poder Público. A melhor interpretação a ser feita da jurisprudência da Corte, então, não é no sentido de uma primazia em abstrato dos direitos de expressão e informação em confrontação com outros direitos fundamentais como a privacidade e a imagem, mas sim de afirmação de um âmbito de abrangência alargado e insuscetível de limitação descabida por meio de regulação estatal.

Outros importantes julgados do Supremo Tribunal Federal que reforçam as liberdades de expressão e de informação apontam exatamente para o descabimento de restrições estatais injustificáveis. Veja-se a decisão pela inconstitucionalidade (não recepção) da exigência de diploma de curso superior para o exercício da profissão de jornalista (RE 511.961/SP, relator Ministro Gilmar Mendes, julgamento em 17 de junho de 2009), em que a Corte considerou da mesma qualidade os demais direitos fundamentais envolvidos: *"As liberdades de expressão e de informação e, especificamente, a liberdade de imprensa, somente podem ser restringidas pela lei em hipóteses excepcionais, sempre em razão da proteção de outros valores e interesses constitucionais igualmente relevantes, como os direitos à honra, à imagem, à privacidade e à personalidade em geral"*. Ainda, a declaração de inconstitucionalidade da restrição a programas humorísticos no campo eleitoral (ADI MC 4.451/DF, relator Ministro Ayres Britto, julgamento em 2 de setembro de 2010), com a seguinte ressalva: *"Apenas se estará diante de uma conduta vedada quando a crítica ou matéria jornalísticas venham a descambar para a propaganda política, passando nitidamente a favorecer uma das partes na disputa eleitoral. Hipótese a ser avaliada em cada caso concreto"*.[17]

Entretanto, em um dos mais importantes julgamentos do Supremo Tribunal Federal, o caso Ellwanger (*Habeas Corpus* 82.424-2/RS, que teve como redator do acórdão o Ministro Maurício Corrêa e foi julgado em 17 de setembro de 2003), no qual se discutiu acerca da configuração de crime de racismo – constitucionalmente agravado pela imprescritibilidade: art. 5º, XLII – por parte de um autor e editor que publicara livro em que negava a ocorrência histórica do holocausto judeu durante a Segunda Grande Guerra do século XX, num contexto de antissemitismo, o entendimento prevalecente na Corte foi diferente. Afirmou-se a inexistência de direito absoluto e admitiu-se a limitação da liberdade de expressão no caso:

> Liberdade de expressão. Garantia constitucional que não se tem como absoluta. Limites morais e jurídicos. O direito à livre expressão não pode abrigar, em sua abrangência, manifestações de conteúdo imoral que implicam ilicitude penal.

---

[17] Campos, 2014, p. 323-324.

As liberdades públicas não são incondicionais, por isso devem ser exercidas de maneira harmônica, observados os limites definidos na própria Constituição Federal (CF, artigo 5º, § 2º, primeira parte). O preceito fundamental de liberdade de expressão não consagra o "*direito à incitação ao racismo*", dado que um direito individual não pode constituir-se em salvaguarda de condutas ilícitas, como sucede com os delitos contra a honra. Prevalência dos princípios da dignidade da pessoa humana e da igualdade jurídica.

A despeito da aparente precedência absoluta conferida aos direitos fundamentais atingidos pela manifestação discriminatória, o que caracterizaria o mesmo equívoco metodológico de qualquer atribuição de prevalência em abstrato, a decisão avaliou o caso concreto e considerou que o exercício do direito de expressão feriu desproporcionalmente os demais direitos implicados.

Houve uma indevida referência à dignidade da pessoa humana (e talvez também à igualdade) como se estivessem de um só lado da ponderação, titularizados pelas pessoas e grupo diretamente atingidos (a comunidade judaica). Ocorre que também a dignidade e a igualdade em relação ao autor da manifestação discriminatória foram afetadas pela limitação a seu direto de expressão, porém se considerou – acertadamente – que o impacto na dignidade do autor da discriminação era justificável no caso, em que a dignidade alheia fora atingida de modo muito mais grave. Afinal, a dignidade da pessoa humana não deve ser considerada um direito fundamental ("princípio") tal como os demais e eventualmente em conflito com eles, mas sim como "*elemento e medida dos direitos fundamentais*" (Ingo W. Sarlet).[18] Nesse ponto, a Constituição brasileira definiu corretamente a dignidade da pessoa humana como um dos fundamentos do Estado Democrático de Direito em que se constitui a República Federativa do Brasil (art. 1º, III),[19] ou seja, a dignidade é fundamento de todo e qualquer direito fundamental e poderá estar presente em qualquer situação de conflito entre direitos fundamentais.

Dessa feita, contudo, o Supremo Tribunal Federal afirmou com correção que a liberdade de expressão não é absoluta, tampouco goza de uma posição preferencial em abstrato.

Biografias desautorizadas

A suposta violação do direito de privacidade e do direito à honra e à imagem de pessoas biografadas provocou medidas judiciais, com espeque no Código Civil brasileiro, art. 20 ("*Salvo se autorizadas, ou se necessárias à administração da justiça ou à manutenção da ordem pública, a divulgação de escritos, a transmissão da palavra, ou a publicação, a exposição ou a utilização*

---

[18] Sarlet, 2001, p. 103-104, com referência a Geddert-Steinacher.
[19] Martins, 2012, p. 71 e s.

da imagem de uma pessoa poderão ser proibidas, a seu requerimento e sem prejuízo da indenização que couber, se lhe atingirem a honra, a boa fama ou a respeitabilidade, ou se se destinarem a fins comerciais. / Parágrafo único. Em se tratando de morto ou de ausente, são partes legítimas para requerer essa proteção o cônjuge, os ascendentes ou os descendentes.") e art. 21 (*"A vida privada da pessoa natural é inviolável, e o juiz, a requerimento do interessado, adotará as providências necessárias para impedir ou fazer cessar ato contrário a esta norma."*). Chegou-se a proibir a circulação de livros e a determinar a apreensão dos exemplares editados. Observe-se que material desse tipo, dadas as várias possibilidades de divulgação, pode apresentar-se sob a forma de impressos (como livros), mas também de filmes e documentários, inclusive em formato digital e por meio da internet.

A biografia de uma pessoa faz dela uma personagem. Além de eventuais distorções e equívocos em face da realidade, há o influxo do estilo, o recurso à hipérbole e as concessões ficcionais. Uma opção mais ou menos deliberada pode afastar a biografia da precisão histórica. Quanto mais próxima, contudo, maior o caráter informativo e, assim, o viés objetivo da obra. A notoriedade das pessoas biografadas e de outras pessoas referidas, bem como a relação delas com fatos importantes e/ou marcantes, acrescentam aspectos de interesse (do) público que, ausentes em outro contexto, já não justificam a publicidade de fatos da vida privada de pessoas comuns. Presente o interesse (do) público, cabe invocar a liberdade de *"expressão da atividade intelectual, artística, científica e de comunicação, independentemente de censura ou licença"*, prevista no art. 5º, IX, da Constituição brasileira.

Para superar o conflito na aplicação de normas diversas, foi proposta a Ação Direta de Inconstitucionalidade 4.815/DF (relatora Ministra Cármen Lúcia, julgamento em 10 de junho de 2015), pela Associação Nacional dos Editores de Livros – ANEL –, tendo o Supremo Tribunal Federal decidido pela procedência do pedido e emprestado interpretação conforme à Constituição dos dispositivos do Código Civil, *"para, em consonância com os direitos fundamentais à liberdade de pensamento e de sua expressão, de criação artística, produção científica, declarar inexigível o consentimento de pessoa biografada relativamente a obras biográficas literárias ou audiovisuais, sendo por igual desnecessária autorização de pessoas retratadas como coadjuvantes (ou de seus familiares, em caso de pessoas falecidas)"*.

Quando da finalização deste texto, a decisão ainda não havia sido publicada. Todavia, a ação baseou-se em opinião doutrinária solicitada a Gustavo Tepedino, da qual se extrai esta passagem relevante:

> (...) As biografias, com efeito, revelam narrativas históricas descritas a partir de referências subjetivas, isto é, do ponto de vista dos protagonistas dos fatos que integram a história. Tais fatos, só por serem considerados históricos, já revelam seu interesse público, em fa-

vor da liberdade de informar e de ser informado, da memória e da identidade cultural da sociedade.

Os homens públicos que, por assim dizer, protagonizam a história, ao assumirem posição de visibilidade, inserem voluntariamente a sua vida pessoal e o controle de seus dados pessoais no curso da historiografia oficial, expondo-se ao relato histórico e a biografias. Qualquer condicionamento de obras biográficas ao consentimento do biografado, ou de seus familiares em caso de pessoas falecidas, sacrifica, conceitualmente, o direito fundamental à (livre divulgação de) informação, por estabelecer seleção subjetiva de fatos a serem divulgados, em sacrifício das liberdades de expressão e de pensamento e em censura de elementos indesejados pelo biografado.

Embora Tepedino acentue o descabimento de ponderações prévias, em abstrato, tal como a que teria sido realizada impropriamente pelo Código Civil, sustenta que a única forma de responsabilização para o caso de haver divulgação indevida de informações a respeito de pessoas (*"caracterizado pela ilicitude das fontes, falsidade evidente dos fatos apresentados ou desvirtuamento da finalidade do interesse tutelado"*) seria a punição posterior. Todavia, essa posição não é compatível com a igualdade de valor de que gozam, em princípio, todos os direitos fundamentais, nem combina com a garantia constitucional de franco acesso ao Poder Judiciário para que aprecie qualquer *"lesão ou ameaça a direito"* (art. 5º, XXXV). Nesse sentido pronuncia-se André de Carvalho Ramos: *"A tutela inibitória existe justamente para os casos nos quais a indenização a posteriori é insuficiente para recompor o direito lesado, o que ocorre justamente no caso da privacidade, que nunca será recomposta após a divulgação das informações"*.[20]

Gustavo Tepedino parece adotar a denominada "teoria interna" para explicar os limites (que seriam imanentes) dos direitos fundamentais: *"Tal reação [posterior] do ordenamento, no campo da responsabilidade civil, não decorre do impacto negativo causado pela notícia histórica na personalidade do biografado, ainda que tal fato lhe seja efetivamente desgostoso e sofrido, mas somente do desvirtuamento da liberdade de expressão, que caracterizaria mentira ou desinformação, a configurar invariavelmente conduta abusiva"*.[21]

O longo voto da relatora da ADI 4.815/DF circula na internet e contém o seguinte trecho:

> Em *Estudo especial sobre o direito de acesso à informação*, a Relatoria Especial para a Liberdade de Expressão da OEA (2007) reitera não ser absoluto o direito de acesso à informação. Ele pode ser submetido a regime de restrição, entendida como "*a conduta definida legalmente como geradora de responsabilidade pelo abuso da liberdade de expressão*" (...)
> Esse estudo reconhece a possibilidade de limitações ao exercício do direito de liberdade de expressão e de acesso à informação pautadas na proteção dos direitos ou reputação de outras pessoas, da segurança nacional, da ordem pública e da saúde e moral públicas.

---

[20] Ramos, 2014, p. 532.
[21] <http://www.migalhas.com.br/arquivo_artigo/art20120823-06.pdf>, acesso em 06/07/2015.

A Ministra Cármen Lúcia reconheceu uma esfera reduzida de proteção da privacidade em relação às pessoas que suscitam um legítimo interesse (do) público, redução que não se estende às demais pessoas: "*Não se há de pretender, assim, contar o mesmo espaço de indevassabilidade que fixa os lindes da privacidade com que conta alguém que nada quer ou pretende ou se extrai do público em sua condução de vida*".

É possível deduzir do voto da relatora um rechaço à prevalência em abstrato de determinados direitos fundamentais (aqueles ligados à personalidade e referidos no Código Civil, que exigiriam autorização para as biografias), conferida pela legislação infraconstitucional. Não se deve subtrair o conflito entre direitos fundamentais diversos a uma avaliação em concreto, por meio de ponderação:

> Não se extingue assim o direito à inviolabilidade da intimidade ou da vida privada. Respeita-se, no direito, o que prevalece no caso posto em juízo, sem juízo prévio de censura nem possibilidade de se afirmar – de menos no direito brasileiro – a censura prévia ou a posteriori, de natureza legislativa, política, administrativa ou judicial, deixando-se em relevo e resguardo o que a Constituição fixou como inerente à dignidade humana e a ser solucionado em casos nos quais se patenteie desobediência aos princípios fundamentais do sistema.[22]

Também o voto do Ministro Roberto Barroso está disponível na internet e, embora afirme a posição preferencial de que desfrutaria a liberdade de expressão, assinala com toda propriedade: "*A consequência de tais disposições do Código Civil é a subordinação da liberdade de expressão aos direitos da personalidade. Vale dizer: os arts. 20 e 21 produziram uma hierarquização fixa entre direitos constitucionais. Isto viola o princípio da unidade e produz um resultado inconstitucional, que é o de um direito invariavelmente prevalecer sobre o outro.*" Barroso sintetiza assim sua posição: "*Tal leitura* [de que o Código Civil exigiria autorização] *estabelece uma regra abstrata e permanente de primazia dos direitos da personalidade sobre a liberdade de expressão na divulgação de biografias, que viola o sistema constitucional de proteção e privilégio das liberdades de expressão e informação, configurando eminente censura privada*".[23]

A inafastável ponderação dos diferentes direitos fundamentais em jogo nos casos concretos repele, por inconstitucional, a valoração prévia e abstratamente adotada pela interpretação segundo a qual o Código Civil estaria a exigir autorização para a publicação de biografias de pessoas notórias.

---

[22] <http://www.stf.jus.br/arquivo/cms/noticiaNoticiaStf/anexo/ADI4815relatora.pdf>, acesso em 06/07/2015.

[23] <http://www.stf.jus.br/arquivo/cms/noticiaNoticiaStf/anexo/ADI4815LRB.pdf>, acesso em 06/07/2015.

Direito ao esquecimento

Teriam as pessoas algum controle sobre informações a seu respeito que pudessem ser acessadas com facilidade? Sim, decidiu o Tribunal de Justiça da União Europeia em 13 de maio de 2014, no caso Google Spain SL, Google Inc. *x* Agencia Española de Protección de Datos (AEPD), Mario Costeja González, em que este cidadão espanhol protestou porque, toda vez que seu nome era inserido por qualquer internauta na página eletrônica de busca do portal Google, obtinham-se ligações a duas páginas de jornal, datadas de 1998, nas quais figurava um anúncio de leilão de imóvel, decorrente de penhora para quitar dívidas com a Seguridade Social, que mencionava o nome de M. Costeja González, então devedor. A dívida foi quitada sem que o imóvel fosse vendido judicialmente.[24]

Não se trata de notícia falsa ou equivocada, mas da veiculação ampla e facilitada de informações desconfortáveis a respeito de uma pessoa comum; informações *"inconsistentes, não pertinentes ou que deixaram de ser pertinentes (...) com o tempo decorrido"*, conforme atestou o Tribunal. Alegou-se ferimento aos arts. 7º e 8º da Carta dos Direitos Fundamentais da União Europeia, sobre o respeito pela vida privada e familiar, e sobre a proteção de dados pessoais, respectivamente:

(art. 7º) Todas as pessoas têm direito ao respeito por sua vida privada e familiar, por seu domicílio e por suas comunicações.

(art. 8º) 1. Todas as pessoas têm direito à proteção dos dados de caráter pessoal que lhes digam respeito.

2. Esses dados devem ser objeto de um tratamento leal, para fins específicos e com o consentimento da pessoa interessada ou com outro fundamento legítimo previsto por lei. Todas as pessoas têm o direito de aceder aos dados coligidos que lhes digam respeito e de obter a respectiva retificação.

3. O cumprimento destas regras fica sujeito a fiscalização por parte de uma autoridade independente.

O Tribunal Europeu acatou a pretensão e decidiu que as empresas armazenadoras e fornecedoras de informações deveriam adotar as *"medidas necessárias para retirar os dados pessoais respeitantes a M. Costeja González do seu índice e impossibilitar o futuro acesso a eles"*. Entendeu-se que, no caso, os direitos da pessoa deveriam prevalecer não só sobre o interesse econômico do operador do motor de busca, mas também sobre o interesse do público em aceder à referida informação numa pesquisa sobre o nome dessa pessoa.

---

[24] Piovesan e Dias, 2014, <http://agenciapatriciagalvao.org.br/mulher-e-midia/direito-de-ser-esquecido-na-internet/>, acesso em 07/07/2015.

Entretanto, a corte europeia ressalvou que o resultado poderia ser outro se o nome envolvido não fosse de uma pessoa comum: "não será esse o caso se se afigurar que, por razões especiais como, por exemplo, o papel desempenhado por essa pessoa na vida pública, a ingerência nos seus direitos fundamentais é justificada pelo interesse preponderante do referido público em ter acesso à informação em questão". Essa diferença é relevante para distinguir o caso de outros que foram decididos recentemente no Brasil pelo Superior Tribunal de Justiça.

O nome de M. Costeja González continua a revelar inúmeros resultados, quando digitado na página de busca do Google. Mas agora as notícias dizem respeito a seu vitorioso caso, e não mais à dúvida que ele teve um dia. Sintomática e simbolicamente, a justiça deu-se nos mesmos moldes, ou melhor, no mesmo ciberespaço.

Cite-se ainda um caso simples ocorrido há pouco tempo entre nós, em que uma mulher se queixou de que permanecia disponível na página eletrônica de um conhecido portal de notícias na internet a informação a respeito de um estupro, ocorrido havia mais de dez anos, do qual ela fora vítima. Alegou que a permanência dessa notícia, facilmente encontrada com a digitação de seu nome nas páginas eletrônicas de pesquisa, causava-lhe graves incômodos. Gestões da interessada junto ao portal de notícias, inicialmente infrutíferas, e posteriormente do Ministério Público, fizeram com que o portal acabasse por retirar as informações de circulação.

O direito ao esquecimento configura-se como um direito fundamental implícito, na abalizada assertiva de Ingo Sarlet, e *"encontra sua fundamentação na proteção da vida privada, honra, imagem e ao nome, portanto, na própria dignidade da pessoa humana e na cláusula geral de proteção e promoção da personalidade em suas múltiplas dimensões"*.[25]

O Superior Tribunal de Justiça enfrentou dois casos distintos que repercutem esse rótulo da moda, o direito ao esquecimento. Um deles foi o caso da chacina da Candelária (Recurso Especial 1.334.097/RJ, relator Ministro Luis Felipe Salomão, julgado em 28 de maio de 2013), em que uma rede de televisão foi condenada a indenizar por danos morais um dos supostos autores do assassinato de diversos menores ocorrido no Rio de Janeiro em 1993, sendo que a pessoa acusada veio a ser absolvida pelo tribunal do júri, mas, ainda assim, teve seu nome e imagem veiculados em programa jornalístico. Na resenha de Daniel Sarmento, o Tribunal, embora reconhecendo que *"a reportagem mostrou-se fidedigna com a realidade"*, conferiu precedência aos direitos de personalidade em relação às liberdades comunicativas, tendo afirmado que a passagem do tempo

---

[25] Sarlet, 2015b, in <http://www.conjur.com.br/2015-mai-22/direitos-fundamentais-tema-moda-direito-esquecimento-anterior-internet>, acesso em 07/07/2015.

tornara ilícita a veiculação da matéria em vista do direito ao esquecimento, *"um direito de não ser lembrado contra a sua vontade, especificamente no tocante a fatos desabonadores"*.[26]

O outro foi o caso Aída Curi (Recurso Especial 1.335.153/RJ, do mesmo relator e julgado na mesma data), mas desta vez o resultado foi oposto: negou-se a indenização por danos morais pleiteada pelos irmãos da vítima (Aída) de um rumoroso homicídio ocorrido em 1958. Conquanto o tribunal tenha reconhecido *"que seria impossível narrar o crime, de inequívoca importância histórica, sem fazer alusão à sua vítima"* – tendo atribuído, no caso concreto, *"peso superior à liberdade de imprensa em relação ao direito ao esquecimento"* –, foi feita a ressalva de que *"o direito ao esquecimento pode tornar ilícita a divulgação pela imprensa de fatos pretéritos que sejam embaraçosos ou dolorosos"*.[27]

Sarmento anota com propriedade a ampla abrangência do direito à informação:

> Ele abarca todas as questões que apresentam algum interesse público, sendo que este deve ser concebido de maneira alargada, para abranger a mais ampla variedade de matérias que tenham relevo para a vida social. Há evidente interesse público na atividade política, bem como na atuação dos Poderes Públicos e de seus agentes. Mas ele também está presente em temas atinentes aos costumes, criminalidade, práticas e relações sociais, mentalidades, vida econômica, esportes, entretenimento, artes, religião etc. Afinal, o debate destas questões também é vital para que as pessoas formem as suas convicções sobre assuntos que podem ser centrais em suas vidas, e para que a sociedade possa amadurecer, através da reflexão coletiva, que ganha em qualidade quando o amplo acesso à informação sobre os temas discutidos é assegurado.[28]

Historicamente, tem sido necessário afirmar o direito à informação num cenário opressivo em que o Poder Público busca ocultar fatos e apresentar versões oficiais. Ademais, o direito à informação é reforçado em relação a fatos de interesse (do) público, à medida que a tutela da privacidade esmaece. Nesse quadro, *"o esquecimento sobre fatos que envolvem interesse público não pode ser visto como um direito fundamental, em regime constitucional que se preocupa tanto com o acesso á informação, garante a memória coletiva e valoriza a História"* (D. Sarmento).[29] Os casos decididos pelo Superior Tribunal de Justiça reportam-se a fatos de interesse (do) público.

Nem por isso, todavia, deve-se sustentar uma posição preferencial em abstrato para algum direito fundamental, haja vista que as cautelas e limites às restrições, operacionalizados por meio da aplicação do critério

---

[26] Sarmento, 2015, p. 2-3, in <http://www.migalhas.com.br/arquivos/2015/2/art20150213-09.pdf>, acesso em 07/07/2015.

[27] Idem.

[28] Sarmento, 2015, p. 10, in <http://www.migalhas.com.br/arquivos/2015/2/art20150213-09.pdf>, acesso em 07/07/2015.

[29] Ibidem, p. 29.

da proporcionalidade, valem aos direitos fundamentais em geral. Também a privacidade, por exemplo, quando ameaçada por atos do Poder Público ou de particulares, somente poderá ser restringida com base em uma argumentação sólida, que convença a respeito da adequação e necessidade da restrição em face de outros direitos fundamentais colidentes.[30]

Não se pretende que os registros jornalísticos sejam apagados ou que as pequenas histórias do cotidiano sejam reescritas. Os arquivos podem e devem ser mantidos. Pesquisadores e mesmo curiosos podem ter acesso a notícias que foram devidamente produzidas e divulgadas a seu tempo, como a publicação sobre um leilão para quitar débitos fiscais ou a informação a respeito do cometimento de um crime de estupro. Contudo, não se pode deixar desprotegida a privacidade, a honra e a imagem das pessoas, especialmente daquelas que não são notórias e que prezam pelo recato, em face de uma exposição desmedida e injustificável, potencializada pelos recursos disponíveis via internet.

O direito ao esquecimento, como corolário do direito à autodeterminação informativa, merece ser prestigiado quando se tem em perspectiva a pessoa comum, desprovida de notoriedade, relacionada a fatos cotidianos sem repercussão social relevante, que se encontra à mercê de exposição contra sua vontade, em escala praticamente mundial e em tempo real proporcionados pela internet. Afinal – e a proliferação de mensagens discriminatórias (discurso do ódio) bem o demonstra –, há o perigo do exercício abusivo da liberdade de expressão, direito que, em circunstâncias normais, deve ser democraticamente prestigiado.[31]

Referências bibliográficas

CAMPOS, Carlos Alexandre de Azevedo. *Dimensões do ativismo judicial do Supremo Tribunal Federal*. Rio de Janeiro: Forense, 2014.

CANOTILHO, José Joaquim Gomes; MACHADO, Jónatas Eduardo Mendes; GAIO JÚNIOR, Antônio Pereira. *Biografia não autorizada versus liberdade de expressão*. Curitiba: Juruá, 2014.

DIMOULIS, Dimitri; MARTINS, Leonardo. *Teoria geral dos dieitos fundamentais*. 5. ed. São Paulo : Atlas, 2014.

DONEDA, Danilo. Proteção da personalidade na era digital. In: CLÈVE, Clèmerson Merlin (Coord.). *Direito constitucional brasileiro – v. I: Teoria da Constituição e direitos fundamentais*. São Paulo: Revista dos Tribunais, 2014, p. 437-449.

FAVOREU, Louis et al. *Droit des libertés fondamentales*. 4. ed. Paris: Dalloz, 2007.

JUSTEN FILHO, Marçal. *Curso de Direito Administrativo*. 10 ed. São Paulo: Revista dos Tribunais, 2014.

---

[30] Dimoulis e Martins, 2014, p. 229.

[31] Rothenburg e Stroppa, 2014, in <http://www.publicadireito.com.br/artigos/?cod=bc7c79617ed7d309>, acesso em 07/07/2015.

MACHADO, Jónatas Eduardo Mendes. Liberdade de expressão: dimensões constitucionais da esfera pública no sistema social. Coimbra: Coimbra, 2002.

MARTINS, Flademir Jerônimo Belinati. *Dignidade da pessoa humana: princípio constitucional fundamental*. 7. Reimp. Curitiba: Juruá, 2012

MEYER-PFLUG, Samantha Ribeiro. *Liberdade de expressão e discurso do ódio*. São Paulo: Revista dos Tribunais, 2009.

NOWAK, John E.; ROTUNDA, Ronald D. *Constitutional Law*. 7. ed. St. Paul: Thomson West, 2004.

PIOVESAN, Flávia; DIAS, Roberto. Direito de ser esquecido na internet. *O Globo*, 29/05/2014, in <http://agenciapatriciagalvao.org.br/mulher-e-midia/direito-de-ser-esquecido-na-internet/>, acesso em 07/07/2015.

RAMOS, André de Carvalho. *Curso de direitos humanos*. São Paulo: Saraiva, 2014.

ROTHENBURG, Walter Claudius. *Direito Constitucional*. São Paulo: Verbatim, 2010.

——. Religião como direito no Estado democrático laico. In: LAZARI, Rafael José Nadim de; BERNARDI, Renato; LEAL, Bruno Bianco (Coord.). *Liberdade religiosa no Estado Democrático de Direito: questões históricas, filosóficas, políticas e jurídicas*. Rio de Janeiro: Lumen Juris, 2014.

——; STROPPA, Tatiana. Liberdade de expressão e discriminação preconceituosa. In: NERI, Eveline Lucena; MARCHIONI, Alessandra. *A humanização do Direito e a horizontalização da justiça (anais do XXIII Encontro Nacional do CONPEDI/UFPB)*. Florianópolis: CONPEDI, 2014. Disponível em <http://www.publicadireito.com.br/artigos/?cod=bc7c79617ed7d309>.

SARLET, Ingo Wolfgang. *Dignidade da pessoa humana e direitos fundamentais na Constituição Federal de 1988*. Porto Alegre: Livraria do Advogado, 2001.

——. Direitos Fundamentais em espécie. In: SARLET, Ingo Wolfgang; MARINONI, Luiz Guilherme; MITIDIERO, Daniel. *Curso de Direito Constitucional*. 3.ed. São Paulo: Revista dos Tribunais, 2014.

——. Liberdade de expressão e biografias não autorizadas – notas sobre a ADI 4.815. Consultor Jurídico, 19 jun. 2015, in <http://www.conjur.com.br/2015-jun-19/direitos-fundamentais-liberdade-expressao-biografias-nao-autorizadas>, acesso em 07/07/2015(a).

——. Tema da moda, direito ao esquecimento é anterior à internet. Consultor Jurídico, 22 mai. 2015, in <http://www.conjur.com.br/2015-mai-22/direitos-fundamentais-tema-moda-direito-esquecimento-anterior-internet>, acesso em 07/07/2015(b).

SARMENTO, Daniel. *Liberdades comunicativas e "direito ao esquecimento" na ordem constitucional brasileira*. In <http://www.migalhas.com.br/arquivos/2015/2/art20150213-09.pdf>, acesso em 07/07/2015.

——. Comentários ao artigo 5º, IV. In: CANOTILHO, J. J. Gomes; MENDES, Gilmar F.; SARLET, Ingo W.; STRECK, Lenio L. (Coord.). *Comentários à Constituição do Brasil*. São Paulo: Saraiva/Almedina, 2. tir., 2014, p. 252-259.

TAVARES, André Ramos. *Curso de Direito Constitucional*. 13. ed. São Paulo: Saraiva, 2015.

TEPEDINO, Gustavo. *Opinião doutrinária*. Disponível em <http://www.migalhas.com.br/arquivo_artigo/art20120823-06.pdf>, acesso em 06/07/2015.

— 9 —

Ética na informação e o direito ao esquecimento

MARCIA CRISTINA DE SOUZA ALVIM[1]

Sumário: 1. Introdução; 2. Direito à informação na Constituição da República Federativa do Brasil de 1988; 3. Ética na informação; 3.1. Considerações gerais sobre ética; 3.2. Ética e meios de comunicação; 4. Direito ao esquecimento; 5. Conclusão; Referências.

1. Introdução

O presente artigo visa a desenvolver considerações sobre direito à informação e sua relação com a ética.

Inicialmente, faremos considerações sobre o direito à informação na Declaração Universal de Direito do Homem, na Constituição da República Federativa do Brasil e trataremos dos limites a esses direitos.

Os limites ao direito à informação encontram-se no respeito aos direitos de personalidade da pessoa, incluindo à intimidade, à privacidade, à imagem, à honra, a inviolabilidade de domicílio, a inviolabilidade das correspondências de qualquer natureza e outros que estiverem incluídos nos direitos de personalidade.

Muitas vezes há uma tensão, uma colisão entre o direito à informação e o direito à privacidade, à intimidade da pessoa e, nesta situação é preciso ter prudência no agir, para não cometer injustiças, violando os valores mais importantes e íntegros do homem.

O direito à informação está diretamente atrelado aos preceitos éticos, aos valores reconhecidos pela sociedade em que vivemos, e estes valores precisam ser respeitados, sob pena de muitas injustiças serem praticadas fundamentadas na informação que precisa ser veiculada à sociedade.

---

[1] Mestre e Doutora em Direito Constitucional pela Pontifícia Universidade Católica de São Paulo (PUC/SP); professora dos Programas de Pós-graduação e Graduação em Direito da PUC/SP, do Programa de Pós-graduação em Direito no Centro Universitário FIEO e do Programa de Graduação da Universidade Presbiteriana Mackenzie.

Além do respeito à ética, a informação precisa passar pelo crivo da verdade, da apuração das provas, para que se possa dar cumprimento ao Princípio da Dignidade da Pessoa Humana.

Os meios de comunicação também precisam estar comprometidos com a ética.

E por último falaremos do direito ao esquecimento, que permite ao interessado discutir os fatos passados ao seu respeito e que sejam, de fato, esquecidos pelo público.

2. Direito à informação na Constituição da República Federativa do Brasil de 1988

O direito de Informação foi reconhecido pela Declaração Universal dos Direitos do Homem, em seu artigo 19, que estabelece: "Todo homem tem direito à liberdade de opinião e expressão, o que implica o direito de não ser inquietado pelas suas opiniões e o de procurar, receber e difundir, sem consideração de fronteiras, informações e ideias por qualquer meio de expressão".

A Constituição da República Federativa do Brasil garante o direito a livre manifestação de pensamento, a expressão da atividade intelectual, artística, científica e de comunicação, sendo vedado o anonimato. (art. 5º, IV e IX, arts. 220 e 221, IV)

O direito à informação engloba o direito de informar, o direito de ser informado e o direito de não receber Informação. O acesso à informação constitui o maior valor da sociedade democrática e a Internet como serviço de informação, possibilita a competitividade global das comunidades.[2]

A dimensão que a nossa sociedade contemporânea ganhou, em termos de informação, com a Internet e com os meios de comunicação é inquestionável, pois hoje as fronteiras são mais estreitas em decorrência da informação e do seu fácil acesso.

No entanto, problemas complexos surgem em decorrência do estreitamento das fronteiras entre as comunidades e em decorrência do fácil acesso à informação.

O Estado social deve assegurar a livre informação, sob uma dimensão participativa e pluralista, fundada na liberdade, na igualdade e na dignidade, com o objetivo de assegurar os princípios democráticos da República Federativa do Brasil.

---

[2] PINHEIRO, Patrícia Peck. *Direito Digital*. 5ª ed. São Paulo: Saraiva, 2013. p.85.

O direito de informar traz um limite que é o direito de não informar, respeitando a privacidade do indivíduo e aqui entramos na esfera da responsabilização.

De acordo com o pensamento de Patrícia Peck Pinheiro:

> Na era da Informação, o poder está nas mãos do indivíduo, mas precisa ser utilizado de modo ético e legal, sob pena de no exercício de alguns direitos estar-se infringindo outros, e isto não é tolerável em um ordenamento jurídico equilibrado. Nesse sentido, a tecnologia pode ser sim a solução para harmonizar as diversas forças sociais, ou então se tornar seu principal inimigo, causando estragos irreparáveis.[3]

O Direito Digital surgiu para equilibrar a relação entre interesse comercial, privacidade, responsabilidade e anonimato, frente aos novos meios de comunicação.

Retomando as limitações à liberdade de informação, trazemos uma reflexão sobre os direitos da personalidade, que engloba o direito à intimidade, o direito à imagem, o direito à privacidade, à defesa do nome, ao direito autoral, à inviolabilidade do domicílio, de cartas de comunicações e tudo que estiver relacionado à personalidade.[4]

A honra do indivíduo, a intimidade, enfim os direitos de personalidade devem ser preservados, pois são valores tão ou mais importantes àqueles atrelados ao patrimônio, estão diretamente relacionado ao Princípio da Dignidade da Pessoa Humana, estatuído no inciso III, do art. 1º da Constituição da República Federativa do Brasil.

Ressaltamos que a liberdade, a igualdade estão diretamente relacionados ao Princípio da Dignidade da Pessoal Humana.

Para Giovanni Pico Della Mirandola, o problema da dignidade do homem tem como perspectiva a posição que este ocupa no universo, ponto de referência de toda a realidade. Dignidade é a capacidade racional que permite ao homem ter consciência da sua existência como ser livre. O homem tem o livre arbítrio de escolha para decidir os seus caminhos, perseguir seus ideais e alcançar aquilo que deseja ser.[5]

A Declaração Universal dos Direitos do Homem, em seu preâmbulo, considera que: "o reconhecimento da dignidade inerente a todos os membros da família humana e de seus direitos iguais e inalienáveis é o fundamento da liberdade, da justiça e da paz no mundo" e..." que os povos das Nações Unidas reafirmaram, na Carta, sua fé nos direitos fundamentais do homem, na dignidade e no valor da pessoa humana, e na igualdade de

---

[3] PINHEIRO, Patrícia Peck. *Direito Digital*. 5ª ed. São Paulo: Saraiva, 2013, p.86.
[4] CARVALHO, Luiz Gustavo Grandinetti Castanho de. *Liberdade de Informação e o direito difuso à informação verdadeira*. 2ª ed. Rio de Janeiro: Renovar, 2003. p. 54.
[5] MIRANDOLA, Giovanni Pico Della. *Discurso sobre a Dignidade do Homem*. Rio de Janeiro: Edições 70, 1989, *passim*.

direitos do homem e da mulher, e que decidiram promover o progresso social e melhores condições de vida e uma liberdade mais ampla...".

Também de maneira inarredável proclama em seu artigo I: – "Todos os homens nascem livres e iguais em dignidade e direitos. São dotados de razão e consciência e devem agir em relação uns aos outros com espírito de fraternidade".

Podemos também lembrar aqui a seguinte definição: *A dignidade da pessoa humana inclui direitos inerentes à personalidade da pessoa, direitos estes individuais e pessoais (direito à vida, à integridade moral e física) e, também os direitos estabelecidos para a coletividade, quais sejam os direitos sociais, econômicos e culturais.*

Para o livre desenvolvimento da personalidade, entendemos que o indivíduo é quem faz o seu projeto de vida, é ele quem possui a liberdade de escolha; o indivíduo, no desenvolvimento de sua personalidade, é senhor de uma liberdade de escolha baseada na moral, que lhe permite eleger seu verdadeiro projeto de vida. A educação é o processo que contribui para que esse pleno desenvolvimento da personalidade do indivíduo venha a ser atingido.

Não nos esqueçamos tampouco que a grande variedade das capacidades individuais constitui um dos mais marcantes e enriquecedores aspectos da espécie humana e graças a essa múltipla diversidade e às possibilidades que lhe são abertas pela educação, o homem pode se tornar uma pessoa notável dentro da sociedade.

O Princípio da Dignidade da Pessoa Humana atrai o conteúdo de todos direitos fundamentais do homem, inserido aqui o direito de informação.

Consoante o pensamento de Flávia Piovesan "o valor da dignidade humana impõe-se como núcleo básico e informador do ordenamento jurídico brasileiro, como critério e parâmetro de valoração a orientar a interpretação e compreensão do sistema constitucional instaurado em 1988".[6]

Nos casos de violação da intimidade de determinada pessoa, podemos ver também uma violação à sua honra. Existe tensão, colisão entre o direito à privacidade e o direito à informação e à liberdade de expressão. Nenhum desses direitos é absoluto e o julgador deve ficar atento, deve fazer uma ponderação entre o que é de fato importante em relação à liberdade de expressão e informação e o que é uma devassa à privacidade de outrem, sem qualquer proveito para a sociedade.[7]

---

[6] PIOVESAN, Flávia. *Direitos Humanos e o Direito Constitucional Internacional*. 7ª ed. São Paulo: Saraiva, 2006, p. 327.

[7] SCHERKERKEWITZ, Iso Chaitz. *Direito e Internet*. São Paulo: Revista dos Tribunais, 2014, p. 126.

3. Ética na Informação

3.1. Considerações gerais sobre ética

Vários são os conceitos da ética constantes na Filosofia. A ética tem intrínseca relação com a moral e com a conduta humana na sociedade.

Podemos desenvolver o conceito de ética com enfoque individual ou coletivo. Como estamos trabalhando com do Direito, Ciência que tem como ponto central o homem e este inserido em um meio social, posicionamos que o conceito mais adequado é aquele que trabalha com o enfoque coletivo da ética.

A ética pode se conceituada como regra de conduta que visa ao bem, ao bem coletivo. As normas de direito devem conter o mínimo ético esperado pelos homens em sociedade. A Ciência do Direito traz valores que são indispensáveis para uma sociedade harmônica, justa e que objetiva a paz social.

Aristóteles, em sua obra *Ética a Nicômacos*, afirma que a ética é parte da ciência política e esta é a mais importante, pois tem por objetivo atender o bem coletivo, o bem comum. Estabelece que o objetivo da ética é atingir a felicidade, bem supremo, que todos os homens almejam.[8]

Os homens devem buscar a felicidade e escolher as ações devidas para atingir tal fim. Os homens devem buscar o meio-termo, a mediania em suas ações, evitando o excesso e a falta. O homem deve ter consciência das suas potencialidades e desenvolvê-las para atingir o objetivo pretendido: a felicidade.

As ações desejáveis são as voluntárias, devendo o homem evitar as ações involuntárias, praticadas por ignorância ou compulsão.

Ainda de acordo com o pensamento aristotélico, o homem desenvolve as virtudes morais pelo hábito, as ações precisam ser voluntárias e a prática reiterada. É preciso que haja formação moral dos homens.[9]

Para o pensador grego, a justiça não pode vir separada da ética. Para que possamos atingir a justiça e estabelecermos aquilo que Aristóteles chama de uma sociedade feliz, é imprescindível que os indivíduos que dela façam parte sejam éticos, o que será alcançado por meio da educação. Ainda para Aristóteles, somente através de um processo educacional que desenvolva, com solidez e firmeza, a ética nos indivíduos, teremos uma sociedade justa e, portanto, próxima da condição ideal da felicidade.

---

[8] ARISTÓTELES. *Ética à Nicômacos*. 3ª ed. Trad. Por Mario Gama Kury. Brasília: UnB, 1999, *passim*.
[9] Ibid.

A educação deve possibilitar ao homem desenvolver suas habilidades e competências nas mais diversas áreas do conhecimento. Deve habilitá-lo para lidar com as múltiplas demandas que a vida vai constantemente lhe oferecer. Demandas de ordem econômica, material, mas também demandas afetivas, emocionais, igualmente capazes de alterar o delicado equilíbrio da sensibilidade humana, instância principal para a percepção daquela dignidade de que nos ocupamos aqui.

A propósito desta abordagem, Umberto Eco disse, em entrevista ao jornal francês *Le Monde*, que o jornal Folha de S. Paulo republicou em 1994, que a única ética possível no mundo moderno é a ética do respeito, principalmente ao corpo, no relacionamento do homem com o mundo:

> É possível constituir uma ética sobre o respeito pelas atividades do corpo: comer, beber, urinar, dormir, fazer amor, falar, ouvir etc. Impedir alguém de se deitar à noite ou obrigá-lo a viver de cabeça abaixada é uma forma intolerável de tortura. Impedir outras pessoas de se movimentarem ou falarem é igualmente intolerável. O estupro é crime porque não respeita o corpo do outro. Todas as formas de racismo e exclusão constituem, em última análise, maneiras de negar o corpo do outro. Poderíamos fazer uma releitura, a única, de toda a história da ética moderna sob o ângulo dos direitos dos corpos, e das relações de nosso corpo com o mundo.[10]

Nós acrescentamos, para modestamente esclarecer o pensamento de Umberto Eco, que o respeito ao corpo implica e inclui, necessariamente, o respeito à mente e ao pensamento.

Hoje, com os grandes desafios do século XXI é preciso formar homens para que realizem ações éticas, ações voltadas para o outro, conceito que está diretamente atrelado ao de cidadania.

Conforme o pensamento de Eduardo Carlos Bianca Bittar:

> (...) a ética deve ser uma atitude reflexiva de vida, algo impregnado à dimensão da razão deliberativa, em constante confronto com as inquirições, dificuldades, os desafios e problemas inerentes à existência em si... não existe ética fora da prática, e nem maturidade ética fora de uma atenciosa atitude de pensar e repensar o mundo das ocorrências intersubjetivas, sempre prevista na dimensão da ação a possibilidade/admissibilidade do erro/engano.[11]

Por melhor que seja a formação técnica de um profissional, de nada servirá se não vier acompanhada de formação ética, moral. Nas palavras de Fábio Konder Comparato "um outro mundo é possível: a mundialização humanista".[12]

---

[10] ECO, Umberto in *Folha de S. Paulo*, 03 de abril de 1994, Caderno 6, p. 7.
[11] BITTAR, Eduardo Carlos Bianca. *Ética, Educação, Cidadania e Direitos Humanos*. Barueri: Manole, 2004, p. 4-5.
[12] COMPARATO. Fabio Konder. *Ética*: Direito, Moral e Religião no Mundo Moderno. São Paulo: Companhia das Letras, 2006, p. 433

3.2. Ética e Meios de Comunicação

Os meios de comunicação servem para divulgar tudo, até mesmo mentiras, fofocas, matérias imbuídas de má-fé, matérias sensacionalistas. Deveria ser desta forma?

Parece-nos que não, pois a verdade é um valor que deve estar presente tanto no direito de informar como de ser informado.

A liberdade de expressão, quando reconhecida pela Constituição da República Federativa do Brasil, não pode deixar de ser verdadeira, honesta.

Os fatos acontecem, e suas transmissões devem ser de forma autêntica e verídica. Na Espanha, o texto constitucional exige que a notícia seja veraz. Igualmente a doutrina é intransigente com o elemento indispensável da informação verdadeira.[13]

O problema deve ser resolvido à luz da doutrina da responsabilidade civil, quando causar dano moral ou patrimonial a alguém. A imprensa tem o dever de verificar a veracidade dos fatos.

Deve haver o comprometimento ético com a verdade, pela imprensa ou por aqueles que disponibilizam a matéria a ser veiculada, dos fatos apresentados pelos meios de comunicação.

Consoante o pensamento de Niceto Blázquez:

> A preocupação prioritária com as imagens substitui com muita frequência a preocupação fundamental com o ser. O importante não é ser, mas aparentar. Em consequência, formas de conduta pessoal e social que há relativamente pouco tempo eram consideradas impróprias para o trabalho informativo e para a atividade artística são agora assumidas pelos meios de comunicação mais ousados em nome da liberdade e da autonomia da atividade artística. Sem falar do fantasma clássico da manipulação e das práticas persuasivas mais temerosas no âmbito da publicidade e das relações públicas.[14]

E complementa dizendo que "debate interessante é aquele que apaixona e suscita mais debate, não aquele que oferece a solução concreta para algum problema".[15]

Mas não podemos olvidar que os meios de comunicação são instrumentos eficazes para impor condutas e para criar opiniões opostas à reflexão ética.

Na sociedade contemporânea precisamos estar atentos para o desenvolvimento tecnológico, que tem suas contribuições positivas, mas que

---

[13] CARVALHO, Luiz Gustavo Grandinetti Castanho de. *Liberdade de Informação e o direito difuso à informação verdadeira*. 2ª ed. Rio de Janeiro: Renovar, 2003. p. 93.
[14] BLÁZQUEZ, Niceto. *Ética e Meios de Comunicação*. São Paulo: Paulinas, 2000. p.29.
[15] Ibid.

também traz aspectos para reflexões, sob o prisma da essencialidade de valores para o homem.

Hoje com a internet, com os meios de comunicação cada vez mais ágeis, com a informação rápida e fácil, muitas vezes não refletimos como deveríamos agir ao recebermos a informação.

Somos, muitas vezes, facilmente levados de um lado a outro, sem um posicionamento firme e resoluto sobre determinadas informações que recebemos.

Podemos afirmar, que em determinadas situações, os equipamentos tecnológicos, o mundo virtual também pode ser um mecanismo de alienação.

Nas questões essenciais para o ser humano precisamos de um tempo para reflexão, para adotar determinados posicionamentos e principalmente para agir. A ação precisa ser ética, pautada em valores da essencialidade humana e para isso não pode ser imediata e rápida.

Hoje recebemos muitas informações dos meios de comunicação, mas necessitamos avaliar seu conteúdo para saber se, de fato, são matérias com conteúdo de veracidade e comprometido com as questões éticas.

Outro ponto a destacar para reflexão é o que denominamos hoje da civilização do espetáculo.

Mario Vargas Llosa, em sua obra, afirma:

> A banalização das artes e da literatura, o triunfo do jornalismo sensacionalista e a frivolidade da política são sintomas de um mal maior que afeta a sociedade contemporânea: a idéia temerária de converter em bem supremo nossa natural propensão a nos divertirmos.
>
> Na civilização do espetáculo a política passou por uma banalização talvez tão pronunciada quanto a literatura, o cinema e as artes plásticas, o que significa que nela a publicidade e seus slogans, lugares-comuns, frivolidades, modas e manias, ocupam quase inteiramente a atividade antes dedicada a razões, programas idéias e doutrinas.[16]

Conforme o exposto até aqui, ousamos afirmar que o desafio do nosso século é formamos profissionais com capacidade de refletir e agir pautado nos valores éticos e da verdade.

O objetivo é concretizar o disposto no artigo 205 da Constituição da República Federativa do Brasil, formar seres humanos atendendo aos preceitos do pleno desenvolvimento da pessoa humana, do preparo para o exercício da cidadania e com qualificação para o trabalho.

Os profissionais do nosso século precisarão lidar com questões das mais complexas, como por exemplo a tratada neste artigo, em que de um lado temos o direito à informação e de outro o direito à intimidade, à

---

[16] VARGAS LLOSA, Mario. *A Civilização do Espetáculo*: uma radiografia de nosso tempo e de nossa cultura. Rio de Janeiro: Objetiva, 2013, p. 44.

privacidade, à honra e aos demais direitos de personalidade, que muitas vezes sofrem violações.

Assim como os profissionais atrelados aos meios de comunicação, que precisam estar comprometidos com a ética e a verdade.

4. Direito ao esquecimento

O direito ao esquecimento permite ao interessado discutir os fatos passados a seu respeito, solicitando que sejam esses retirados dos meios de comunicação, com fundamento no Princípio da Dignidade da Pessoa Humana e na ressocialização.

O direito ao esquecimento não permite que qualquer informação, supostamente danosa, seja retirada da mídia, visando assegurar o direito à privacidade e intimidade da pessoa, mas em determinadas situações é possível ver tal direito reconhecido.

O Enunciado 531 aprovado na VI Jornada de Direito Civil indica as diretrizes básicas de proteção do direito ao esquecimento, a saber:

> Os danos provocados pelas novas tecnologias de informação vêm-se acumulando nos dias atuais. O direito ao esquecimento tem sua origem histórica no campo das condenações criminais. Surge como parcela importante do direito de ex-detento à ressocialização. Não atribui a ninguém o direito de apagar fatos ou reescrever a própria história, mas apenas assegura a possibilidade de discutir o uso que é dado aos fatos pretéritos, mais especificamente ao modo e a finalidade com que são lembrados.[17]

Como encontrar o meio termo de justiça nos casos de possíveis danos causados pela publicidade de fatos, que ferem o direito à privacidade, o direito à intimidade, o direito à honra, enfim os direito de personalidade? Temos o direito de pagar as informações veiculadas na Internet?

A resposta não é simples. É preciso repensar o papel dos meios de comunicação, da internet, da imprensa, da liberdade de expressão. É preciso ponderar os valores envolvidos: a liberdade de expressão, o direito à informação e os danos causados à privacidade, à intimidade, à honra da pessoa, aos direito de personalidade.

Assis e Mendes Advogados, em artigo publicado na internet, afirma:

> (...) é possível dizer que o ordenamento jurídico brasileiro admite o direito ao esquecimento como atributo da personalidade da pessoa humana e, porque não, no que for possível, da própria pessoa jurídica. Por outro lado, direito brasileiro também admite a livre manifestação como atributo da personalidade, ou seja, um direito a integridade intelectual do indivíduo. Assim a questão é saber como lidar diante dos princípios constitucionais envolvidos e qual

---

[17] ASSIS e MENDES. *A Polêmica sobre ao direito ao esquecimento na Internet.* Disponível em: <http://www.assisemendes.com.br/a-polemica-sobre-o-direito-esquecimento-na-internet/>.Acesso em:05.abr.2015.

o meio de tornar isso eficaz na internet. Em síntese, o direito ao esquecimento existe, não é absoluto e dependerá do caso concreto e da viabilidade do resultado.[18]

Em 2014, uma decisão do Tribunal de Justiça da União Europeia reconheceu o direito ao esquecimento no caso de um cidadão espanhol, Mario Costeja González, que exigiu que fosse eliminada a referência ao tal anúncio (matéria do jornal *La Vanguardia* de 1998 sobre uma dívida e penhora de um imóvel já quitado), que aparecia nos resultados das pesquisas no Google quando se digitava o seu nome, alegando que estava infringindo o direito à privacidade.[19]

Vários casos em nossas cortes já foram julgados e a questão também vem sendo debatida fora dos tribunais, sempre trazendo a reflexão da liberdade de expressão, imprensa e comunicação, de um lado e o direito à intimidade, o direito à privacidade, os direitos de personalidade, de outro lado.

A questão não é simples, mas há possibilidade de ver reconhecido o direito ao esquecimento quando situações pretéritas não permitem que o indivíduo possa levar uma vida digna e sua honra e intimidade/privacidade não sejam restabelecidas. Por analogia podemos trazer o argumento daquele que, em direito penal, foi condenado punido e tem o direito à ressocialização na sociedade.

Decisão do STJ reconhece o direito ao esquecimento em Recurso Especial n. 1334.097-RJ (2012/0144910-7). Jurandir Gomes França ajuizou ação de reparação de danos morais em face da TV Globo. O autor informou ter sido coautor/partícipe da sequência de homicídios ocorrido em 23/07/1993, conhecido como "Chacina da Candelária", foi julgado pelo Tribunal do Júri e foi absolvido por negativa de autoria.

A Globo, posteriormente, o procurou com intuito de entrevistá-lo para o programa televisivo (Linha Direta – Justiça), tendo sido recusada a realização da entrevista e mencionado o desinteresse do autor de ver sua imagem apresentada em rede nacional. Porém, em junho de 2006, o programa foi ao ar, levou ao público situação que já havia sido superada. Tal matéria veiculada reacendeu na comunidade onde residia Jurandir a imagem de chacinador, causando vários danos à imagem e na convivência comunitária, o que motivou a ingressar com ação de reparação de danos morais, alegando também o direito ao esquecimento.

---

[18] ASSIS e MENDES. *A Polêmica sobre ao direito ao esquecimento na Internet*. Disponível em: <http://www.assisemendes.com.br/a-polemica-sobre-o-direito-esquecimento-na-internet/> Acesso em :05.abr.2015.

[19] *"Direito ao Esquecimento" Esquece o quê: Privacidade ou Liberdade de expressão*? Disponível em <http://www.publico.pt/mundo/noticia/direito-ao-esquecimento-esquece-o-que-privacidade-ou-liberdade-deexpressao-1637145>. Acesso em: 05.abr.20.

Vários recursos foram processados e no julgamento do referido Recurso Especial foi reconhecido o direito do autor. Interessante observar os argumentos utilizados, bem como os casos semelhantes trazidos das Cortes Internacionais, reconhecendo em situações concretas o direito ao esquecimento.

Matéria polêmica e que suscita muitos debates, mas extremamente importante em decorrência do desenvolvimento tecnológico e da proteção de direitos que protejam a Dignidade da Pessoa Humana.

5. Conclusão

O presente artigo contém reflexões sobre a liberdade de expressão, o direito de informação, a liberdade de pensamento e também os limites necessários a ser impostos a esses direitos (respeito aos direitos de personalidade) para que seja preservada a liberdade, a igualdade e a dignidade da pessoa humana, bem como os princípios democráticos da República Federativa do Brasil.

Foram feitas considerações sobre a ética do ponto de vista filosófico, a ser compreendida no seu caráter coletivo e não individual, bem como a ética nos meios de comunicação, com o objetivo que a informação seja veiculada, mas com respeito aos valores éticos e da verdade.

Por fim, considerações foram trazidas em relação ao direito ao esquecimento, direito novo, polêmico, mas que em decorrência das novas tecnologias surge a necessidade de restabelecer em muitos casos concretos a dignidade da pessoa humana, pois em determinadas situações pretéritas veiculadas, há prejuízos à imagem do indivíduo, à honra, à intimidade e outros direitos da personalidade, fazendo com que seja difícil a reinserção do indivíduo na sociedade.

Referências

ARISTÓTELES. *Ética à Nicômacos*. 3ª ed. Trad. Por Mario Gama Kury. Brasília: UnB, 1999.
BITTAR, Eduardo Carlos Bianca. *Ética, Educação, Cidadania e Direitos Humanos*. Barueri: Manole, 2004.
BLÁZQUEZ, Niceto. *Ética e Meios de Comunicação*. São Paulo: Paulinas, 2000.
CARVALHO, Luiz Gustavo Grandinetti Castanho de. *Liberdade de Informação e o direito difuso à informação verdadeira*. 2ª ed. Rio de Janeiro: Renovar, 2003.
COMPARATO. Fabio Konder. *Ética*: Direito, Moral e Religião no Mundo Moderno. São Paulo: Companhia das Letras, 2006.
MIRANDOLA, Giovanni Pico Della. *Discurso sobre a Dignidade do Homem*. Rio de Janeiro: Edições 70, 1989.
PINHEIRO, Patrícia Peck. *Direito Digital*. 5ª ed. São Paulo: Saraiva, 2013.
PIOVESAN, *Flávia. Direitos Humanos e o Direito Constitucional Internacional*. 7ª ed. São Paulo: Saraiva, 2006.

SCHERKERKEWITZ, Iso Chaitz. *Direito e Internet*. São Paulo: Revista dos Tribunais, 2014.

VARGAS LLOSA, Mario. *A Civilização do Espetáculo*: uma radiografia de nosso tempo e de nossa cultura. Rio de Janeiro: Objetiva, 2013.

SITES

ASSIS e MENDES. *A Polêmica sobre ao direito ao esquecimento na Internet*. Disponível em:<http://www.assisemendes.com.br/a-polemica-sobre-o-direito-esquececimento-na-internet/> Acesso em: 05.abr.2015.

"Direito ao Esquecimento" Esquece o quê: *Privacidade ou Liberdade de expressão*? Disponível em <http://www.publico.pt/mundo/noticia/direito-ao-esquecimento-esquece-o-que-privacidade-ou-liberdade-deexpressao-1637145>. Acesso em: 05.abr.2015.

— 10 —

Tutela jurídica do meio ambiente cultural como parâmetro normativo da denominada sociedade da informação no Brasil

CELSO ANTONIO PACHECO FIORILLO[1]

Sumário: 1. A pessoa humana como destinatária do direito ambiental brasileiro; 2. Definição legal de meio ambiente; 3. Classificação didática do meio ambiente em face do sistema contitucional em vigor; 3.1. O patrimônio genético; 3.1.1. O patrimônio genético (art. 225, § 1º, II e V) como direito tutelado pelo art. 5º, XXXV, da Constituição Federal; 3.1.2. O patrimônio genético da pessoa humana (arts. 5º e 225, § 1º, II e V) como direito tutelado pelo art. 5º, XXXV, da Constituição Federal: a tutela jurídica do ADN e do ARN; 3.2. Meio ambiente cultural; 3.3. Meio ambiente artificial; 3.4. Meio ambiente do trabalho; 3.5. Meio ambiente natural; 4. Meio ambiente cultural em face da sociedade da informação; 4.1. Meio ambiente e patrimônio cultural; 4.2. Conceito de patrimônio cultural; 4.3. Jurídica do patrimônio cultural e seus reflexos na comunicação social (art. 220 da Constituição Federal): o meio ambiente digital; 5. Sociedade da informação e meio ambiente digital.

---

[1] É o primeiro professor Livre-Docente em Direito Ambiental do Brasil (pela PUC/SP). Doutor e Mestre em Direito das Relações Sociais (pela PUC/SP). Coordenador, professor, pesquisador e orientador do Programa de Mestrado em Direito da Sociedade da Informação da FMU/São Paulo bem como da Linha de Pesquisa Tutela Jurídica do Meio Ambiente do Programa de Mestrado em Saúde Ambiental da FMU. Elaborador, Coordenador e Professor do Curso de Especialização em Direito Ambiental Empresarial da FMU. Professor Visitante/Pesquisador da Facoltà di Giurisprudenza della Seconda Università Degli Studi di Napoli-ITALIA e professor convidado visitante da Escola Superior de Tecnologia do Instituto Politécnico de Tomar-PORTUGAL. Assessor científico da Fundação de Amparo à Pesquisa do Estado de São Paulo, parecerista *ad hoc* do Centro de Estudos Judiciários do Conselho da Justiça Federal, professor efetivo da Escola de Magistratura do Tribunal Regional Federal da 3ª Região e professor da Escola Nacional de Formação e Aperfeiçoamento de Magistrados-Enfam. Miembro Honorario da Escuela Judicial de América Latina.Coordenador/Líder dos Grupos de Pesquisa do CNPq Sustentabilidade Ambiental em Defesa dos Habitantes das Cidades Brasileiras, Meio Ambiente Cultural e a Defesa Jurídica da Dignidade da Pessoa Humana no Mundo Virtual, Tutela Constitucional da Saúde Ambiental, Tutela Jurídica da Paz na Sociedade da Informação vinculada à dignidade da Pessoa Humana e Tutela Jurídica dos Bens Ambientais na Antártica. Pesquisador dos Grupos de Pesquisa Sustentabilidade, Impacto e Gestão Ambiental – CNPq/ Universidade Federal da Paraíba – UFPB e Novos Direitos – CNPq Universidade Federal de São Carlos. Presidente da Comissão do Meio Ambiente e do Comitê de Defesa da Dignidade da Pessoa Humana no âmbito do Meio Ambiente Digital/Sociedade da Informação da OAB/SP. Membro consultor da Comissão Nacional de Direito Ambiental da OAB. Representante da OAB/SP no Conselho Gestor do Fundo Estadual de Defesa dos Interesses Difusos – FID da Secretaria da Justiça e da Defesa da Cidadania – SP e do Fundo Estadual para Prevenção e Remediação de Áreas Contaminadas – FEPRAC. Professor convidado do

1. A pessoa humana como destinatária do direito ambiental brasileiro

A Constituição Federal de 1988, conforme amplamente mencionado em algumas de nossas obras,[2] ao estabelecer em seus princípios fundamentais a *dignidade da pessoa humana*[3] (art. 1º, III) como fundamento

---

Curso de Especialização em Engenharia Sanitária Ambiental da Universidade Mackenzie e do Curso de Pós-Graduação/Direito Ambiental do Centro Universitário do Norte-AMAZONAS. Professor efetivo das Escolas Superiores dos MPs dos Estados de SP, SC, MT e do ISMP do Rio de Janeiro. Elaborador, coordenador e professor do Curso de Pós Graduação/Extensão em Direito Ambiental da Escola Paulista da Magistratura-EPM. Professor do MBA Direito Empresarial /FUNDACE vinculada à USP. Presidente do Conselho Consultivo/Comissão de Seleção e Membro Titular da cadeira 43 da Academia Paulista de Direito. Editor da Revista Brasileira de Meio Ambiente Digital e Sociedade da Informação e membro convidado do Conselho Editorial da Revista Aranzadi de Derecho Ambiental (ESPANHA). Integrante do Comitato Scientifico do periódico Materiali e Studi di Diritto Pubblico da Seconda Università Degli Studi Di Napoli bem como do Comitê Científico do Instituto Internacional de Estudos e Pesquisas sobre os Bens Comuns, com sede em Paris/FRANÇA (Institut International d Etudes et de Recherches sur les Biens Communs) e Roma/ITÁLIA (Istituto Internazionale di Ricerca sui Beni Comuni).Membro da UCN, the International Union for Conservation of Nature.

[2] FIORILLO, Celso Antonio Pacheco. 1) Princípios Constitucionais do Direito da Sociedade da Informação – o Meio Ambiente Digital, Saraiva, 2015; 2) Comentários à Lei 12.965/14 – O MARCO CIVIL DA INTERNET em face do Meio Ambiente Digital na Sociedade da Informação, Sariva, 2015; 3) Crimes no Meio Ambiente Digital, Saraiva, 2013; 4) Curso de direito ambiental brasileiro. 16. ed. ampl. São Paulo: Saraiva, 2015; 5) Estatuto da Cidade comentado – Lei 10.257/01 – Lei do meio ambiente artificial. 6. ed. São Paulo: Ed. RT, 2014; 6) Princípios do direito processual ambiental – A defesa judicial do patrimônio genético, do meio ambiente cultural, do meio ambiente digital, do meio ambiente artificial, do meio ambiente do trabalho e do meio ambiente natural no Brasil 5. ed. São Paulo: Saraiva, 2012; 7) Curso de direito da energia – Tutela jurídica da água, do petróleo, do biocombustível, dos combustíveis nucleares, do vento e do sol, 4ª edição. São Paulo: Saraiva, 2015; 8) Biodiversidade, Patrimônio Genético e Biotecnologia no Direito Ambiental. 1ª edição – 2012; 9) Crimes Ambientais, São Paulo, Saraiva, 2012; 10) Licenciamento Ambiental, São Paulo, Saraiva, 2015; 11) Direito ambiental tributário. 3. ed. São Paulo: Saraiva, 2010. 12) O direito de antena em face do direito ambiental no Brasil. São Paulo: Ed. Fiúza, 2009 (Clássicos do Direito Ambiental, vol. 1); 13) Revista Brasileira de Direito Ambiental. Coord. Celso Antonio Pacheco Fiorillo. São Paulo, Ed. Fiúza, 2005/2006/2007/2008/2009/2010/2011/2012; 14) Revista Brasileira de Direito Civil, Constitucional e Relações de Consumo. Coord. Rogério Donnini e Celso Antonio Pacheco Fiorillo. São Paulo, Ed. Fiúza, 2009/2010/2011/2012; 15) Revista Brasileira de Direito da Comunicação Social e Liberdade de Expressão, São Paulo, Editora Fiúza, 2011/2012.

[3] "Uma Constituição que se compromete com a dignidade humana lança, com isso, os contornos da sua compreensão do Estado e do Direito e estabelece uma *premissa antropológico-cultural (grifos nossos)*. Respeito e dignidade da pessoa humana como dever (jurídico) fundamental do Estado Constitucional constitui a premissa para todas as questões jurídico-dogmáticas particulares. Dignidade humana constitui a norma fundamental do Estado, porem é mais do que isso: ela fundamenta também a sociedade constituída e eventualmente a ser constituída. Ela gera uma força protetiva pluridemensional, de acordo com a situação de perigo que ameaça os bens jurídicos de estatura constitucional.De qualquer sorte, a dignidade humana, como tal, é resistente à ponderação, razão pela qual vale uma proibição absoluta de tortura".
Peter Häberle, *A dignidade humana como fundamento da comunidade estatal,* Sarlet, *Dimensões,* p. 128/129, citado por Nelson Nery Junior/Rosa Maria Andrade in Constituição Federal Comentada e Legislação Constitucional, 2ª edição, 2009, pág. 146, Editora revista dos Tribunais.
"*O Estado Constitucional realiza a dignidade humana fazendo dos cidadãos sujeitos de sua atuação(grifos nossos)*. Neste sentido, a dignidade humana é a biografia desenvolvida e em desenvolvimento da relação entre cidadãos e o Estado(com o desaparecimento da separação entre Estado e sociedade)".
Häberle, *Estado constitucional,* parágrafo 63, p.291, citado por Nelson Nery Junior/Rosa de Maria Andrade in Constituição Federal Comentada e Legislação Constitucional, 2ª edição, 2009, pág. 146, Editora Revista dos Tribunais.

destinado a interpretar todo o sistema constitucional, **adotou visão** (necessariamente com reflexos em toda a legislação infraconstitucional – nela incluída toda a legislação ambiental) **explicitamente** *antropocêntrica*, atribuindo aos brasileiros e estrangeiros residentes no País (arts. 1º, I, e 5º da Carta Magna) uma posição de centralidade em relação ao nosso sistema de direito positivo.

De acordo com esta visão do direito positivo constitucional brasileiro, temos que **o direito ao meio ambiente é voltado para a** *satisfação das necessidades humanas*. Todavia, aludido fato, de forma alguma, impede que ele proteja a vida em todas as suas formas, conforme determina o art. 3º da Política Nacional do Meio Ambiente (Lei n. 6.938/81), cujo conceito de meio ambiente foi, a nosso ver, inteiramente recepcionado.[4]

Se a Política Nacional do Meio Ambiente protege a vida em todas as suas formas, e não é só o homem que possui vida, então todos que a possuem são tutelados e protegidos pelo direito ambiental, sendo certo que um bem, *ainda que não seja vivo*, pode ser ambiental, na medida que possa ser essencial à sadia qualidade de vida de outrem, em face do que determina o art. 225 da Constituição Federal (bem material ou mesmo imaterial).

Dessa forma, a vida que não seja humana só poderá ser tutelada pelo direito ambiental na medida em que sua existência implique garantia da sadia qualidade de vida da pessoa humana, uma vez que numa sociedade organizada esta é a destinatária de toda e qualquer norma.

Vale ressaltar nesse sentido o Princípio n. 1 da Declaração do Rio de Janeiro sobre Meio Ambiente e Desenvolvimento de 1992:

> Os seres humanos estão no centro das preocupações com o desenvolvimento sustentável. Têm direito a uma vida saudável e produtiva, em harmonia com a natureza

Na verdade, o direito ambiental possui uma necessária visão antropocêntrica, porquanto o único animal racional é o homem, cabendo a este a preservação das espécies, incluindo a sua própria.

Destarte cabe observar que o art. 225 da Constituição Federal de 1988 busca estabelecer, no mundo do dever-ser, um meio ambiente ecologicamente equilibrado para a sadia qualidade de vida fundamentalmente da pessoa humana sendo adequado afirmar em face de nosso direito positivo que não só existe uma visão antropocêntrica do meio ambiente em sede constitucional, mas também uma indissociável relação econômica do bem ambiental com o lucro que pode gerar, bem como com a sobrevivência do próprio meio ambiente (art. 1º, IV, c/c art. 170, VI, da CF).

Efetivamente, a vida humana só será possível com a permanência dessa visão antropocêntrica – o que, obviamente, não permite exageros –,

---

[4] Vide nosso *Curso de Direito Ambiental Brasileiro*, 13ª edição ampliada, Saraiva 2012, *passim*.

visto que, como o próprio nome já diz, ecossistema engloba os seres e suas interações positivas em um determinado espaço físico.

2. Definição legal de meio ambiente

Feita uma análise inicial do direito ambiental na Constituição Federal de 1988, trataremos de conceituá-lo em face do direito positivo em vigor.

Primeiramente, verificando a própria terminologia empregada, extraímos que *meio ambiente* **relaciona-se** não só a tudo aquilo que nos circunda, mas principalmente **em face de uma premissa antropológico-cultural diretamente relacionada à pessoa humana (dignidade da pessoa humana).**

O legislador infraconstitucional tratou de definir o meio ambiente, conforme se verifica no art. 3º, I, da Lei n. 6.938/81 (a Lei da Política Nacional do Meio Ambiente):

Art. 3º Para os fins previstos nesta Lei entende-se por:
I – meio ambiente, o conjunto de condições, leis, influências e interações de ordem física, química e biológica, que permite, abriga e rege a vida em todas as suas formas".

Em face da sistematização dada pela Constituição Federal de 1988, podemos tranquilamente afirmar que o conceito de meio ambiente dado pela Lei da Política Nacional do Meio Ambiente *foi recepcionado*. Isso porque a Carta Magna de 1988 buscou tutelar não só o meio ambiente natural, mas principalmente em face do que estabelece o Art.1º, III, também o patrimônio genético, o meio artificial, o meio ambiente do trabalho e **principalmente, em face da já citada premissa antropológico-cultural, o meio ambiente cultural.**

Com isso, conclui-se que a definição jurídica de meio ambiente é ampla, devendo-se observar que o legislador optou por trazer um *conceito jurídico indeterminado*, a fim de criar um espaço positivo de incidência da norma.

3. Classificação didática do meio ambiente em face do sistema contitucional em vigor

Como acima foi dito, o termo *meio ambiente* é um conceito jurídico indeterminado, cabendo, dessa forma, ao intérprete o preenchimento do seu conteúdo. Assim, passaremos a classificar seus *aspectos*.

Primeiramente, cumpre frisar que é unitário o conceito de meio ambiente, porquanto todo este é regido por inúmeros princípios, diretrizes e objetivos observados na Constituição Federal e que evidentemente compõem a Política Nacional do Meio Ambiente. Não se busca estabelecer divisões estanques, isolantes, até mesmo porque isso seria um empecilho à aplicação da efetiva tutela.

A divisão do meio ambiente em aspectos que o compõem *busca facilitar* a identificação da *atividade* degradante e do *bem imediatamente agredido*. **Não se pode perder de vista que o direito ambiental tem como *objeto maior* tutelar a vida saudável da pessoa humana**, de modo que a classificação apenas identifica o aspecto do meio ambiente em que valores maiores foram aviltados. E com isso encontramos no direito ambiental constitucional brasileiro no século XXI **pelo menos cinco significativos aspectos**:

1) patrimônio genético,

2) meio ambiente cultural,

3) meio ambiente artificial,

4) meio ambiente do trabalho e

5) meio ambiente natural.

Cabe indicar uma breve análise acerca de cada um dos aspectos antes mencionados. Senão vejamos.

3.1. O patrimônio genético

3.1.1. O patrimônio genético (art. 225, § 1º, II e V) como direito tutelado pelo art. 5º, XXXV, da Constituição Federal

Conforme já tivemos a oportunidade de aduzir em nossas obras, o patrimônio genético brasileiro passou a receber tratamento jurídico a partir da Constituição Federal de 1988, em face do que estabelece o art. 225, § 1º, II e V, observando-se dessarte a proteção constitucional vinculada não só à vida humana, mas à vida em todas as suas formas, sempre em função da sadia qualidade de vida da pessoa humana (a mulher e o homem), revelando uma vez mais a clara posição antropocêntrica da Carta Magna.

O direito de agir, garantido pelo art. 5º, XXXV, assegura por via de consequência a possibilidade de submeter à apreciação do Poder Judiciário toda e qualquer lesão ou mesmo ameaça ao denominado patrimônio genético no âmbito constitucional.

O patrimônio genético merece proteção jurídica em face de relacionar-se à possibilidade trazida pela engenharia genética de utilização de gametas conservados em bancos genéticos para a construção de seres vivos, possibilitando a criação e o desenvolvimento de uma unidade viva sempre que houver interesse. Daí, em decorrência do evidente impacto da engenharia genética na pecuária, na avicultura, na agricultura etc., o entendimento constitucional de organizar as relações jurídicas advindas da complexidade de aludido tema.

O patrimônio genético tem assegurada sua proteção infraconstitucional não só em face da *Lei n. 11.105/2005*, que define a tutela jurídica dos mais importantes materiais genéticos vinculados à tutela constitucional, como em decorrência da *Lei n. 9.985/2000* e da *Medida Provisória n. 2.186-16/2001*[24], que dispõe sobre direitos e obrigações relativos ao patrimônio genético existente no Brasil (*que não se aplica ao patrimônio genético humano*, diante do que estabelece seu art. 3°) considerado como "informação de origem genética, contida em amostras do todo ou de parte de *espécime vegetal, fúngico, microbiano ou animal*, na forma de moléculas e substâncias provenientes do metabolismo dos seres vivos e de extratos obtidos destes organismos vivos ou mortos, encontrados em condições *in situ*, inclusive domesticados, ou mantidos em coleções *ex situ*, desde que coletados em condições *em situ* no território nacional, na plataforma continental ou na zona econômica exclusiva" (art. 7º, I – grifos nossos).

Visando à tutela constitucional de espécime vegetal, fúngico, microbiano ou animal é que foi observada a tutela jurisdicional judicial ante qualquer ameaça ou lesão ao patrimônio genético brasileiro.

3.1.2. *O patrimônio genético da pessoa humana (arts. 5º e 225, § 1º, II e V) como direito tutelado pelo art. 5º, XXXV, da Constituição Federal: a tutela jurídica do ADN e do ARN*

O direito de agir garantido pelo art. 5º, XXXV, assegura a possibilidade de submeter à apreciação do Poder Judiciário toda e qualquer lesão ou mesmo ameaça ao denominado patrimônio genético da pessoa humana no âmbito constitucional brasileiro.

O patrimônio genético da pessoa humana tem proteção ambiental constitucional observada em face do que determina o art. 225, § 1º, II e V, iluminada pelo art. 1º, III, da Carta Magna, sendo certo que a matéria foi devidamente regulamentada pela Lei n. 11.105/2005, que define no âmbito infraconstitucional a tutela jurídica dos mais importantes materiais genéticos vinculados à pessoa humana.

De qualquer forma, cabe destacar que o direito ambiental constitucional, no que se refere ao patrimônio genético da pessoa humana, assegura a tutela jurídica não só individual das pessoas – como o direito às informações determinantes dos caracteres hereditários transmissíveis à descendência – abarcadas pela Carta Magna mas particularmente do **povo brasileiro**, observado em sua dimensão metaindividual, analisado nos dias de hoje por meio das novas "ferramentas" científicas desenvolvidas em proveito da tutela dos **grupos participantes do processo civilizatório nacional**.

É exatamente em defesa da "exuberante diversidade genética de nosso povo", na feliz expressão de Sérgio D. J. Pena, que restou assegurada a tutela jurisdicional judicial ante qualquer ameaça ou mesmo lesão ao patrimônio genético da pessoa humana em nosso país.

3.2. Meio ambiente cultural

O conceito de meio ambiente cultural vem previsto no art. 216 da Constituição Federal, que o delimita da seguinte forma:

Art. 216. Constituem patrimônio cultural brasileiro os bens de natureza material e imaterial, tomados individualmente ou em conjunto, portadores de referência à identidade, à ação, à memória dos diferentes grupos formadores da sociedade brasileira, nos quais se incluem:

I – as formas de expressão;

II – os modos de criar, fazer e viver;

III – as criações científicas, artísticas e tecnológicas;

IV – as obras, objetos, documentos, edificações e demais espaços destinados às manifestações artístico-culturais;

V – os conjuntos urbanos e sítios de valor histórico, paisagístico, artístico, arqueológico, paleontológico, ecológico e científico.

O bem que compõe o chamado patrimônio cultural traduz a história de um povo, a sua formação, cultura e, portanto, os próprios elementos identificadores de sua cidadania, que constitui princípio fundamental norteador da República Federativa do Brasil.

Destarte, ao cuidar do denominado processo civilizatório nacional, o meio ambiente cultural destaca de que forma os diferentes grupos de pessoas humanas formadores da sociedade brasileira desenvolveram, desenvolvem e vão desenvolver suas formas de expressão assim como modos de criar, fazer e viver (art. 215 da Constituição Federal).

3.3. Meio ambiente artificial

O meio ambiente artificial é compreendido pelo espaço urbano construído, consistente no conjunto de edificações (chamado de espaço urbano fechado), e pelos equipamentos públicos (espaço urbano aberto).

Este aspecto do meio ambiente está diretamente relacionado ao *conceito de cidade*. Vale verificar que o vocábulo "urbano", do latim *urbs, urbis*, significa cidade e, por extensão, seus habitantes. Não está empregado em contraste com o termo *campo* ou *rural*, porquanto qualifica algo que se refere a *todos os espaços habitáveis*, "não se opondo a rural, conceito que nele se contém: possui, pois, uma natureza ligada ao conceito de território".

O meio ambiente artificial recebe tratamento constitucional não apenas no art. 225, mas também nos arts. 182, ao iniciar o capítulo referente à política urbana; 21, XX, que prevê a competência material da União Federal de instituir diretrizes para o desenvolvimento urbano, inclusive habitação, saneamento básico e transportes urbanos; 5º, XXIII, entre alguns outros.

A proteção conferida ao meio ambiente artificial, não só em face da Constituição Federal de 1988 como em decorrência da mais importante norma vinculada ao Meio Ambiente Artificial, que é o Estatuto da Cidade (Lei n. 10.257/2001) tem merecido de nossa parte comentários aprofundados no sentido de destacar as necessidades da pessoa humana no local em que concretamente vive em face da ordem econômica do capitalismo.[5]

3.4. Meio Ambiente do trabalho

Constitui meio ambiente do trabalho o local onde as pessoas desempenham suas atividades laborais relacionadas à sua saúde, sejam remuneradas ou não, cujo equilíbrio está baseado na salubridade do meio e na ausência de agentes que comprometam a incolumidade físico-psíquica dos trabalhadores, independente da condição que ostentem (homens ou mulheres, maiores ou menores de idade, celetistas, servidores públicos, autônomos etc.).

Caracteriza-se pelo complexo de bens imóveis e móveis de uma empresa ou sociedade, objeto de direitos subjetivos privados e invioláveis da **saúde** e da integridade física dos trabalhadores que a frequentam.

O meio ambiente do trabalho recebe tutela imediata pela Carta Constitucional no seu art. 200, VIII, ao prever que:

> Art. 200. Ao sistema único de saúde compete, além de outras atribuições, nos termos da lei:
> (...)
> VIII — colaborar na proteção do meio ambiente, nele compreendido o do trabalho.

Por outro lado, a redução dos riscos inerentes ao trabalho vinculado aos trabalhadores urbanos e rurais por meio de normas de saúde, higiene e segurança também passou a ser tutelada no âmbito de nossa Carta Magna conforme observamos:

> Art. 7º São direitos dos trabalhadores urbanos e rurais, além de outros que visem à melhoria de sua condição social:
> (...)
> XXIII — redução dos riscos inerentes ao trabalho, por meio de normas de saúde, higiene e segurança.

---

[5] Vide nosso *Estatuto da Cidade Comentado Lei 10.257/01 Lei do Meio Ambiente Artificial*, 5ª ed. Revista dos Tribunais, 2012.

Assim como em todos os outros casos, a tutela *mediata* do meio ambiente do trabalho concentra-se no *caput* do art. 225 da Constituição Federal.

Importante verificar que a proteção do direito do trabalho é *distinta* da assegurada ao **meio ambiente do trabalho, porquanto esta última busca salvaguardar a saúde e a segurança do trabalhador no ambiente onde desenvolve suas atividades**. O direito do trabalho, por sua vez, é o conjunto de normas jurídicas que disciplina as relações jurídicas entre empregado e empregador.

3.5. Meio ambiente natural

O meio ambiente natural ou físico é constituído pela atmosfera, pelos elementos da biosfera, pelas águas (inclusive pelo mar territorial), pelo solo, pelo subsolo (inclusive recursos minerais), pela fauna e flora. Concentra o fenômeno da homeostase, consistente no equilíbrio dinâmico entre os seres vivos e meio em que vivem.

O meio ambiente natural é mediatamente tutelado pelo *caput* do art. 225 da Constituição Federal e imediatamente, *v. g.*, pelo § 1º, I, III e VII, desse mesmo artigo:

Art. 225. Todos têm direito ao meio ambiente ecologicamente equilibrado, bem de uso comum do povo e essencial à sadia qualidade de vida, impondo-se ao Poder Público e à coletividade o dever de defendê-lo e preservá-lo para as presentes e futuras gerações.

§ 1º Para assegurar a efetividade desse direito, incumbe ao Poder Público:

I – preservar e restaurar os processos ecológicos essenciais e prover o manejo ecológico das espécies e ecossistemas;

(...)

III – definir, em todas as unidades da Federação, espaços territoriais e seus componentes a serem especialmente protegidos, sendo a alteração e a supressão permitidas somente através de lei, vedada qualquer utilização que comprometa a integridade dos atributos que justifiquem sua proteção;

(...)

VII – proteger a fauna e a flora, vedadas, na forma da lei, as práticas que coloquem em risco sua função ecológica, provoquem a extinção de espécies ou submetam os animais a crueldade".

4. Meio ambiente cultural em face da sociedade da informação

4.1. Meio ambiente e patrimônio cultural

Como já indicado anteriormente, o meio ambiente possui, pelo seu próprio conceito desenvolvido na Lei n. 6.938/81, integrado ao art. 225 da Constituição Federal, uma conotação multifacetária, porquanto o objeto de proteção verifica-se em pelo menos cinco aspectos distintos, os quais preenchem o conceito da sadia qualidade de vida da pessoa humana.

Ao se tutelar o meio ambiente cultural, o objeto imediato de proteção relacionado com a qualidade de vida é o patrimônio cultural de um povo. Vejamos o seu conceito.

4.2. Conceito de patrimônio cultural

Um dos primeiros conceitos de patrimônio cultural foi trazido pelo art. 1º do Decreto-Lei n. 25/37, que determinava constituir patrimônio histórico e artístico nacional o conjunto dos bens móveis e imóveis existentes no País, cuja conservação seja de interesse público, quer por vinculação a fatos memoráveis da história do Brasil, quer por seu excepcional valor arqueológico ou etnográfico, bibliográfico ou artístico.

Todavia a Constituição Federal de 1988 trouxe em seu art. 216 o conceito para patrimônio cultural destinado a ser interpretado de maneira impositiva, a saber:

> Art. 216. Constituem patrimônio cultural brasileiro os bens de natureza material ou imaterial, tomados individualmente ou em conjunto, portadores de referência à identidade, à ação, à memória dos diferentes grupos formadores da sociedade brasileira, nos quais se incluem:
> I – as formas de expressão;
> II – os modos de criar, fazer e viver;
> III – as criações científicas, artísticas e tecnológicas;
> IV – as obras, objetos, documentos, edificações e demais espaços destinados às manifestações artístico-culturais;
> V – os conjuntos urbanos e sítios de valor histórico, paisagístico, artístico, arqueológico".

Como se pode observar, a Constituição não faz restrição a qualquer tipo de bem, de modo que podem ser materiais ou imateriais, singulares ou coletivos, móveis ou imóveis. Além disso, são passíveis de proteção, independentemente do fato de terem sido criados por intervenção humana.

Para que um bem seja considerado como patrimônio histórico é necessária a *existência de nexo vinculante* com a identidade, a ação e a memória dos diferentes grupos formadores da sociedade brasileira.

Além disso, deve ser ressaltado que o art. 216 não constitui rol taxativo de elementos, porquanto se utiliza da expressão *nos quais se incluem*, admitindo que outros possam existir.

4.3. Jurídica do patrimônio cultural e seus reflexos na comunicação social (art.220 da Constituição Federal): o meio ambiente digital

Todo bem referente à nossa cultura, identidade, memória etc., uma vez reconhecido como patrimônio cultural, integra a categoria de *bem ambiental* e, em decorrência disso, *difuso*.

Ademais, alem de restar evidente no plano jurídico constitucional, conforme indicado anteriormente, que **as formas de expressão, os modos de criar, fazer e viver integram o conceito jurídico constitucional de patrimônio cultural**, deve-se também verificar que os arts. 215, *caput*, e 215, § 1°, ambos da Constituição Federal de 1988, determinam que:

> Art. 215. O Estado garantirá a todos o pleno exercício dos direitos culturais e acesso às fontes da cultura nacional, e apoiará e incentivará a valorização e a difusão das manifestações culturais.
>
> § 1º O Estado protegerá as **manifestações das culturas populares**, indígenas e afro-brasileiras, e das de outros grupos participantes do processo civilizatório nacional.

Assim, ao estabelecer como dever do Poder Público, *com a colaboração da comunidade*, preservar o patrimônio cultural, a Constituição Federal ratifica a natureza jurídica de bem difuso, porquanto este é de uso comum de *todos*. Um uso preenchido pelos elementos de fruição (uso e gozo do bem objeto do direito) sem comprometimento de sua integridade, para que outros titulares, inclusive os de gerações vindouras, possam também exercer com plenitude o mesmo direito (art. 225 da CF).

Daí ficar bem caracterizado que as formas de expressão assim como manifestações das culturas populares bem como dos grupos participantes de nosso processo civilizatório nacional estão tuteladas pelo meio ambiente cultural no plano constitucional, a saber, a manifestação do pensamento, a criação, a expressão e a **informação** sob qualquer forma, processo ou veículo (art. 220 da CF) nada mais refletem que as formas, os processos e veículos usados pela pessoa humana, em face de seu atual estágio cultural (processo civilizatório nacional em que se encontram) destinada a satisfazer sua necessidades dentro de um padrão cultural vinculado à sua dignidade (art. 1°, III, da CF) em face da ordem jurídica do capitalismo (art. 1°, IV, da CF) e adaptadas à tutela jurídica do meio ambiente cultural (arts. 215 e 216 da CF).

O meio ambiente cultural por via de consequência se revela no século XXI em nosso País exatamente em face de uma cultura que passa por diversos veículos reveladores de um novo processo civilizatório adaptado necessariamente à sociedade da informação, a saber, de uma nova forma de se viver relacionada a uma cultura de convergência em que as emissoras de rádio, televisão, o cinema, os videogames, a Internet, as comunicações através de ligações de telefones fixos e celulares,[6] etc.

---

[6] Conforme matéria do jornalista Ethevaldo Siqueira (Jornal O Estado de São Paulo, B14, Economia, 16/5/2010) o Brasil de julho de 1998 tinha média de 14 telefones para cada 100 habitantes sendo certo que hoje tem 124; no dia da privatização (29/7/1998) o Brasil tinha 24, 5 milhões de telefones sendo certo que hoje tem 224 milhões; há 12 anos o Brasil tinha 5, 2 milhões de celulares sendo certo que hoje tem 180 milhões.Vale lembrar que o portal do IBGE na internet (www.ibge.gov.br) indicava no dia 02 de junho de 2010 o número 193.012.250 de habitantes na República Federativa do Brasil...

moldam uma "nova vida" reveladora de uma nova faceta do meio ambiente cultural, a saber: **o meio ambiente digital**.

5. Sociedade da informação[7] e meio ambiente digital

Conforme ensinam Asa Briggs e Peter Burke,[8] uma das pessoas mais articuladas a tratar a denominada "sociedade da informação"[9] teria

---

[7] Conforme explica a Enciclopédia do Estudante, uma da formas de apresentação de "uma pessoa, uma corporação, ou uma empresa ou ainda uma instituição na chamada sociedade da informação é por meio da criação de *páginas da web*.Trata-se de uma página eletrônica de informação utilizada na internet", a saber, " *uma página web é qualquer arquivo de informação ao qual se tem acesso através da World Wide Web (www), ou rede mundial,* e que contem basicamente texto e imagem, alem de outros elementos de multimídia, como som e animação, por exemplo.Elabora-se essa página empregando a linguagem chamada HTML (*hyper text markup language,* linguagem de marcação de hipertexto). Nas paginas da *web* não há interação explícita entre quem emite e quem recebe a informação, mas sempre há alguma forma do vistante da página possa entrar em contato com seus criadores".

Destarte, no plano jurídico, estamos diante de hipótese didática que envolve os denominados interesses difusos e coletivos (Art. 129, III da CF), a saber: 1) DIREITOS DIFUSOS. A Lei n. 8.078/90, em seu art. 81, parágrafo único, I, trouxe um conceito legal, ao estabelecer que: "Art. 81. A defesa dos interesses e direitos dos consumidores e das vítimas poderá ser exercida em juízo individualmente, ou a título coletivo. Parágrafo único. A defesa coletiva será exercida quando se tratar de: I – interesses ou direitos difusos, assim entendidos, para efeitos deste Código, os transindividuais, de natureza indivisível, de que sejam titulares pessoas indeterminadas e ligadas por circunstâncias de fato". Por conta do aludido preceito, o direito difuso apresenta-se como um direito *transindividual,* tendo um objeto *indivisível,* titularidade *indeterminada* e interligada por *circunstâncias de fato. 1.1.Transindividualidade.* O citado art. 81 da Lei n. 8.078/90, ao preceituar que os interesses ou direitos difusos são transindividuais, objetivou defini-los como aqueles que transcendem o indivíduo, ultrapassando o limite da esfera de direitos e obrigações de cunho individual. Como bem ensina Rodolfo de Camargo Mancuso, são os "interesses que depassam a esfera de atuação dos indivíduos isoladamente considerados, para surpreendê-los em sua dimensão coletiva". *1.2. Indivisibilidade.* O direito difuso possui a natureza de ser indivisível. Não há como cindi-lo. Trata-se de um objeto que, ao mesmo tempo, a todos pertence, mas ninguém em específico o possui. Um típico exemplo é o ar atmosférico. É uma "espécie de comunhão, tipificada pelo fato de que a satisfação de um só implica, por força, a satisfação de todos, assim como a lesão de um só constitui, *ipso facto,* lesão da inteira coletividade", conforme ensinamento de José Carlos Barbosa Moreira. *1.3. Titulares indeterminados e interligados por circunstâncias de fato.* Os interesses ou direitos difusos possuem titulares indeterminados. Ao pensarmos no ar atmosférico poluído, não temos como precisar quais são os indivíduos afetados por ele. Talvez seja possível apenas delimitar um provável espaço físico que estaria sendo abrangido pela poluição atmosférica, todavia, seria inviável determinar todos os indivíduos afetados e expostos a seus malefícios. Nesse contexto, temos que os titulares estão interligados por uma circunstância fática. Inexiste uma relação jurídica. Experimentam a mesma condição por conta dessa circunstância fática, que, no nosso exemplo, é a poluição atmosférica. Como salientava Celso Bastos, trata-se da "descoincidência" do interesse difuso com o interesse de uma determinada pessoa, abrangendo na verdade "toda uma categoria de indivíduos unificados por possuírem um denominador fático qualquer em comum". O Supremo Tribunal Federal, bem como o Tribunal Regional Federal da 3ª Região, em manifestações didáticas, elucidaram de forma clara a concepção de direitos difusos em conformidade com nosso posicionamento, bem como o do Prof. Dr. Nelson Nery Junior, exatamente no sentido descrito por nossas obras. *2) Direitos coletivos "Stricto sensu".* Os direitos coletivos *stricto sensu* possuem definição legal, trazida pela Lei n. 8.078/90, em seu art. 81, parágrafo único, II, o qual preceitua que: "Art. 81. A defesa dos interesses e direitos dos consumidores e das vítimas poderá ser exercida em juízo individualmente, ou a título coletivo. Parágrafo único. A defesa coletiva será exercida quando se tratar de: (...) II – interesses ou direitos coletivos, assim entendidos, para efeitos deste Código, os transindividuais de natureza indivisível de que seja titular grupo, categoria ou classe de pessoas ligadas entre si ou com a parte contrária por uma relação jurídica base". *2.1. Transindividualidade e determinabilidade dos titulares* O legislador, ao mencionar que os interesses ou direitos coletivos

sido um jovem norte-americano, Marc Porat, que publicou um artigo em 1977 denominado, em sua primeira forma, "Implicações globais na sociedade da informação".

O texto, explicam, "havia sido encomendado pela Agencia de Informação dos Estados Unidos", sendo certo que a expressão já havia passado

---

são transindividuais, pretendeu destacar que eles, assim como os difusos, transcendem o indivíduo, ultrapassando o limite da esfera de direitos e obrigações de cunho individual. Entretanto, os direitos coletivos diferem-se dos difusos em razão da *determinabilidade dos titulares*. Como vimos, o direito difuso é aquele que se encontra difundido pela coletividade, pertencendo a todos e a ninguém ao mesmo tempo. Os coletivos, por sua vez, possuem como *traço característico* a determinabilidade dos seus titulares. Deve-se observar que, ainda que num primeiro momento não seja possível determinar todos os titulares, por conta da natureza do direito coletivo, esses *titulares* (que estão ligados por uma relação jurídica entre si ou com a parte contrária) são *identificáveis*. 2.2. *Indivisibilidade do objeto*. Assim como o direito difuso, o coletivo tem como característica a indivisibilidade de seu objeto. Essa indivisibilidade está restrita à categoria, ao grupo ou à classe titular do direito, de forma que a satisfação de um só implica a de todos, e a lesão de apenas um constitui lesão de todos.

[8] Vide "Uma História Social da Mídia – de Gutenberg à Internet", 2ª edição revista e ampliada, Zahar, Rio de Janeiro, fls.259 e seguintes.

[9] *Cassano e Contaldo* entendem que "*Il concetto di Società dell'informazione* si delinea tra il 1960 e il 1970, mutuando tutte le definizioni che identificavano la società uscita dalla seconda guerra mondiale e avviata verso la nuova dimensione della ricostruzione. Il fenômeno nel suo complesso viene anche esaminato in forma di catalogazione quando nel 1975 l'OCSE(Organizzazione per La Cooperazione e lo Sviluppo Econômico)chiede ad alcuni studiosi statunitensi un modelo di classificazione dei Paesi membri dell'organizzazione nell'ambito della "Società dell' informazione". L'uso del termine venne per la prima volta utilizzato per definire un nouvo aspetto della Societá moderna.Tale società sarebbe caratterizzata dalla "merce" informazione, da modi di produzione che pongono al centro i processi informativi, da una distribuzone dell'occupazione che privilegia settori nuovi rispetto a quelli precedenti, ossia i settori *terziario* avanzato, del *quarternario* o addirittura del *quinario*, come oggi vengono definiti quelli dove si concentra la forza lavoro più altamente specializzata ed intellettuale". In "Internet e tutela della lbertà do espressione", Giuffrè Editore, 2009, pág. 04. Para *Luis Manuel Borges Gouveia, o conceito de Sociedade da Informação* teria surgido "dos trabalhos de Alain Touraine(1969) e Daniell Bell(1973) sobre influencias dos avanços tecnológicos nas relações de poder, *identificando a informação como ponto central da sociedade contemporânea*(grifos nossos). A definição de sociedade da informação deve ser considerada, segundo referido autor, "tomando diferentes perspectivas, de que são exemplos os seguintes autores: Segundo *Gianni Váttimo*, esta sociedade pós-moderna ou transparente, é plural, incentiva a participação, reconhece e dignifica as diversidades e dá voz às minorias e os valores passariam a ser construídos a partir desta perspectiva participativa, múltipla, ou até mesmo caótica; Para *Javier Echeverria*, a *Sociedade da Informação* está inserida num processo pelo qual a noção do espaço e tempo tradicional estão em transformação pelo surgimento de um "espaço virtual", transterritorial, transtemporal, que formará uma tele-cidade, numa tele-sociedade que se sobreporá mesmo aos Estados clássicos criando novas formas de inter relações humanas e sociais, ainda que por vezes ocorram conflitos neste processo de transformação; Para *Gonzalo Abril* a informação é um discurso institucionalizado absorvendo todos os modos de conhecimento e comunicação já desenvolvidos pelo homem, alcançando um actual estágio de "regime da informação", numa "sociedade informativa"; Para *Noam Chomsky* a *sociedade da informação* é também fruto da globalização econômica, a fim de promover maior circulação de capital e informação nas mãos dos grande grupos empresariais, que são os arquitetos da sociedade global.Neste sentido, a *sociedade da informação* serve a uma nova classe que deseja defender suas posições de poder sobre os mercados, defendendo a idéia de liberdade de comercializar, e "ignorando sistematicamente o problema das profundas desigualdades em matéria de comunicações entre os países ricos e pobres". Explica ainda o autor que "*A Sociedade da Informação* é um conceito utilizado para descrever uma sociedade e uma economia que faz o melhor uso possível das Tecnologias da Informação e Comunicação no sentido de lidar com a *informação*, e *que toma esta como elemento central de toda a actividade humana* (Castells, 2001)". Para uma análise mais detalhada vide "Sociedade da Informação-Notas de contribuição para uma definição operacional Novembro de 2004 Luis Manuel Borges Gouveia lmbg@ufp.pt, http://www.ufp.pt/~lmbg".

para a linguagem usual durante a década de 1960; "na época, também a palavra "informação" já havia sido incorporada à expressão "tecnologia da informação"(TI),[10] primeiramente usada nos círculos administrativos e na "teoria da informação" da matemática.

"O verbo medieval 'enforme, informe', emprestado do francês conforme explicam Briggs e Burke, "significava dar forma ou modelar", e a **nova expressão "sociedade da informação" dava forma ou modelava um conjunto de aspectos relacionados à comunicação – conhecimento, notícias, literatura, entretenimento – todos permutados entre mídias[11] e elementos de mídias diferentes papel, tinta, telas, pinturas, celuloide, cinema, rádio, televisão e computadores.**

"Da década de 1960 em diante, todas as mensagens, públicas e privadas, verbais ou visuais, começaram a ser consideradas 'dados',[12] informação que podia ser transmitida, coletada e registrada, qualquer que fosse seu lugar de origem, de preferência por meio de tecnologia eletrônica".

Destarte, como explica **Paulo Serra**:[13] "a sociedade actual, a que se tem vindo a chamar **sociedade da informação**", é uma sociedade em que a **informação se transformou simultaneamente na matéria-prima e na mercadoria fundamentais em que o conjunto da cultura**[14] **se tem vindo a transformar, de forma crescente em informação**" (grifos nossos).

---

[10] Com efeito. Observada como um "conjunto dos conhecimentos, pesquisas, equipamentos, técnicas, recursos e procedimentos relativos à aplicação da *informática* em todos os setores da vida social", segundo *Alvin Tofler* " a tecnologia da informação é atividade meio; *a atividade fim é a sociedade da informação*". Vide Carlos Alberto Rabaça e Gustavo Guimarães Barbosa em "Dicionário de Comunicação", 10ª edição, Editora Campos/Elsevier, pág. 709.

[11] Conforme o Dicionário de Comunicação de Rabaça e Barbosa, *mídia*, em teoria da comunicação, é o conjunto dos meios de comunicação existentes em uma área, ou disponíveis para uma determinada estratégia de comunicação. Grafia aportuguesada da palavra latina *media,* conforme esta é pronunciada em inglês. *Media*, em latim, é plural de *medium*, que significa "meio". Em publicidade, costuma-se classificar os veículos em duas categorias: 1) *mídia impressa*(jornal, revista, folheto, *outdoor*, mala direta, *displays*, etc.) e 2) *mídia eletrônica* (TV, rádio, CD, vídeo, cinema, etc.). Em português diz-se média. Explicam Briggs e Burke que "de acordo com o *Oxford English Dictionary*, foi somente na década de 1920 que as pessoas começaram a falar de "mídia" sendo certo que "uma geração depois, nos anos 1950, passaram a mencionar uma "revolução da comunicação". Vide Carlos Alberto Rabaça e Gustavo Guimarães Barbosa em "Dicionário de Comunicação", 10ª edição, Editora Campos/Elsevier, pág. 490 bem como Asa Briggs & Peter Burke em "Uma história social da mídia – de Gutenberg à Internet", 2ª edição revista e ampliada, Zahar, Rio de Janeiro, *passim*.

[12] Conforme o Dicionário de Comunicação de Rabaça e Barbosa, dados são fatos coletados, analisados e interpretados pelos cientistas sociais; um conjunto de dados é designado *data* (do latim *data* pl. de *datum*, "dado"); na área da informática, dados são representações de fatos, conceitos ou instruções, através de *sinais* de uma maneira formalizada, passível de ser transmitida ou processada pelos seres humanos ou por meios automáticos. Vide Carlos Alberto Rabaça e Gustavo Guimarães Barbosa em "Dicionário de Comunicação", 10ª edição, Editora Campos/Elsevier, p. 207.

[13] "A ética na sociedade da informação:entre a antinomia e o abismo" .

[14] "Entendemos aqui "cultura" no sentido que lhe dá T. S. Eliot, segundo o qual ela "inclui todas as actividades e interesses característicos de um povo". T. S. Eliot, "Os três sentidos de "cultura", *Ensaios Escolhidos*, Lisboa, Cotovia, 1992, p. 125.

Assim, conforme aduzido anteriormente, a manifestação do pensamento, a criação, a expressão e a informação da pessoa humana-inclusive informações determinantes dos caracteres hereditários transmissíveis à descendência da pessoa humana[15] – passaram no século XXI, diante de um novo processo civilizatório representativo da manifestação de novas culturas, **a ter caráter marcadamente difuso** evidentemente em face das formas, processos e veículos de comunicação de massa principalmente com o uso das ondas eletromagnéticas(Rádio e Televisão) conforme amplamente estudado em nossa obra **"O direito de antena em face do direito ambiental brasileiro"**[16] assim como com o advento da rede de computadores de alcance mundial formada por inúmeras e diferentes máquinas interconectadas em todo o mundo(internet).[17]

Destarte a tutela jurídica do meio ambiente digital tem como finalidade interpretar os arts.220 a 224 da Constituição Federal em face dos Arts.215 e 216 com a segura orientação dos princípios fundamentais indicados nos arts. 1º a 4º de nossa Carta Política em face particularmente da denominada "cultura digital",[18] a saber, estabelecer a tutela jurídica das

---

[15] Vide Fiorillo in *Biodiversidade, Patrimônio Genético e Biotecnologia no Direito Ambiental*, Saraiva, 2012.

[16] Vide Celso Antonio Pacheco Fiorillo em "O Direito de Antena em face do Direito Ambiental Brasileiro", Editora Fiúza, 2009, passim.

[17] Conforme o Dicionário de Comunicação de Rabaça e Barbosa, na área da informática, a *internet* é uma rede de computadores de alcance mundial, formada por inúmeras e diferentes máquinas interconectadas em todo o mundo, que entre si trocam informações na forma de arquivos de textos, sons e imagens digitalizadas, software, correspondência(e-mail), etc. Observam os autores que *"mais do que uma rede de computadores, é agora uma rede de pessoas, a maior que já houve na humanidade"* (grifos nossos). O jornalista Sérgio Charlab, em seu livro "Você e a Internet no Brasil" explica de modo interessante a rede: "A Internet(e tudo que estamos chamando aqui de ciberespaço) é como se fosse um universo paralelo-só que inteiramente eletrônico. Algumas pessoas perguntam: Mas onde fica a internet? Ora não fica. Não existe uma coisa física chamada Internet. Você não pode vê-la, tocá-la ou ouvi-la. O que há são milhões de computadores em mais de 100 países. Todos ligados em rede... estão ligados uns com os outros, redes com redes, formando uma malha cheia de nós... hoje quando enviamos uma mensagem de um ponto da Internet a outro, a mensagem percorre um caminho formado por uma ou mais máquinas, passando de nó em nó de redes até chegar a seu destino... boa parte do conhecimento humano começa a ficar disponível na rede... a rede não tem dono, não tem núcleo, não tem presidente nem general. Está espalhada pelo mundo. A rede tem poder, sim, mas o poder está distribuído pelos seus usuários. Cabe a cada um de nós exercê-lo com propriedade". Vide Carlos Alberto Rabaça e Gustavo Guimarães Barbosa em "Dicionário de Comunicação", 10ª edição, Editora Campos/Elsevier, pág. 395.

[18] A virtualização da Justiça se observa de maneira clara em face da manifestação do próprio Poder Judiciário em nosso País. Verifique-se notícias da Coordenadoria de Editoria e Imprensa do STJ: "21/06/2010 – 16h08 INSTITUCIONAL *Presidente do STJ fala, no RS, sobre virtualização da Justiça* O presidente do Superior Tribunal de Justiça (STJ), ministro Cesar Asfor Rocha, participou, na manhã desta segunda-feira (21), de um encontro jurídico (meeting jurídico) em Porto Alegre (RS). Falando a empresários e magistrados, o ministro destacou o empenho do STJ para a virtualização da Justiça e a importância do Judiciário estadual gaúcho em comprometer-se com a digitalização dos recursos. Em 2009, 25, 16% dos processos que chegaram ao STJ tiveram origem no Rio Grande do Sul. O encontro foi organizado pelo Instituto de Estudos Jurídicos e Atividades Rurais do estado. O ministro Cesar Rocha chamou a atenção dos ouvintes para o novo papel do Poder Judiciário. Ele contou que o STJ foi o pioneiro na digitalização dos processos, que teve início em janeiro de 2009. Entre todos

os tribunais de segunda instância, apenas os tribunais de Justiça de São Paulo e Minas Gerais ainda não aderiram ao projeto. O Tribunal de Justiça do Rio Grande do Sul assina o termo nesta tarde. O ministro Cesar Rocha afirmou que, nos dias atuais, a preocupação dos magistrados, notadamente os da cúpula do Judiciário, deixou de ser apenas com a atividade de julgar. A modernização está no foco das atividades judiciárias como instrumento de combate à morosidade. Até o momento, mais de 300 mil processos já foram digitalizados no STJ. Como parte do e-Justiça, foi instalado um sistema que permite a tramitação eletrônica de todos os atos processuais realizados pelo Tribunal. "Tivemos de quebrar paradigmas, de refletir e rever posições manufaturadas. Hoje temos de ter, com a mesma prioridade, a preocupação com a gestão do Judiciário". Como exemplo desse novo papel, o ministro citou a súmula vinculante, a Lei dos Recursos Repetitivos (Lei n. 11.672/2008) e, no caso específico do STJ, a virtualização dos processos. *Coordenadoria de Editoria e Imprensa*".

"21/06/2010 – 18h14 – INSTITUCIONAL. *TJRS adere à era virtual e STJ começa a receber recursos digitalizados*. A Justiça gaúcha fincou raízes na era virtual. Em solenidade realizada na tarde desta segunda-feira (21), o Tribunal de Justiça do Rio Grande do Sul (TJRS) fez a primeira remessa de recursos especiais digitalizados para o Superior Tribunal de Justiça (STJ). O evento teve a participação do presidente da Corte, ministro Cesar Asfor Rocha. No total, foram 59 processos digitalizados encaminhados on-line para o STJ, em Brasília (DF). A iniciativa antecedeu a assinatura de um convênio de cooperação técnica firmado entre o ministro e o presidente do TJRS, desembargador Leo Lima. O acordo permitirá o recebimento diário de aproximadamente 300 processos digitalizados. O ato foi avaliado pelo presidente do STJ como um dos mais importantes de sua visita de dois dias ao Rio Grande do Sul. O TJRS era um dos três tribunais que ainda não transmitia, via digital, os recursos especiais. Agora, restam apenas os tribunais estaduais de São Paulo e de Minas Gerais para integrarem a grande rede que tramita recursos ao STJ virtualmente. Com o novo sistema de remessa, o tempo que o processo remetido pelo TJRS levará para chegar às mãos dos magistrados no STJ foi reduzido de oito meses para apenas 48 horas. O software é livre, desenvolvido por equipe de servidores do Tribunal Superior, e foi disponibilizado sem custos. "A assinatura desse convênio comprova nossa preocupação com a gestão do Judiciário, ao mesmo tempo que nos mostra, e a toda sociedade, que a nova postura será determinante para o bom e ágil atendimento ao jurisdicionado", salientou o ministro Cesar Rocha. O STJ se tornou o primeiro tribunal do mundo a eliminar o papel. Nessa mesma linha, o desembargador Leo Lima enalteceu o trabalho realizado pelo ministro à frente do STJ. Ressaltou que a primeira remessa de processos enviada pelo TJRS ao STJ representa a definitiva entrada do seu tribunal na era digital. "Não temos dúvida de que o futuro que se apresenta é certo", observou o desembargador. Em 2010, os cinco tribunais regionais federais e os 27 tribunais de Justiça do Brasil encaminharam 79.378 processos recursais ao STJ. Desse total, 23.163 (29, 12%) foram do TJ gaúcho. Em 2009, foram 198.760 recursos encaminhados, dos quais 44.059 (22, 16%) tiveram o RS como origem. Entre os agravos, a tramitação do TJRS para o STJ chegou à expressiva média diária de 258 ao longo do primeiro semestre deste ano. A média de recursos especiais chega a 71 por dia, dados que colocam o Rio Grande do Sul como um dos maiores demandantes do STJ – ficando atrás, somente, de São Paulo. *Coordenadoria de Editoria e Imprensa*".

"STJ 14/4/2010. STJ. 14/4/2010. *Informações sobre processos na internet não têm valor oficial*. As informações sobre andamento de processos na internet não possuem caráter oficial e, por isso, não podem servir para verificação de prazos nem para qualquer outro efeito legal. Esse entendimento, já consolidado em diversas decisões do Superior Tribunal de Justiça (STJ), levou o ministro Sidnei Beneti a determinar a suspensão, em todos os juizados especiais cíveis do país, dos processos em que haja controvérsias a respeito da validade oficial das informações disponibilizadas pela Justiça na internet. A decisão do ministro do STJ foi tomada em liminar na Reclamação n. 4.179, de autoria do B. C. do S. O banco não se conformou com uma decisão da Terceira Turma Recursal Cível dos Juizados Especiais do Rio Grande do Sul que se havia baseado em informações extraídas da página de consulta processual do Tribunal de Justiça gaúcho, o que o motivou a entrar com a reclamação no STJ. As reclamações são instrumentos destinados a preservar a autoridade das decisões judiciais, e vêm sendo utilizadas, por autorização do Supremo Tribunal Federal (STF), nos casos em que decisões das turmas recursais estaduais conflitam com a jurisprudência do STJ. O processamento das reclamações com essa finalidade está regulamentado na Resolução n. 12/2009 do STJ. Em sua reclamação, o B. C. do S. pede a reforma do acórdão da turma recursal gaúcha, para ajustá-lo à interpretação do STJ. "Verifica-se a patente divergência entre o entendimento adotado pela turma recursal e a jurisprudência desta Corte, no sentido de que as informações prestadas via internet têm natureza meramente informativa, não possuindo, portanto, caráter oficial" – afirmou o ministro Sidnei Beneti, ao fundamentar sua decisão. Rcl 4179".

"CC 106625. DECISÃO. *Processo de Gilmar Mendes contra jornalistas será julgado em São Paulo*. O processo movido pelo ex-presidente do Supremo Tribunal Federal (STF) Gilmar Mendes contra os jornalistas Paulo Henrique Amorim, Mino Pedrosa, Luiza Villaméa e Hugo Marques, por calúnia e difamação, será julgado pelo Juízo Federal da 4ª Vara Criminal da Seção Judiciária do Estado de São Paulo. Os jornalistas publicaram matérias supostamente caluniosas dirigidas ao ministro do STF no site Conversa Afiada, mantido por Amorim, e na revista Isto É. A decisão é do ministro Arnaldo Esteves Lima, do Superior Tribunal de Justiça (STJ), ao decidir conflito negativo de competência entre a vara paulista e a 10ª Vara da Seção Judiciária do Distrito Federal. O conflito negativo (quando o órgão julgador afirma não ter competência para julgar determinada matéria) foi levantado pela 10ª Vara do Distrito Federal. No processo, o ministro Gilmar Mendes afirmou que foram violados os artigos 20, 21 e 23 da Lei n. 5.250/1967 (Lei de Imprensa), que definem os crimes de calúnia e difamação e as respectivas penas. Também teriam sido ofendidos os artigos 138, 139 e 141 do Código Penal (CP). Os dois primeiros artigos do CP também se referem à calúnia e à difamação, enquanto o artigo 141 determina o aumento das penas em um terço no caso dos delitos serem cometidos contra autoridades públicas. Ao receber a representação, o procurador-geral da República determinou que o processo deveria ser apreciado pela Procuradoria da República de São Paulo, já que Paulo Henrique Amorim reside naquele estado. Já a Procuradoria Estadual opinou que a representação deveria ser arquivada, uma vez que o próprio STF suspendeu 20 artigos da Lei de Imprensa, e que não haveria dolo na publicação das supostas matérias caluniosas. Mas a 4ª Vara de São Paulo declinou da competência para alguma vara do Distrito Federal, sob o argumento de que os autos do processo não traziam o endereço de Amorim, mas apontaria Brasília como o local de domicílio dos outros réus. A 10ª Vara do DF, entretanto, alegou que o artigo 42 da Lei de Imprensa determina que a competência territorial é determinada pelo local onde o jornal é impresso ou onde se localiza o estúdio transmissor ou agência de notícias. No seu voto, o ministro Arnaldo Esteves apontou que a competência territorial da Lei de Imprensa era realmente a prescrita no artigo 42, entretanto o dispositivo legal não foi validado pela Constituição Federal e foi suspenso, pelo próprio STF, em abril de 2009. Para o ministro, isso obriga a aplicação da legislação comum, como o Código Penal. "Em consequência, também as regras sobre a competência aplicáveis ao caso são as comuns, notadamente a prevista no artigo 70 do Código de Processo Penal", explicou. O artigo define que o local da infração será onde esta foi consumada. O ministro observou que o site e a revista têm distribuição nacional, mas que o crime é uno, mesmo se a notícia é divulgada em vários locais. Para o ministro Esteves, o local da calúnia seria onde se imprimiu a revista Isto É, ou seja, em São Paulo. No caso da internet, o ministro considerou que o local onde a suposta calúnia se consumou seria onde o responsável pelo blog ou site se encontrar. Isso facilitaria a delimitação do lugar exato e uma eventual coleta de provas, observou ainda. Como Amorim reside e trabalha habitualmente em São Paulo, esse também é o local da competência. Com esse entendimento, o ministro determinou a competência da 4ª Vara de São Paulo, sendo acompanhado por unanimidade pela Terceira Seção do STJ. *Coordenadoria de Editoria e Imprensa*".
"20/05/2010 – 14h13. AG 1295699. DECISÃO. *Recurso de jornal que divulgou e-mail em situação constrangedora é arquivado*. Sob o argumento de que era intempestivo (apresentado fora do tempo processual adequado), o presidente do Superior Tribunal de Justiça (STJ), ministro Cesar Asfor Rocha, determinou o arquivamento de um recurso apresentado pela editora do jornal Diário da Manhã, de Pelotas (RS). Com o recurso, a empresa pretendia reformar sentença desfavorável num caso envolvendo a divulgação do nome do remetente de um *e-mail* em situação constrangedora. A controvérsia teve origem em outubro de 2004, quando o referido jornal publicou, na seção intitulada Coluna do Meio, uma nota em que um servidor público tem seu nome expressamente citado. O espaço é assinado por "Capitão Gay", pseudônimo do colunista responsável pela seção. O servidor sentiu-se ofendido, tanto pelo teor do texto, que sugeria que ele fosse homossexual, quanto pela divulgação em si, já que jamais teria enviado *e-mail* ao jornal ou ao colunista para tratar de assuntos dessa natureza. De acordo com os autos, após a publicação da nota – em que a vítima é qualificada como um dos "leitores mais empolgados" da coluna e alguém que "conhece os efeitos nefastos e humilhantes do preconceito" – o servidor foi surpreendido por amigos que tomaram conhecimento do fato. A ampla divulgação de seu nome, no contexto em que se deu, teria lhe causado graves prejuízos, o que motivou a entrar com uma ação por danos morais contra a editora do jornal e seu colunista. Em primeiro grau, os réus foram condenados a indenizar o autor da ação em R$ 12.450, bem como a publicar a decisão no mesmo jornal em que foi veiculada a ofensa. Alegando que a nota jornalística não era ofensiva e que partira do autor a iniciativa do *e-mail*, eles apelaram ao Tribunal de Justiça do Rio Grande do Sul (TJRS). A corte gaúcha, no entanto, manteve a sentença no mérito, reconhecendo o dano moral. Prevaleceu o entendimento de que tanto o colunista quanto o jornal têm o dever de se certificar da

autoria de *e-mail* que publicam, resguardando os nomes das pessoas em matérias polêmicas, com o fim de lhes preservar a intimidade. Segundo consta no processo, a conta de *e-mail* com o nome do autor teria sido criada exclusivamente "para enviar o malfadado *e-mail* à coluna do Capitão Gay, o que, por si só, afasta a presunção de que a conta pertencesse ao demandante." Pouco depois do episódio, a conta teria sido desativada. Ao decidir, o TJRS ressaltou que o veículo e o colunista agiram de forma negligente, pois não tomaram nenhum cuidado para verificar a fonte das informações publicadas. Na decisão, o valor da reparação foi reduzido para R$ 3.000. A justificativa foi de que o autor da ação é funcionário público que litiga com gratuidade e a editora é de pequeno porte. Além disso, o colunista responsável pela nota é advogado e colaborador do periódico, não mantendo vínculo de emprego com a companhia jornalística. *Coordenadoria de Editoria e Imprensa"*.

"VALOR ECONÔMICO – LEGISLAÇÃO & TRIBUTOS, 17 de maio de 2010. *Processo eletrônico pode deixar metade dos servidores sem função*. Quando ingressou na Justiça paulista, em maio de 1978, o servidor José Fernando Blotta ganhou do seu chefe uma caixa de papel carbono, agulha, linha e uma sovela, instrumento cortante e pontiagudo utilizado para furar processos. O então escrevente fazia manualmente a autuação das ações. Hoje, 32 anos depois, Blotta não sente saudades daquele tempo. O diretor do cartório único do primeiro fórum digital do país, instalado em 2007 na Freguesia do Ó, em São Paulo, vive hoje na era do processo eletrônico. Uma nova realidade que pode deixar pelo menos metade dos 300 mil funcionários do Judiciário sem ter o que fazer. "Uma vara eletrônica pode manter o mesmo nível de eficiência com metade dos servidores. Precisamos criar cargos. Daqui a pouco vai sobrar funcionário", diz o ex-secretário-geral do Conselho Nacional de Justiça (CNJ) e juiz do Tribunal Regional do Trabalho (TRT) da 10ª Região, Rubens Curado. Preocupados, os trabalhadores começam a se mobilizar, tentando encontrar saídas para readequar as carreiras do Judiciário à era digital. Hoje, pelo menos metade dos servidores do país continua com rotinas burocráticas – furando, carimbando, numerando processos a mão e carregando pilhas e mais pilhas de papel com carrinhos de ferro. Mas a informatização avança em todos os Estados. E, de acordo com o conselheiro Walter Nunes, do CNJ, a meta é ter até o fim do ano 65% dos processos em formato eletrônico. Diante da nova realidade, os oficiais de justiça, mesmo prometendo lutar para manter a intimação pessoal, decidiram negociar a inclusão de uma nova tarefa para a categoria no projeto do novo Código de Processo Civil (CPC), que será encaminhado no próximo mês ao Congresso Nacional. Eles querem ficar responsáveis pela penhora eletrônica – de dinheiro, carro e imóvel. "Por falta de tempo, os juízes têm delegado essa função a auxiliares. Mas cabe somente aos oficiais de justiça efetuar os atos de constrição processual", diz Joaquim José Teixeira Castrillon, presidente da Federação Nacional das Associações de Oficiais de Justiça Avaliadores Federais (Fenassojaf). "Não queremos ficar para trás. É necessário que a carreira evolua juntamente com os meios tecnológicos". Na Freguesia do Ó, o Foro Regional XII – Nossa Senhora do Ó trabalha com um número reduzido de funcionários. Há um ofício judicial único para as três varas de família e quatro varas cíveis, com apenas 16 funcionários. Pouco mais do que o cartório de uma vara normal absorve. "Em um cartório tradicional, que atende a uma só vara, há aproximadamente 15 funcionários", diz José Fernando Blotta. "Aqui, no entanto, o ideal seria termos um número maior de servidores. Cinco por vara". Com a demanda menor por funcionários nos cartórios, uma das saídas, segundo Curado, seria deslocar parte deles para o gabinete dos juízes. "Com o processo eletrônico, os juízes ficam mais sobrecarregados, uma vez que os processos são distribuídos rapidamente. Eles precisarão de auxílio direto. Mas vai ser preciso capacitar servidores para isso", diz o magistrado. Preocupado com a mudança, o CNJ aprovou no início de abril a criação do Centro de Formação e Aperfeiçoamento de Servidores do Poder Judiciário (CEAjud). O centro será coordenado pelo CNJ e vai promover, em conjunto com os tribunais, treinamentos, cursos, seminários e outras ações relacionadas ao aperfeiçoamento dos trabalhadores. O CEAJud dará preferência à realização das atividades por meio do ensino à distância. O conselho instituiu também o *"Programa Integrar"* como uma das ferramentas de atuação do centro. O programa foi desenvolvido pelo CNJ para auxiliar na modernização e organização dos tribunais. É formado por uma equipe multidisciplinar, composta por magistrados e servidores, com experiência nas áreas de infraestrutura e tecnologia da informação, gestão de pessoas, processos de trabalho e gestão da informação e comunicação. Hoje, a qualificação dos servidores é um dos principais itens da pauta do movimento sindical. "Tribunais estão preocupados com a digitalização dos processos, mas estão se esquecendo de qualificar os funcionários", diz Josafá Ramos, diretor da Federação Nacional dos Servidores do Judiciário (Fenajud), que já prevê o fim de novas contratações por meio de concursos públicos. Para ele, os servidores do Judiciário estão sendo desvalorizados e há um descompasso entre o ingresso na era virtual e as condições precárias de trabalho. "Os servidores recebem computadores para trabalhar, mas estão sentados em cadeiras caindo aos pedaços". Um fórum sem armários e com poucos funcionários. Na sala do

formas de expressão,[19] dos modos de criar, fazer e viver assim como das criações científicas, artísticas e principalmente tecnológicas realizadas com a ajuda de computadores e outros componentes eletrônicos observando-se o disposto nas regras de comunicação social determinadas pela Constituição Federal.

Em face dos argumentos antes apontados podemos aduzir que, **a tutela jurídica do denominado meio ambiente digital em face da atual sociedade da informação**, fixa no âmbito de nosso direito constitucional positivo, os deveres, direitos, obrigações e regime de responsabilidades inerentes à manifestação de pensamento, criação, expressão e informações realizados pela pessoa humana permutados entre mídias e elementos de mídias diferentes, a saber, papel, tinta, telas, pinturas, celuloide, cinema, rádio, televisão, computadores, etc. (Art. 220 da Constituição Federal) dentro do pleno exercício dos direitos culturais assegurados a brasileiros e estrangeiros residentes no País (Art. 215 e 5° da CF) orientado pelos princípios fundamentais da Constituição Federal (Art. 1° a 4° da CF).

Trata-se indiscutivelmente no século XXI de um dos mais importantes aspectos do direito ambiental brasileiro destinado às presentes e futuras gerações (Art. 225 da CF), verdadeiro objetivo fundamental a ser

---

juiz Luiz Roberto Simões Dias, da 1ª Vara de Família e Sucessões do Foro Regional XII – Nossa Senhora do Ó, na Freguesia do Ó, em São Paulo, não há armários. Os processos em papel deram lugar a dois computadores de mesa. Um para ler os processos. O outro para digitar suas decisões. Para levar trabalho para casa, o magistrado usa um laptop. Foi-se o tempo em que carregava o porta-mala do carro com pilhas e pilhas de papel. "Não quero mais trabalhar com papel", diz o juiz. O magistrado mudou sua rotina em 2008, quando saiu do Fórum Criminal da Barra Funda para assumir uma vaga no primeiro fórum digital do país. "A diferença é brutal", afirma Simões Dias. Portador de rinite crônica, o magistrado lembra sem saudades dos tempos em que manuseava os processos em papel e não raramente encontrava baratas no meio deles. "Levava processo com barata para casa. Era uma coisa anti-higiênica". No fórum digital, instalado em 2007, há ainda a possibilidade de advogados apresentarem petições em papel. Mas rapidamente as folhas são transformadas em imagem e chegam às telas dos juízes das sete varas – três de família e quatro cíveis –, todas já sobrecarregadas. O papel recolhido é enviado para reciclagem. Aproximadamente uma tonelada por mês. "O processo eletrônico é parte da solução dos problemas do Judiciário", diz Simões Dias. "É preciso, entre outras coisas, aumentar o número de juízes". Arthur Rosa e Luiza de Carvalho, de São Paulo e Brasília.

[19] A página do Supremo Tribunal Federal (STF) no Twitter (@stf_oficial) ultrapassou em 16 de janeiro de 2012 a marca de 180 mil seguidores. As decisões e as sessões plenárias consideradas de maior interesse e relevância pelo público contribuíram conforme informação do próprio STF para colocar a Corte brasileira entre as instituições de maior influência e popularidade no microblog. Os internautas utilizaram o Twitter para acompanhar decisões como a que reconheceu o direito dos casais homoafetivos à união estável, autorizou a extradição do ex-ativista italiano Cesare Battisti, determinou que a Lei da Ficha Limpa não se aplica às eleições de 2010 e declarou a constitucionalidade de manifestações em favor da descriminalização da maconha. Lançada no dia 1° de dezembro de 2009, a página do STF no Twitter atingiu o grau máximo de influência (grau 100) no microblog em apenas um ano, segundo informações obtidas por meio do aplicativo Twittergrader. O Twitter do STF recebe, em média, sete mil adesões por mês, mas quando se aproxima algum julgamento de grande repercussão, esse número se eleva. Isso aconteceu, por exemplo, quando o STF manteve a prisão do governador afastado do Distrito Federal, José Roberto Arruda, e em todas as ocasiões em que analisou o caso Battisti, quando foram registradas cerca de três mil novas adesões por semana.

garantido pela tutela jurídica de nosso meio ambiente cultural (Art. 3º da CF) principalmente em face do "abismo digital" que ainda vivemos no Brasil.[20]

---

[20] Conforme explica a Enciclopédia do Estudante, a expressão "abismo digital", que provém do termo inglês *digital divide*, "começa a ser utilizada para referir-se às desigualdades sociais que surgem à medida que se desenvolve o uso dos computadores na internet. O fato de algumas pessoas possuírem computador e outras não, ou de haver grandes diferenças entre o tipo de serviço de conexão à internet, pode condicionar os hábitos e a conduta social da população, uma vez que isso repercutirá na sua educação, cultura ou integração a uma sociedade cada vez mais apoiada nas novas tecnologias. Essa questão vai além da disponibilidade ou não de um computador: refere também à capacidade de localização e a analise apropriada por parte dos usuários da grande quantidade de informação que circula pela rede. Só as pessoas que têm acesso a essa informação e aproveitam-na adequadamente se beneficiam por completo dessa ferramenta". *Segundo os dados da Pesquisa Nacional por Amostra de Domicílios 2008 (PNAD), do IBGE, 65% dos brasileiros não têm acesso à internet.* São 104,7 milhões de pessoas acima de 10 anos de idade, que em sua maioria estão nas regiões Norte e Nordeste, são analfabetas ou estudaram apenas o ensino fundamental, têm acima de 35 anos e pertencem a famílias com renda mensal de até três salários mínimos. O apagão digital brasileiro reflete o quadro de exclusão social Vide Enciclopédia do Estudante, obra citada, p. 167.

— 11 —

El acceso a la información ambiental en España a la luz de la nueva ley de transparencia[1]

ALEJANDRO CORRAL SASTRE[2]

Sumario: 1. Introducción; 2. Nota introductoria sobre el derecho medioambiental; 2.1. Los principios del derecho medioambiental; 3. Marco jurídico internacional en materia de acceso a la información ambiental; 3.1. Instrumentos internacionales más relevantes en materia de acceso a la información ambiental; 4. El reconocimiento del derecho de acceso a la información ambiental en el derecho de la Unión Europea; 5. Marco constitucional del derecho de acceso a la información ambiental; 6. El derecho de acceso a la información ambiental a la vista de la aprobación de la nueva Ley de Transparencia. Análisis comparativo de ambas regulaciones; 6.1. Aplicación preferente de la Ley 27/2006, de 18 de julio frente a la Ley 19/2013, de 9 de diciembre. Definición de información medioambiental; 6.2. La regulación de la transparencia activa. Control por parte del Consejo de la Transparencia y Buen Gobierno; 6.3. El titular del derecho de acceso a la información y el sujeto obligado a suministrarla; 6.4. Causas de denegación del derecho de acceso a la información. Especial referencia la protección de datos; 6.5. Tramitación del procedimiento y régimen de recursos administrativos; 7. Conclusiones; 8. Bibilografía.

1. Introducción

En el Boletín Oficial del Estado del 10 de diciembre del año 2013,[3] aparece publicada la tan deseada Ley 19/2013, de 9 de diciembre, sobre transparencia, acceso a la información pública y buen gobierno (en adelante me referiré a ella como Ley de Transparencia o ley de transparencia general). Cuestión diferente es, como inmediatamente pondré de mani-

---

[1] Este trabajo se elabora en el marco del Proyecto I+D Ref. DER 2012-35948 sobre "Protección de Datos y Aplicación extraterritorial de las normas. La reforma de la Directiva sobre protección de datos" del que es investigador principal el Prof. José Luis PIÑAR MAÑAS.
[2] Profesor Colaborador Doctor de Derecho Administrativo. Universidad CEU- San Pablo de Madrid.
[3] El 10 de diciembre del año 2013 se publicaron, junto con la Ley de Transparencia ya mencionada, otras dos leyes de importancia capital para el ordenamiento jurídico español: la Ley 20/2013, de 9 de diciembre, de garantía de la unidad de mercado, y la Ley 21/2013, también de 9 de diciembre, de evaluación ambiental. Este tridente normativo es una buena muestra de los cambios jurídicos de fondo que se están llevando a cabo en el Derecho español en los últimos años.

fiesto, si esta Ley cumple con las expectativas generadas en la sociedad española a lo largo de los últimos años.

Adelanto ya que no. El profesor José Luis PIÑAR MAÑAS, lo ha puesto de manifiesto en diferentes conferencias en las que ha participado como ponente desde su publicación, indicando que es una norma "manifiestamente mejorable".[4] Algo con lo que estoy totalmente de acuerdo.

Pero, al margen de las innegables críticas que se puedan hacer a la reciente Ley de Transparencia, el objeto de este trabajo es algo más restringido. Pretendo analizar, como se indica en el título, como queda la regulación del derecho de acceso a la información ambiental, regulada en la Ley 27/2006, de 18 de julio, por la que se regulan los derechos de acceso a la información, de participación pública y de acceso a la justicia en materia de medio ambiente, después de la aprobación de la Ley de Transparencia.

Esta cuestión no carece de importancia porque desde el momento en que se publica la Ley de Transparencia, de carácter general, se hace imprescindible estudiar en qué medida afecta a la regulación sectorial previa y como se engranan ambas regulaciones. De modo y manera que pueda comprobarse si existen contradicciones entre ambas leyes y, de ser así, cual prevalece.

Desde este momento se ha de indicar que la materia medioambiental tiene una serie de características propias que la hacen acreedora de una mayor rigurosidad, si cabe, en materia de transparencia y acceso a la información. Si estas son necesarias, como se verá, en general, para garantizar el desenvolvimiento de un Estado Democrático (artículo 1.1 de nuestra Constitución Española), permitiendo el ejercicio del derecho a la participación (artículo 23 de la Constitución), o a la información (artículo 20 de la misma Norma), en materia medioambiental se hacen imprescindibles habida cuenta de que la ausencia de una información adecuada o la eliminación de las correspondientes vías de participación pueden afectar directamente a la salud o integridad física de las personas, disminuyendo su calidad de vida e impidiendo el libre desarrollo de su personalidad.

Este dato va a resultar crucial. Existe una íntima relación entre el derecho de acceso a la información y la participación, por un lado, y la protección del medio ambiente junto con la garantía de una mínima calidad de vida, por otro. De tal forma que en esta materia en concreto no solo están en juego los derechos fundamentales antes referidos de participación

---

[4] Sin ánimo de ser exhaustivo, el profesor PIÑAR MAÑAS se ha referido a la Ley de Transparencia en estos términos en el Seminario del maestro GARCIA DE ENTERRÍA que se celebró el miércoles 14 de mayo de 2014 en Departamento de Derecho Administrativo de la Facultad de Derecho de la Universidad Complutense de Madrid, o en la conferencia de Letrados de Comunidades Autónomas realizado el martes 23 de mayo en el Salón de Grados de la Universidad CEU-San Pablo de Madrid.

pública e información (artículos 20 y 23 de la Constitución Española), sino también otros derechos como son el de la dignidad de la persona y el libre desarrollo de la personalidad (artículo 10) o incluso el derecho a la vida e integridad física y moral (artículo 15). En este sentido se puede hablar de la dimensión ambiental de los derechos fundamentales, ya reconocida por la jurisprudencia del Tribunal Europeo de Derechos Humanos desde la famosa sentencia en el caso *López Ostra contra España* de 9 de diciembre de 1994.[5] Esta dimensión ambiental debe tenerse en cuenta en nuestro ordenamiento jurídico, como es sabido, por mor del artículo 10.2 de la Constitución Española.[6]

2. Nota introductoria sobre el derecho medioambiental

No nos podemos remontar a los orígenes del moderno Derecho Ambiental porque ocuparía demasiado espacio y, además, no es el objeto de este trabajo. Pero debe hacerse referencia a que este Derecho, como conjunto de normas relativas a la protección del medio ambiente, es un Derecho muy reciente que nace a mediados del siglo pasado, después de la Segunda Guerra Mundial, cuando los estados comienzan a percatarse de que los recursos naturales no son infinitos y que un deterioro excesivo del medio ambiente puede llevar a poner en riesgo la propia existencia del ser humano sobre nuestro planeta.

En relación al contenido de la protección del medio ambiente, se debe indicar que es una materia muy compleja, debido principalmente a la amplitud de los fines que persigue. Y es que, lo que sea considerado protección del medio ambiente va a resultar esencial para determinar la normativa aplicable en materia de acceso a la información y transparencia. Si estamos ante materia ambiental, se aplicará la Ley 27/2006, de 18 de

---

[5] Aunque existen casos anteriores como por ejemplo el caso *Arrondelle contra Reino Unido* en la década de los ochenta, o el caso *Powell y Rayner contra Reino Unido* en el año 1990. Véase en este sentido a DE SALES CAVEDÓN, F., en "La construcción de una dimensión ambiental de los derechos humanos por la jurisprudencia de la Corte Europea de Derechos Humanos: el derecho de acceso a la información y a la libertad de expresión en materia ambiental" *Revista Aranzadi de derecho ambiental*, 2008, núm. 14, p. 137-155. Sobre la jurisprudencia del Tribunal Europeo de Derechos Humanos, véase BOUAZZA ARIÑO, O., en "Respeto a la vida privada y protección del medio ambiente en la jurisprudencia del Tribunal Europeo de Derechos Humanos", *Revista de Administración Pública*, núm. 160, 2003. También BOUAZZA ARIÑO, O. "Vías indirectas para la protección del medio ambiente", *Revista de Administración Pública*, núm. 170, 2006. BOUAZZA ARIÑO, O. "Constitutional Environmental Rights", *Revista de Administración Pública*, núm. 169, 2006. En el mismo sentido BOUAZZA ARIÑO, O. "Tribunal Europeo de Derechos Humanos: derechos frente a la contaminación, libertad de conciencia ambiental y protección urbanística del suelo" en LÓPEZ RAMÓN, F. (Coord.) *Observatorio de políticas ambientales 2013.* s: el derecho de acceso a la infnos por la jurisprudencia de la Corte Europea de Derechos Humanos: el derecho de acceso a la inf

[6] MARTÍN RETORTILLO BAQUER, L. *La Europa de los Derechos Humanos,* Centro de Estudios Políticos y Constitucionales, Madrid, 1998; MARTÍN RETORTILLO BAQUER, L. *Vías concurrentes para la protección de los derechos humanos,* Civitas, Madrid, 2006; LOZANO CUTANDA, B. *Derecho Ambiental Administrativo,* Dykinson, 9ª ed. Madrid, 2008, pág. 81 y 82.

julio, de carácter sectorial. Por el contrario, si estamos ante una materia que no está relacionada con la protección del medio ambiente, se aplicará la Ley general de transparencia. Lo difícil será, por consiguiente, determinar si estamos ante una materia ambiental o no. Y es que la protección del medio ambiente tiene un amplio espectro de proyección: desde la protección de la atmosfera, pasando por los mares y las aguas continentales, hasta las masas forestales y, por supuesto, la flora, la fauna y la biodiversidad. Y estos solo como ejemplo sin ánimo de ser exhaustivo, por supuesto.

A la vista de lo anterior, se debe señalar que el Derecho medioambiental presenta una serie de características especiales que podemos resumir en tres:

> Se trata de un Derecho transversal. Es decir, cualquier decisión tomada, política pública implementada o norma jurídica aprobada, independientemente de que no se refiera directamente a la materia, afectará, si quiera indirectamente, al medio ambiente.
> Es un Derecho muy complejo. Complejidad derivada, esencialmente, de la gran cantidad de finalidades que persigue.
> Nos encontramos ante un Derecho de ámbito internacional o supranacional. Debemos de tener en cuenta, en este sentido, que el hecho de que un Estado adopte medidas eficaces para la protección del medio ambiente, no impedirá graves atentados al mismo si el país vecino no adopta unos mínimos instrumentos de protección. La contaminación y los daños medioambientales no conocen fronteras, de ahí que deba adoptarse una perspectiva internacional del problema.[7]

2.1. Los principios del derecho medioambiental

Para un jurista, hablar de principios jurídicos debe ser una cuestión que no se puede tomar a la ligera. Debemos ser especialmente rigurosos cuando nos referimos a ellos, pues no solo son considerados fuente del ordenamiento jurídico, sino que, en su vertiente quizás más relevante, sirven como criterios de interpretación al resto del ordenamiento. Así lo pone de manifiesto el artículo 1.4 de nuestro Código Civil.

Por ello, cuando me refiero a los principios generales del Derecho medioambiental, me siento obligado a manifestar que estos no nacen de manera espontánea en el ordenamiento jurídico como si brotaran, de repente, de un manantial que nace con las recientes y copiosas lluvias. Muy al contrario, estamos ante unos principios que aparecen más bien como sedimentos después del largo recorrido a lo largo de un rio de aprobaciones normativas, aplicaciones e interpretaciones por los diferentes operadores

---

[7] Esta perspectiva internacional la comparte el Derecho medioambiental con el Derecho de las tecnologías de la información y de las comunicaciones. Sin una visión internacional del problema, con una perspectiva exclusivamente nacional o local, no se logrará el cumplimiento de los objetivos marcados por el propio Derecho en orden a garantizar la protección suficiente de los bienes jurídicos correspondientes.

jurídicos. Algo así como el resultado de un largo proceso de decantación jurídica que da lugar a estos principios generales.

En este sentido, y teniendo en cuenta todo lo anterior, podemos indicar que los principios jurídicos del Derecho medioambiental, según la doctrina más cualificada[8] son los siguientes:

> Necesidad de lograr un alto nivel de protección. Exigencia que proviene del grado de deterioro que en la actualidad sufre nuestro medio ambiente. Solo con un altísimo nivel de protección podremos mantener un medio ambiente adecuado y una mínima calidad de vida.
>
> Acción preventiva y de cautela.[9] Resulta necesario poner de manifiesto que, en materia ambiental, es preferible actuar antes de que el daño se produzca, adoptando todas las medidas necesarias para impedir su consecución.[10] Siempre será más eficaz evitar un riesgo que actuar para corregirlo. En este sentido cabe señalar que, en medio de una corriente liberalizadora que pretende llevar a cabo una sustitución generalizada de los sistemas de control administrativo previo (autorizaciones y licencias), por los controles llamados posteriores (comunicaciones previas y declaraciones responsables), la protección del medio ambiente sigue considerándose como una razón imperiosa de interés general que justifica el mantenimiento de los tradicionales sistemas de control previo, mucho más eficaces.[11]
>
> Corrección de los atentados al medio ambiente preferiblemente en la fuente misma. Este principio responde a la misma filosofía preventiva del anterior. Lo más eficaz, en este sentido, es tratar los atentados al medio ambiente desde el mismo lugar donde se producen, o lo más próximo posible, para evitar su extensión.

---

[8] LOZANO CUTANDA, B. *Derecho Ambiental Administrativo*, cit., págs. 188 a 195, La profesora LOZANO se refiere a estos principios como principios de la acción comunitaria ambiental, pero desde luego, cumplen la función señalada de principios generales del Derecho, sobre todo teniendo en cuenta que desde la aprobación del Tratado de Funcionamiento de la Unión Europea, la protección del medio ambiente es una competencia compartida entre la Unió y los Estados miembros (artículo 4). En el mismo sentido, FERNÁNDEZ VALVERDE, R. "La integración de las exigencias del Convenio de Aarhus en el sistema procesal español a través de la Ley 27/2006", en LOZANO CUTANDA, B y GUTIERREZ-ALVIZ CONRADI, F. (Directores), *Examen de la nueva ley de acceso a la información, participación pública y acceso a la justicia en materia de medio ambiente*, Estudios de Derecho Judicial, núm. 137, Consejo General del Poder Judicial, Madrid, 2008, págs. 42 a 44.

[9] Para que esta acción preventiva y de cautela sea lo más eficaz posibles se utilizan instrumentos tales como la Evaluación de Impacto Ambiental o la Evaluación Ambiental Estratégica, instrumentos ambos recogidos en la reciente Ley 21/2013, de 9 de diciembre, de evaluación ambiental.

[10] No obstante, para evitar el riesgo habrá que conocer, según el estado de la ciencia y de la técnica, la potencialidad del daño y, por tanto, adoptar los medios más eficaces que impidan la producción del mismo. Resultan especialmente interesantes, en este sentido, las reflexiones realizadas por el profesor ESTEVE PARDO, J., en "El desconcierto del Leviatán", Marcial Pons, Madrid, 2009.

[11] Desde la aprobación de la Directiva 2006/123/CE, del Parlamento Europeo y del Consejo, de 12 de diciembre, relativa a los servicios en el mercado interior, se impone a todos los Estados miembros la eliminación de controles previos que no cumplan los requisitos señalados en la norma (no discriminación, necesidad y proporcionalidad). En España esta norma ha sido desarrollada por la Ley 17/2009, de 23 de noviembre, sobre el libre acceso a las actividades de servicios y su ejercicio, también conocida como "Ley Paraguas", y la Ley 25/2009, de 22 de diciembre, de modificación de diversas leyes para su adaptación a la Ley sobre el libre acceso a las actividades de servicios y su ejercicio, o como algunos la han denominado, "Ley Ómnibus". Nuestro país ha avanzado en la senda liberalizadora, más allá de lo que exigía la mencionada Directiva comunitaria, mediante la aprobación de otras leyes como la Ley 2/2011, de 4 de marzo, de Economía Sostenible, o la más reciente Ley 20/2013, de 9 de diciembre, de garantía de la unidad de mercado.

Principio de "quien contamina paga". Como fácilmente puede deducirse, este principio implica que quien debe hacerse cargo de los gastos por los daños al medio ambiente, así como el restablecimiento de las cosas a su estado original, en la medida de lo posible, será aquel que los haya ocasionado, es decir, el agente contaminante. Este principio se ha desarrollado en el uso de instrumentos económicos y fiscales que gravan a las empresas más contaminantes.

Transversalidad de la protección del medio ambiente. A este principio ya nos hemos referido como una de las características propias del Derecho medioambiental. Sin embargo se debe hacer especial hincapié en el mismo, pues resulta esencial que la protección del medio ambiente sea tenida en consideración en el desarrollo de cualquier política pública, aprobación normativa o decisión de los diferentes Poderes públicos.

Si nos paramos un minuto a reflexionar sobre los principios del Derecho medioambiental que acabamos de mencionar, podemos llegar a la conclusión, sin demasiado esfuerzo, de que esos mismos principios se pueden aplicar en materia de protección de datos con los correspondientes e imprescindibles matices, por su supuesto.

Así, también se debe reclamar de los correspondientes Poderes públicos un alto nivel de protección de este derecho fundamental, impidiendo vulneraciones no deseadas del mismo. La protección de datos es una materia transversal u horizontal, es decir, debe tenerse en cuenta a la hora de desarrollar otras políticas públicas, o la aprobación de normas jurídicas, de cualquier rango, o la toma de decisiones. En otras palabras, la protección de datos debe impregnar con su aroma todo el ordenamiento jurídico y la actuación de los diferentes Poderes públicos.[12]

Por otro lado, también respecto del derecho de protección de datos es deseable una acción preventiva y de cautela, más eficaz que la que pueda realizarse después de la producción del daño. Desde esta perspectiva resulta especialmente interesante los instrumentos para evaluar el impacto a la privacidad (PIA's, en sus siglas en inglés de *Privacy Impact Assessment*) que son definidos como "Herramientas de valoración sistemática del riesgo a la privacidad integrada en el proceso de toma de decisión de una organización", contribuyendo con ello al *Privacy by design* o *Privacy by default*, es decir, tomar en cuenta la protección de datos desde el minuto cero, previendo los riesgos.[13]

---

[12] Sobre estas características del derecho a la protección de datos, véase PIÑAR MAÑAS, J. L. "El derecho a la protección de datos de carácter personal en la jurisprudencia del Tribunal de Justicia de las Comunidades Europeas", *Derecho contencioso-administrativo: libro homenaje al profesor Luis Henrique Farias Mata*, BADELL MADRID, R. (Coord.), Instituto de Estudios Jurídicos del Estado de Lara. PIÑAR MAÑAS, J. L. "Derecho fundamental a la protección de datos personales. Algunos retos de presente y futuro", *Revista parlamentaria de la Asamblea de Madrid*, núm. 13, 2005. PIÑAR MAÑAS, J. L. "La protección de datos", CANO CAMPOS, T. (Coord.), *Lecciones y materiales para el estudio del derecho administrativo*, Vol. 9, Iustel, Madrid, 2009.

[13] Sobre estos instrumentos de evaluación de impacto de la privacidad, me resultó especialmente esclarecedora la ponencia del Profesor Joaquín PÉREZ CATALÁN del viernes 28 de marzo de 2014 en el Master Universitario de Protección de Datos, Transparencia y Acceso a la información que se imparte en la Universidad CEU-San Pablo de Madrid. Recientemente se ha publicado un borrador de

También es esta materia resulta especialmente importante la circunstancia de quién debe hacerse responsable de los daños producidos por vulneraciones al derecho de protección de datos. En este sentido cabe referir el principio de *Accountability* o responsabilidad, asimilado al principio ambiental de "quien contamina paga".

Por último, en relación a la corrección de los daños ambientales desde la fuente mismo para impedir que puedan extenderse, podemos ver una íntima relación con los principios de *Privacy by design* o *Privacy by default* ya mencionados, es decir, atajar los posibles daños desde la fuente misma del riesgo.

3. Marco jurídico internacional en materia de acceso a la información ambiental

Una de las principales características del derecho internacional del medio ambiente es que ha venido recogido, con carácter general, en instrumentos programáticos (o de *soft law*), algo que implica una menor eficacia frente a instrumentos con plena potencia jurídica (hard law), con la fuerza necesaria para imponer consecuencias jurídicas negativas a los Estados incumplidores. Esta es una de las principales debilidades del derecho internacional en la actualidad (en general, y el referido a la protección del medio ambiente en particular), como ha puesto de manifiesto algún autor,[14] aunque, poco a poco, van apareciendo medidas tendentes a paliar estas circunstancias, como bien a señalado el profesor SCHMIDT-ASSMAN, E., al indicar que "las fronteras de los espacios administrativos se vuelven permeables. Cada nueva cooperación amplía las posibilidades de actuación administrativa, pero desvincula progresivamente a las Administraciones implicadas de sus mecanismos de dirección y control tradicionales".[15] Es decir, esta internacionalización tiende a solventar problemas a la vez que, por sus propias características, genera otros. Pero no es este el lugar adecuado para desarrollas estas tesis que, por otro lado, son verdaderamente interesantes.

3.1. Instrumentos internacionales más relevantes en materia de acceso a la información ambiental

Debemos empezar, sin duda alguna, por la Conferencia Mundial de Estocolmo del año 1972, o Conferencia de naciones Unidas sobre el

---

"Guía para una evaluación de impacto en la protección de datos personales" por la Agencia Española de Protección de Datos, que puede consultarse en la página web de esta Agencia, www.agpd.es.

[14] LATORRE, A. *Introducción al Derecho*, Ariel, Madrid, 2008.

[15] SCHMIDT-ASSMAN, E. "La ciencia del Derecho Administrativo ante la internacionalización de las relaciones administrativas", *Revista de Administración Pública*, núm. 171, 2006, Madrid, pág. 9.

Medio Humano. Bien es cierto que en esta Conferencia no se hace referencia expresamente al derecho de acceso a la información ambiental, pero lo relevante es que, por primera vez en la historia de la humanidad, se toma conciencia internacional sobre los problemas que genera la degradación del medio ambiente. No obstante, en la Declaración de 26 principios que surge de esta Cumbre, podemos alcanzar a ver el embrión de lo que más adelante será el derecho que se trata en el presente trabajo.[16]

Pero es en la Declaración de Rio, surgida en la Conferencia de Rio de Janeiro sobre el medio ambiente y el desarrollo celebrada en esta ciudad brasileña del 3 al 14 de junio de 1992,[17] cuando se hace referencia, por primera vez, al derecho de acceso a la información ambiental como un principio necesario para lograr una adecuada protección del medio ambiente. Por su importancia, reproduzco aquí el principio 10 de la citada Declaración:

> El mejor modo de tratar las cuestiones ambientales es con la participación de todos los ciudadanos interesados, en el nivel que corresponda. En el plano nacional, toda persona deberá tener acceso adecuado a la información sobre el medio ambiente de que dispongan las autoridades públicas, incluida la información sobre los materiales y las actividades que encierran peligro en sus comunidades, así como la oportunidad de participar en los procesos de adopción de decisiones. Los Estados deberán facilitar y fomentar la sensibilización y la participación de la población poniendo la información a disposición de todos. Deberá proporcionarse acceso efectivo a los procedimientos judiciales y administrativos, entre, éstos el resarcimiento de daños y los recursos pertinentes.

---

[16] Así, el principio 19 de la citada Declaración señala que: "Es indispensable una labor de educación en cuestiones ambientales, dirigida tanto a las generaciones jóvenes como a los adultos y que presente la debida atención al sector de población menos privilegiado, para ensanchar las bases de una opinión pública bien informada y de una conducta de los individuos, de las empresas y de las colectividades inspirada en el sentido de su responsabilidad en cuanto a la protección y mejoramiento del medio en toda su dimensión humana. Es también esencial que los medios de comunicación de masas eviten contribuir al deterioro del medio humano y difundan, por el contrario, información de carácter educativo sobre la necesidad de protegerlo y mejorarlo, a fin de que el hombre pueda desarrollarse en todos los aspectos". Por su parte, el principio 20 señala que: "Se deben fomentar en todos los países en desarrollo, la investigación y el desarrollo científicos referentes a los problemas ambientales, tanto nacionales como multinacionales. A este respecto, el libre intercambio de información científica actualizada y de experiencias sobre la transferencia de ser objeto de apoyo y asistencia, a fin de facilitar la solución de los problemas ambientales; las tecnologías ambientales deben ponerse a disposición de los países en desarrollo en condiciones que favorezcan su amplia difusión sin que constituyan una carga económica excesiva para esos países".

[17] Esta Conferencia mundial sobre el Medio Ambiente y el Desarrollo tiene su origen en un importante documento denominado "Informe Brundtland" (inicialmente se llamó "Nuestro Fututo Común") elaborado en 1987 en el seno de la Organización de Naciones Unidas por un grupo de expertos encabezado por la que fuera primera ministra de Noruega Leo Harlem Bruntland. En este documento se habla, por primera vez, del desarrollo sostenible como principio esencial para la protección del medio ambiente, de tal forma que en el desarrollo económico y el uso de los recursos debe realizarse de tal forma que se satisfagan las necesidades del presente sin comprometer las necesidades de las futuras generaciones. Para una visión más pormenorizada de este principio véase PIÑAR MAÑAS, J. L. (coord.) *Desarrollo sostenible y protección del medio ambiente*, Civitas, Madrid, 2002.

Como se puede observar, ya en la Declaración de Rio de 1992 se hace referencia al derecho de acceso a la información ambiental, que ha de reconocerse a toda persona sin necesidad de acreditar un interés legítimo determinado (amplia legitimidad), haciendo especial hincapié en aquella información sobre actividades que puedan suponer un riesgo para las comunidades (derecho a la vida y a la integridad física), así como en la participación de todos los ciudadanos en la toma de decisiones sobre la materia, y para la que resulta imprescindible haber facilitado, con carácter previo, toda la información disponible.

Pero el verdadero referente internacional en materia de acceso a la información en materia ambiental lo encontramos en el Convenio de Aarhus de 25 de junio de 1998, sobre acceso a la información, participación pública en la toma de decisiones y acceso a la justicia en temas medioambientales. Este Convenio, adoptado por la Comisión Económica de Naciones Unidas para Europa, fue ratificado por la entonces Comunidad Europea (una de las organizaciones internacionales que formaban la Unión Europea). En este instrumento se pone de manifiesto la indisoluble unión entre el derecho de acceso a la información ambiental, reconocido como derecho autónomo y no instrumental, y el desarrollo sostenible y el derecho a la vida y a la integridad física. Así, en el artículo 1, refiriéndose al objetivo del Convenio, se señala expresamente que:

> A fin de contribuir a proteger el derecho de cada persona, de las generaciones presentes y futuras, a vivir en un medio ambiente que permita garantizar su salud y su bienestar, cada Parte garantizará los derechos de acceso a la información sobre el medio ambiente, la participación del público en la toma de decisiones y el acceso a la justicia en materia medioambiental de conformidad con las disposiciones del presente Convenio.

En definitiva, resulta imprescindible el reconocimiento del derecho de acceso a la información ambiental y la participación en esta materia para garantizar una adecuada protección del medio ambiente así como el derecho a la vida con unas mínimas condiciones de calidad. Sin aquellos, difícilmente podrá alcanzarse esta. Por ello, no nos puede resultar difícil poner en relación indisoluble el derecho de acceso a la información ambiental con el derecho a la participación reconocido en el artículo 23 de la Constitución o, incluso, el derecho a la vida del artículo 15 de nuestra Norma Fundamental. En esto consiste la "ecologización" de los derechos fundamentales o la dimensión ambiental de los derechos fundamentales a la que me he referido más arriba, de manera que una vulneración del derecho de acceso a la información ambiental pudiera verse como un atentado contra el derecho fundamental a la participación o el derecho a la vida o la integridad física y moral. Esta es una de las tesis que defiendo en este trabajo.

Y es que el Convenio de Aarhus se basa en tres pilares fundamentales:
- Acceso a la información ambiental
- Participación de los ciudadanos en materia ambiental
- Acceso a la justicia en materia ambiental

Independientemente del reconocimiento autónomo de cada uno de estos derechos, debemos tener en cuenta que tienen un orden lógico sucesivo, pues sin el reconocimiento de un verdadero derecho de acceso, difícilmente se podrá participar con conocimiento de causa o ejercer las acciones judiciales correspondientes. De ahí que la base de todo este entramado sea el derecho de acceso a la información.[18]

4. El reconocimiento del derecho de acceso a la información ambiental en el derecho de la Unión Europea

Ya hemos indicado que la Unión Europea (a través de la entonces Comunidad Europea) ratificó el Convenio de Aarhus y, por tanto, debía hacer efectivos los derechos allí contenidos en su propio ordenamiento. Para ello se aprobaron dos normas esenciales (que refiero por orden de importancia, no cronológico):[19]

> Reglamento (CE) 1367/2006 del Parlamento Europeo y del Consejo, de 6 de septiembre de 2006, relativo a la aplicación del Convenio a las instituciones y a los organismos comunitarios. Se utilizó este tipo de norma, con eficacia directa e inmediata, para regular el derecho de acceso a la información ambiental que obre en poder de las instituciones y organismos de la Unión Europea en el ejercicio de sus propias competencias en la materia. Esta norma ha adquirido especial importancia desde la aprobación del Tratado de Funcionamiento de la Unión Europea que, como es sabido, amplía las competencias de la Unión en materia medioambiental.[20] Este Reglamento viene a completar el derecho de acceso en general reconocido en el Reglamento (CE) nº 1049/2001 del Parlamento Europeo y del Consejo, de 30 de mayo de 2001, relativo al acceso del público a los documentos del Parlamento Europeo, del Consejo y de la Comisión.
>
> Directiva 2003/4/CE del Parlamento Europeo y del Consejo, de 28 de enero de 2003, relativa al acceso del público a la información medioambiental. A través de esta norma, que

---

[18] LOZANDO CUTANDA, B. *Derecho Ambiental Administrativo*, cit., pág. 232, "El derecho de acceso a la información ambiental, además de desempeñar un papel esencial en la concienciación y educación ambiental de la sociedad, constituye un instrumento indispensable para hacer efectivos los otros dos pilares del Convenio de Aarhus, pues si los ciudadanos no disponen de una información ambiental relevante en cada momento difícilmente podrán intervenir de forma efectiva, con conocimiento de causa, en los asuntos públicos que atañen a este bien jurídico colectivo.

[19] No obstante, es necesario indicar que antes del Convenio de Aarhus existía la Directiva 90/313/CEE del Consejo, de 7 de junio de 1990, sobre libertad de acceso a la información en materia de medio ambiente, que se desarrolló en nuestro país por medio de la Ley 38/1995, de 12 de diciembre, sobre el derecho de acceso a la Información en materia de Medio Ambiente

[20] El artículo 3 del Tratado de Funcionamiento otorga competencias exclusivas a la Unión sobre "la conservación de los recursos biológicos marinos dentro de la política pesquera común; El artículo 4, por su parte, señala que el medio ambiente es una competencia compartida con los Estados miembros.

debía ser transpuesta por los diferentes Estados miembros a su ordenamiento, se regula el derecho de acceso a la información ambiental que obre en poder de los diferentes Estados en el ejercicio de sus propias competencias en materia ambiental.

Directiva 2003/35/CE del Parlamento Europeo y del Consejo, de 26 de mayo de 2003, por la que se establecen medidas para la participación del público en la elaboración de determinados planes y programas relacionados con el medio ambiente y por la que se modifican, en lo que se refiere a la participación del público y el acceso a la justicia, las Directivas 85/337/CEE y 96/61/CE del Consejo.

Por otro lado, cabe señalar que el derecho de acceso está regulado, con carácter general, en la Carta de Derechos Fundamentales de la Unión Europea, en cuyo artículo 42 (dentro del Capítulo V, relativo a los derechos de ciudadanía) se indica que "Todo ciudadano de la Unión o toda persona física o jurídica que resida o tenga su domicilio social en un Estado miembro tiene derecho a acceder a los documentos del Parlamento Europeo, del Consejo y de la Comisión". Este derecho se refiere al acceso a los documentos, no a la información que es lo verdaderamente relevante. En cualquier caso, repito, se refiere a los documentos en general, no específicamente a aquellos que contengan información ambiental, aunque, como es lógico, también se aplica a aquellos supuestos en el que los ciudadanos u otras personas jurídicas soliciten el acceso a documentos relacionados con el medio ambiente.

El derecho de acceso a la información en general, tanto a la relacionada con el medio ambiente como a cualquier otra, es especialmente importante para la Unión Europea habida cuenta de la preocupación de las instituciones comunitarias por abrirse a los ciudadanos, o en otras palabras, por la Gobernanza.[21] Así, en el Libro Blanco para la Gobernanza Europea[22] se pone de manifiesto que "Es necesario reformar la gobernanza europea para acercar a los ciudadanos las instituciones europeas. Una buena gobernanza se basa en cinco principios acumulativos:

- Apertura
- Participación
- Responsabilidad
- Eficacia
- Coherencia

Así siguiendo esta política de apertura, también se ha aprobado el Reglamento (CE) n° 1049/2001 del Parlamento Europeo y del Consejo,

---

[21] La preocupación por la apertura en el ámbito de la Unión Europea viene motivado, fundamentalmente, por el denominado déficit democrático, es decir, la falta de legitimidad democrática de sus instituciones. De ahí que para intentar paliar de algún modo este déficit se pretenda dotar de mayor transparencia a la Unión y fomentar la participación de los ciudadanos a través de diversos instrumentos de iniciativa ciudadana.

[22] Comunicación de la Comisión, de 25 de julio de 2001, «La gobernanza europea – Un Libro Blanco» [COM (2001) 428 final – Diario Oficial C 287 de 12.10.2001].

de 30 de mayo de 2001, relativo al acceso del público a los documentos del Parlamento Europeo, del Consejo y de la Comisión. Esta norma regula el acceso a cualquier documento, tenga o no carácter ambiental. Sin embargo, para el acceso a la documentación ambiental, habrá de tenerse en cuenta el Reglamento (CE) 1367/2006 del Parlamento Europeo y del Consejo, de 6 de septiembre de 2006, que es mucho más completo, pues regula no solo el derecho de acceso, sino también la recogida y difusión de información ambiental por parte de los organismos e instituciones europeas, es decir, lo que en los últimos tiempos ha venido en llamarse la transparencia activa. Además, por supuesto, de la participación y del acceso a la justicia en materia medioambiental, con el recurso, en su caso, ante el Tribunal de Justicia.

Sin embargo, ambos instrumentos no entran en conflicto, sino que complementarios. De hecho, el artículo 3 del Reglamento n° 1367/2006, sobre información ambiental, remite expresamente al Reglamento n° 1049/2001, que regula el acceso general a los documentos. Esto implica que cualquier solicitud de acceso, sea o no a un documento relacionado con materia medioambiental, se tramita siguiendo el procedimiento previsto en este. Si la solicitud se refiere a un documento donde se contiene información ambiental, se aplicará, con carácter adicional, lo previsto en el Reglamento n° 1367/2006, que como ya se ha indicado, es mucho más completo.

En España, sin embargo, la opción elegida difiere de la que acabamos de mencionar. Mientras en la Unión Europea existen, como hemos visto, dos Reglamentos, uno general y otro sectorial, que se complementan. En nuestro ordenamiento se ha optado por dos leyes, una sectorial que se aplica con carácter prioritario, y otra general, más reciente, que solo se aplicara subsidiariamente para todo aquello que no regule aquella.

5. Marco constitucional del derecho de acceso a la información ambiental

El derecho de acceso a la información en general, sea ambiental o no, viene reconocido en el artículo 105.c) de nuestra Norma Fundamental.[23] Así, se considera más un principio de actuación administrativa[24] que un verdadero derecho fundamental. Por ello, la ley 27/2006, de 18 de julio, que lo desarrolla, no tiene carácter orgánico, sino ordinario.

---

[23] La Ley regulará: […] b) El acceso de los ciudadanos a los archivos y registros administrativos, salvo en lo que afecte a la seguridad y defensa del Estado, la averiguación de los delitos y la intimidad de las personas.

[24] PIÑAR MAÑAS en "Seguridad, transparencia y protección de datos: el futuro de un necesario equilibrio", cit., pág. 33.

Por su parte, el artículo 45 de nuestra Constitución,[25] que recoge el derecho a la protección del medio ambiente, no se refiere de manera expresa al derecho de acceso a la información ambiental. Sin embargo, se puede entender reconocido implícitamente, pues no es posible ejercer el derecho a disfrutar del medio ambiente, así como cumplir la obligación de conservarlo, sin una información adecuada.

No obstante, la ubicación de este artículo impide que, a priori, pueda ser considerado como un derecho fundamental susceptible de amparo constitucional. Se encuentra situado, como es sabido, entre los principios rectores de la política social y económica, lo que, en virtud del artículo 53.3, de la propia Constitución, requiere de una previa Ley que lo desarrolle para poder ejercerlos ante los tribunales.

Sin embargo, como ya hemos indicado más arriba, en los últimos años hemos asistido a una "ecologización" de los derechos fundamentales, como consecuencia sobre todo de la jurisprudencia del Tribunal Europeo de Derechos Humanos. Esta "ecologización" o dimensión ambiental de los derechos fundamentales consiste en considerar que ciertos daños cometidos sobre medio ambiente pueden dañar otros derechos como el derecho a la vida y a la salud, así como a la integridad física y moral, sin olvidar que el medio ambiente es un elemento esencial para el desarrollo de la persona, y por tanto para su dignidad. De ahí que los daños ambientales de estos derechos fundamentales abran la posibilidad de, una vez agotada la vía judicial correspondiente, acudir al recurso de amparo ante el Tribunal Constitucional.[26]

Y en virtud de esta dimensión ambiental de los derechos fundamentales, considero que el propio derecho de acceso a la información en la materia puede ser interpretado desde esta misma perspectiva. Es decir, el derecho de acceso a la información medioambiental, como integrado en el derecho más amplio a la protección del medio ambiente, puede ser considerado un derecho fundamental.

6. El derecho de acceso a la información ambiental a la vista de la aprobación de la nueva ley de transparencia. Análisis comparativo de ambas regulaciones

En España no ha habido tradición sobre transparencia. Más bien al contrario, nos hemos caracterizado por una opacidad que nos situaba

---

[25] Artículo 45. 1. Todos tienen el derecho a disfrutar de un medio ambiente adecuado para el desarrollo de la persona, así como el deber de conservarlo. 2. Los poderes públicos velarán por la utilización racional de todos los recursos naturales, con el fin de proteger y mejorar la calidad de la vida y defender y restaurar el medio ambiente, apoyándose en la indispensable solidaridad colectiva. 3. Para quienes violen lo dispuesto en el apartado anterior, en los términos que la ley fije se establecerán sanciones penales o, en su caso, administrativas, así como la obligación de reparar el daño causado.

[26] Así lo ha manifestado LOZANO CUTANDA, B. *Derecho Ambiental Administrativo*, cit., pág. 81.

entre los países peor situados del ranking internacional sobre la transparencia y el acceso a la información. Esa ausencia de transparencia no facilitaba, en modo alguno, el ejercicio, en sana democracia,[27] del derecho a la participación ciudadana o el derecho a recibir información por cualquier medio de comunicación. Muy al contrario, aumentaba la sensación de corrupción y secretismo que en una situación de crisis económica, política y social como la que estamos viviendo, incrementa la brecha que separa el Estado de la sociedad civil.[28]

Sin embargo, en la actualidad la cosa parece estar cambiando. Y no precisamente por la aprobación de la reciente Ley 19/2013, de 9 de diciembre, sobre transparencia, acceso a la información y buen gobierno, pues como ha señalado el profesor José Luis PIÑAR MAÑAS, ahora somos un país con Ley de transparencia pero sin transparencia. Digo que la percepción está cambiando porque son cada vez más las voces en España que reclaman una verdadera transparencia y el reconocimiento del derecho de acceso a la información como un verdadero derecho fundamental de los de más alto rango, es decir, de los que, según el ordenamiento constitucional español serían susceptibles de recurso de amparo ante el Tribunal Constitucional.[29] En este sentido, parece que nos encontramos en un momento de plena transición hacia la consideración del derecho de acceso como un derecho fundamental. Así parece deducirse de la mas reciente jurisprudencia del Tribunal Europeo de Derechos Humanos. En

---

[27] Como muy acertadamente indica el profesor José Luis PIÑAR MAÑAS, en "Seguridad, transparencia y protección de datos: el futuro de un necesario equilibrio", Documento de Trabajo 147/2009, Fundación Alternativas, 2009, pág. 31, "La transparencia es esencial en las sociedades democráticas. no sólo en relación con el sector público, sino como principio configurador de la sociedad".

[28] Sobre esta separación, cada vez más acusada, véase la interesante obra de ESTEVE PARDO, J. *La nueva relación entre Estado y Sociedad. Aproximación al trasfondo de la crisis*, Marcial Pons, Madrid, 2013.

[29] Véase en este sentido lo manifestado por el profesor José Luis PIÑAR MAÑAS en "Seguridad, transparencia y protección de datos: el futuro de un necesario equilibrio", cit., pág. 33, "Ahora bien, el acceso a la información, ¿es un derecho o un principio de actuación de las Administraciones públicas? La respuesta que se dé es de suma importancia en las relaciones entre protección de datos y transparencia, pues si aquélla es un derecho fundamental y ésta un simple principio de actuación, es evidente que la primera debe siempre prevalecer sobre la segunda. Si, por el contrario, consideramos que se trata de un derecho fundamental, el equilibrio debe buscarse desde otros parámetros muy diferentes. En el Derecho español parece que prevalece la configuración de la transparencia como principio de actuación de las Administraciones públicas. Así se desprendería de la propia ubicación del artículo 105. b) de la Constitución, incluido en el Título IV, sobre el Gobierno y la Administración. El artículo 3.5 de la Ley 30/1992 dispone que "en sus relaciones con los ciudadanos las Administraciones públicas actúan de conformidad con los principios de transparencia y participación". El Preámbulo de la Ley 4/2006, de 30 de junio, de transparencia y de buenas prácticas en la Administración pública gallega, afirma que al regular la transparencia se contribuye a "hacer más efectivo el derecho a una buena Administración, como principio consagrado en nuestro acervo jurídico desde la aprobación de la Carta de los derechos fundamentales de la Unión Europea". También la profesora Leonor RAMS RAMOS, "La transformación del derecho de acceso en España: de derecho de configuración legal a derecho fundamental", *Revista Española de Derecho Administrativo*, núm. 160, 2013, defiende la consideración del derecho de acceso a la información como un auténtico derecho fundamental anclado en el artículo 20 de nuestra Norma Fundamental.

concreto, las sentencias de 26 de mayo, *Kenedi c. Hungría* y de 25 de junio de 2013, *Youth Initiative for Human Rights c. Serbia* donde se engarza el derecho de acceso a la información con el artículo 10 del Convenio Europeo de Derechos Humanos relativo a la libertad para transmitir y recibir información.[30]

Esta conversión del derecho de acceso a la información en un verdadero derecho fundamental de los de más alto rango constitucional me parece más fácil, sin embargo, cuando se trata de información ambiental. A ello ya me he referido más arriba. Y es que cuando hablamos del derecho a la información ambiental, además de acudir al anclaje del derecho a la información del artículo 20 y del derecho a la participación del artículo 23, que no es poco, podemos acudir a otros derechos como el de la dignidad (artículo 10) o el derecho a la vida y a la integridad física y moral (artículo 15).[31] Teniendo en cuenta, además, que según la jurisprudencia del Tribunal Europeo de Derechos Humanos, los derechos fundamentales han de observarse desde una perspectiva ambiental que permita esta interpretación.

Es por ello que estimo que en nuestro país se alcanzará este objetivo por la vía ambiental. Es decir, primero se reconocerá el derecho a la información ambiental como un derecho fundamental, de acuerdo con la interpretación ecológica de los derechos fundamentales, para después ampliar posteriormente esta característica al resto de la información.

6.1. Aplicación preferente de la Ley 27/2006, de 18 de julio frente a la Ley 19/2013, de 9 de diciembre. Definición de información medioambiental

Como consecuencia de la ratificación del Convenio de Aarhus, y de la aprobación de las Directivas 2003/4/CE del Parlamento Europeo y del Consejo, de 28 de enero de 2003, relativa al acceso del público a la información medioambiental, y 2003/35/CE del Parlamento Europeo y del Consejo, de 26 de mayo de 2003, por la que se establecen medidas para la

---

[30] RAMS RAMOS, L. "La transformación del derecho de acceso en España: de derecho de configuración legal a derecho fundamental", cit.

[31] No obstante, el Tribunal Supremo no parece muy proclive a dicha interpretación a la vista de lo establecido en la Sentencia del 14 de febrero de 2011 (sección 7ª), de la Sala Tercera, donde se indica en el Fundamento Jurídico Quinto, en relación con el derecho de acceso a la información ambiental que: "En efecto, como bien dice el Ministerio Fiscal, no estamos ante un supuesto en el que se hayan desconocido los derechos fundamentales a la libre expresión del pensamiento ni a comunicar y recibir información veraz por cualquier medio. De lo que se trata es del acceso a la documentación que obra en un expediente administrativo cuya tramitación está prevista en unas normas especiales. Expediente que no tiene tampoco que ver con la participación en los asuntos públicos a que se refiere el artículo 23.1 de la Constitución. Estamos, por el contrario, en el ámbito de su artículo 105 y de la legislación que lo ha desarrollado y de su aplicación en lo que se refiere a la procedencia de incluir o no en el LVTL una nueva tecnología".

participación del público en la elaboración de determinados planes y programas relacionados con el medio ambiente y por la que se modifican, en lo que se refiere a la participación del público y el acceso a la justicia, las Directivas 85/337/CEE y 96/61/CE del Consejo, y para llevar a cabo su transposición, se aprueba en nuestro país la Ley 27/2006, de 18 de julio, por la que se regulan los derechos de acceso a la información, de participación pública y de acceso a la justicia en materia de medio ambiente.[32]

Al margen de la regulación prevista en el artículo 37 de la Ley 30/1992, de 26 de noviembre, de Régimen Jurídico de las Administraciones Públicas y del Procedimiento Administrativo Común, que se había quedado a todas luces obsoleta y era manifiestamente insuficiente, la regulación contenida en la Ley 27/2006 era la única prevista sobre transparencia en nuestro país, aunque estuviera restringida a materia medioambiental. Al menos así era hasta la aprobación de la reciente Ley 19/2013, de 9 de diciembre, sobre transparencia, acceso a la información y buen gobierno.

Sin embargo, después de la aprobación de esta Ley, que tiene carácter general, en materia medioambiental se sigue aplicando, con carácter preferente, la ley 27/2006. Y ello en virtud de la Disposición Adicional Primera, apartado 2, de la Ley 19/2013, de 9 de diciembre, que establece expresamente que "Se regirán por su normativa específica, y por esta Ley con carácter supletorio, aquellas materias que tengan previsto un régimen jurídico específico de acceso a la información", es decir, el acceso a la información medioambiental. De manera que la nueva Ley de transparencia solo se aplicará con carácter supletorio en materia de acceso a la información ambiental, a la que se aplica, con carácter preferente, su legislación sectorial.

Lo relevante, por consiguiente, a la vista de lo anterior, será determinar lo que ha de considerarse información ambiental,[33] pues eso determinará la aplicación de una Ley u otra. En este sentido, la Ley 27/2006, de 18 de julio, da una definición muy amplia de información ambiental, incluyendo cuestiones que, en sentido estricto, no han de considerarse, a priori, como ambientales. Así, el artículo 2.3 de la Ley define información ambiental como:

> 3. Información ambiental: toda información en forma escrita, visual, sonora, electrónica o en cualquier otra forma que verse sobre las siguientes cuestiones:
>
> a) El estado de los elementos del medio ambiente, como el aire y la atmósfera, el agua, el suelo, la tierra, los paisajes y espacios naturales, incluidos los humedales y las zonas

---

[32] Esta Ley vino a derogar, como ya se ha indicado, la Ley 38/1995, de 12 de diciembre, sobre el derecho de acceso a la Información en materia de Medio Ambiente, que incorporaba en nuestro ordenamiento la también derogada Directiva 90/313/CEE del Consejo, de 7 de junio de 1990, sobre libertad de acceso a la información en materia de medio ambiente.

[33] FERNÁNDEZ VALVERDE, R. "La integración de las exigencias del Convenio de Aarhus en el sistema procesal español a través de la Ley 27/2006", cit., pág. 86.

marinas y costeras, la diversidad biológica y sus componentes, incluidos los organismos modificados genéticamente; y la interacción entre estos elementos.

b) Los factores, tales como sustancias, energía, ruido, radiaciones o residuos, incluidos los residuos radiactivos, emisiones, vertidos y otras liberaciones en el medio ambiente, que afecten o puedan afectar a los elementos del medio ambiente citados en la letra a).

c) Las medidas, incluidas las medidas administrativas, como políticas, normas, planes, programas, acuerdos en materia de medio ambiente y actividades que afecten o puedan afectar a los elementos y factores citados en las letras a) y b), así como las actividades o las medidas destinadas a proteger estos elementos.

d) Los informes sobre la ejecución de la legislación medioambiental.

e) Los análisis de la relación coste-beneficio y otros análisis y supuestos de carácter económico utilizados en la toma de decisiones relativas a las medidas y actividades citadas en la letra c), y

f) El estado de la salud y seguridad de las personas, incluida, en su caso, la contaminación de la cadena alimentaria, condiciones de vida humana, bienes del patrimonio histórico, cultural y artístico y construcciones, cuando se vean o puedan verse afectados por el estado de los elementos del medio ambiente citados en la letra a) o, a través de esos elementos, por cualquiera de los extremos citados en las letras b) y c).

Cabe indicar, por consiguiente, que el término "información ambiental" ha de interpretarse de forma amplia, pues están incluidas informaciones relacionadas con el patrimonio histórico, cultural y artístico, etcétera, que no son propiamente información ambiental.[34]

6.2. *La regulación de la transparencia activa. Control por parte del Consejo de la Transparencia y Buen Gobierno*

Ambas leyes, tanto la general como la sectorial regulan la llamada transparencia activa, entendiendo esta como aquella que tiene que difundir la propia administración o entidad pública correspondiente sin que medie una solicitud.

En la Ley 27/2006, de 18 de julio, la publicidad activa está regulada en los artículos 6 a 9,[35] incluyendo una regulación muy detallada de lo que debe publicarse. Así, sin ánimo de ser exhaustivos, se incluyen: normas y resoluciones judiciales; políticas; programas; informes; datos; autorizaciones; evaluaciones de impacto ambiental; informes sobre el estado del medio ambiente, información sobre amenazas inminentes.

Sin embargo, la Ley 19/2013 (artículos 5 a 11), es mucho más difusa en cuanto a la información que debe ser objeto de publicidad activa. Se

---

[34] Así lo han puesto de manifiesto el Tribunal de Justicia de la Unión Europea (sentencias de 17 de junio de 1998 y 12 de junio de 2000) o el Tribunal Superior de Justicia del País Vasco Sala de lo Contencioso Administrativo (sentencia de 16 de junio de 2003).

[35] FERNÁNDEZ VALVERDE, R. "La integración de las exigencias del Convenio de Aarhus en el sistema procesal español a través de la Ley 27/2006", cit., pág. 92.

utilizan términos más genéricos como instrucciones, directrices, acuerdos, etcétera. Aunque también se refiere a anteproyectos de ley, reglamentos y otras normas.

No obstante, la diferencia esencial radica en que mientras la Ley 19/2013, de 9 de diciembre, prevé que el cumplimiento de esta obligación de publicidad activa ha de ser controlado por el Consejo de Transparencia y Buen Gobierno según lo establecido en el artículo 9, pudiendo llegar a la imposición de sanciones, llegado el caso, la Ley 27/2006, de 18 de julio, no prevé ningún tipo de control sobre el cumplimiento de las obligaciones de difusión activa. No obstante, siendo aquella Ley de aplicación supletoria para todo aquello que no esté específicamente regulada en esta, cabe interpretar que desde que se constituya el Consejo de Transparencia y Buen Gobierno este habrá de ocuparse, igualmente, del cumplimiento de la obligación de publicación de la información ambiental conforme a lo previsto en la Ley sectorial.

6.3. El titular del derecho de acceso a la información y el sujeto obligado a suministrarla

En relación al reconocimiento del derecho de acceso a la información ambiental, da la impresión de que la Ley 27/2006, de 18 de julio, establece una legitimidad activa más amplia que la reconocida en la Ley 19/2013, de 9 de diciembre.

Así, poniendo en relación los artículos 2.7 y 10 de la Ley sectorial, se establece que podrá solicitar la información ambiental: "Cualquier persona física y jurídica, así como asociaciones, organizaciones o grupos". Se incluyen, como vemos, asociaciones, organizaciones o grupos sin necesidad de que acrediten personalidad jurídica.

El artículo 12 de la Ley 19/2013, de 9 de diciembre, sin embargo, establece que "Todas las personas tienen derecho a acceder a la información pública". Ante esta afirmación, cabe preguntarse, ¿solo las personas, o también las asociaciones, organizaciones o grupos aunque no se hayan constituido como personas jurídicas, tal y como establece la Ley sectorial? La precisión no es baladí, pues si se hace una interpretación restrictiva de este artículo, podría impedirse el ejercicio del derecho de acceso a determinados grupos que sin haberse constituido como personas jurídicas, pretenden solicitar determinada información. No obstante, la entidad ante la que se ejercita este derecho de acceso debiera interpretar el artículo lo más ampliamente posible, sin exigir que el solicitante este constituido como persona jurídica.

Por otro lado, ambas leyes tienen en común que ninguna exige la acreditación de interés legítimo alguno para el ejercicio del derecho de acceso.

En cuanto al sujeto obligado a suministrar la correspondiente información, ambas leyes coinciden en señalar que será aquel en cuyo poder se encuentre la misma. Así lo señala el artículo 10 de la Ley 27/2006 y el artículo 17 de la Ley 19/2013. Sin embargo, mientras que la Ley sectorial impone a las autoridades correspondientes la obligación de asistencia a los ciudadanos que hayan presentado una solicitud imprecisa, la Ley general nada dice al respecto, pese a que esta obligación pueda derivarse de Ley general de procedimiento administrativo (Ley 30/1992, de 26 de noviembre), de acuerdo con lo establecido en su artículo 35.

6.4. Causas de denegación del derecho de acceso a la información. Especial referencia la protección de datos

Voy a referirme a continuación a la regulación de los motivos por los cuales se puede denegar el derecho de acceso a la información. Las dos regulaciones señalan prácticamente las mismas causas de denegación, aunque con algunos matices que deben indicarse.[36]

Como rasgos en común, se debe señalar que las causas de denegación han de interpretarse de manera restrictiva y, en cualquier caso, se deberá realizar una ponderación adecuada entre los intereses en juego. Si no fuese posible suministrar todo la información que se solicita, deberá permitirse, al menos, un acceso parcial. Así lo prevén ambas leyes, la general y la sectorial.

Por su parte, la Ley 26/2007, de 18 de julio, distingue entre causas formales y causas materiales de denegación (apartados 1 y 2 del artículo 13),[37] mientras que la Ley 19/2013, de 9 de diciembre, distingue entre lími-

---

[36] Sobre la causas de denegación del derecho de acceso a la información ambiental, véase CUBERO MARCOS, J. I. "Excepciones al derecho de acceso a la información ambiental", en LOZANO CUTANDA, B y GUTIERREZ-ALVIZ CONRADI, F. (Directores), *Examen de la nueva ley de acceso a la información, participación pública y acceso a la justicia en materia de medio ambiente*, cit., págs. 141 a 166.

[37] Artículo 13 Excepciones a la obligación de facilitar la información ambiental. 1. Las autoridades públicas podrán denegar las solicitudes de información ambiental cuando concurra cualquiera de las circunstancias que se indican a continuación: a) Que la información solicitada a la autoridad pública no obre en poder de ésta o en el de otra entidad en su nombre, sin perjuicio de lo dispuesto en el artículo 10.2.b). b) Que la solicitud sea manifiestamente irrazonable. c) Que la solicitud esté formulada de manera excesivamente general, teniendo en cuenta lo dispuesto en El artículo 10.2.a). d) Que la solicitud se refiera a material en curso de elaboración o a documentos o datos inconclusos. Por estos últimos se entenderán aquellos sobre los que la autoridad pública esté trabajando activamente. Si la denegación se basa en este motivo, la autoridad pública competente deberá mencionar en la denegación la autoridad que está preparando el material e informar al solicitante acerca del tiempo previsto para terminar su elaboración. e) Que la solicitud se refiera a comunicaciones internas, teniendo en cuenta el interés público atendido por la revelación. 2. Las solicitudes de información ambiental podrán denegarse si la revelación de la información solicitada puede afectar negativamente a cualquiera

tes del derecho de acceso (artículo 14)[38] y causas de inadmisión (artículo 18).[39] Pero como ya hemos indicado más arriba coinciden las causas en ambas regulaciones.

Sí se aprecia alguna diferencia de relieve en cuanto al tratamiento de la protección de datos como causa de denegación del derecho de acceso. Mientras en la ley 27/2006, de 18 de julio, simplemente se refiere la protección de datos personales como causa de denegación del derecho de acceso a la información ambiental, la Ley 19/2013, de 9 de diciembre, realiza una regulación muy detallada, impidiendo que la protección de datos sea utilizada de manera instrumental para impedir, con carácter general, el cumplimiento de la obligación de transparencia y el derecho de acceso.[40]

---

de los extremos que se enumeran a continuación: a) A la confidencialidad de los procedimientos de las autoridades públicas, cuando tal confidencialidad esté prevista en una norma con rango de Ley. b) A las relaciones internacionales, a la defensa nacional o a la seguridad pública. c) A causas o asuntos sujetos a procedimiento judicial o en trámite ante los tribunales, al derecho de tutela judicial efectiva o a la capacidad para realizar una investigación de índole penal o disciplinaria. Cuando la causa o asunto estén sujetos a procedimiento judicial o en trámite ante los tribunales, deberá, en todo caso, identificarse el órgano judicial ante el que se tramita. d) A la confidencialidad de datos de carácter comercial e industrial, cuando dicha confidencialidad esté prevista en una norma con rango de Ley o en la normativa comunitaria, a fin de proteger intereses económicos legítimos, incluido el interés público de mantener la confidencialidad estadística y el secreto fiscal. e) A los derechos de propiedad intelectual e industrial. Se exceptúan los supuestos en los que el titular haya consentido en su divulgación. f) Al carácter confidencial de los datos personales, tal y como se regulan en la Ley Orgánica 15/1999, de 13 de diciembre, de Protección de Datos de Carácter Personal, siempre y cuando la persona interesada a quien conciernan no haya consentido en su tratamiento o revelación. g) A los intereses o a la protección de un tercero que haya facilitado voluntariamente la información solicitada sin estar obligado a ello por la legislación vigente. Se exceptúan los supuestos en los que la persona hubiese consentido su divulgación. h) A la protección del medio ambiente al que se refiere la información solicitada. En particular, la que se refiera a la localización de las especies amenazadas o a la de sus lugares de reproducción.

[38] Artículo 14 Límites al derecho de acceso. 1. El derecho de acceso podrá ser limitado cuando acceder a la información suponga un perjuicio para: a) La seguridad nacional. b) La defensa. c) Las relaciones exteriores. d) La seguridad pública. e) La prevención, investigación y sanción de los ilícitos penales, administrativos o disciplinarios. f) La igualdad de las partes en los procesos judiciales y la tutela judicial efectiva. g) Las funciones administrativas de vigilancia, inspección y control. h) Los intereses económicos y comerciales. i) La política económica y monetaria. j) El secreto profesional y la propiedad intelectual e industrial. k) La garantía de la confidencialidad o el secreto requerido en procesos de toma de decisión. l) La protección del medio ambiente.

[39] Artículo 18 Causas de inadmisión. 1. Se inadmitirán a trámite, mediante resolución motivada, las solicitudes: a) Que se refieran a información que esté en curso de elaboración o de publicación general. b) Referidas a información que tenga carácter auxiliar o de apoyo como la contenida en notas, borradores, opiniones, resúmenes, comunicaciones e informes internos o entre órganos o entidades administrativas. c) Relativas a información para cuya divulgación sea necesaria una acción previa de reelaboración. d) Dirigidas a un órgano en cuyo poder no obre la información cuando se desconozca el competente. e) Que sean manifiestamente repetitivas o tengan un carácter abusivo no justificado con la finalidad de transparencia de esta Ley.

[40] En este sentido, el profesor José Luis PIÑAR MAÑAS, había puesto de manifiesto esta situación en "Seguridad, transparencia y protección de datos: el futuro de un necesario equilibrio", cit., pág. 14. "Debido a la no existencia en España de una legislación adecuada sobre el derecho de acceso a la información, están produciéndose situaciones muy cercanas a lo que sin duda es una instrumentalización de la protección de datos (sobre lo que ha llamado la atención el Defensor del Pueblo Europeo, 2001). Esta situación no es admisible. No facilitar el acceso a documentos o a informaciones en poder

En este sentido, la ley general de transparencia remite a la Ley Orgánica 15/1999, de 13 de diciembre, sobre Protección de datos de Carácter Personal (en adelante, LOPD) para distinguir entre datos susceptibles de especial protección, de aquellos otros que son meramente identificativos, estableciendo una regulación diferenciada en uno y otro caso. Así, para los datos especialmente protegidos del artículo 7.2 de la LOPD, solo se concederá el acceso previo consentimiento expreso y por escrito del afectado. Para los datos a los que se refiere el artículo 7.3 de la LOPD, o datos relativos a la comisión de infracciones penales o administrativas que no conllevasen la amonestación pública al infractor, el acceso sólo se podrá autorizar en caso de que se cuente con el consentimiento expreso del afectado o si aquél estuviera amparado por una norma con rango de Ley.

Si la solicitud no hiciera referencia a datos especialmente protegidos, el órgano al que se dirija la solicitud concederá el acceso previa ponderación suficientemente razonada del interés público en la divulgación de la información y los derechos de los afectados cuyos datos aparezcan en la información solicitada, en particular su derecho fundamental a la protección de datos de carácter personal.

Esta decisión debiera tomarla, en última instancia y previa interposición de la correspondiente reclamación prevista en el artículo 15 de la Ley 19/2013, de 9 de diciembre, el Consejo de la Transparencia y el Buen Gobierno. Es decir, es este órgano quien decidirá si prevalece el derecho a la protección de datos o el derecho de acceso a la información. Esta es una razón de peso para argumentar a favor de que sea la Agencia Española de protección de Datos quien asuma las funciones propias del órgano garante de la transparencia. No debemos olvidar que, como ha señalado el profesor José Luis PIÑAR MAÑAS en diversas ocasiones, estamos ante las dos caras de una misma moneda.[41]

6.5. Tramitación del procedimiento y régimen de recursos administrativos

Respecto a la tramitación del procedimiento, así como en relación al régimen del silencio administrativo, sí encontramos importantes diferencias en ambas regulaciones.

---

de las Administraciones públicas so pretexto de ser contrario a la Ley de Protección de Datos, encierra simplemente, en muchas ocasiones, la intención nada confesable de ocultar dicha información por pura conveniencia de quien dispone de ella, sin que se pueda invocar la LOPD. Ahora bien, también es cierto que la falta de una ley reguladora del acceso a la información impide en no pocas situaciones contar con la habilitación legal necesaria para ceder los datos que tal acceso pueda implicar. Habilitación que una ley facilitaría, en los términos regulados en ella. Puede verse también PIÑAR MAÑAS. J. L. "Transparencia y protección de datos: las claves de un equilibrio necesario", *El gobierno local: estudios en homenaje al profesor Luis Morell Ocaña*, RUIZ OJEDA, A. L. (Coord.), Iustel, 2010.

[41] PIÑAR MAÑAS. J. L. "Transparencia y protección de datos: las claves de un equilibrio necesario", cit.

El plazo de subsanación en el caso de la Ley 27/2006, de 18 de julio, relativa al acceso a la información ambiental, es de 1 mes, con asistencia, en su caso, del órgano administrativo correspondiente. Sin embargo, en la Ley general de transparencia el plazo es de 10 días hábiles sin que se prevea ningún tipo de asistencia o ayuda al solicitante.

En cuanto al plazo de resolución y notificación, es igual en ambas leyes: 1 mes, ampliable a dos en el caso de un gran volumen de solicitudes o la especial complejidad de la solicitud.

Sí cambia, radicalmente, el régimen del silencio administrativo. En el caso de la Ley 27/2006, de 18 de julio, no está regulado expresamente el sentido del silencio en el supuesto de que el órgano competente no resuelva y notifique en plazo la solicitud de información. Es por ello por lo que se aplica el régimen general del artículo 43 de la ley 30/1992, de 26 de noviembre, que considera, en estos casos, y a falta de regulación expresa, el silencio estimatorio o positivo. Bien es cierto que de poco valdrá dicha estimación por acto presunto si lo que se solicita es determinada información, pero, en cualquier caso, no está demás.

Sin embargo, la regulación establecida en la Ley 19/2013, de 9 de diciembre, de manera sorprendente establece que, transcurridos los plazos sin que el órgano competente haya resuelto y notificado la solicitud de acceso a la información, habrá de entenderse desestimada por silencio administrativo (artículo 20.4). Esta regulación de la Ley general de transparencia parece no haber tenido en cuenta la reforma de la Ley 30/1992, de 26 de noviembre, operada por la Ley 25/2009, de 22 de diciembre, mejor conocida como "Ley Ómnibus".[42] Y es que, como motivo de esta Ley, se modificó el artículo 43 de la ley 30/1992, en el sentido de que el establecimiento de un silencio negativo, como excepción a la regla general del silencio positivo, requería no solo venir reconocido expresamente en una norma con rango de Ley, sino que estuviera justificado en una razón imperiosa de interés general.[43] El artículo 20.4 de la Ley de Transparen-

---

[42] Esta Ley 25/2009, de 22 de diciembre, de modificación de diversas leyes para su adaptación a la Ley sobre el libre acceso a las actividades de servicios y su ejercicio, junto con la Ley 17/2009, de 23 de noviembre, sobre el libre acceso a las actividades de servicios y su ejercicio, llevan a cabo la transposición en nuestro país de la bien conocida Directiva 2006/123/CE, de 12 de diciembre, relativa a los servicios en el mercado interior. Esta norma, en opinión de una buena parte de la doctrina, entre la que humildemente me encuentro, ha venido a revolucionar el Derecho Administrativo español, al menos en lo que se refiere a las técnicas de control.

[43] Sobre el concepto de razón imperiosa de interés general, que se ha convertido en la clave de bóveda de todo el sistema de intervención administrativa, habrá de estar a lo que establece el artículo 4.8 de la Directiva de Servicios que lo define como: razón reconocida como tal en la jurisprudencia del Tribunal de Justicia, incluidas las siguientes: el orden público, la seguridad pública, la protección civil, la salud pública, la preservación del equilibrio financiero del régimen de seguridad social, la protección de los consumidores, de los destinatarios de servicios y de los trabajadores, las exigencias de la buena fe en las transacciones comerciales, la lucha contra el fraude, la protección del medio ambiente y del entorno urbano, la sanidad animal, la propiedad intelectual e industrial, la conservación del patrimo-

cia establece un silencio negativo como excepción a la regla general del silencio positivo, sin embargo, no se justifica en ninguna razón imperiosa de interés general, lo que vulnera, en mi opinión, el Derecho de la Unión Europea. En concreto, la Directiva 2006/123/CE, del Parlamento Europeo y del Consejo, de 12 de diciembre, relativa a los servicios en el mercado interior.

También hay un cambio importante en cuanto al régimen de los recursos administrativos. Si en la ley sectorial sobre acceso a la información ambiental remite al régimen de recursos previsto en la Ley 30/1992, de 26 de noviembre, y por consiguiente, pondrán fin a la vía administrativa, o no, en función de lo establecido en el artículo 109 de la misma (véanse los artículos 10.2 *in fine*, puestos en relación con los artículos 20 y 21 de la Ley 26/2007, de 18 de julio). En la ley general de transparencia, por el contrario, la resolución sí pone fin a la vía administrativa, abriendo la vía jurisdiccional contenciosa o, en su caso, si así se decide, cabe interponer un recurso potestativo de reposición ante el Consejo de la Transparencia y Buen Gobierno (artículos 20.5 y 24).

7. Conclusiones

El derecho de acceso a la información es esencial en un Estado democrático, como el nuestro, para facilitar la participación de los ciudadanos en la vida política, social, económica y cultural. Esto, que es necesario con cualquier tipo de información, se hace imprescindible cuando hablamos de información medioambiental que puede afectar a la vida, salud e integridad física y moral de los ciudadanos.

El derecho de acceso a la información ambiental no está expresamente reconocido como derecho fundamental por nuestra Constitución. Tampoco por la Carta de Derechos Fundamentales de la Unión Europea ni por el Convenio de Derechos Humanos. Sin embargo, teniendo en cuenta la dimensión ambiental de los derechos fundamentales, nacida de la jurisprudencia del Tribunal Europeo de Derechos Humanos, el derecho de acceso a la información ambiental podría adquirir esta naturaleza, con el máximo rango, a poco que se pueda considerar afectada la salud, integridad física, privacidad o dignidad de los ciudadanos.

La Ley 27/2006, de 18 de julio, que regula el derecho de acceso a la información, la participación y el acceso a la justicia en materia ambiental, considera este derecho de acceso más como un principio de actuación que como un verdadero derecho fundamental. Por su parte, la reciente

---

nio histórico y artístico nacional y los objetivos de la política social y cultural. Se ve claramente que, pese a lo que ha interpretado el legislador español, es un *numerus apertus*, y habrá que estar a lo que, en cada caso concreto, establezca el Tribunal de Justicia de la Unión Europea.

Ley 19/2013, de 9 de diciembre, de transparencia, acceso a la información y buen gobierno no ha venido a modificar mucho la situación anterior. Primero, porque solo se aplica al derecho de acceso a la información ambiental con carácter supletorio y, segundo, porque sigue considerando al derecho de acceso a la información ambiental como un mero derecho de configuración legal. Más como un principio de actuación de los poderes públicos que como un auténtico derecho fundamental.

Pese a todo, en mi opinión, el derecho de acceso a la información en general, y a la ambiental en particular, acabará siendo reconocida como un derecho fundamental de los de más alto rango por la jurisprudencia, debemos reconocer que estamos en pleno proceso y aún queda un largo camino por recorrer.

8. Bibilografía

BOUAZZA ARIÑO, O. "Tribunal Europeo de Derechos Humanos: derechos frente a la contaminación, libertad de conciencia ambiental y protección urbanística del suelo" en LÓPEZ RAMÓN, F. (Coord.) *Observatorio de políticas ambientales 2013.*

——. "Vías indirectas para la protección del medio ambiente", *Revista de Administración Pública*, núm. 170, 2006.

——. "Constitutional Environnmental Rights", *Revista de Administración Pública*, núm. 169, 2006.

——. en "Respeto a la vida privada y protección del medio ambiente en la jurisprudencia del Tribunal Europeo de Derechos Humanos", *Revista de Administración Pública*, núm. 160, 2003.

DE SALES CAVEDÓN, F. en "La construcción de una dimensión ambiental de los derechos humanos por la jurisprudencia de la Corte Europea de Derechos Humanos: el derecho de acceso a la información y a la libertad de expresión en materia ambiental" Revista Aranzadi de derecho ambiental, 2008, núm. 14.

ESTEVE PARDO, J. *La nueva relación entre Estado y Sociedad. Aproximación al trasfondo de la crisis*, Marcial Pons, Madrid, 2013.

——, en *El desconcierto del Leviatán*, Marcial Pons, Madrid, 2009

FERNÁNDEZ VALVERDE, R. "La integración de las exigencias del Convenio de Aarhus en el sistema procesal español a través de la Ley 27/2006", en LOZANO CUTANDA, B y GUTIERREZ-ALVIZ CONRADI, F. (Directores), *Examen de la nueva ley de acceso a la información, participación pública y acceso a la justicia en materia de medio ambiente*, Estudios de Derecho Judicial, núm. 137, Consejo General del Poder Judicial, Madrid, 2008.

LATORRE, A. Introducción al Derecho, Ariel, Madrid, 2008.

LOZANO CUTANDA, B. *Derecho Ambiental Administrativo*, Dykinson, 9ª ed. Madrid, 2008.

MARTÍN RETORTILLO BAQUER, L. *Vías concurrentes para la protección de los derechos humanos*, Civitas, Madrid, 2006.

——. *La Europa de los Derechos Humanos*, Centro de Estudios Políticos y Constitucionales, Madrid, 1998.

PIÑAR MAÑAS. J. L. "Transparencia y protección de datos: las claves de un equilibrio necesario", El gobierno local: estudios en homenaje al profesor Luis Morell Ocaña, RUIZ OJEDA, A. L. (Coord.), Iustel, Madrid, 2010.

——. "La protección de datos", CANO CAMPOS, T. (Coord.), Lecciones y materiales para el estudio del derecho administrativo, Vol. 9, Iustel, Madrid, 2009.

——, en "Seguridad, transparencia y protección de datos: el futuro de un necesario equilibrio", Documento de Trabajo 147/2009, Fundación Alternativas, 2009.

——. "El derecho a la protección de datos de carácter personal en la jurisprudencia del Tribunal de Justicia de las Comunidades Europeas", Derecho contencioso-administrativo: libro homenaje al profesor Luis Henrique Farias Mata, BADELL MADRID, R. (Coord.), Instituto de Estudios Jurídicos del Estado de Lara, 2006.

——. "derecho fundamental a la protección de datos personales. Algunos retos de presente y futuro", Revista parlamentaria de la Asamblea de Madrid, núm. 13, 2005.

——. "derecho fundamental a la protección de datos personales. Algunos retos de presente y futuro", Revista parlamentaria de la Asamblea de Madrid, núm. 13, 2005.

——. (coord.) Desarrollo sostenible y protección del medio ambiente, Civitas, Madrid, 2002.

RAMS RAMOS. "La transformación del derecho de acceso en España: de derecho de configuración legal a derecho fundamental", Revista Española de Derecho Administrativo, núm. 160, 2013.

SCHMIDT-ASSMAN, E. "La ciencia del Derecho Administrativo ante la internacionalización de las relaciones administrativas", *Revista de Administración Pública*, núm. 171, 2006, Madrid.

— 12 —

Tratamiento jurídico del derecho-deber de información en la interrupción voluntaria del embarazo

FRANCISCO MIGUEL BOMBILLAR SÁENZ[1]

Sumario: 1. A modo de introducción: principio de autonomía de la voluntad y consentimiento informado; 2. El derecho-deber de información en la regulación de la interrupción voluntaria del embarazo; 2.1. La regulación de la interrupción voluntaria del embarazo en España; 2.2. El consentimiento informado de las menores de dieciséis y diecisiete años a la práctica de la interrupción voluntaria del embarazo; 2.3. Asesoramiento asistencial e información clínica a la mujer en los casos de interrupción voluntaria del embarazo; 2.4. Derecho-deber de información y objeción de conciencia; 3. A modo de corolario: *scientia potentia est*.

1. A modo de introducción: principio de autonomía de la voluntad y consentimiento informado

En la actualidad, el derecho-deber de información sanitaria[2] (en sus tres facetas: clínica, epidemiológica y jurídica) juega un papel crucial en las relaciones médico-paciente, en especial, como vamos a poner de manifiesto en estas líneas, de cara a la interrupción voluntaria del embarazo, donde la información es condición indispensable para la validez del acto médico (PÉREZ MIRAS).[3]

---

[1] Profesor de Derecho Administrativo. Universidad de Granada.

[2] Inés GALENDE da la siguiente definición de información sanitaria: "[con] la expresión 'información sanitaria', se entiende generalmente, la información –veraz y suficiente– sobre el diagnóstico y posibilidades terapéuticas que el médico (u otro profesional sanitario en su caso) proporciona a un paciente sobre su enfermedad. Sin embargo, el término es mucho más amplio que el descrito y engloba también la información que los profesionales, servicios, administraciones públicas y autoridades sanitarias deben proporcionar a los ciudadanos –también sanos– sobre la prevención, los cuidados y los hábitos de vida saludables para mejorar el estado de salud, así como otra información de carácter más técnica utilizada entre profesionales (información médica), autoridades y administraciones sanitarias. También se considera información sanitaria la información que un voluntario, sano o paciente, debe recibir antes de decidir si participa o no en un proyecto de investigación biomédica." GALENDE DOMÍNGUEZ, I.: "Derecho a la información", en ROMEO CASABONA, C. M. (dir.), *Enciclopedia de Bioderecho y Bioética*, Comares, Granada, 2011, p. 544.

[3] En este estudio tendremos muy presentes las ideas expuestas con gran acierto por PÉREZ MIRAS, A.: *El derecho de información en las relaciones jurídico-sanitarias*, Trabajo Fin de Máster dirigido por J. F. SÁNCHEZ BARRILAO defendido en el marco del Máster Oficial en Derecho Sanitario, Bioética y Derecho

La información sanitaria viene exigida y respaldada por la práctica totalidad de las normas que integran el Derecho Sanitario, principalmente, entre otras muchas, por la Ley General de Sanidad (LGS),[4] la Ley de Autonomía del Paciente (LAP),[5] la Ley de Garantías y Uso Racional de los Medicamentos y Productos Sanitarios (LGURMPS)[6] o la Ley General de Salud Pública (LGSP).[7] Partiendo de las bases fijadas por estos instrumentos normativos, nosotros nos vamos a centrar aquí en el articulado de la norma que en la actualidad regula la interrupción voluntaria del embarazo, analizando el importante rol del derecho-deber de información sanitaria en este sector.

Sin duda, la LAP es la norma fundamental en este campo, no en vano supuso la consagración de un cambio de paradigma: de una medicina paternalista, en la que el médico, en posición de superioridad gozaba de un poder omnímodo, a una medicina marcada por un proceso comunicativo médico-paciente, por el principio de autonomía de la voluntad, donde el paciente no acepta, sin más y con resignación, la decisión del facultativo, sino que, tras una información adecuada (autodeterminación consciente), consiente o no todo tratamiento médico que se le aplique. LAP que a su vez es una plasmación en nuestro Derecho interno de los dictados del Convenio de Oviedo.[8]

---

a la Salud en la Unión Europea de la Universidad de Granada; y, en especial, en "El derecho de información sanitaria en la interrupción voluntaria del embarazo", *Derecho y Salud*, vol. 24 Extraordinario XXIII Congreso 2014, pp. 143 a 152.

[4] Ley 14/1986, de 25 de abril, General de Sanidad (*BOE* núm. 102, de 29 de abril de 1986). En relación con el dictado de esta norma en materia de información sanitaria, vid. el trabajo de BELTRÁN AGUIRRE, J. L.: "La información en la Ley General de Sanidad y en la jurisprudencia", *Derecho y Salud*, vol. 3, 1995, pp. 171 a 192.

[5] Nos referimos a la Ley 41/2002, de 14 de noviembre, básica reguladora de la autonomía del paciente y de derechos y obligaciones en materia de información y documentación clínica (*BOE*, núm. 274, de 15 de noviembre de 2002). Destacados trabajos sobre el tratamiento de la información sanitaria en la LAP se pueden encontrar en MÉJICA GARCÍA, J. & DÍEZ RODRÍGUEZ, J. R.: *El estatuto del paciente. A través de la nueva legislación sanitaria estatal*, Civitas, Cizur Menor (Navarra), 2006, pp. 31-103; o GALLEGO RIESTRA, S.: "Información y consentimiento informado: de la Ley General de Sanidad a la Ley 41/2002", en PALOMAR OLMEDA, A. & CANTERO MARTÍNEZ, J. (dirs.), *Tratado de Derecho Sanitario*, vol. I, Thomson-Aranzadi, Cizur Menor (Navarra), 2013, pp. 803 a 826.

[6] Ley 29/2006, de 26 de julio, de garantías y uso racional de los medicamentos y productos sanitarios (*BOE*, núm. 178, de 27 de julio de 2006). Por ejemplo, en todo lo que tiene que ver con el etiquetado, los prospectos o el embalaje de los medicamentos. Vid. BOMBILLAR SÁENZ, F. M.: "Drugs labelling, leaflets and packing in European pharmaceutical law with special reference to the Spanish and Italian cases", *Pharmaceuticals Policy and Law*, vol. 12, núm. 3-4, 2010, pp. 241-257. También es interesante la consulta de ABELLÁN, F. & SÁNCHEZ-CARO, J.: *La responsabilidad médica por la información del medicamento*, Granada, Comares, 2007. Por no mencionar todas las garantías de información al paciente que se exigen en relación con la investigación biomédica, por ejemplo, de cara a los ensayos clínicos.

[7] Ley 33/2011, de 4 de octubre, General de Salud Pública (*BOE* núm. 240, de 5 de octubre de 2011).

[8] Nos referimos al Convenio para la protección de los derechos humanos y la dignidad del ser humano con respecto a las aplicaciones de la Biología y la Medicina (Convenio relativo a los derechos humanos y la biomedicina), hecho en Oviedo el 4 de abril de 1997 (*BOE* núm. 251, de 20 de octubre de 1999). Otros Pactos Internacionales con incidencia en este ámbito son los siguientes, a saber: la Declaración Universal de Derechos Humanos, de 10 de diciembre de 1948, proclamada por la Asamblea

La información del médico es preceptiva para que el enfermo pueda escoger en libertad dentro de las opciones posibles que la ciencia médica le ofrece al respecto, incluyéndose también aquí, por supuesto, la posibilidad de no someterse a ningún tratamiento ni intervención[9] (STC 37/2011, FJ 5). Esto no supone un mero formalismo, no debemos verlo como una mera causa de exoneración de responsabilidad, sino que encuentra fundamento y apoyo en la misma Constitución Española (CE), en la exaltación de la dignidad de la persona que se consagra en el artículo 10.1 CE, pero sobre todo, en la libertad de que se ocupa el artículo 1.1 CE, donde se vendría a reconocer la autonomía del individuo para elegir entre las diversas opciones vitales que se le presenten de acuerdo con sus propios intereses y preferencias.

De modo que, de acuerdo con la doctrina de nuestro Tribunal Constitucional (en especial, tras la STC 37/2011,[10] FJ 5[11]), el consentimiento informado constituye un derecho humano fundamental. Esta es precisamente una de las últimas aportaciones realizadas en la teoría de los derechos humanos, fruto de la conexión del instituto del consentimiento informado con los clásicos derechos a la vida, a la integridad física y moral y a la libertad de conciencia de los artículos 15 y 16 CE.

General de las Naciones Unidas, principalmente en su Preámbulo y artículos 12, 18 a 20, 25, 28 y 29; el Convenio para la Protección de los Derechos Humanos y de las Libertades Fundamentales, de Roma de 4 de noviembre de 1950, en sus artículos 3, 4, 5, 8 y 9; o el Pacto Internacional de Derechos Civiles y Políticos de Nueva York, de 16 de diciembre de 1966, en sus artículos 1, 3, 5, 8, 9 y 10.

[9] El derecho a rechazar un tratamiento médico hasta sus máximas consecuencias se regula con detalle en la Comunidad Autónoma de Andalucía, principalmente, en la Ley 2/2010, de 8 de abril, de Derechos y Garantías de la Dignidad de la Persona en el Proceso de la Muerte (*BOJA* núm. 88, de 7 de mayo de 2010). He analizado la LMDA en "El derecho a una muerte digna en el ordenamiento jurídico andaluz: el caso Inmaculada Echeverría", en PÉREZ MIRAS, A.; TERUEL LOZANO, G.; RAFFIOTTA, E. (coords.), *Desafíos para los derechos de la persona ante el siglo XXI: Vida y Ciencia*, Thomsom-Aranzadi, Cizur Menor (Navarra), 2013, pp. 413 a 432. Un estudio de esta cuestión en el conjunto del orden autonómico puede verse en RAGONE, S.: "El derecho a una muerte digna entre tutela multi-nivel y diferenciación inter-territorial", en PÉREZ MIRAS, A.; TERUEL LOZANO, G.; RAFFIOTTA, E. (coords.), *Desafíos para los derechos de la persona ante el siglo XXI: Vida y Ciencia, op. cit.*, pp. 393 a 402. No cabe duda de que aquí la información juega igualmente un papel fundamental.

[10] STC (Sala Segunda) 37/2011, de 28 de marzo de 2011. Recurso de amparo promovido por un paciente respecto a la Sentencias de la Audiencia Provincial de Bizkaia y de un Juzgado de Primera Instancia de Bilbao que desestimaron su reclamación de responsabilidad civil derivada de asistencia sanitaria. Se dictamina la vulneración de los derechos a la integridad física y a la tutela judicial efectiva. El Tribunal Constitucional entiende que la asistencia sanitaria fue proporcionada desatendiendo el derecho del paciente a prestar un consentimiento informado.

[11] Por su interés, transcribimos el FJ 5 de la referida STC 37/2011, donde se define el consentimiento informado "como un procedimiento o mecanismo de garantía para la efectividad del principio de autonomía de la voluntad del paciente y, por tanto, de los preceptos constitucionales que reconocen derechos fundamentales que pueden resultar concernidos por las actuaciones médicas, y, señaladamente, una consecuencia implícita y obligada de la garantía del derecho a la integridad física y moral, alcanzando así una relevancia constitucional que determina que su omisión o defectuosa realización puedan suponer una lesión del propio derecho fundamental."

En suma, toda actuación asistencial que afecte a la salud de un paciente necesita del consentimiento libre y voluntario de éste (art. 8.1 LAP).[12] Los pacientes tienen derecho, tras recibir una adecuada información asistencial sobre su proceso, a decidir libremente entre las opciones clínicas o terapéuticas que les presente el médico responsable de su caso (apdos. 2, 3 y 4 del art. 2 LAP). Para ello, los pacientes tienen derecho a conocer, con motivo de cualquier actuación en el ámbito de su salud, toda la información disponible sobre la misma, salvando los supuestos exceptuados por la LAP (art. 9.2 LAP) y el derecho de toda persona a no ser informada (art. 9.1 LAP). El derecho del paciente a decidir sobre su propia salud conlleva, pues, el deber de los profesionales sanitarios y de los centros, servicios y establecimientos a respetar la voluntad de su elección. La información clínica forma parte de este modo de todas las actuaciones asistenciales, se integra dentro de la *lex artis* (art. 4.2 LAP).

Es el médico responsable de cada paciente quien deberá garantizar el cumplimiento del derecho a la información. El resto de los profesionales sanitarios que atiendan a los pacientes durante el proceso asistencial, o les apliquen una intervención concreta, también tienen obligación de facilitarles información clínica en función de su grado de responsabilidad y participación en el proceso de atención sanitaria (art. 4.3 LAP). Todos estos profesionales dejarán constancia en la historia clínica, en cumplimiento de sus nuevos deberes en el campo de la documentación clínica, de que dicha información fue proporcionada a los pacientes y suficientemente comprendida por éstos (arts. 14 y ss. LAP). No es un elemento menor a la luz de la litigiosidad que fácilmente se detecta en este campo.[13]

La información, que como regla general se proporcionará verbalmente dejando constancia en la historia clínica,[14] comprenderá, como mínimo, la finalidad y la naturaleza de cada intervención, sus riesgos y sus consecuencias (art. 4.1 LAP). Así pues, de cara a delimitar la información a suministrar, es pacífico incluir aquí, partiendo de lo previsto, entre otros, en los artículos 4.1 y 10 LAP, la denominación y descripción básica del procedimiento quirúrgico o técnico en cuestión (obviamente, no puede

---

[12] Entre otros, nos remitimos aquí *in totum* a los artículos 2, 4, 5, 8, 9 ó 10 de la LAP.

[13] Precisamente, siete de cada diez reclamaciones contra los médicos se producen por falta de información al paciente o por defectos en la obtención del consentimiento informado (*Diario Médico*, edición de 30 de mayo de 2006), de modo que la principal causa de insatisfacción de los pacientes tiene que ver con la insuficiente información antes, durante y después del proceso asistencial (lo que se expone, entre otros, en el Estudio Conjunto de los Defensores del Pueblo: *Las urgencias hospitalarias en el Sistema Nacional de Salud: derechos y garantías de los pacientes*, de enero de 2005).

[14] Por regla general, el consentimiento será verbal. Sin embargo, la LAP contempla que pasará a ser por escrito en los siguientes casos: "intervención quirúrgica, procedimientos diagnósticos y terapéuticos invasores y, en general, aplicación de procedimientos que suponen riesgos o inconvenientes de notoria y previsible repercusión negativa sobre la salud del paciente" (art. 8.2 LAP).

convertirse esto en un curso acelerado de Medicina),[15] el objetivo y resultado que se pretende alcanzar con dicho tratamiento, las consecuencias seguras o escenario posterior a la intervención (tanto en el plano personal como laboral),[16] el diagnóstico, pronóstico y las alternativas posibles, así como, sin ánimo de ser exhaustivos, los riesgos típicos, los riesgos personalizados y las contraindicaciones del procedimiento médico en juego para el sujeto en cuestión.

Esta información tendrá que suministrarse de un modo comprensible y adecuado a las necesidades de cada paciente, teniendo en cuenta su edad y capacidad (recordemos que el consentimiento por representación del art. 9.3 LAP sólo cabe para los menores de 16 años[17] y las personas con discapacidad[18]), nivel cultural, situación personal, sociofamiliar o profesional, así como la urgencia del caso (que habilitaría la información verbal), la necesidad del tratamiento, la peligrosidad de la actuación (ex-

---

[15] Me remito a la interesante SAP de Badajoz (Sección 1ª) núm. 64/2003, de 20 de febrero, en cuyo FJ 1 se afirma que "No es exigible que la información de que habla el art. 10.5 de la Ley General de Sanidad gane carácter exhaustivo o interminable [no puede el paciente recibir cursos de medicina acelerada] pues ello ni es viable en la práctica ni beneficia al propio paciente. Es pues que la información que interesa y a la que se refiere la norma es aquella que se entienda como razonable para que el paciente tenga capacidad de decisión o de elección. Ir más allá es completamente contraproducente."

[16] Es conveniente a este respecto la consulta del Dictamen del Consejo Consultivo de Andalucía núm. 582/2009, de 15 de septiembre de 2009, en donde se dilucida una posible responsabilidad patrimonial de la Administración derivada de una vasectomía. Para este Consejo Consultivo, "la intervención se realizó correctamente, los dos deferentes fueron seccionados según se confirmó por el informe del Servicio de Anatomía Patológica. Sin embargo, este método anticonceptivo tiene un pequeño porcentaje de fallos que implica mantener medias de seguridad antes expuestas para asegurar la esterilización. En este caso el nivel de información fue suficiente, el procedimiento se realizó correctamente y se dieron todas las instrucciones a seguir después de la intervención, por lo que no puede entenderse que exista relación de causalidad entre el daño invocado y el funcionamiento del servicio público sanitario". El paciente recurrente no siguió las indicaciones recibidas, no acudió a la consulta de urología a los cinco meses de la intervención ni adoptó las medidas oportunas para prevenir un embarazo, pese a haber sido informado oportunamente, como consta acreditado en la historia clínica, de que así debía de proceder.

[17] La LAP fija, en su artículo 9.3.c, la mayoría de edad sanitaria en los dieciséis años. No cabe el consentimiento por representación en el caso de los menores emancipados o con dieciséis años cumplidos. Ahora bien, en caso de actuación de grave riesgo para ellos, según el criterio del facultativo, sus padres serán informados y su opinión será tenida en cuenta para la toma de la decisión correspondiente. Sí se requiere la mayoría de edad (18 años) para participar en un ensayo clínico, para someterse a técnicas de reproducción humana asistida, para realizar donaciones (gametos y preembriones, donantes vivos, donación de ovocitos preembriones para investigación biomédica) y para las esterilizaciones u operaciones de cambio de sexo (art. 9.4 LAP).

[18] A este respecto, la LAP fue objeto de una nueva redacción por la Ley 26/2011, de 1 de agosto, de adaptación normativa a la Convención Internacional sobre los Derechos de las Personas con Discapacidad, que afectó a su artículo 9.5 que ahora presenta el siguiente tenor literal: "La prestación del consentimiento por representación será adecuada a las circunstancias y proporcionada a las necesidades que haya que atender, siempre en favor del paciente y con respeto a su dignidad personal. El paciente participará en la medida de lo posible en la toma de decisiones a lo largo del proceso sanitario. Si el paciente es una persona con discapacidad, se le ofrecerán las medidas de apoyo pertinentes, incluida la información en formatos adecuados, siguiendo las reglas marcadas por el principio del diseño para todos de manera que resulten accesibles y comprensibles a las personas con discapacidad, para favorecer que pueda prestar por sí su consentimiento."

tremando la información, en especial, ante intervenciones no necesarias como las estéticas), la novedad de la técnica o la posible renuncia a recibir información. Sólo si se cumplen todas las garantías al respecto establecidas por la LAP y resto de normativa estatal y autonómica el consentimiento gozará de validez.[19]

En este sentido, constituyen supuestos en los que hay que reforzar la información que se presta al paciente aquellos ligados a la reproducción asistida, la donación y utilización de fetos y embriones humanos, la extracción y transplante de órganos y tejidos humanos, el final de la vida (con la particularidad de las instrucciones previas o declaración de voluntad vital anticipada),[20] los ensayos clínicos, la medicina satisfactiva [medicina estética pura, medicina no reproductiva (tanto vasectomía como ligadura de trompas), oftalmología y odontología][21] o, como nos ocuparemos de exponer a lo largo de estas líneas, la interrupción voluntaria del embarazo.

Toda esta información sanitaria recogida en la historia clínica tiene que respetar, por supuesto, y como ocurre en el resto de ámbitos de la vida social, los dictados de la normativa española en materia de protección de datos (LOPD),[22] para la que son datos especialmente sensibles –y, por tanto, protegidos– los relativos a la salud y a la vida sexual (el caso de la interrupción voluntaria del embarazo).[23] Así pues, la Agencia Española de Protección de Datos velará porque aquí también se salvaguarden por parte de la Administración sanitaria los derechos ARCO (Acceso, Rectificación, Cancelación y Oposición) de los titulares de estos datos clínicos,

---

[19] En palabras del Dictamen del Consejo Consultivo de Andalucía núm. 90/2007, fundamento IV: "hay un estándar mínimo que respetar para asegurar que se cumplen las garantías previstas: Un proceso de información completa y comprensible, que constituye un prius necesario sobre el que se asienta la ulterior decisión consciente y libre de la paciente; la verificación de que se trata de una paciente capaz, sin perturbación de sus capacidades psíquicas, que expresa su voluntad de rechazar el tratamiento sin estar influenciada o mediatizada por terceras personas; y finalmente la constancia escrita, con todas las precisiones deducibles de la indicada legislación".

[20] Instrucciones previas reguladas en el artículo 11 LAP. En Andalucía, hemos de prestar una especial atención al dictado de la Ley 5/2003, de 9 de octubre, de declaración de voluntad vital anticipada (*BOJA* núm. 210, de 31 de octubre de 2003), "cauce del ejercicio por la persona de su derecho a decidir sobre las actuaciones sanitarias que pueda ser objeto en el futuro, en el supuesto de que llegado el momento no goce de capacidad para consentir por sí misma" (art. 1).

[21] Vid., a modo de muestra, GARCÍA GARNICA, Mª. del C.: *Aspectos básicos de la responsabilidad civil médica*, Thomson-Aranzadi, Cizur Menor (Navarra), 2010; o MONTALVO REBUELTA, P.: "Análisis de la postura de nuestros tribunales ante los pleitos relacionados con cirugía plástica y estética", *Revista CESCO de Derecho de Consumo*, núm. 8, 2013, pp. 196 a 208.

[22] Ley Orgánica 15/1999, de 13 de diciembre, de Protección de Datos de Carácter Personal (*BOE* núm. 298 de 14 de diciembre de 1999). Vid., por ejemplo, SARRATO MARTÍNEZ, L.: "El régimen legal de acceso a la historia clínica y sus garantías", *Revista Jurídica de Castilla y León*, núm. 17, enero de 2009, pp. 177 a 215.

[23] Vid. PALOMAR OLMEDA, A.: "Confidencialidad y Protección de datos en la Ley de Salud Sexual y Reproductiva y de Interrupción Voluntaria del Embarazo", *Derecho y Salud*, vol. 20, núm. 2, 2010, pp. 65 a 89.

así como que se impida cualquier acceso o cesión no consentido por esta normativa.

Aunque no podemos detenernos en este aspecto, no quiero dejar de apuntar aquí que el campo asistencial es también un escenario ideal para poner en práctica políticas de difusión activa de información de especial interés para la ciudadanía, en línea con los postulados de las nuevas Leyes de Transparencia aprobadas en España,[24] lo que podría traducirse, por ejemplo, como sucede en Andalucía, en la publicación en páginas institucionales de la Administración sanitaria de las listas de espera quirúrgica.[25]

2. El derecho-deber de información en la regulación de la interrupción voluntaria del embarazo

2.1. *La regulación de la interrupción voluntaria del embarazo en España*

La regulación vigente en España en relación con la Interrupción Voluntaria del Embarazo (IVE)[26] data del año 2010, cuando se aprueba la Ley Orgánica 2/2010, de 3 de marzo, de salud sexual y reproductiva y de la interrupción voluntaria del embarazo[27] (LOIVE). En los últimos meses, el actual Gobierno de la Nación pretendió su derogación a través del Anteproyecto de Ley Orgánica para la Protección de la vida del concebido y de los derechos de la mujer embarazada,[28] más conocido como *Proyecto Gallardón* (PG) por el entonces titular del Ministerio de Justicia, Departamento en el que se fraguó este proyecto legislativo. El PG no vio finalmente la luz al sufrir una amplia contestación social al considerarse un retroceso la re-penalización que se hacía de ciertos supuestos ya asentados pacífica-

---

[24] A nivel estatal, la Ley 19/2013, de 9 de diciembre, de transparencia, acceso a la información pública y buen gobierno (*BOE* núm. 295, de 10 de diciembre); y a nivel autonómico, en Andalucía, la Ley 1/2014, de 24 de junio, de Transparencia Pública de Andalucía (*BOJA* núm. 124, de 30 de junio de 2014).

[25] Vid. la aplicación a este respecto del Servicio Andaluz de Salud de la Junta de Andalucía, *on line* en: https://ws003.juntadeandalucia.es/pls/intersas/servicios.rdq.tramite_enlinea_rdq (Consultada 28/02/2015).

[26] Término del que aquí se hará uso frente al de "aborto".

[27] *BOE* núm. 55, de 4 de marzo de 2010. Vid., a modo de muestra, LORENZO RODRÍGUEZ-ARMAS, M.: *La ley orgánica 2/2010, de 3 de marzo, de salud sexual y reproductiva e interrupción voluntaria del embarazo: trabajos parlamentarios*, Dykinson, Madrid, 2011; o AGUILAR CÁCERES, M. M.: "El tratamiento del aborto en España: contextualización y desarrollo de la entrada en vigor de la Ley orgánica 2/2010", en PÉREZ MIRAS, A.; TERUEL LOZANO, G.; RAFFIOTTA, E. (coords.), *Desafíos para los derechos de la persona ante el siglo XXI: Vida y Ciencia, op. cit.*, pp. 197 a 208.

[28] Este Anteproyecto puede descargarse a texto completo en la web del Ministerio de Justicia del Gobierno de España: http://www.mjusticia.gob.es/ (Consultada el 28/02/2015). Este Anteproyecto venía a derogar la LOIVE por completo y a desmantelar la regulación existente a este respecto modificando las más importantes normas que conforman en la actualidad el Derecho Sanitario.

mente en nuestro Ordenamiento. Sólo haremos mención al PG en la medida en que sus dictados venían a incidir sobre nuestro objeto de estudio: el derecho-deber de información.

La LOIVE, de acuerdo con nuestro orden constitucional (STC 53/1985, de 11 de abril),[29] reconoce el derecho a la maternidad libremente decidida, lo que implica que se respeten las decisiones que, de un modo consciente y responsable, las mujeres adopten sobre su embarazo (tras haber sido informadas de todas las prestaciones, ayudas y derechos a los que pueden acceder si desean continuar con el embarazo, de las consecuencias médicas, psicológicas y sociales derivadas de la prosecución del embarazo o de la interrupción del mismo, así como de la posibilidad de recibir asesoramiento antes y después de la intervención). La LOIVE dispone un plazo de reflexión de al menos tres días y, además de exigir la claridad y objetividad de la información, impone condiciones para que ésta se ofrezca en un ámbito y de un modo exento de presión para la mujer. La información sanitaria cumple, pues, un papel vital de cara a la realización de este particular acto médico.

La LOIVE se erige en una *Ley de Plazos* modulada por indicaciones. Queda fuera del ámbito del Derecho Penal[30] la IVE realizada con consentimiento de la mujer en las primeras catorce semanas de gestación (el llamado *aborto libre*), siempre que se cumplan determinados requisitos procedimentales en pro de una autodeterminación consciente (art. 14 LOIVE). Se justifica excepcionalmente la IVE realizada con consentimiento de la mujer entre las catorce y veintidós semanas de gestación en los casos de grave riesgo para la vida o la salud de la embarazada (indicación médica o terapéutica), o de riesgo de graves anomalías en el feto (indicación eugenésica). En relación con esta última indicación apuntada, la LOIVE admite un supuesto especial de justificación de la IVE con consentimiento de la mujer, sin límite temporal, cuando se detecten anomalías fetales incompatibles con la vida o se detecte en el feto una enfermedad extrema-

---

[29] Esta sentencia analiza el recurso de anticonstitucionalidad interpuesto contra el proyecto de ley elaborado por el Gobierno en 1982 por el que se pretendía despenalizar ciertas modalidades abortivas. El Tribunal Constitucional dejó clara la constitucionalidad de una regulación que permitiera despenalizar en ciertos supuestos la IVE. Este pronunciamiento es la base sobre la que se asienta el actual sistema de indicaciones (terapéutica, ética y eugenésica) seguido en España desde la reforma del Código Penal de 1985. La protección jurídica del feto no debe considerarse como una protección absoluta, sin excepciones. El Estado también ha de velar por los derechos fundamentales de la mujer embarazada (vida, salud, libertad y dignidad). La LOIVE se ocupa, pues, de la ponderación de estos bienes jurídicos en conflicto.

[30] Las modalidades abortivas penadas en España se recogen en los artículos 144 y siguientes del Código Penal (Ley Orgánica 10/1995, de 23 de noviembre), en su redacción dada por la LOIVE. Esta nueva normativa está siendo ya aplicada por los Tribunales de la jurisdicción penal. Valga, a modo de ejemplo, el Auto de la Audiencia Provincial de Madrid (Sección 3ª) núm. 80/2012, de 2 febrero.

damente grave e incurable en el momento del diagnóstico.[31] Estos supuestos se desarrollan en el artículo 15 LOIVE.

En todos estos escenarios, pero en especial en el primero de ellos, pues no se sujeta a causas médicas que lo justifiquen, la información desempeña un papel crucial. Y no estamos hablando de información médica en sentido estricto, si no jurídico-sanitaria. Siguiendo a Pérez Miras, "lo que nos introduce la LOIVE es una información de contenido jurídico, que condicione la libertad de elección de la mujer expresada posteriormente en el consentimiento, sin el cual no puede llevarse a cabo ninguna intervención quirúrgica".[32] La mujer embarazada que se plantee una IVE no sólo necesita conocer información sobre datos sanitarios o riesgos médicos en relación con esta intervención, que también, "para que la paciente pueda valorar de manera autónoma, libre y personal sobre las opciones vitales que se le plantean ante el embarazo es evidente que debe tener en cuenta el contexto jurídico-económico en el que se encuentra y las expectativas de su situación social".[33]

En este sentido, pues, hemos de interpretar el tenor de los artículos 17.1 y 17.4 LOIVE. De acuerdo con el primero, todas las mujeres que manifiesten su intención de someterse a una IVE recibirán información sobre los distintos métodos de interrupción del embarazo, las condiciones para la interrupción previstas en la LOIVE, los centros públicos y acreditados a los que se pueda dirigir y los trámites para acceder a la prestación, así como las condiciones para su cobertura por el servicio público de salud correspondiente. En todos los supuestos, y con carácter previo a la prestación del consentimiento, añade el artículo 17.4 LOIVE, se habrá de informar a la mujer en los términos de los artículos 4 y 10 de la LAP, y específicamente sobre las consecuencias médicas, psicológicas y sociales de la prosecución del embarazo o de la interrupción del mismo. Mandatos que son aplicables tanto para el aborto libre del artículo 14 LOIVE como para el amparado en causas médicas del artículo 15 LOIVE.

El PG, del que aquí no podemos realizar un análisis exhaustivo pero que tendremos muy presente a lo largo de los siguientes apartados, pretendía volver a un sistema clásico de indicaciones tasadas, concediendo una preferencia general a la vida en formación frente a los derechos de la mujer embarazada. Ante el sistema en vigor de plazos modulados con indicaciones, se buscaba poner fin al "aborto libre" practicado en las prime-

---

[31] Entre otras referencias bibliográficas, me remito al número monográfico elaborado por la revista *Derecho y Salud*, publicación oficial de la Asociación Juristas de la Salud, bajo el título "A propósito de la Salud Sexual Interrupción Voluntaria del Embarazo: cuatro estudios", *Derecho y Salud*, vol. 20, núm. 2, julio-diciembre 2010, 137 pp.

[32] Pérez Miras, A.: "El derecho de información sanitaria en la interrupción voluntaria del embarazo", *op. cit.*, p. 145.

[33] Ibídem, p. 145.

ras catorces semanas de gestación. Todas las IVE tendrían que ampararse en una indicación (en nuestra doctrina penalista[34] se han individualizado las siguientes: ética,[35] eugenésica, terapéutica y económico-social[36]).

De cara a constatar la existencia de grave peligro para la vida o salud física o psíquica de la mujer, el PG entendía que era necesario un informe emitido por dos médicos especialistas en esa patología ajenos al centro donde se practicase la IVE (lo que hacía entrever un temor del legislador a que los médicos de esos centros pudiesen estar "contaminados" y no fuesen objetivos en sus dictámenes). De nuevo, aquí nos encontramos con un nuevo caso de recurso al experto, del que se quiere garantizar su cualificación e imparcialidad.[37]

En otro orden de cosas, amparándose en las recomendaciones del Comité sobre Derechos de las Personas con Discapacidad de la ONU, y argumentando que con ello lo que se quería era desterrar cualquier tipo de discriminación, el PG estableció que no era posible alegar la existencia de discapacidad (riesgo de graves anomalías para el feto) para proceder a una IVE, salvo que ello pudiese causar un grave daño físico o psicológico a la madre. Esta fue una de las medidas más polémicas del PG y que más influyó en que el mismo no saliera adelante. Por último, cambiando de tercio, desmarcándose de la legislación penal vigente en materia de aborto, el PG quiso despenalizar la conducta de la mujer que se practicase o consintiese la IVE al entender que ésta siempre se trataba de una víctima. También causó polémica, pues venía a otorgar a la mujer una especie de estatus equiparable al de una menor de edad.

---

[34] De cara al análisis del anterior sistema de indicaciones, vid. a este respecto, entre otros, GONZÁLEZ RUS, J. J.: "El aborto. Lesiones al feto", en AA.VV., *Curso de Derecho Penal español. Parte Especial* (dir. M. COBO DEL ROSAL), Marcial Pons, Madrid, 2000, pp. 74 y ss. Para un estudio de la vigente regulación penal, vid. a modo de muestra MUÑOZ CONDE, F.: *Derecho Penal Parte Especial*, 19ª edición, 2013, pp. 73 y ss.; o GARCÍA RIVAS, N.: "El aborto despenalizado: el derecho de la mujer a una maternidad libremente decidida", en *Tratado de Derecho Sanitario, op. cit.*, vol. 2, pp. 273-316.

[35] De acuerdo con el PG, la IVE debía producirse en las doce primeras semanas de gestación y tras interponerse la correspondiente denuncia por un delito contra la libertad o indemnidad sexual. La LOIVE eliminó este supuesto, se consideraba incluido dentro de las primeras catorce semanas de "aborto libre".

[36] Esta última, de creación jurisprudencial (SSTS de 11 de diciembre de 1990 o de 25 de noviembre de 1991), vendría a justificar la IVE cuando el nacimiento en cuestión fuese a suponer un grave quebranto económico y social para la embarazada y su familia.

[37] Para un estudio más sosegado del papel de los expertos en nuestro ordenamiento jurídico, vid. ESTEVE PARDO, J.: *El desconcierto del Leviatán. Política y Derecho ante las incertidumbres de la Ciencia*, Marcial Pons, Madrid, 2009. En relación con la falta de cualificación e imparcialidad de los expertos, permítanme que me remita a mi trabajo: "El derecho a una buena administración. Acerca de la supuesta falta de cualificación e imparcialidad de los miembros que componen los comités de expertos que auxilian a la Administración en el desempeño de su labor. Comentario a la Sentencia del Tribunal de Primera Instancia de las Comunidades Europeas (sala quinta) de 9 septiembre 2010, asunto *Now Pharm AG contra Comisión Europea*", en PÉREZ ZAFRILLA, P. J., SARRIÓN ESTEVE, J. & BENLLOCH DOMÉNECH, C. (coords.), *Construyendo ciudadanía: teoría y praxis*, Granada, Comares, 2011, pp. 71 a 81.

Obviamente, no es mi intención realizar en estas líneas un estudio del articulado de la LOIVE ni del PG, tampoco plantearme la idoneidad de una regulación u otra, si no exponer en concreto tres supuestos de gran interés y actualidad en los que el derecho-deber a la información juega un papel clave de cara a la IVE.

2.2. El consentimiento informado de las menores de dieciséis y diecisiete años a la práctica de la interrupción voluntaria del embarazo

La LOIVE ha incidido, de un modo significativo, sobre el valor del consentimiento –expreso y por escrito– prestado por una menor embarazada en el marco de una IVE. Esta norma estatal vino a modificar el papel de las menores en el campo de la salud sexual y reproductiva.[38] En concreto, la LOIVE derogó expresamente la irrelevancia del consentimiento de las menores de dieciséis y diecisiete años (art. 13 en conexión con la Disposición final segunda de la LOIVE), aún vigente como hemos apuntado antes en casos de ensayos clínicos técnicas de reproducción humana asistida donde sigue imperando la regla de la mayoría de edad (art. 9.4 LAP). Esta modificación no puede tacharse de inconstitucional, este es un ámbito de configuración legal. No en vano, la referida STC 53/1985, de 11 de abril, señaló en su FJ 14 que en cuanto a la forma de prestar consentimiento la menor o incapacitada, se estaría a lo dispuesto a este respecto en el Derecho positivo.

Corresponde exclusivamente a las mujeres de dieciséis y diecisiete años el consentimiento para la interrupción voluntaria del embarazo. En el caso de incapaces y menores de dieciséis años, el consentimiento lo prestará su representante legal. Sólo se podrá prescindir de dicho consentimiento cuando, ante un inminente peligro para la integridad física o psíquica para la mujer, no sea posible conseguir dicha autorización. No obstante, al menos uno de los representantes legales, padre o madre, personas con patria potestad o tutores de estas chicas deberá ser informado de esta decisión, acompañándola personalmente[39] a prestar este consentimiento; y también oídos, para conocer su opinión en aquellos casos en los que la actuación entrañe un grave riesgo.

Antes de la intervención, la menor habrá de cumplimentar un documento en donde conste su propio consentimiento, así como el testimonio

---

[38] Vid. *Aspectos legales de la salud sexual y reproductiva en la adolescencia*, Consejería de Salud, Junta de Andalucía, Sevilla, 2010. Adaptación del documento elaborado por AMARILLA GUNDÍN, M.: *El menor maduro ante la salud reproductiva y la anticoncepción de emergencia*, Chiesi, 2006.

[39] Este es un matiz que introduce el Real Decreto 831/2010, de 25 de junio, donde se abordan las garantías básicas de la prestación de interrupción voluntaria del embarazo por el Sistema Nacional de Salud, la acreditación de los centros sanitarios para la práctica de la interrupción voluntaria del embarazo, así como la emisión de dictámenes preceptivos (*BOE* núm. 155, de 26 de junio de 2010).

de que al menos uno de sus padres o representantes ha sido informado de la IVE a la que se pretende someter. Se prescindirá de esta información[40] cuando la menor alegue fundadamente (a criterio del médico encargado de practicar la interrupción del embarazo, por escrito y con la firma de la mujer) que esto le provocará un conflicto grave, manifestado en el peligro cierto de violencia intrafamiliar, amenazas, coacciones, malos tratos, o se produzca una situación de desarraigo o desamparo.[41] A este respecto, será suficiente la declaración de la menor. Con el fin de acreditar si se producen realmente estas circunstancias, el médico encargado de practicar el aborto deberá apreciar, por escrito, y con la firma de la mujer, que las alegaciones de ésta son fundadas, pudiendo solicitar, en su caso, informe psiquiátrico, psicológico o de profesional de trabajo social.

De acuerdo con Vázquez Garranzo,[42] el conflicto de intereses se ha resuelto aquí claramente a favor de la mujer.[43] El tenor de los preceptos apuntados no deja ninguna duda al respecto. Es más, esta norma se encuentra a la vanguardia en la "rebaja de la edad" para la aceptación de las consecuencias de los propios actos, poniendo de manifiesto normativamente lo que es ya una realidad social: la mayoría de edad a los dieciocho años no se sostiene, no se corresponde con el nivel de madurez que la sociedad actual proyecta o admite sobre los jóvenes de menor edad[44]. El debate sobre la edad no está aún cerrado, son muchas las asimetrías actuales entre la normativa administrativa, civil y, en especial, penal que deberían subsanarse.[45]

Salvada esta excepción, el resto de menores[46] (hasta los dieciséis años) que quieran prestar su consentimiento a una IVE tendrán que acogerse al régimen general que se contiene en los artículos 8 y 9 LAP, marcado por

---

[40] El 3% de las chicas de 16 y 17 años abortan solas. *El País*, edición de 15 de agosto de 2010.

[41] ¿Se exige la existencia de episodios previos de alguna de estas situaciones? ¿Es una mera previsión de lo que la menor imagina o intuye que puede suceder? ¿Cómo se prueba este "peligro cierto" del que habla la norma? ¿Qué ocurre si desarraigo o el desamparo ya existían con anterioridad? Estos interrogantes se los formula Vázquez Garranzo, J.: "La nueva regulación de la interrupción voluntaria del embarazo", *Derecho y Salud* [*A propósito de la Salud Sexual Interrupción Voluntaria del Embarazo: cuatro estudios*], vol. 20, núm. 2, julio-diciembre 2010, pp. 9 a 47, en esp., p. 41.

[42] Ibídem, p. 10.

[43] Para el TC, "la peculiar relación entre la embarazada y el *nasciturus* hace que la decisión afecte primordialmente a aquella", FJ 13 de la STC 53/1985, de 11 de abril. Por ello, queda excluida la intervención determinante del progenitor, la decisión corresponde exclusivamente a la embarazada, lo que no excluye su posible intervención en el proceso de información y consultas previos a la IVE.

[44] Esto es algo que ha llevado a acuñar, especialmente en el ámbito sanitario, el concepto de *menor maduro* para referirse a aquellos menores con suficiente capacidad para discernir cuáles son sus deseos e intereses y consentir o rechazar, en consecuencia, el tratamiento médico que afecte a los mismos.

[45] Vid. Burgos Garrido, B.: *El consentimiento informado de los menores de edad en la asistencia sanitaria*. Premio Exmo. Sr. José Luis Pérez-Serrabona y Sanz de la Real Academia de Jurisprudencia y Legislación de Granada, 2014.

[46] Obviamente, en el caso de las mayores de edad y menores emancipadas, corresponde exclusivamente a ellas prestar su consentimiento a la IVE, salvo que la gestante sea una incapaz.

la protección del interés superior del menor y el respeto a su dignidad personal. Por tanto, la menor participará en la medida de lo posible en la toma de decisiones a lo largo de todo este proceso sanitario y, siempre que sea capaz de entender intelectual y emocionalmente el alcance de la intervención clínica y tenga al menos doce años (menor madura), aunque el consentimiento corresponda a su representante legal éste deberá haber escuchado previamente su opinión. Si existe un conflicto grave entre la voluntad de la gestante y la de sus padres o representantes legales, procederá la intervención judicial de acuerdo con el artículo 156 del Código Civil.

En resumen, los dieciséis años se erigen como la mayoría de edad sanitaria también en el campo de la salud sexual y reproductiva. Se entiende que la menor goza ya de la capacidad suficiente de juicio y entendimiento como para comprender el alcance del acto médico al que se enfrenta. Por ello, los dieciséis años es la edad en la que las menores pueden –como ocurre con cualquier otro tratamiento médico– consentir una IVE o acceder a la anticoncepción y contracepción de emergencia. Por debajo de dicha edad, y hasta los doce años, habrá de constatarse por parte del facultativo si esta madurez está presente en la menor en cuestión.

Ciertamente, aquí reside uno de los grandes *caballos de batalla* de la LOIVE. De hecho, es un firme y claro propósito del actual Gobierno de la Nación el recuperar la exigencia de la mayoría de edad para poder abortar, derogando los preceptos apuntados que permiten que esta acción pueda llevarse a cabo autónomamente por las menores de dieciséis y diecisiete años. En este sentido, el fallido PG preveía que para interrumpir voluntariamente el embarazo las jóvenes de dieciséis y diecisiete años de edad (y las mayores sujetas a curatela) no sólo deberían prestar su consentimiento también tendrían que contar con el asentimiento de sus padres o tutores o curadores.

Si hubiera controversia entre ellos, el PG contemplaba que el juez consideraría que es válido el consentimiento de la menor salvo que constatase su falta de madurez, en cuyo caso resolvería atendiendo a su interés. En los casos de menores con una edad inferior a dieciséis años (o mujeres mayores sujetas a tutela) marcaba el PG que sería necesario el consentimiento de los padres o tutores y la manifestación de la voluntad de la menor, para lo que se atendería a su edad, madurez y circunstancias. En caso de desacuerdo, el juez daría valor al consentimiento de los padres o tutores siempre y cuando ello atendiese al interés de la menor. El juez intervendría por el procedimiento urgente que esta norma pretendía introducir en la Ley de Enjuiciamiento Civil cuando hubiese motivos que impidiesen o desaconsejasen que se consultase a los representantes legales o curadores, cuando se negase su consentimiento o asentimiento, o cuando se expresasen opiniones distintas.

En el momento de redactar estas líneas,[47] y abandonando su proyecto de reforma global de la LOIVE, el Grupo Parlamentario Popular en el Congreso de los Diputados ha formulado una Proposición de Ley Orgánica para reforzar la protección de las menores y mujeres con capacidad modificada judicialmente en la interrupción voluntaria del embarazo.[48] Esta norma vendría a "rectificar", única y exclusivamente, el régimen de consentimiento de las menores para la IVE, entendiendo que el régimen actual no es conforme con lo previsto en los artículos 154 y 269 del Código Civil,[49] al conculcar el núcleo de deberes y facultades anudadas al ejercicio de la patria potestad, privando con ello a las menores de la protección que las mismas le brindan, al no "poder contar, en un momento crucial y complicado de su vida, con la asistencia de quienes ejercen su patria postestad [sic]". Desconocemos dónde la LOIVE estipula tal cosa a la luz de lo expuesto con anterioridad. Sea como sea, la aprobación parlamentaria de esta Proposición llevaría a suprimir la posibilidad de que las menores de edad puedan consentir por sí solas la IVE, haciendo preciso también el consentimiento expreso de sus progenitores. Todo esto se materializa en la modificación tanto de la LOIVE (se deroga su art. 13.4) como de la LAP (modificando la redacción de su art. 9.4). El texto se remite al Código Civil para dirimir todos los posibles conflictos que puedan surgir en cuanto a la prestación del consentimiento por parte de los representantes legales.

2.3. Asesoramiento asistencial e información clínica a la mujer en los casos de interrupción voluntaria del embarazo

Apuntamos líneas atrás que, conforme a la LOIVE, queda fuera del ámbito del Derecho Penal la IVE realizada con consentimiento de la mujer en las primeras catorce semanas de gestación, siempre y cuando se cumplan determinados requisitos procedimentales. El legislador español no va a exigir a la mujer que justifique su decisión en ninguna causa médica de las apuntadas (sea terapéutica o eugenésica), pero sí que conozca y comprenda el alcance de su decisión con el ánimo de que su consentimiento final sea plenamente consciente y, por ende, querido.

Por ello, la LOIVE exige que se haya informado a la mujer embarazada sobre los derechos, prestaciones y ayudas públicas de apoyo a la maternidad (apdos. 2 y 4 del art. 17 LOIVE). Una información objetiva, veraz,

---

[47] Con fecha de 18 de febrero de 2015.
[48] Puede accederse a esta Proposición en la siguiente URL del diario *El País* (consultada 28/02/2015): http://ep00.epimg.net/descargables/2015/02/18/adafd03fef0bb55ed75fe40648497bb3.pdf
[49] La Proposición destaca del artículo 154 del Código Civil su mención al deber que conlleva la patria potestad respecto a los menores de "velar por ellos, tenerlos en su compañía, alimentarlos, educarlos y procurarles una formación integral"; y del artículo 269, su referencia a que "el tutor está obligado a velar por el tutelado" y "a educar al menor y procurarle una formación integral".

sin sesgos. Esta labor de información no es un trámite formal más previo al proceso, no es una mera rutina burocrática, tampoco un adoctrinamiento moral, es el verdadero inicio de la IVE. El facultativo en cuestión, obviamente, no puede imponer su postura personal al respecto a la mujer embarazada, si no que ha de ayudarla, auxiliarla para que adopte una decisión siendo plenamente consciente de sus consecuencias.[50] En este sentido, aunque en el campo del final de la vida, resulta muy apropiado sacar aquí a colación el dictado del artículo 18.2 LMDA: "Todos los profesionales sanitarios implicados en la atención de los pacientes tienen la obligación de respetar los valores, creencias y preferencias de los mismos en la toma de decisiones clínicas, en los términos previstos en la presente Ley, en la Ley 41/2002, de 14 de noviembre, en la Ley 5/2003, de 9 de octubre, y en sus respectivas normas de desarrollo, debiendo abstenerse de imponer criterios de actuación basados en sus propias creencias y convicciones personales, morales, religiosas o filosóficas".

También requiere la LOIVE que transcurra un plazo de al menos tres días (siete, según el PG) desde que la mujer recibe la información y hasta que se produce la IVE. Al margen del mayor o menor número de días, la razón de este mandato es clara y acertada: se quiere que esta importante decisión no se tome *en caliente*, si no que sea fruto de una autodeterminación consciente, que tenga en cuenta todos los pros y contras aquí en presencia, para lo que se requiere un mínimo tiempo de reflexión y estudio de toda la información suministrada.[51]

Como apunta PÉREZ MIRAS, nos encontramos ante una información de especial relevancia, "una información *sine qua non* el aborto realizado no quedará fuera de la esfera del Derecho penal".[52] Por supuesto, la información jurídico-sanitaria a la que nos referimos es también clave en los supuestos de IVE amparados por alguna de las causas médicas del artículo 15 LOIVE, pero aquí, ante la falta de criterios o razones de índole científico-médico y el amplísimo campo de libertad decisional que, por consiguiente, se otorga a la mujer, es aún más crucial si cabe su papel, por lo que se comprende que se regule con especial esmero y atención en el artículo 17 LOIVE el contenido de la información a suministrar a la mujer que pretenda realizar una IVE.

---

[50] Obviamente, para que no quede ninguna duda, este escenario tendrá lugar siempre que nos encontremos dentro de las catorce primeras semanas de gestación. Transcurridas las mismas, la IVE sólo podrá llevarse a cabo si se cumplen los requisitos que al respecto marca la LOIVE.

[51] A efectos de modular la responsabilidad en materia sanitaria, nuestros Tribunales tienen en cuenta que la obligación de información detallada y completa sobre los riesgos de una intervención se produzca con la antelación necesaria para que la voluntad se determine libremente. Así, por ejemplo, en la SAP de Islas Baleares (Sección 4ª) núm. 102/2001, de 13 de febrero.

[52] PÉREZ MIRAS, A.: "El derecho de información sanitaria en la interrupción voluntaria del embarazo", *op. cit.*, p. 146.

En concreto, cuando las mujeres opten por la IVE en las primeras catorce semanas de gestación acogiéndose a lo previsto en el artículo 14 de la LOIVE, recibirán un sobre cerrado que contendrá la siguiente información (art. 17.2 LOIVE):

- Las ayudas públicas disponibles para las mujeres embarazadas y la cobertura sanitaria durante el embarazo y el parto.
- Los derechos laborales vinculados al embarazo y a la maternidad; las prestaciones y ayudas públicas para el cuidado y atención de los hijos e hijas; los beneficios fiscales y demás información relevante sobre incentivos y ayudas al nacimiento.[53]
- Datos sobre los centros disponibles para recibir información adecuada sobre anticoncepción y sexo seguro. Esta mención tiene todo su sentido, como pone de manifiesto el colectivo médico: con ello se busca evitar que estas mujeres tengan que volver a pasar por una intervención de estas características en el futuro, que reincidan por no haber tomado las medidas oportunas durante el acto sexual.
- Datos sobre los centros en los que la mujer pueda recibir voluntariamente asesoramiento antes y después de la interrupción del embarazo.

Esta información deberá ser consignada en cualquier centro sanitario público o bien en los centros acreditados para la interrupción voluntaria del embarazo. Junto con la información en sobre cerrado se entregará a la mujer un documento acreditativo de la fecha de la entrega.

Aunque el artículo 17.5 *in fine* LOIVE habilita la posibilidad de que además de la documentación escrita se proporcione información oral a la paciente que se plantee la realización de una IVE, faltaría más, lo cierto es que esta norma apuesta claramente por el suministro de la información por escrito, en un sobre cerrado. Esta preeminencia de la forma escrita se aparta, como subraya Pérez Miras,[54] de la regla general por la que, *ex* artículo 4.2 LAP, la información sanitaria se proporcionará de manera oral. Esto creemos que no es correcto. Es cierto que la forma escrita proporciona mayores garantías, pero también que puede convertir este acto en un mero formalismo burocrático, en un ejemplo más de la medicina defensiva que ha arraigado en nuestra Administración sanitaria. Con este autor, consideramos que tanto la forma escrita como la oral deberían ser

---

[53] En el supuesto de interrupción del embarazo previsto en artículo 15.b LOIVE (indicación eugenésica), y ante la futura discapacidad de la vida en formación, la mujer recibirá además de la información prevista con carácter general, "información por escrito sobre los derechos, prestaciones y ayudas públicas existentes de apoyo a la autonomía de las personas con alguna discapacidad, así como la red de organizaciones sociales de asistencia social a estas personas" (art. 17.3 LOIVE).

[54] Pérez Miras, A.: "El derecho de información sanitaria en la interrupción voluntaria del embarazo", *op. cit.*, p. 147.

obligatorias, tendrían que combinarse ambas, de modo que la paciente recibiera una sucinta explicación verbal de la información contenida en el sobre cerrado, personalizada[55] y adaptada a sus circunstancias por el facultativo, e igualmente, se le permitiera formular las consultas que al respecto estimase oportunas. Todo ello más si cabe en un ámbito tan delicado como el que nos ocupa.[56]

Una de las señas de identidad del PG era precisamente su decidida apuesta por una regulación exhaustiva del asesoramiento asistencial y de la información clínica a prestar a las mujeres embarazadas que pretendiesen realizar una IVE[57] (principalmente, en el art. 4 PG por el que se añadía un precepto 4bis en la LAP). Esto en sí, evidentemente, y al margen del claro e innegable *indirizzo* pro-vida[58] que desprende todo el articulado del PG al respecto, hemos de valorarlo de forma muy positiva (no tanto su articulación procedimental[59]). Eso sí, llama la atención este proceder cuando el PG deja tan poco margen de maniobra para la IVE, los casos en los que la misma procede están muy tasados. La regulación tan detallada a este respecto del PG tendría un mejor encaje en la LOIVE en cuanto que allí sí se contempla un supuesto de aborto libre y mayor margen decisional para la mujer. Es por esto que Pérez Miras –a cuyos planteamientos me uno– aboga por un equilibrio entre ambos textos (LOIVE y PG), incorporando

---

[55] A efectos de modular la responsabilidad en materia sanitaria, nuestros Tribunales tienen en cuenta que el consentimiento informado no se preste sobre documentos tipo impresos en que no aparece particularizado el historial del enfermo ni el proceso al que va a someterse. Vid. STS (Sala de lo Civil, Sección 1ª) núm. 1132/2006, de 15 de noviembre.

[56] En línea con el Informe que en 2009 emitió el Comité de Bioética de España en relación con el entonces Proyecto LOIVE. Allí señaló, en su p. 15, que "la información debería ser esencialmente verbal, directa y personalizada, es decir, adaptada a la situación en la que se encuentra la mujer y que ha dado origen a su conflicto personal, todo ello con respaldo documental y por escrito." Disponible online en http://www.comitedebioetica.es/documentacion/docs/es/consenso_interrupcion_embarazo_comite_bioetica_oct_2009.pdf (Consultada 28/02/2015).

[57] En el Informe del Comité de Bioética de España sobre el PG se propone que tanto el asesoramiento como la información se lleven a cabo por las allí calificadas como "Unidades Multidisciplinares de Asesoramiento ante el Embarazo en Situaciones de Conflicto." Disponible online en: http://www.comitedebioetica.es/documentacion/docs/Informe%20Anteproyecto%20LO%20Proteccion%20Concebido.pdf (Consultada 28/02/2015).

[58] Con independencia de la postura personal que cada uno mantenga en este campo, como afirma Pérez Miras, "el Estado sólo puede ser, constitucionalmente hablando, pro vida". Pérez Miras, A.: "El derecho de información sanitaria en la interrupción voluntaria del embarazo", *op. cit.*, p. 152. Un claro exponente de ello es la Circular 1/2012, de 3 de octubre, de la Fiscalía General del Estado sobre el tratamiento sustantivo y procesal de los conflictos ante transfusiones de sangre y otras intervenciones médicas sobre menores de edad en caso de riesgo grave.

[59] No es tan loable la carrera de obstáculos a la que se pretendía someter por el PG a la mujer que quisiera realizar una IVE, exigiéndole pasar por un calvario de obligados trámites administrativos, totalmente burocratizados, para obtener todos los informes y vistos buenos que el PG requería para cada uno de los supuestos allí despenalizados. Señala Pérez Miras que estos certificados vendrían a convertirse en la mayor garantía para la mujer y para los profesiones implicados en la IVE. Pérez Miras, A.: "El derecho de información sanitaria en la interrupción voluntaria del embarazo", *op. cit.*, pp. 150 y 151. Más que para la mujer, desde aquí consideramos que para la Administración sanitaria.

a la regulación ya existente en la LOIVE el tratamiento más exhaustivo en materia de planificación familiar y derecho de información del PG.[60]

Todo ello, por supuesto, sin merma del principio de autonomía de la voluntad, en estricto cumplimiento de la LOIVE y en el marco de los derechos reconocidos en materia sexual y reproductiva a la mujer, que no podrán ser puestos en tela de juicio por un uso torticero o sesgado de esta información por parte de los profesionales sanitarios. Ante todo tratamiento o intervención, el paciente tiene que disponer de una información jurídico-sanitaria adecuada que le permita, en ejercicio de su autonomía de la voluntad, consentir o rechazar esa actuación médica sabiendo todos los pros y contras que su decisión puede conllevar. Más aún en un terreno de arenas movedizas como el de la IVE, donde hay que ponderar tantos intereses en conflicto y cuando está en juego una vida en formación cuyo futuro es incierto. De este modo, la Administración sanitaria ha de aportar a la mujer información objetiva, sin sesgos ideológicos, y que no la instrumentalice. Una información, de carácter multidisciplinar y personalizada a sus intereses, que tenga en cuenta su edad y madurez, que responda a todas sus dudas, inquietudes y miedos en relación con este doloroso trance (partamos de la premisa de que abortar no es un capricho) y que, en definitiva, ayude a la mujer gestante a conformar su voluntad final al respecto.

En todo caso, y aunque lo cierto es que la cifra de IVEs no es muy alta en España[61] y, es más, disminuye progresivamente año tras año desde la instauración de la LOIVE, como en otros campos de la vida aquí también tenemos que aplicar el principio de precaución: *más vale prevenir que curar*. Abortar no es un capricho, es algo muy serio, un trance por el que se presupone que ninguna mujer quiere pasar. A nadie se le escapa que más allá de plazos e indicaciones, de asesoramiento asistencial o de información clínica a aquellas mujeres que se encuentren ya en esta tesitura, lo más efectivo en este terreno, lo que más ayudará a conseguir reducir el número de abortos es la puesta en marcha de una adecuada estrategia dirigida a la población de riesgo, así como que se articule hasta sus máximas consecuencias toda las medidas de planificación familiar y de educación sexual y reproductiva previstas en la LOIVE.

Volvamos a la exposición de los dictados del fallido PG. El PG, en consonancia con el referido *indirizzo* pro-vida, propugnaba en este sentido que en el asesoramiento asistencial, facilitado por personal de los servicios sociales a la mujer embarazada, se le explicaría a la misma que

---

[60] Ibídem, p. 152.
[61] Lo cierto es que bajo la LOIVE el número de IVEs en España no ha dejado de disminuir. En 2013 descendieron en un 3.2% los abortos practicados en España. Vid. *El Mundo*, edición de 30 de diciembre de 2014.

la vida del no nacido, del sujeto en formación, constituye un bien jurídico protegido por la Constitución y que, por ello, el aborto solamente resulta conforme al ordenamiento jurídico en situaciones de excepción (art. 4bis.3.a LAP en la redacción del PG). Así es, esto no admite discusión. No obstante, nos gustaría alertar del peligro que esta afirmación encierra, pudiendo dar pie a intentos de culpabilizar a todas aquellas mujeres que decidan interrumpir sus embarazos. Recordemos: es bajo el paraguas de la Constitución y del bloque de constitucionalidad (STC 53/1985) que el legislador orgánico (hoy a través de la LOIVE) establece los supuestos en los que la IVE es conforme a Derecho. También son bienes jurídicos protegidos al máximo nivel los que atañen a la vida, salud, libertad y dignidad de la mujer embarazada.

Del mismo modo, dentro de este asesoramiento asistencial e impronta pro-vida, preveía el PG que expresamente se le detallasen a la mujer embarazada las alternativas existentes a la IVE, como la guarda administrativa, el acogimiento o la adopción (art. 4bis.3.c de la LAP en la redacción del PG), instrumentos de protección de los derechos del menor.[62] Esto es algo que Pérez Miras ya reclamó al analizar la LOIVE, entendiendo que la información a la que obligaba su articulado se antojaba un poco escasa cuando lo que estaba en juego era una vida humana, aunque incierta y en formación, con lo que si la información que se proporcionaba no abordaba este aspecto la misma no era suficiente para conformar la voluntad de la mujer. Lo contrario, a su juicio, alimentaba además la tesis de la confusión del artículo 14 LOIVE con un método anticonceptivo más.[63] Es más, de forma innovadora, se planteaba incluso por parte del PG la posibilidad de que la propia mujer propusiese a la Administración nuevas formas a través de las que vehiculizar los problemas o dificultades que el embarazo o la maternidad le comportasen (art. 4bis.3.d de la LAP en la redacción del PG).

En cuanto a la información clínica, de la mano del PG los médicos serían los encargados de informar a la mujer de los riesgos del aborto para la salud y la maternidad futura. Riesgos que la LOIVE no niega,[64] tampoco puede porque esta información viene impuesta por aplicación de los

---

[62] La protección de los menores es un principio rector de la política social que debe informar la actuación de los poderes públicos, según disponen los artículos 39 y 53.3 de la Constitución. Una intervención administrativa que en este caso buscaría colaborar con la familia de los menores para proporcionarles una asistencia que ésta no pueda asumir. Para abordar con más detalles este ámbito, vid., a modo de muestra, Barranco Vela, R. & Durán Ruiz, F. J. *La protección de los derechos de los menores extranjeros e inmigrantes*, Comares, Granada, 2009.

[63] Pérez Miras, A.: "El derecho de información sanitaria en la interrupción voluntaria del embarazo", *op. cit.*, pp. 146 y 150.

[64] En cumplimiento del artículo 17.4 LOIVE, es necesario informar a la mujer, en los términos de los artículos 4 y 10 LAP, sobre las consecuencias médicas, psicológicas y sociales de la prosecución del embarazo o de la interrupción del mismo.

dictados de la LAP, pero sobre los que ciertamente no carga tampoco las tintas (como sí parece que hace el PG). La información clínica también englobaría el diagnóstico, aspectos médicos y psicosociales, y expectativas sobre la salud del feto (art. 4bis.4 de la LAP en la redacción que proponía el PG).

Cambiando de tercio, es especialmente interesante la nueva redacción que proponía el PG, en su artículo 3, del artículo 18.7 LGS[65] en relación con la orientación de planificación familiar, vital para atajar este problema de raíz como antes he subrayado. El PG venía a regular con gran detalle la información, el asesoramiento y la educación afectivo-sexual. Entre otros aspectos, se incidía en la prevención de embarazos no deseados y de enfermedades de transmisión sexual (art. 18.7 LGS en la redacción otorgada por el PG), así como en el asesoramiento y apoyo a la mujer embarazada, sobre todo de cara a afrontar los posibles conflictos de salud, familiares o de carácter socioeconómico originados o agravados por el embarazo, informándole de sus derechos sanitarios, laborales, sociales y asistenciales, de las ayudas existentes para acceder a una vivienda o de la asistencia económica y psicosocial a la que tendría derecho en caso de que el feto presentase problemas de salud. El problema, como apunta Pérez Miras, es que "no hay un correlato de dotar a todas esas cuestiones de sentido material". En definitiva, de poco o nada va a servir informar sobre las escasas ayudas existentes en la actualidad para acceder a una vivienda o atender a un familiar dependiente.[66] Si el Estado, bajo ese *indirizzo* pro vida, quiere que disminuya el número de abortos, más que de modificar endureciendo la configuración de los tipos infractores penales aquí en presencia debe preocuparse por implementar medidas que den cumplimiento al mandato constitucional recogido en el artículo 39.1 CE, asegurando de modo efectivo la protección social, económica y jurídica de la família.[67]

Por último, y esto es algo especialmente llamativo aunque pasó desapercibido para buena parte de la opinión pública, el PG también recogía la prohibición de la publicidad sobre la oferta de establecimientos o procedimientos para la práctica de la IVE (art. 5, apdo. 5 bis, de la Ley General de Publicidad en la redacción que pretendía darle el PG). La pu-

---

[65] En su actual redacción, este precepto presenta el siguiente tenor literal: "Las Administraciones Públicas, a través de sus Servicios de Salud y de los Órganos competentes en cada caso, desarrollarán las siguientes actuaciones: [...] 7. Los programas de orientación en el campo de la planificación familiar y la prestación de los servicios correspondientes.".

[66] Un problema añadido lo constituye el hecho de que la mujer que quiera practicar la IVE no está obligada a proporcionar datos que no afecten a su salud (sólo lo está en relación con los datos sanitarios por mor del artículo 2.5 LAP), por lo que difícilmente podrá prestársele un asesoramiento particularizado eficaz si se carece de los mismos. Al margen de la incidencia sobre este campo de la libertad de conciencia y el derecho a la intimidad.

[67] Como ha procurado Andalucía con sus políticas de promoción de la inclusión social.

blicidad de centros y establecimientos sanitarios que practican la IVE está ampliamente asentada en nuestra sociedad. Basta con ver las webs de estos establecimientos. Es curioso que ahora, de un modo ciertamente ingenuo, pasase a tener el carácter de ilícita. Especialmente incomprensible cuando gran parte de estos centros, además, tienen concertados estos servicios con el sistema sanitario público desde hace años. De haber salido adelante este proyecto nos habríamos equiparado a países con una regulación altamente restrictiva en este campo (como Irlanda[68]). En pleno siglo XXI encontramos bastante paradójico que se barajase ocultar la existencia de estos establecimientos. Obviamente, todo ello siempre que los mismos, claro, cuenten con los debidos permisos y cumplan con todas las garantías sanitarias exigidas. Una prohibición que, en todo caso, no podría surtir efectos fuera de nuestras fronteras, más aún en el marco de las libertades fundamentales europeas.[69] Cuestión distinta es la prohibición de la publicidad de métodos o prácticas abortivas al margen de dichos establecimientos sanitarios, sin la supervisión de los profesionales habilitados para ello, lo que podríamos considerar adecuado por razones de protección de la salud pública.

2.4. Derecho-deber de información y objeción de conciencia

Con el fin de asegurar la igualdad y calidad asistencial de la prestación de la IVE, la LOIVE garantiza, en su artículo 19, a todas las mujeres por igual el acceso a esta prestación con independencia del lugar donde residan. La prestación sanitaria de la IVE se realizará en centros de la red sanitaria pública o vinculados a la misma (generalmente bajo la figura de un concierto, como sucede en el sistema sanitario público andaluz).

Los profesionales sanitarios directamente implicados en la IVE tendrán derecho a ejercer la objeción de conciencia[70] sin que el acceso y la calidad asistencial de esta prestación (la IVE) puedan resultar menoscabadas por el ejercicio de este derecho. El rechazo o la negativa a realizar esta intervención por razones de conciencia es una decisión siempre individual del personal sanitario directamente implicado en la realización

---

[68] Recuérdese la STJUE de 4 de octubre de 1991, asunto C-159/90, *Society for the Protection of Unborn Children Ireland c. Grogan y otros*.

[69] Resulta francamente significativo que el grupo de clínicas de IVE *Marie Stopes*, el mayor del Reino Unido, cuente en su web con una sección dedicada específicamente sea a la población irlandesa que a la española, con toda su información traducida al castellano: http://www.mariestopes.org.uk/overseas-clients/abortion (Consultada el 28 de febrero de 2015).

[70] Vid. SÁNCHEZ-CARO, J.: "La objeción de conciencia sanitaria", *Derecho y Salud*, vol. 20, núm. 2, 2010, pp. 49 a 64; MARTÍN AYALA, M.: "Objeción de conciencia a la interrupción voluntaria del embarazo: procedimiento para su ejercicio. Los registros de objetores", Derecho y Salud, vol. 20, núm. 2, 2010, pp. 91 a 104; o VILLALBA PÉREZ, F.: "La objeción de conciencia en la atención médica a la luz de la Resolución del Consejo de Europa 1763 de 7 de octubre de 2010", en PÉREZ GÁLVEZ, J. F. & BARRANCO VELA, R. (dirs.), *Derecho y Salud en la Unión Europea*, Comares, Granada, 2013, pp. 67 a 94.

de la IVE, que debe manifestarse anticipadamente y por escrito. En todo caso los profesionales sanitarios dispensarán tratamiento y atención médica adecuados a las mujeres que lo precisen antes y después de haberse sometido a esta intervención. Si excepcionalmente el servicio público de salud en cuestión no pudiera facilitar en tiempo esta prestación, las autoridades sanitarias reconocerán a la mujer embarazada el derecho a acudir a cualquier centro acreditado en el territorio nacional, con el compromiso escrito de asumir directamente el abono de esos servicios.

En los últimos meses se ha producido una interesante controversia en España en relación con el ejercicio de este derecho a la objeción de conciencia por parte de los médicos de familia, basculante sobre su participación directa o no en la IVE. Para salvar esta situación, que ahora expondremos, el PG contemplaba la objeción de conciencia de cualquier profesional sanitario. El PG no exigía ya que el profesional estuviese directamente implicado con la IVE, núcleo del problema interpretativo que ha traído consigo nuestra regulación vigente. Para el PG bastaba con que este profesional participase o colaborase en los supuestos despenalizados de IVE (sin necesidad de concretar con más detalles al respecto en un reglamento posterior como establece la LOIVE). El profesional sanitario que quisiera objetar debería comunicar esta circunstancia por escrito al director del centro dentro de los cinco días siguientes a empezar a trabajar en él. Su decisión se incluiría en su expediente personal (no se quería hablar de registros), que sería reservado y confidencial. El ejercicio de este derecho, que no admitía modulaciones, se podría modificar en cualquier momento.

La controversia ha girado aquí, a la luz de nuestra regulación vigente, en torno a la siguiente pregunta: ¿tienen derecho a objetar los médicos de familia? ¿Están los mismos implicados directamente en la IVE? No estaba claro hasta que el TSJ de Andalucía se ha pronunciado y ha apuntado que estos facultativos no pueden ejercer tal derecho, contradiciendo lo manifestado en esta misma Comunidad Autónoma por algún Juzgado de lo Contencioso-Administrativo. No obstante, desde aquí advertimos que esta cuestión sigue sin ser pacífica, de ahí que la saquemos aquí a colación, pues no todas las Comunidades han optado por esta solución.

A favor del reconocimiento del ejercicio de este derecho a los médicos de familia se manifestaron, entre otros, la Sentencia del Juzgado de lo Contencioso-Administrativo núm. 1 de Málaga, núm. 105/2012, de 23 de febrero de 2012, o el Auto del TSJ de Castilla-La Mancha (Sala de lo Contencioso-Administrativo, Sección 2ª, de Albacete) núm. 392/210, de 29 de septiembre de 2010.

Alineándose con los planteamientos de los recurrentes, los que defienden esta postura entienden que los médicos de familia están en su derecho de objetar, pues este derecho puede ejercitarse tanto en la fase consultiva, como en la preparatoria y la ejecutiva. Consideran que la realización de un trámite de información que constituye un presupuesto legal para la IVE ha de considerarse una intervención directa (esto es, que la información y la derivación a una clínica abortista concertada son actuaciones necesarias e imprescindibles para la IVE).[71] Es más, aun partiendo de una interpretación restrictiva, entienden que el artículo 19.2 LOIVE al mencionar expresamente a los profesionales directamente implicados no excluye por ello al resto de profesionales que pueden intervenir en una IVE.

En este sentido, y a mayor abundamiento, el Ministerio Fiscal consideró con los recurrentes que proteger el derecho fundamental a la objeción de conciencia del médico de familia en cuestión no supondría merma alguna en el servicio público prestado desde el centro de salud, ni atentaba contra el interés general, al tratarse de un lugar en el que trabajan otros muchos profesionales. De este modo, el único perjuicio para la Administración sanitaria –que no para la mujer que demandaba la asistencia– sería una reorganización de las labores en ese centro (FJ 3 de la SJCA núm. 1 de Málaga).

En suma, ponderando los intereses en conflicto, las resoluciones de la Jueza malagueña y del TSJ castellano manchego consideraron que debían prevalecer en estos supuestos el interés privado de los facultativos implicados sobre los posibles perjuicios al interés público. En el lado opuesto, la Administración sanitaria andaluza (el Servicio Andaluz de Salud), a quien da la razón la Sentencia del Juzgado de lo Contencioso-Administrativo núm. 3 de Málaga, núm. 150-2012, de 1 de marzo de 2012, o la Sentencia del TSJ de Andalucía (Sala de lo Contencioso-Administrativo de Málaga, Sección 2ª) núm. 419/2013, de 18 febrero de 2013.[72] Los defensores de esta postura, que niega el derecho a la objeción de conciencia para los médicos de familia, vienen a indicar que el reconocimiento de un derecho a la objeción de conciencia de alcance general[73] a partir del artícu-

---

[71] En concreto, en el FJ 8 de la SJCA núm. 1 de Málaga de 23 de febrero de 2012 se manifiesta lo siguiente: "las labores de información no son un trámite formal previo al proceso sino el inicio del propio proceso y de la prestación sanitaria que regula la Ley a prestar por los profesionales sanitarios y además de carácter preceptivo, necesario y punible su omisión, por lo que no cabe duda de que los profesionales que las han de prestar, incluidos los médicos de atención primaria como se recoge en la Instrucción acompañada con el escrito de interposición del recurso, han de ser considerados profesionales sanitarios directamente implicados en la interrupción voluntaria del embarazo y que por lo tanto tendrán el derecho de ejercer la objeción de conciencia".

[72] También la Sentencia del TSJ de Andalucía (Sala de lo Contencioso-Administrativo de Sevilla, Sección 1ª) núm. 250/2012, de 26 de septiembre de 2012. No obstante, lo cierto es que este caso planteaba menos dudas, pues aquí el apelante era un auxiliar administrativo, entre cuyas funciones no se encontraba, obviamente, la de decidir o aprobar la realización de IVEs, por lo que no cabía reconocer la objeción de conciencia pretendida.

[73] No olvidemos que la objeción de conciencia está expresamente contemplada en la Constitución española, en su artículo 30.2, vinculada al servicio militar. De ahí que la STC 15/1982, en su FJ 7, señale que "la objeción de conciencia exija para su realización la delimitación de su contenido y la existencia

lo 16 CE equivaldría en la práctica a que la eficacia de las normas jurídicas dependiera de su conformidad con cada conciencia individual. Y esto es algo inadmisible en un Estado de Derecho. Este es un derecho, como argumenta sobradamente el TSJA, de configuración legal,[74] que requiere la *interpositio legislatoris*, cuyos contornos quedan en manos del legislador democrático.

Bajo esta premisa, y por lo que especialmente afecta a este trabajo, como se contiene en el FJ 3 de la referida sentencia del TSJ andaluz, los derechos de la mujer embarazada en conflicto han de prevalecer sobre los derechos del médico objetor. El médico que legítimamente opte por la objeción de conciencia, a la que puede tener derecho según la LOIVE, no puede quedar nunca eximido de informar a la mujer sobre los derechos que el Estado le otorga en esta materia (como las prestaciones sociales a las que tendría derecho, caso de proseguir el embarazo, o los riesgos somáticos y psíquicos que razonablemente se puedan derivar de su decisión). El derecho a la información de la mujer embarazada prevalece en esta ponderación sobre el posible derecho del médico de familia objetor, pues no puede concebirse la objeción de conciencia como un derecho absoluto frente a cualquier otro derecho, y menos aún sobre el propio derecho a la vida. Dentro de los márgenes que marca nuestro Ordenamiento, todas las personas tienen derecho a adoptar libremente decisiones que afectan a su vida sexual y reproductiva. Ante ello, el papel del médico es informar sobre unos derechos que anudados a otros configuran esa decisión personal.

Especialmente interesante a estos efectos es también lo acontecido en la Comunidad Autónoma de Castilla-La Mancha, donde la Orden de 21 de junio de 2010[75] de su Consejería de Salud y Bienestar Social individualizó a los siguientes profesionales como los directamente implicados en una IVE, de acuerdo con el artículo 19.2 LOIVE, a saber: los facultativos especialistas en ginecología y obstetricia, los facultativos especialistas en anestesiología y reanimación, los diplomados en enfermería y las matronas (art. 3.1 de la Orden). En el previamente referido Auto núm. 392/2010, de 29 de septiembre de 2010, el TSJ de Castilla-La Mancha suspendió cautelarmente esta disposición al poder vulnerar el derecho a la objeción de

---

de un procedimiento regulado por el legislador en los términos que prescribe el art. 30.2 de la Constitución, con las debidas garantías, ya que sólo si existe tal regulación puede producirse la declaración en la que el derecho a la objeción de conciencia encuentra su plenitud".

[74] Lo que se apoya a su vez, entre otras, en las Sentencias (cuatro) de la Sala de lo Contencioso del Tribunal Supremo, en sentencias de 11 de febrero de 2009 dictadas en los recursos de casación 948/08, 949/08, 905/08 y 1013/08.

[75] Orden de 21 de junio de 2010, de la Consejería de Salud y Bienestar Social, por la que se establece el procedimiento de objeción de conciencia a realizar la interrupción voluntaria del embarazo (*DOCLM*, núm. 124, de 30 de junio de 2010).

conciencia de los médicos de família.[76] Finalmente, el Gobierno manchego modificó la redacción del artículo 3.1 de esta Orden, a través de la Orden de 14 de octubre de 2010, de modo que ese precepto ha pasado a guardar ya total correspondencia con lo establecido en el artículo 19.2 LOIVE. Ante la asepsia valorativa de la actual redacción del precepto examinado, que nada añade ya desde la perspectiva del contenido del derecho a la objeción de conciencia, la Sentencia del TSJ de Castilla-La Mancha (Sala de lo Contencioso-Administrativo, Sección 2ª, de Albacete) núm. 143/2012, de 20 de febrero de 2012, consideró el mismo conforme a Derecho y dio por finalizada esta controversia.

Lo ocurrido en Castilla-La Mancha vuelve a subrayar las diferencias en la implantación de la LOIVE en las distintas Comunidades Autónomas. Algunas, como Navarra (tradicionalmente ha derivado todas sus interrupciones fuera de su territorio) o Madrid aseguran que permitirían también que estos profesionales (los médicos de familia) objeten. Otras, como Asturias o Andalucía, sostienen que sólo pueden objetar los profesionales que tengan relación directa en la prestación, excluyendo aquí a los médicos de atención primaria. De nuevo, pues, desgraciadamente nos encontramos con un Sistema Nacional de Salud que ni es Sistema ni es Nacional.[77] Ello es especialmente grave cuando lo que está en juego es la garantía del acceso a la información de la mujer que pretende llevar a cabo una IVE.

3. A modo de corolario: *scientia potentia est*

A lo largo de las líneas que anteceden se ha expuesto, a grandes rasgos, cómo está tratado el derecho-deber de información en las relaciones médico-paciente en el campo de la interrupción voluntaria del embarazo a la luz de lo dispuesto en la vigente LOIVE, haciendo las oportunas referencias y comparaciones con la que pudo ser la actual norma aplicable

---

[76] No podemos entrar aquí en el análisis del otro frente polémico: la puesta en marcha de un registro de objetores, avalado por el propio Auto del TSJ de Castilla-La Mancha, en consonancia con la doctrina a este respecto de la Agencia Española de Protección de Datos (Informe 0272/2010). Se alegó por los médicos de familia que estos registros iban a convertirse en una especie de "listas negras" de médicos incumplidores de la LOIVE, y que su presencia en los mismos, debido al uso torticero que de ellos se presuponía iba a hacer la Administración sanitaria, podría conllevarles consecuencias negativas en el plano laboral. Estos argumentos no prosperaron. Lo cierto es que recientemente ha sido avalado también por el Tribunal Constitucional el registro de objetores puesto en marcha por el Gobierno Foral de Navarra. El TC considera, en su STC 151/2014 de 25 septiembre, que forma parte de la competencia de la Comunidad Foral la planificación y organización de sus servicios sanitarios con criterios de racionalización de los recursos, de acuerdo con lo dispuesto en los artículos 149.1.16 y 148.1.21 CE.

[77] Por todos, vid. ÁLVAREZ MARTÍNEZ, E. M. *Régimen jurídico de la asistencia sanitaria pública. Sistema de prestaciones y coordinación sanitaria*, Comares, Granada, 2007, o VILLAR ROJAS, F. J. "De la integración a la separación de funciones del Sistema Sanitario: objetivos, modalidades y balance", *Revista Derecho y Salud*, vol. 16, número extraordinario, noviembre 2008, pp. 95 y ss.

en este ámbito (el PG). En todo tratamiento o intervención médica respetuosa del principio de la autonomía de la voluntad del paciente hay que garantizar el derecho a la información jurídico-sanitaria del que son titulares todos los ciudadanos, pero sin duda es en el terreno de la IVE donde este mandato se hace más necesario que nunca por los importantes intereses en juego que aquí se encierran.

Ante todo tratamiento o intervención, el paciente tiene que disponer de una información jurídico-sanitaria adecuada que le permita, en ejercicio de su autonomía de la voluntad, consentir o rechazar esa actuación médica sabiendo todos los pros y contras que su decisión puede conllevar. Más aún en un terreno de arenas movedizas como el de la IVE, donde hay que ponderar tantos intereses en conflicto y cuando está en juego una vida en formación cuyo futuro es incierto. De este modo, la Administración sanitaria ha de aportar a la mujer (y, en su caso, también a su entorno) información veraz, objetiva, privada de sesgos ideológicos o morales, y que no la instrumentalice. Una información, de carácter multidisciplinar y personalizada de acuerdo con sus intereses.

En definitiva, los profesionales sanitarios han de abstenerse de imponer aquí criterios de actuación basados en sus propias creencias y convicciones personales, morales, religiosas o filosóficas, han de respetar los valores, creencias y preferencias de estas mujeres en una decisión tan complicada como dolorosa. Por supuesto, el Estado ha de garantizar los derechos de la vida en formación, pero también ha de velar por los derechos fundamentales de la mujer embarazada (vida, salud, libertad y dignidad) y para que esto sea así es imprescindible garantizar su derecho a la información jurídico-sanitaria. Es por esta sencilla razón por la que, como se ha expuesto, el derecho a la información de estas mujeres ha de prevalecer sobre un posible derecho a la objeción de conciencia de un médico de familia. La información es poder, negar o tergiversar la misma es viciar el proceso decisional que, en el marco de la LOIVE y de acuerdos con los requisitos allí establecidos, corresponde a la mujer.

En esta línea, considero con PÉREZ MIRAS que podría resultar muy positivo incorporar a la regulación ya existente en la LOIVE, sin cambiar un ápice de la esencia de la misma, el tratamiento más exhaustivo en materia de planificación familiar y derecho de información del PG, aunque eso sí, intentando rebajar el *indirizzo* pro-vida que –por fuerza– dominaba todo su articulado. Aunque lo cierto es que la cifra de IVEs no es muy alta en España (es más, disminuye progresivamente año tras año), como en otros campos de la vida aquí también tenemos que aplicar el principio de precaución: más vale prevenir que curar (o que abortar, si se nos permite). La IVE no es un capricho, es algo muy serio, un trance por el que ninguna mujer quiere pasar. A nadie se le escapa que más allá de plazos e indicaciones, de asesoramiento asistencial o de información clínica a aquellas mujeres que se encuentren ya en esta tesitura, lo más efectivo en este terreno, lo que más ayudará a conseguir reducir el número de abortos (por supuesto, me refiero principalmente a los de los embarazos no deseados) es la puesta en marcha de una adecuada estrategia dirigida a la población de riesgo, así como que se articule en la práctica toda la planificación de educación sexual y reproductiva prevista en la LOIVE. Es antes, con carácter previo a que la mujer quede embarazada, cuando la información va a poder desplegar todo su poder.

— 13 —

O processo de informação nas pesquisas clínicas associadas à assistência em saúde: notas elementares

LETÍCIA DE CAMPOS VELHO MARTEL[1]

Sumário: 1. Introdução; 2. Firmando pressupostos; 3. Mapeando as relações: a assistência em saúde e as pesquisas clínicas; 4. O equívoco terapêutico e seus conceitos correlatos 5. Comunicar genuinamente e informar: a delicada busca pela compreensão; 6. Considerações finais; Referências.

> "Em cada um de nós, cercados pelos mistérios do mundo, há uma inclinação ao misticismo, e alguns, em certo estado de espírito, encontram segredos ocultos lá onde outros, girando no turbilhão da vida, encontram tudo claro. Cada folhinha, cada cristal lembra-nos da existência, em nós próprios, de um laboratório misterioso."[2]

1. Introdução

Dois hospitais, uma doença não identificada. Conseguiram a vaga com um médico considerado um gênio, responsável por uma equipe de ponta em diagnósticos difíceis. Descoberta a doença, a má notícia: apenas *tratamentos* experimentais com risco significativo. O médico responsável pretende *convencer* o paciente a consentir em participar do protocolo de pesquisa. Nós, os telespectadores, sabemos que Gregory House perde poucos pacientes e desejamos que ele consiga o consentimento, estamos cheios de expectativas na atuação do protagonista, afinal, é ficção. Sua equipe, sabendo de suas tonalidades de anti-herói, preocupa-se com a

---

[1] Pós-Doutoranda em Direitos Fundamentais, PUCRS. Doutora em Direito Público, UERJ, 2010. Mestra em Instituições Jurídico-Políticas, UFSC, 2001. Advogada. Bolsa Prêmio de Capes em vigência, financiadora dos estudos nessa temática. Declara ausência de conflitos de interesses.

[2] Texto de Nikolai Ivánovitch Pirogov, utilizado como epígrafe do conto *Alexandrita, de* Nikolai Leskov. LESKOV, Nikolai. *A farsa e outras histórias*. Tradução, posfácio e notas de Denise Sales; ensaio de Elena Vássina. São Paulo: 34, 2012, p.147.

autonomia e o bem-estar do paciente e tem em mente os riscos médicos envolvidos. A direção do Hospital e Centro de Pesquisa, a legalidade da conduta. O conflito se instala. House quer provar seu ponto, quer descobrir, aprender. De quebra, pode tratar, elemento secundário em suas intenções. Sua equipe quer, primariamente, respeitar o paciente em suas escolhas, informando-o e reservando o seu espaço de decisão. O Hospital teme processos por erro médico. Quantas vezes os fãs da série *House* acompanharam episódios assim? Quantas vezes torciam pela *esperança*, mesmo que a racionalidade empurrasse para a aceitação dos limites da medicina e da finitude humana? Quantas vezes a *esperança* e o *depósito cego de confiança* – ora, é uma serie de televisão! – vencem e acreditamos fielmente que um experimento já é capaz de tratar e curar, que é desenhado para aquele paciente que está ali, cuja agonia acompanhamos?

O objetivo deste Capítulo não é ambicioso, não se pretende examinar a miríade de questões jurídicas postas em xeque por casos de tal natureza e complexidade. Pretende-se apenas refletir sobre o que se entende serem componentes indispensáveis para a validade e a interpretação jurídicas do consentimento livre e esclarecido em pesquisas clínicas associadas à assistência, nas quais a sombra do *equívoco terapêutico* pode se apresentar. A ênfase estará no componente *processo de informação*. Para tanto, procurar-se-á trazer à tona alguns pontos essenciais sobre o *processo de informação* dos participantes de pesquisas clínicas associadas à assistência. De início, serão estabelecidos os pressupostos teóricos e narradas as diferenças entre o ambiente da pesquisa e o da assistência em saúde. A seguir, será exposto o conceito de *therapeutic misconception*, tal qual formulado em sua origem, acompanhado das atualizações, discussões e novos delineamentos. Como foco, sustentar-se-á que o consentimento livre e esclarecido, nuclear nas pesquisas clínicas associadas à assistência, carece de um processo de comunicação que dê conta de explicitar aos participantes a diferença de cenário entre a pesquisa e a assistência em saúde e suas consequências.

A proposta justifica-se porque o ambiente das pesquisas clínicas associadas à assistência em saúde não é, regra geral, familiar aos operadores do direito. Porém, membros da magistratura, do Ministério Público, defensores públicos e advogados atuam em situações deste molde, seja no ambiente da responsabilidade médica, seja no da cobertura de serviços de saúde. Por isso, é relevante trazer a lume os eixos que diferenciam as pesquisas clínicas da assistência, buscando, assim, introduzir as bases interpretativas para eventuais conflitos que conduzam o debate sobre a pesquisa e o processo de consentimento livre e esclarecido que lhe é típico. Este processo interpretativo requer que nos operadores do direito, primeiramente, a ausência de um olhar análogo ao *equívoco terapêutico*.

2. Firmando pressupostos

No intento de traçar as notas elementares sobre os processos de informação e de comunicação entre os pesquisadores e os participantes de pesquisas clínicas associadas à assistência em saúde, há de se estabelecer alguns pressupostos, acordos teóricos e semânticos. É o que se passa a fazer.

O *primeiro pressuposto* consiste em assumir a primazia do consentimento livre e esclarecido nas pesquisas biomédicas envolvendo seres humanos. Na atualidade, não se faz a afirmação com o tom absoluto que se utilizava na segunda metade do século XX, todavia, admite-se o caráter quase absoluto da necessidade do consentimento livre e esclarecido dos participantes de pesquisa ou de seus responsáveis legais. Como regra, a eticidade e a adequação jurídica das pesquisas dependem do consentimento livre e esclarecido, ressalvadas parcas exceções.[3]

Integrando o primeiro pressuposto, está a forte ideia de levar o consentimento a serio. Em um marco de proteção dos direitos fundamentais, de afirmação da liberdade, da igualdade e do respeito por cada ser humano, o consentimento apresenta relevo ímpar. Ele é a concretização da liberdade no mundo fenomênico. Em sua realização e em sua interpretação é sempre preciso reconduzi-lo aos direitos fundamentais, tendo em mente o alvitre formulado por Deryck Beyleveld e Roger Brownsword: *"Se quisermos manter a integridade do consentimento, a lição é esta: quando somos favoráveis a uma transação, é tentador afirmar que ela é autorizada pelo consentimento, mas quando somos contrários a uma transação, é igualmente tentador negar que ela é autorizada pelo consentimento. Em ambos os casos, há um elemento de insinceridade que deve ser desencorajado".*[4] Destarte, evitam-se as, diga-se assim, velhas e conhecidas ficções jurídicas, expedientes utilizados para suster que o indivíduo *consentiria se* compreendesse, *se* refletisse melhor, *se* escolhesse o ideal para si e tantos outros *se, se se...* Consentimento ficto, hipotético, postergado, diferido, justificado pela condicionante *se,*

---

[3] Como chama atenção para o ponto Ruth Macklin, a necessidade e essencialidade absolutas do consentimento dos participantes de pesquisa abriu o Código de Nuremberg em linguajar peremptório: *"O consentimento voluntário do ser humano é absolutamente essencial".* Conforme a autora, *"the strength of that first principle of the Nuremberg Code has not been equaled in any subsequent document or code of ethics".* MACKLIN, Ruth. Understanding informed consent. *Acta Oncologica.* Vol.38, n°1, p.83-87, 1999. Optou-se pela tradução do Código divulgada por José Roberto Goldim, a partir de: TRIBUNAL INTERNACIONAL DE NUREMBERG. Trials of war criminal before the Nuremberg Military Tribunals. Control Council Law. 1949; 10[2]:181-182. Disponível em : http://www.ufrgs.br/bioetica/nuremcod.htm

[4] BEYLEVELD, Deryck; BROWNSWORD, Roger. *Consent in the law.* Oxford: Hart Publishing, 2007, p.136. *"If we are to maintain the integrity of consent, the lesson is this: where we are in favour of a transaction, it is tempting to assert that it is authorised by consent, but where we are opposed to a transaction, it is equally tempting to deny that it is authorised by consent. In both cases, there is an element of disingenuousness that should be discouraged".*

simplesmente não é consentimento, é uma justificação falha, externa ao sujeito e não reconduzida aos direitos fundamentais.[5] Para tais situações, a honestidade e a seriedade acerca do consentimento e dos direitos exigem que sejam enfrentadas as justificações substantivas, não um apelo à justificação procedimental pelo consentimento.

A última frase sugere que o consentimento ficto pode estar associado ao não debate de sensíveis tópicos de fundo, substantivos. Quando uma negativa em consentir foge ao ordinário, ao ortodoxo, a tentação de desqualificar a recusa e a própria habilidade para consentir do sujeito se fortalece. Soa mais fácil, com um toque paternalista ou perfeccionista, sugerir que o sujeito *consentiria se...*, travestindo uma recusa com o manto de um consentimento ficto, pondo de lado elementos substantivos determinantes. Há dois problemas graves aqui. Um, o consentimento não é levado a serio, tampouco reconduzido aos direitos fundamentais. Dois, a recusa não é levada a serio. Tão importante quanto prezar o consentimento, é respeitar e aceitar a recusa.[6]

O *segundo pressuposto* consiste em assumir que o consentimento atua como justificação procedimental para a modificação, criação e extinção de relações jurídicas, bem como de posições jurídicas subjetivas de direitos fundamentais.

---

[5] Em outra oportunidade, escrevi: "*A ideia é dar vazão prática à importância do consentimento, mormente na disposição, situação na qual ele é condição necessária e suficiente à modificação, criação e extinção de relações jurídicas de direitos fundamentais, possuindo a capacidade de retirar um sujeito do polo dominante da relação e exercendo o papel de justificação procedimental. Em assim sendo, a grande questão sobre o consentimento é tratá-lo em conexão com os direitos fundamentais e com a própria noção de dignidade humana. Em suma, o consentimento precisa trazer à tona a ligação com as teses de justificação apresentadas no Capítulo anterior. Para tanto, o primeiro passo reside na realidade do consentimento, evitando-se ao máximo a utilização de expedientes que funcionam como se fossem consentimento e substituem-no como justificação procedimental. Desta sorte, as ficções jurídicas formuladas para atuar como consentimento e as situações de consentimento hipotético precisam de avaliação rigorosa*". MARTEL, Letícia de Campos Velho. Direitos fundamentais indisponíveis: limites e padrões do consentimento para a autolimitação do direito fundamental à vida. Tese de Doutorado. Rio de Janeiro: UERJ, 2010, p.214. Disponível em: http://pct.capes.gov.br/teses/2010/31004016015P4/TES.PDF. No tema: BEYLEVELD, Deryck; BROWNSWORD, Roger. Consent in the law. Oxford: Hart Publishing, 2007, p.130 e ss.

[6] Em outra oportunidade, esta autora escreveu: "*O segundo passo é deter extremada atenção aos casos substantivamente controversos e discutíveis (e.g., sadomasoquismo, arremesso de pessoas, eutanásia, suicídio assistido, relações homoafetivas...), para não rejeitá-los de plano em nome do consentimento; isto é, ao invés de discutir a substância dos assuntos, lançar dúvidas e recusar a própria possibilidade do consentimento (...). O terceiro passo é entender que consentimento é consentimento e recusa é recusa. A afirmação soa óbvia, deveria ser óbvia, mas não é. Existem situações em que o consentimento é tão rotineiro, é tão comum que as pessoas consintam em determinada prática, que há dificuldades em compreender, interpretar e aceitar uma negação (em uma ilustração extrema, a recusa de terapia transfusional por fiéis religiosos). Se todo o exposto faz crer que o consentimento deve ser levado a sério, evidentemente também faz crer que a recusa deve ser levada a sério, ainda que idiossincrática. Com isto não se está a dizer que a recusa deve ser sempre admissível em um sistema jurídico. Afirmação desse gênero não é feita nem quanto ao consentimento, nem quanto à recusa. A aceitação depende de fatores de justificação. O que não pode ocorrer é a rejeição apriorística da recusa ou o descaso para com ela por ser o consentimento habitual ou tradicional em determinadas conjunturas*". MARTEL, Letícia de Campos Velho. Direitos fundamentais indisponíveis..., Op. cit., p.214-215. No tema, ver BEYLEVELD, Deryck; BROWNSWORD, Roger. Consent in the law. Oxford: Hart Publishing, 2007, p.130 e ss.

O *terceiro pressuposto* refere-se diretamente à moldura teórica adotada. As considerações ora apresentadas seguem a esteira do liberalismo igualitário, de modo que se aceita um ideal de liberdade humana, sujeita a condições e circunstâncias. Não estarão em pauta, embora pareçam um viés de análise muito pertinente, as molduras associadas à neurociência e à psicologia moral, que apresentam variáveis internas relevantes aos processos humanos de tomada de decisão e realização de escolhas.[7]

Em assim sendo, parte-se de um tipo ideal de consentimento e de sujeito do consentimento, categorias tomadas de empréstimo de Beyleveld e Browsword, nos seguintes termos: *"Se as condições para um consentimento autêntico são que ele seja **emitido livremente** e com uma **base informada** (como quer que essas condições sejam interpretadas), então a lógica é a de que a especificação de um 'sujeito do consentimento'– isto é, possuir a capacidade (ou competência) relevante para consentir – refletirá tais condições. Isso significa, primeiro, que a pessoa com capacidade para consentir será **hábil a formar seus próprios julgamentos e formar suas próprias decisões livre** da influência ou opinião de outras; e, segundo, que tal **pessoa será apta a entender e aplicar** a informação que é substantiva para sua decisão"*.[8]

Nesta esteira, um tipo ideal de consentimento inclui a liberdade decisória e a informação substancial à tomada de decisão, emitido por um sujeito hábil a entender e processar a informação.[9] À evidência, os tipos-ideais não se encontram puros na realidade. Imaginando um arco, inspirado em Ruth Faden e Tom Beauchamp, em uma ponta tem-se a completa informação (à qual se acrescenta compreensão suficiente pelo sujeito) e a completa liberdade de escolha. Na outra ponta, a total falta de informação e de compreensão e nenhuma liberdade de escolha. Um consentimento válido juridicamente, genuíno, não requer as características da ponta ide-

---

[7] Nas pesquisas nacionais, vale conferir as de Noel Struchiner, vinculadas ao Grupo Ética e Realidade Atual, da PUC-Rio (http://era.org.br/), assim como as conduzidas pelo Instituto do Cérebro, da PUCRS (http://www3.pucrs.br/portal/page/portal/inscer/Capa/). STRUCHINER, Noel; CUSHMAN, F.; MACHERY, E.; NADELHOFFER, T. Pizarro, D.; PRINZ, J. (Orgs.). *Ética e realidade atual: implicações da abordagem experimental.* Rio de Janeiro: PUC-Rio, 2011, 300p. Sinteticamente e em linha um pouco distinta, HAASE, Vitor Geraldi; CHAGAS, Pedro Pinheiro; ROTHE-NEVES, Rui. Neuropsicologia e autonomia decisória: implicações para o consentimento informado. *Revista Bioética.* N.15, v.1, 2007, p.117-132.

[8] BEYLEVELD, Deryck; BROWNSWORD, Roger. *Consent…,* Op. cit., p.13-14. No original: *"If the conditions for an authentic consent are that it is given freely and on an informed basis (however these conditions are interpreted), then the logic is that the specification of a 'subject of consent' – that is, one having the relevant capacity (or competence) to consent – will reflect these conditions. This means, first, that a person with capacity to consent will be capable of forming own judgments and making their own decisions free from the influence or opinion of others; and secondly, that such a person will be able to understand and apply the information that is material to their decision".*

[9] Noutro texto: *"Logo, além do requisito sujeito do consentimento, há duas diretrizes nucleares para um consentimento genuíno, sobre as quais se edificam os demais requisitos, a liberdade de escolha e a escolha informada. Antes de adentrar no exame das diretrizes, informa-se que as condições do consentimento refletem a sua validade e são diferentes da interpretação, do alcance e da eficácia jurídica do instituto".* MARTEL, Letícia de Campos Velho. *Direitos fundamentais indisponíveis...,* Op. cit., p.233.

al do arco, pois há um amplo espaço para a gradação da liberdade e da informação. A validade do consentimento dependerá da maior ou menor proximidade do extremo ideal, e poderá variar à luz de condicionantes de fato e de direito. Para uma doação de sangue ou para a realização de uma tatuagem, é plausível que um sistema jurídico aceite um consentimento mais distante do ideal, mas, para uma cirurgia de transgenitalização ou para uma doação de órgãos *inter vivos*, a proximidade do ideal há de ser maior. Note-se que não é o consentimento em si que admite gradações, mas a intensidade da liberdade e informação em cada caso. Ainda assim, para que seja válido, será livre e informado. E, é claro, real, não ficto.[10]

Por conseguinte, a informação é essencial ao consentimento válido, especialmente nas relações em que o consentimento atua como justificação procedimental para o enfraquecimento de posições subjetivas de direitos fundamentais. Nelas, quem consente passa a situar-se noutro polo da relação subjetiva, quer numa posição que apenas *permite* que terceiros comportem-se de modo que seria proibido se não houvesse o consentimento, quer numa posição que exige comportamentos daquele que consente, isto é, de *dever*. Caso a relação envolva o cunho pessoal dos direitos fundamentais, ou seja, aqueles cuja faceta existencial usualmente sobrepuja a econômica, maior proximidade a informação há de guardar com a ponta ideal do arco do consentimento.

O *quarto pressuposto* liga-se à informação. Nas relações mencionadas no parágrafo anterior, de disposição de posições subjetivas de direitos fundamentais, a informação é um *direito* daquele que consente. Será um direito positivo, com o dever correlato de prestar as informações com clareza, veracidade, objetividade, adequação e completude, ou, pelo menos, negativo, com o dever correlato de não serem omitidas informações relevantes.

Pois bem, qual a informação necessária e suficiente para um consentimento genuíno? É lógico que a uma resposta plena não pode ser traçada aprioristicamente. Em abstrato, é possível lançar as bases normativas, cientes de que estarão sujeitas a condicionantes e circunstâncias.[11] Em *pri-*

---

[10] Ruth Faden e Tom Beauchamp denominam a linha de *espectro de autonomia*. FADEN, Ruth. BEAUCHAMP, Tom L. *A history and theory of informed consent*. Oxford: Oxford University, 1986.
Comentam e empregam a posição dos autores, BEYLEVELD; BROWNSWORD, Consent..., p.129 e ss. A parte final do parágrafo encontra-se em: MARTEL, Letícia de Campos Velho. *Direitos fundamentais indisponíveis...*, Op. cit., p.233.

[11] Acredita-se que Beyleveld e Brownsword propuseram de modo muito adequado tais bases. BEYLEVELD, Deryck; BROWNSWORD, Roger. *Consent...*, Op. Cit., p.145 e ss. Onora O'Neill e Neil C. Manson construíram interessante linha de pensar, partindo de críticas sobre o descompasso entre o tradicional consentimento livre e esclarecido, em especial o processo de informação (disclosure). MANSON, Neil C. *Rethinking informed consent in bioethics*. Cambridge: Cambridge University, 2007 (versão eletrônica de 2012), 212p. Na literatura e na jurisprudência nacionais, o tema ganhou força a partir da aprovação do Código de Defesa do Consumidor, no início da década de 1990. Foi nesta seara que eclodiram os primeiros estudos de fôlego sobre o *processo de informação*, o dever de informar, o

meiro lugar, salienta-se que se estará diante de um processo informativo, não da simples revelação (*disclosure*) de dados e conceitos realizada de quaisquer modo e forma. *Em segundo lugar*, o processo informativo é dialógico, comunicativo, e reage, pelo menos, (a) ao tipo de relação jurídica (e de modificação de posições subjetivas), (b) às características da relação de base e de seus sujeitos e (c) aos direitos em jogo.[12] Essas três variáveis medulares determinam a extensão e a profundidade do processo de informação. Exemplificativamente, o processo de informação de um participante de pesquisa de percepção sobre as novas instalações de um ambulatório podem ser menos profundas e extensas do que aquelas necessárias a um consentimento informado em uma pesquisa de um novo fármaco. São graus distintos de *investimento* no processo informativo.

Ao ter em mente que uma das variáveis é justamente o tipo de relação jurídica, convém perscrutar qual é a relação que se estabelece entre os pesquisadores e os participantes de pesquisas clínicas associadas à assistência em saúde e no que se diferenciam das relações de assistência em saúde.

3. Mapeando as relações: a assistência em saúde e as pesquisas clínicas

As pesquisas biomédicas envolvendo seres humanos são um molde deveras específico de relação jurídica. A sua separação da assistência em saúde, no plano da *bioética*, é, tal qual este ramo do saber, relativamente recente, volvendo ao período de imediato posterior ao término da Segunda Guerra. Embora os documentos internacionais, como o Código de Nuremberg e a Declaração de Helsinque, testemunhem com nitidez a separação, muitos ordenamentos jurídicos assumiram-na diretamente apenas nas últimas décadas do século XX, como ocorreu no Brasil.[13]

---

direito de ser informado, bem como sobre cláusulas e elementos-chave, tais quais a boa-fé objetiva e a transferência da carga de responsabilidade sobre a higidez do campo informacional, em inúmeras relações, àquele que busca o consentimento alheio. No tema, MARTINS-COSTA, Judith. A reconstrução do direito privado: reflexos dos princípios, diretrizes e direitos fundamentais no direito privado. São Paulo:RT, 2002; MARTINS-COSTA, Judith. A boa-fé no direito privado. São Paulo: Revista dos Tribunais, 2000; ROSENVALD, Nelson. Dignidade humana e boa-fé. São Paulo: Saraiva, 2005; TARTUCE, Flávio. A função social dos contratos: do Código de Defesa do Consumidor ao novo Código Civil. São Paulo: Método, 2005.

[12] Perceba-se que o termo utilizado em língua inglesa e largamente adotado ou traduzido em sua literalidade é *disclosure*, revelação. Etimologicamente, revelar é do latim, revelatio, o "ato de mostrar, descobrir, destapar", com a ideia de oposição (re) ao véu (que cobre). Embora a palavra *disclose* (que retira da clausura, que abre) talvez admita um viés mais dinâmico, a palavra *revelar* parece não exprimir uma noção comunicativa, um processo dinâmico entre dois ou mais sujeitos, mas antes a eventual superioridade de alguém capaz de retirar o véu que a outrem encobre.

[13] Tanto o Código de Nuremberg como a Declaração de Helsinque foram confeccionados especificamente para reger as pesquisas biomédicas envolvendo seres humanos, tanto isoladas, como associadas à assistência. No direito brasileiro, as primeiras referências parecem ser as do Conselho Federal

A importância da separação entre os campos – as pesquisas biomédicas envolvendo seres humanos e a assistência em saúde – não pode ser relegada a segundo plano. Como asseverou Diego Gracia, a separação entre a assistência e a pesquisa foi um dos maiores, senão o maior, ganho ético em matéria de saúde do século XX.[14] A força da afirmação tem razão de ser. Trata-se de evitar a instrumentalização não consentida de seres humanos, trata-se de asseverar que os interesses no progresso das ciências da saúde não estão, à partida, à frente dos direitos individuais.

É que claro que, muitas vezes, há justaposição entre os campos da pesquisa e da assistência. Simultaneamente, um indivíduo ou grupo de indivíduos são pacientes – ligados à assistência em saúde – e participantes de uma pesquisa biomédica conexa a *esta* assistência. Trata-se da pesquisa *associada à assistência*. Ainda assim, são compreendidas como relações jurídicas distintas, com direitos e as respectivas posições subjetivas, sujeitos e características de base próprios. Logo, a cada uma aplicam-se eixos normativos e interpretativos seus, com uma ou outra nota advinda exatamente da sobreposição.

A distinção é relevante e prenhe de ressonâncias jurídicas. Porém, sabe-se haver uma *zona de penumbra,* uma área duvidosa entre a assistência e a pesquisa em saúde. Nela, não se consegue precisar qual a atividade que efetivamente está a ser exercida, se assistência, se pesquisa associada à assistência. No ponto, casos da neonatologia quiçá sejam os mais representativos. Em muitos momentos, quando um bebê nasce um pouco abaixo dos limites conhecidos de sobrevivência, mantém-se o investimento *terapêutico,* sem que sejam cientificamente balizadas as técnicas nem propriamente previsíveis as consequências. A intenção é muito mais de assistência. Todavia, o desconhecido, o intuído sem amparo na medicina baseada em evidência, e o eventual progresso das ciências médicas apro-

---

de Medicina, quanto à deontologia médica, no Código de Ética Médica de 1988. Os dois Códigos imediatamente anteriores (1965 e 1984, respectivamente) mencionavam restrições à experimentação em seres humanos vivos, bem como regras para a publicação de trabalhos científicos. Todavia, o significado de pesquisa ainda se assemelhava mais ao modelo que a confundia com a assistência e oferecia uma carga de beneficência muito alta, de modo que se pode afirmar que é somente no Código de 1988 que a linha de ruptura entre pesquisa e assistência foi adotada. No mesmo ano, o Conselho Nacional de Saúde aprovou precursora Resolução sobre as pesquisas biomédicas em seres humanos, expressando a distinção entre pesquisa e assistência, assim como reconhecendo a pesquisa associada à assistência. BRASIL. CFM. *Resolução CFM n°1.246*, de 08 de janeiro de 1988. Disponível em: http://www.portalmedico.org.br/resolucoes/CFM/1988/1246_1988.htm No sítio virtual do CFM é possível encontrar todas as versões anteriores dos Códigos, a saber: http://www.portalmedico.org.br/include/livro_etica2.asp BRASIL. CFM. *Resolução CFM n°1.154*, de 13 de abril de 1984. BRASIL. CFM. Código de Ética Médica, publicado no Diário Oficial em 11 janeiro de 1965. WMA. *Declaration of Helsinki – Ethical principles for medical research involving human subjects.* (versão original de 1964 e suas nove revisões). Disponível em: http://www.wma.net/en/30publications/10policies/b3/

[14] Conferência realizada no VII Congresso Brasileiro de Bioética, intitulada *Bioética Clínica e contexto social.* São Paulo, 27 de agosto a 1° de setembro de 2007.

ximam a situação da pesquisa. Daí os intensos dilemas enfrentados nesta especialidade, com a recorrente indagação sobre *até quando investir*.[15]

Pese embora essa área fronteiriça, a literatura aponta três eixos distintivos entre a pesquisa e a assistência: (a) objetivo de *tratar* o paciente *versus* objetivo de produzir conhecimento, usualmente generalizável; (b) individualização do tratamento *versus* rigidez do protocolo de pesquisa, atrelado ao rigoroso método científico; (c) previsão de benefícios ao paciente *versus* potencial ausência de benefícios diretos ou mesmo indiretos.[16]

De início, pesquisa e assistência distinguem-se pelo seu objetivo, os profissionais que as conduzem são guiados por intenções diversas. Na assistência, a intenção primária reside no *tratamento* e no cuidado do paciente segundo as suas necessidades, lançando mão de condutas, procedimentos, equipamentos e produtos balizados cientificamente e aprovados segundo critérios de avaliação e de vigilância sanitárias. Os profissionais da assistência, portanto, agem imbuídos pelo denominado *"personal care"*, à luz da necessidade do paciente. Na pesquisa, ainda que associada à assistência, o objetivo é a produção de conhecimento, o "propósito primário é obter dados válidos que respondam às perguntas de pesquisa".[17] Os pesquisadores agem imbuídos pela busca de achados, a fim de agregá-los a um ramo das ciências da saúde e fazê-las progredir. Aqui está o primeiro eixo: objetivo de *tratar* o paciente *versus* objetivo de produzir conhecimento, usualmente generalizável, impulsionando o estado da arte.

Daqui, outra diferença já aflora. As ciências da saúde, em especial a medicina baseada em evidência, progridem mediante a sistematização de dados, segundo rígidos padrões metodológicos. Desta sorte, ao partici-

---

[15] No Brasil, sobretodos, os estudos de Délio José Kipper. KIPPER, Délio José. Medicina e os cuidados de final da vida: uma perspectiva brasileira e latino-americana. In: PESSINI, Leo; GARRAFA, Volnei (Orgs). Bioética, poder e injustiça. São Paulo: Loyola, 2003. KIPPER D. J. *et al*. Dilemas éticos, morais e legais em UTIP. *In*: Piva J. P.; Garcia P. C. (ed.). *Medicina Intensiva em Pediatria*. Rio de Janeiro: Revinter; 2005. p. 753-771. Para exemplos bastante ilustrativos, ver: KING, Nancy M. P. Experimental treatment: oxymoron or aspiration? *Hastings Center Report*. Vol.25, n°4, Jul-Aug, 1995, p. 6-15.

[16] Este síntese é elaborada com apoio nos textos de Appelbaum, Lidz e colegas e foi vertida de modo próximo ao original, porém com alterações: LIDZ, C. W.; APPELBAUM, P. S. The therapeutic misconception: problems and solutions. *Medical Care*. Vol.40, n°9, Supplement, 2002, p. V-55-V-63. APPELBAUM, P. S.; ROTH, L. H.; LIDZ, C. W.; WINSLADE, W. False hops and best data: consent to research and the therapeutic misconception. *Hastings Center Report*. Vol.17, n° 2, apr., 1987, p.20-24. APPELBAUM, P. S.; ANATCHKOVA, M.; ALBERT, K.; DUNN, L. B.; LIDZ, C. W. Therapeutic misconception in research subjects: development and validation of a measure. *Clinical Trials*. Vol. 9, n° 6, Dec., 2012, p.748-761.

[17] LIDZ, C. W.; APPELBAUM, P. S. The therapeutic misconception: problems and solutions. *Medical Care*. Vol. 40, n° 9, Supplement, 2002, p. V-55-V-63. APPELBAUM, P. S.; ROTH, L. H.; LIDZ, C. W.; WINSLADE, W. False hops and best data: consent to research and the therapeutic misconception. *Hastings Center Report*. Vol. 17, n° 2, apr., 1987, p. 20-24. APPELBAUM, P. S.; ANATCHKOVA, M.; ALBERT, K.; DUNN, L. B.; LIDZ, C. W. Therapeutic misconception in research subjects: development and validation of a measure. *Clinical Trials*. Vol. 9, n° 6, Dec., 2012, p. 748-761.

pante de uma pesquisa clínica associada à assistência não será destinado um *tratamento individualizado* como será a alguém que é apenas paciente. Ao adentrar no cenário da pesquisa, o participante *adere* – livre, é claro, para deixá-lo a qualquer momento – a um protocolo de pesquisa rígido, do qual os pesquisadores não podem se afastar, salvo se houver intercorrências que demandem a suspensão da pesquisa ou a exclusão de um participante, hipóteses nas quais não se está mais no âmbito da pesquisa.[18]

Em um exemplo simplista, sem compromisso direto com a realidade, suponha-se que os pacientes A e B estão deprimidos. O paciente A inicia um tratamento com um antidepressivo de última geração, na dosagem predeterminada para o seu caso, mas apresenta muitos efeitos colaterais. A médica, na relação de assistência, poderá reduzir a dosagem segundo as necessidades *individuais* do paciente ou poderá associar outros fármacos. Já o paciente B é participante de uma pesquisa clínica de um novo antidepressivo. Para ele, a médica-pesquisadora não poderá regular a dosagem segundo as necessidades individuais naquele momento, mas apenas segundo os padrões do protocolo. Ademais, em muitos protocolos há impedimento para que outros fármacos sejam associados, sob pena de ver-se invalidar os dados.

O segundo eixo diferenciador foi assim sintetizado por Lidz: "(a) individualização das escolhas *versus* randomização; (b) médico guiado pelo benefício ao paciente *versus* pesquisador preso ao protocolo (*blind*); (c) abertura a outros tratamentos e alternativas *versus* rígidos limites a outros tratamentos e alternativas; (d) ajuste da dosagem para o máximo benefício *versus* ajuste muito limitado da dosagem, segundo as possibilidades da pesquisa".[19]

Neste rumo, a *individualização do tratamento*, típica das relações de assistência, praticamente é descartada em algumas pesquisas clínicas, por exigências metodológicas, que necessariamente atrelam o pesquisador.

---

[18] Neste parágrafo e no anterior, foi utilizado o verbo *progredir*, para qualificar o avanço das ciências médicas. Como este capítulo se refere às pesquisas clínicas associadas à assistência em saúde, o olhar a elas está voltado. Sabe-se que as ciências médicas não se reduzem ao molde biomédico, da medicina baseada em evidência, tanto quanto há noção de outros modos de impulso do cuidado e do tratamento em saúde, a exemplo das pesquisas qualitativas. Existem polêmicas no assunto, todavia, elas escapam ao objetivo e aos limites deste estudo, situado em uma moldura teórica específica. No tema, KING, Nancy M. P. Experimental treatment: oxymoron or aspiration? *Hastings Center Report*. Vol. 25, nº 4, Jul-Aug, 1995, p. 6-15.

[19] A esquematização foi traduzida de uma apresentação do autor, disponível na rede mundial de computadores. Cabe informar que o substrato do esquema encontra-se nos demais textos. LIDZ, Charles. *Therapeutic misconception: what differences does it make?* Para o aprofundamento, ver: LIDZ, C. W.; APPELBAUM, P. S. The therapeutic misconception: problems and solutions. *Medical Care*. Vol. 40, nº 9, Supplement, 2002, p. V-55-V-63. APPELBAUM, P. S.; ROTH, L. H.; LIDZ, C. W.; WINSLADE, W. False hops and best data: consent to research and the therapeutic misconception. *Hastings Center Report*. Vol. 17, nº 2, apr., 1987, p. 20-24. APPELBAUM, P. S.; ANATCHKOVA, M.; ALBERT, K.; DUNN, L. B.; LIDZ, C. W. Therapeutic misconception in research subjects: development and validation of a measure. *Clinical Trials*. Vol. 9, nº 6, Dec., 2012, p. 748-761.

Então, na pesquisa, o *risco* assumido pelo participante é diverso daquele assumido nas relações de assistência. Em medicina, sempre há risco. A questão são quais os seus níveis. Usualmente, os riscos do participante de uma pesquisa clínica associada à assistência serão maiores do que os chamados riscos de rotina, aqueles consentâneos às condutas, procedimentos, uso de equipamentos e produtos já conhecidos, aceitos e balizados segundo critérios rígidos de validação.

Mesmo com riscos mais altos, há dois quesitos que merecem alusão. Existem regras, controles e fiscalização sobre os níveis de risco aceitáveis em uma pesquisa biomédica envolvendo seres humanos. A eticidade de uma pesquisa, portanto, a possibilidade de sua realização, depende de um equacionamento razoável de riscos e benefícios, que serão estimados pelos proponentes da pesquisa, avaliados e monitorados por Comitês e Comissões de Ética em Pesquisa. Em assim sendo, do ângulo jurídico, existem limites sobre o *com o que* é permitido a um participante de pesquisa consentir validamente. A participação na pesquisa poderá acontecer *se* e *somente se* os níveis de risco estiverem dentro do permitido, consoante parecer do Comitê de Ética com atribuições para avaliar o protocolo. O outro alvitre se refere ao cuidado. O maior nível de risco e a ausência da individualização não significam, sobremaneira, permissão para que o cuidado deixe de ocorrer. O cuidado em saúde permanece, com alterações aqui e acolá, conforme a pesquisa. É dever dos pesquisadores manter níveis razoáveis de cuidado e atenção em saúde.

O terceiro eixo de distinção entre a assistência e a pesquisa concerne à identificação do *beneficiado*. O participante de uma pesquisa associada à assistência sujeita-se a maiores níveis de risco e abre mão do *tratamento individualizado*. Quais os benefícios que decorrem desta participação? Na assistência, sabe-se que o beneficiado será o paciente, a quem se destina *tratamento individualizado*. Na pesquisa, muitas vezes, não há garantia de benefícios diretos aos participantes, tampouco, em não raras hipóteses, de benefícios indiretos. Os benefícios provavelmente destinar-se-ão a futuros pacientes, caso os achados de pesquisa sejam positivos, ou à sociedade e à comunidade científica, em um feixe de hipóteses, incluídas aí as pesquisas cujos resultados sejam nulos, negativos ou abaixo do esperado. É crucial ter em mente que a pesquisa *pode ou não* trazer benefícios diretos ou indiretos aos seus participantes. Em linguagem jurídica, dir-se-ia ser um negócio jurídico aleatório.[20]

---

[20] Tanto os níveis de risco quanto a potencialidade de benefícios diretos ao participante da pesquisa variam muito, conforme o tipo de pesquisa – por exemplo, uma pesquisa de um fármaco novo ou a pesquisa de novas posologias e formas de administração de um fármaco já aprovado –, bem como segundo a fase da pesquisa – é bastante distinta a fase II de um novo fármaco da finalização da fase III, ilustrativamente. Sobre as fases da pesquisa de novos fármacos, ver: BRASIL. CNS. *Resolução n.251*, de 07 de agosto de 1997. Disponível em: http://bvsms.saude.gov.br/bvs/saudelegis/cns/1997/res0251_07_08_1997.html.

Nisto, há um paradoxo. O participante de pesquisa será, em relação aos pesquisadores, assemelhado a um objeto. De certo ângulo, o da metodologia científica, sim e necessariamente assim. De outro ângulo, não, pois há padrões de eticidade e de adequação jurídica a serem atendidos. *Se e somente se* os padrões forem atingidos é que uma pesquisa poderá ser conduzida.[21]

Cerca de oito anos atrás, escrevi a respeito, sustentando que tais padrões, lado a lado ao consentimento livre e esclarecido, destinam-se à proteção dos participantes de pesquisa e delineiam o proibido e o permitido quanto ao *com o que consentir* para a disposição de posições jurídicas subjetivas de direitos fundamentais pelos participantes da pesquisa, ou seja, o consentimento, como já dito, somente será *permitido* se a pesquisa, de um todo, preencher os padrões. Do contrário, não se cogita a valia do consentimento como justificação procedimental, muito menos a validade substantiva da pesquisa. No tema, entendo que Emanuel, Wendler e Grady conseguiram elaborar de forma ímpar a substância dos padrões, apanhando-os em sete exigências reitoras que, conjugadas, "fazem ética uma pesquisa clínica".[22] Ademais, compreendo que tais exigências estão consubstanciadas nos enunciados normativos brasileiros sobre as pesquisas biomédicas envolvendo seres humanos, mesmo as clínicas.[23]

---

[21] Talvez esta assertiva possa ser sutilmente relativizada, em casos bastante específicos, nos quais há uma forte zona de penumbra entre pesquisa e assistência e a intenção primária do profissional da saúde for *tratar* o paciente, cuja situação há de ser grave, emergencial, com risco de letalidade, sem intervenção efetiva eficaz. Ou, ainda, em algumas pesquisas clínicas na medicina de urgência e emergência. São hipóteses nas quais a pesquisa poderá ser reportada *a posteriori* ou realizada sem o consentimento livre e esclarecido do paciente ou de seu representante legal. Isso não denota que tais pesquisas não atendam a padrões ético-jurídicos. Respondem e são reguladas de modo um pouco diverso, o que não é sinônimo de menos rigoroso nem de menos razoável. Tais moldes de pesquisa não são o foco deste Capítulo. Para esclarecimentos, interessante consultar: SANTUCCI, Eliana Vieira, *et al*. Peculiaridades da pesquisa clínica em medicina de urgência e emergência – aspectos éticos e organizacionais. *Revista Brasileira de Clínica Médica*. n.7, 2009, p.245-250. U. S. Department of Health and Human Services. Food and Drug Administration. Office of Good Clinical Practice Center for Drug Evaluation and Research. Center for Biologics Evaluation and Research Center for Devices and Radiological Health. *Guidance for institutional boards, clinical investigators, and sponsors: exception from informed consent requirements for emergency research*. (nonbinding recommendations). 2013. Disponível em: http://www.fda.gov/downloads/RegulatoryInformation/Guidances/UCM249673.pdf BRASIL. CNS. *Resolução n.251*, de 07 de agosto de 1997. Disponível em: http://bvsms.saude.gov.br/bvs/saudelegis/cns/1997/res0251_07_08_1997.html.

[22] EMANUEL, Ezekiel; WENDLER, David. GRADY, Christine. What makes clinical research ethical? *JAMA*. v.283, n.20, 2000, p.2701-2711.

[23] O texto ocupou-se da disposição de posições subjetivas de direitos fundamentais pelos participantes de pesquisa. Na época, vigia a Resolução CNS 196/1996, que denominava os participantes como sujeitos de pesquisa. Atualmente, está em vigor a Resolução CNS 466/2012, além das específicas para novos fármacos, cooperação internacional, povos indígenas, reprodução humana, entre outras. Cumpre salientar duas questões. Primeiro, dizer que os enunciados normativos pátrios estão em consonância com as sete exigências referidas, assim como com padrões de proteção aos participantes de pesquisa, não é o mesmo que afirmar que sejam enunciados normativos ideais e indenes a críticas. Há muitos pontos a questionar, aprimorar e discutir. Muito menos significa dizer que sua interpretação e aplicação aconteçam de forma adequada e sob a melhor luz. Segundo, os elementos teóricos do texto

Pois bem. No paradigma selecionado, apontam-se três eixos diferenciais entre a pesquisa e a assistência: (a) objetivo de *tratar* o paciente *versus* objetivo de produzir conhecimento, usualmente generalizável; (b) individualização do tratamento *versus* rigidez do protocolo de pesquisa, atrelado ao rigoroso método científico; (c) benefícios direcionados ao paciente *versus* potencial ausência de benefícios diretos ou mesmo indiretos. A eles, considera-se muito oportuno narrar certas considerações de Nancy King, em seu texto *"Experimental Treatment: oxymoron or aspiration?"*. A fim de conduzir o debate para pontos muito controversos na zona de penumbra entre pesquisa e assistência, a autora indaga por que a diferenciação entre os campos desperta tanto interesse e é tão poderosa.[24] Ela encontra uma plêiade de implicações práticas, muitas de ordem jurídica, que vão desde a proteção dos pacientes e participantes, impactam o consentimento livre e esclarecido e chegam a políticas de saúde e questões práticas da justiça.

Nesta senda, expressando a reflexão de King de modo bastante sintético, há três ambientes jurídicos nos quais a distinção entre pesquisa clínica e assistência ecoa, isto é, três situações com as quais os juristas são confrontados e, para deslinde adequado, é preciso delimitar se o ambiente é primariamente de assistência ou primariamente de pesquisa. Segundo a autora, para tal delimitação, em cada ambiente parte-se de ênfases e interesses diversos, logo, há consequências destoantes. São os ambientes (a) do erro médico; (b) da cobertura dos serviços, produtos e equipamentos; (c) da regulação das práticas de pesquisa.

No primeiro, King conclui que o eixo ao qual se oferece prioridade é a *intenção*, o objetivo que prevalece no profissional, se o *tratamento individualizado* do enfermo ou a obtenção de dados válidos e sistematizáveis para a produção de conhecimento (*intent-based*).[25]

No segundo, planos de saúde, fontes pagadoras e gestores de serviços de saúde procuram definir o que é *experimental*, situado no campo da pesquisa, tendo em mira o dever de pagamento. Para tanto, mais do que a intenção, o eixo que recebe prioridade é a eficiência e a probabilidade

---

foram depurados e revistos posteriormente, em outro estudo; já os elementos ligados à resolução revogada (196/96), penso não prejudicados pelo advento da nova Resolução, mantendo-se, portanto. MARTEL, Letícia de Campos Velho. Sujeitos de pesquisa no ordenamento jurídico brasileiro: um exame civil-constitucional da autolimitação dos direitos fundamentais. *In*: CUSTÓDIO, André Viana. CAMARGO, Monica Ovinski de (Orgs.). *Estudos contemporâneos de direitos fundamentais*. Curitiba/Criciúma: UNESC/Multideia, 2008, p.215-224. Disponível eletronicamente em: http://works.bepress.com/leticia_martel/1/ MARTEL, Letícia de Campos Velho. *Direitos fundamentais indisponíveis...*, Op. cit., Capítulos 1, 2 e 3.

[24] Apesar de o texto não ser atual, entende-se que as reflexões de King são necessárias, principalmente quando se tem em conta o estádio corrente do debate na ambiência jurídica brasileira. KING, Nancy M. P. Experimental Treatment: oxymoron or aspiration? *The Hastings Center Report*. v. 25, n. 4 (Jul. – Aug., 1995), p. 6-15. Stable URL: http://www.jstor.org/stable/3562155. A pergunta, no original: "Why should this distinction hold so much interest, and have so much power?"

[25] KING, Nancy M. P. Experimental Treatment: oxymoron or aspiration? Op. cit., p. 6 e ss.

de êxito do produto, técnica, conduta ou procedimento, isto é, um critério baseado em evidência (*evidence-based*).²⁶ Desta sorte, prioriza-se a potencialidade de benefícios já comprovados para os pacientes, propriamente, o *tratamento*.²⁷

No terceiro, a definição seria oferecida pela regulação das pesquisas, cuja ênfase, em alguns documentos internacionais, estaria na intenção, no objetivo.²⁸ Neste aspecto, há de ser levado em consideração que, no Brasil, as Resoluções vigentes tendem também ao critério da intenção, do objetivo, para definir *pesquisa*.²⁹ É com o olhar vindo deste ambiente que são formuladas as proposições deste Capítulo.

Assumindo a distinção entre pesquisas clínicas e assistência em saúde, por seus três eixos e prioritariamente à luz das definições dos enunciados normativos que regem a pesquisa clínica no Brasil, cabe indagar se há reflexos juridicamente úteis e relevantes no consentimento livre e esclarecido, em especial no que tange ao processo de informação dos participan-

---

²⁶ KING, Nancy M. P. Experimental Treatment: oxymoron or aspiration? Op. cit., p. 6-8. No âmbito da cobertura, é bem de ver que, após a Audiência Pública – Saúde (2009), na STA 175, lavrada pelo Ministro Gilmar Mendes, o critério da medicina baseada em evidência é norteador para distinguir o que é experimental (pesquisa), mais do que eventual intenção de tratamento do profissional da assistência. Fala-se aqui na cobertura pelo Sistema Único de Saúde – SUS e os critérios para a concessão de produtos, equipamentos e procedimentos pela via jurisdicional. Vale transcrever excertos: "Isso porque o Sistema Único de Saúde filiou-se à corrente da 'Medicina com base em evidências'. Com isso, adotaram-se os 'Protocolos Clínicos e Diretrizes Terapêuticas', que consistem num conjunto de critérios que permitem determinar o diagnóstico de doenças e o tratamento correspondente com os medicamentos disponíveis e as respectivas doses. Assim, um medicamento ou tratamento em desconformidade com o Protocolo deve ser visto com cautela, pois tende a contrariar um consenso científico vigente. (...) Os tratamentos experimentais (sem comprovação científica de sua eficácia) são realizados por laboratórios ou centros médicos de ponta, consubstanciando-se em pesquisas clínicas. A participação nesses tratamentos rege-se pelas normas que regulam e, portanto, o Estado não pode ser condenado a fornecê-los". BRASIL. STF. *Ag.Reg. STA 175/CE*. Rel Min. Gilmar Mendes. Julgado em: 17/03/2010. Disponível em: http://redir.stf.jus.br/paginadorpub/paginador.jsp?docTP=AC&docID=610255 Sobre o assunto: SARLET, Ingo W.; FIGUEIREDO, Mariana Filchtiner. O direito fundamental à proteção e à promoção à saúde: principais aspectos e problemas. Disponível em: http://www.editorajuspodivm.com.br/i/f/2_ingo.pdf BARROSO, Luís Roberto. Da falta de efetividade à judicialização excessiva: direito à saúde, fornecimento gratuito de medicamentos e parâmetros para a atuação judicial. Disponível em: http://www.ejef.tjmg.jus.br/home/files/publicacoes/artigos/0132009.pdf

²⁷ Neste último aspecto, talvez exista um distanciamento da proposta de King, já que ela afirma que o *benefício* ao paciente acaba, inúmeras vezes, se sobrepondo a esta leitura. Todavia, é a própria King quem debate, e parece refutar, o emprego da palavra *tratamento* para os produtos, equipamentos e procedimentos ainda em pesquisa. KING, Nancy M.. P. Experimental Treatment: oxymoron or aspiration? Op. cit., *passim*.

²⁸ KING, Nancy M. P. Experimental Treatment: oxymoron or aspiration? Op. cit., p.8.

²⁹ Na Resolução 466/12, lê-se "*II.12 – pesquisa – processo formal e sistemático que visa à produção, ao avanço do conhecimento e/ou à obtenção de respostas para problemas mediante emprego de método científico*". A Resolução 251/97, dirigida aos novos fármacos, emprega o termo *pesquisa*. Entretanto, é clara a recondução às definições da Resolução vigente à época (Resolução CNS n.196/96), cujo eixo era a *intenção*. BRASIL. CNS. *Resolução n.251*, de 07 de agosto de 1997. Disponível em: http://bvsms.saude.gov.br/bvs/saudelegis/cns/1997/res0251_07_08_1997.html BRASIL. CNS. *Resolução n.466*, de 12 de dezembro de 2012. Disponível em: http://conselho.saude.gov.br/resolucoes/2012/Reso466.pdf.

tes de pesquisas clínicas. A resposta é certamente afirmativa. Em linha de princípio, não será juridicamente válido, tampouco suficiente ao ensejo das diretrizes de boas práticas em pesquisa, apenas o consentimento livre e esclarecido para a assistência, quando esta é combinada à pesquisa clínica. Ambientes diferentes, cosmos normativos próprios, consentimento livre e esclarecido e processos de informação exclusivos e devidamente adaptados. Consentir com a assistência é uma coisa, com a pesquisa, outra. A confusão entre um e outro campo é preocupante. Evitá-la é um norte do processo de informação dos participantes de pesquisa, bem como da *leitura jurídica* do processo de informação e do termo de consentimento livre e esclarecido para a pesquisa. Em realidade, o que busca evitar é o assim chamado *equívoco terapêutico,* conceito que se passa e expor.

4. O equívoco terapêutico e seus conceitos correlatos

Conta Charles Lidz que ele e Paul Appelbaum estavam entrevistando participantes para um estudo sobre o consentimento livre e esclarecido e perceberam que havia uma confusão frequente entre a pesquisa clínica e a assistência em saúde, pois os entrevistados atribuíam à primeira as intenções de tratamento individualizado e benefício direto típicos da segunda. Haviam, como ele escreve, descoberto a *therapeutic misconception.* Lidz se dispôs a redigir, mas como em seis meses não o fez, Appelbaum foi o primeiro autor. Publicado em 1982, seguido de outro texto de 1987, já com a participação de outros colegas, foi e é um artigo de impacto, cuja tônica é discutida, aprimorada e criticada até os dias de hoje.[30]

Nos textos já clássicos, Appelbaum, Lidz e colegas conceituaram o equívoco terapêutico como a falha do participante de pesquisa clínica associada à assistência "em compreender a diferença entre a pesquisa clínica e o tratamento ordinário, e, portanto, de forma imprecisa, atribui intenção terapêutica a projetos de pesquisa".[31] A falha na compreensão e

---

[30] APPELBAUM, P. S.; ROTH, L. H.; LIDZ, C. The therapeutic misconception: informed consent in psychiatric research. *International Journal of Law and Psychiatry.*vol. 5, n. 3-4, 1982, p. 319-329. APPELBAUM, P. S.; ROTH, L. H.; LIDZ, C. W.; WINSLADE, W. False hops and best data: consent to research and the therapeutic misconception. *Hastings Center Report.* Vol. 17, nº 2, apr., 1987, p. 20-24.

[31] É conveniente explicar que a expressão *therapeutic misconception* será traduzida por equívoco terapêutico, como se faz em espanhol. Não é uma tradução direta da expressão cunhada originalmente. Isto porque se entendeu que traduzir como erro terapêutico poderia levar à associação com o ambiente da responsabilidade por erro médico e não a um erro como defeito no negócio jurídico, que estaria bem mais próximo do que se pretende representar com o conceito. Importante mencionar que Jay Katz denomina o fenômeno como *ilusão terapêutica.* DAL-RÉ, R.; MORELL, F.; TEJEDOR, J. C.; GRACIA, D. Therapeutic misconception in clinical trials: fighting against it and living with it (El equívoco terapéutico en los ensayos clínicos: combatirlo y convivir con el). *Revista Clínica Española* (English version). Vol.214, n.8, November, 2014, p.470-474. Katz é citado por Macklin. MACLKIN, Ruth. Understanding..., Op. cit., p. 86. LIDZ, C. W.; APPELBAUM, P. S. The therapeutic misconception: problems and solutions. *Medical Care.* Vol. 40, nº 9, Supplement, 2002, p. V-55. *"The therapeutic misconception occurs when a research subject fails to appreciate the distinction between the imperatives of clinical research*

a impressão de sentidos da assistência à pesquisa acarretam sérios desafios. Há defeitos no consentimento, via de regra inviabilizando-o como justificação procedimental, além de ser baixa a plausibilidade de justificação substantiva nos melhores interesses do paciente, pois, na cena da pesquisa, eles não se fazem presentes como talvez se fizessem na assistência.[32]

A questão passa a girar em torno do melhor domínio a respeito do fenômeno, de propostas e exame de estratégias para minimizá-lo, evitá-lo e, talvez, da delimitação de hipóteses de aceitável convivência. Na depuração conceito, vale trazer à tona três especificações: (a) equívoco de estimativa terapêutica; (b) otimismo terapêutico e (c) equívoco terapêutico procedimental.[33]

Ao procurar distinguir conjecturas de aceitação de participação na pesquisa clínica ainda que o indivíduo apresente incompreensões significativas, Sam Horng e Christine Grady criaram três situações altamente hipotéticas e meramente didáticas para aclarar cada uma das especificações.[34] São os casos de Mark, Susan e Thomas.

Mark, de 63 anos, é um engenheiro aposentado com câncer de cólon avançado. Ele *quer* participar da fase I de uma pesquisa clínica destinada a testar a segurança de um agente quimioterápico. Mesmo que a pesquisa seja desenhada para verificar a máxima dose tolerável por seres humanos, ao ser entrevistado sobre sua compreensão das informações que recebeu, Mark afirma que o propósito da pesquisa é descobrir o quanto a químio é capaz de diminuir o seu tumor. Afirma que a pesquisa é desenhada para pessoas que não têm outra opção, bem como que os médico-pesquisadores atuarão conforme os seus melhores interesses. Ele estima que os riscos não serão maiores do que os dos tratamentos que ele já usou, bem como que a probabilidade de benefício direto é da ordem de 30%. Na realidade,

---

and of ordinary treatment, and therefore inaccurately attributes therapeutic intent to research procedures. The therapeutic misconception is a serious problem for informed consent in clinical research."

[32] Nas palavras de Appelbaum e Lidz e outros: *"But when we enter the research setting, limiting subjects autonomy becomes a tool not for promoting their own interests, but for promoting the interests of others, including the researcher and the society as a whole"*. APPELBAUM, P. S.; ROTH, L. H.; LIDZ, C. W.; WINSLADE, W. False hopes and best data: consent to research and the therapeutic misconception. Hastings Center Report. Vol. 17, nº 2, apr., 1987, p. 20-24

[33] As duas primeiras são expostas com apoio em HORNG, Sam. GRADY, Christine. Misunderstanding in Clinical..., Op. cit., *passim*. A Terceira é da autoria de FISHER, Jill A. Procedural misconceptions and informed consent: insights from empirical research on the clinical trials industry. *Kennedy Institute of Ethics Journal*. Sep. 2006, vol.16, n.3, p.251-268. Quando se usa a expressão aceitável convivência, a inspiração é o título do artigo de Dal-Ré e colegas: DAL-RÉ, R.; MORELL, F.; TEJEDOR, J. C.; GRACIA, D. Therapeutic misconception in clinical trials... Op. cit.

[34] Os exemplos são mesmo ilustrativos, pois não há compromisso com as regras vigentes de participação em uma pesquisa clínica. HORNG, Sam. GRADY, Christine. Misunderstanding in Clinical Research: Distinguishing Therapeutic Misconception, Therapeutic Misestimation, &Therapeutic Optimism. *Ethics and human research*. Vol.25, n.1 (Jan-Feb., 2003), p. 11-12. Stable URL: http://www.jstor.org/stable/3564408 .

os riscos do "agente não testado" são maiores do que os de rotina e a probabilidade de benefício direto é da ordem de 5%.[35]

Susan, jornalista de 45 anos, com câncer avançado. Ela é voluntária na mesma pesquisa que Mark. Ela entende que a pesquisa foi desenhada para verificar a máxima dose tolerável por seres humanos, bem como que ela poderá, por distribuição dos participantes da pesquisa, receber doses bem mais baixas do que as que teriam efeitos sobre o seu tumor, ou doses altas, que poderão ter severos efeitos colaterais. Mesmo assim, ela afirma que o risco é baixo, e que a probabilidade de benefício é de cerca de 30%.[36]

Thomas, um pintor de 57 anos. Ele compreendeu as informações do mesmo modo que o pesquisador as compreende. Todavia, ele *tem esperança* de ser um dos 5% a ter os benefícios diretos com o agente que está em teste e se mantém otimista.[37]

Nitidamente, Mark e Susan apresentam falhas na compreensão, Mark com mais intensidade, pois sua falha é generalizada, ele deixa de apreender tanto a diferença basilar entre a pesquisa e a assistência, acreditando em uma atenção típica da assistência, como desassocia a razão entre riscos e benefícios. Susan, por seu turno, compreende o que é pesquisa e aceita que não haverá, propriamente, tratamento, mas randomização e não individualização. Porém, Susan superestima benefícios e minimiza riscos. Mark apresenta o equívoco terapêutico, ele não compreende a intenção e a natureza da pesquisa clínica. Susan apresenta apenas o equívoco de estimativa terapêutica, isto é, compreende a intenção e a natureza da pesquisa clínica, diferenciando-a da assistência, mas equivoca-se no equacionamento de riscos e benefícios. Os autores adequadamente anotam a existência de diferenças descritivas e normativas entre o equívoco terapêutico e o equívoco de estimativa terapêutica.[38]

---

[35] HORNG, Sam. GRADY, Christine. Misunderstanding in Clinical..., Op. cit., p.11. A ilustração é dos autores e foi quase reproduzida aqui. Apenas não está formulada como citação direta porque houve omissões e versão livre para o português.

[36] Ibid., p. 11. A ilustração é dos autores e foi quase reproduzida aqui. Apenas não está formulada como citação direta porque houve omissões e versão livre para o português.

[37] Ibid.

[38] Os autores estão preocupados em atender à pergunta sobre se indivíduos como Susan e Mark devem ser excluídos das pesquisas clínicas em função das incompreensões que apresentam. Em princípio, sim, pois seu consentimento carece de compreensão das informações. Entretanto, os autores sustentam que o processo informativo adequado é a essência do consentimento, não a compreensão. Assim, eles vislumbram pelo menos uma diferença normativa entre o equívoco terapêutico e o equívoco de estimativa terapêutica. Nas pesquisas clínicas em fases mais adiantadas, ou naquelas muito promissoras, cujo equacionamento de riscos e benefícios passa a ser racionalmente favorável ao participante da pesquisa, o equívoco de estimativa terapêutica, mesmo ampliado pelo indivíduo, não impacta significativamente o seu consentimento, de modo que ele poderia ser mantido na pesquisa. Ibid.

Thomas apresenta somente otimismo. À partida, nenhum problema. Diante de uma situação drástica, ele mira a esperança. Porém, se o otimismo for excessivo, poderá contribuir, como porta de entrada, ao equívoco terapêutico ou ao equívoco de estimativa terapêutica, o que demanda cautela por parte dos pesquisadores.[39]

Paralelamente às duas especificações referidas, Jill Fisher decantou uma terceira, o equívoco terapêutico procedimental, que talvez funcione como uma causa do equívoco terapêutico. A ideia do equívoco terapêutico procedimental reside na constatação de que se costuma interpretar, fazer a leitura de informações, a partir de sistemas que são familiares, presumindo semelhanças e negligenciando diferenças. Em assim sendo, os participantes de pesquisas clínicas associadas à assistência aproximam a pesquisa do que lhes é familiar, a assistência, pois estão diante de profissionais da saúde, em cenário ambulatorial, hospitalar, laboratorial, além de haver, também, o termo de consentimento livre e esclarecido, que se torna "ubíquo" e "ambíguo", porquanto tem o mesmo nome e também é um documento empregado na assistência. São fatores contextuais e organizacionais que "encorajam" e "alimentam" o equívoco terapêutico (material), mas são contornáveis mediante aprimoramento dos processos de informação e de comunicação entre pesquisadores e prováveis participantes.[40]

De tudo se extrai que a gama de incompreensões do equívoco terapêutico e do equívoco de estimativa terapêutica criam uma distância contundente do extremo ideal do arco do consentimento, pois há carência de compreensão e de liberdade decisória, tanto mais que se trata de sensíveis disposições de posições subjetivas de direitos fundamentais, de cunho marcadamente pessoal. Para evitar e minimizar o risco do equívoco terapêutico e de outras incompreensões, uma das orientações é incluir melhoramentos no processo de informação dos participantes de pesquisas clínicas.

5. Comunicar genuinamente e informar: a delicada busca pela compreensão

Ao introduzir um artigo bastante conhecido, Ruth Macklin desenha a cena de um pesquisador que, balançando no ar um documento, afirma: *eu consegui o consentimento!* Obter o consentimento livre e esclarecido para uma pesquisa clínica não é conquistar a assinatura em um documento, mediante informações estáticas ou um processo de convencimento. O documento é ata de um processo de comunicação entre um pesquisador e

---

[39] HORNG, Sam. GRADY, Christine. Misunderstanding in Clinical..., Op. cit., p.14.
[40] FISHER, Jill A. Procedural misconceptions and informed consent: insights from empirical research on the clinical trials industry. *Kennedy Institute of Ethics Journal*. Sep. 2006, vol.16, n.3, p.251-268.

um participante de pesquisa,[41] no qual o pesquisador atende a um dever de informar.

É corrente que a desoneração do dever de informar acontece com um processo informativo que apresente as informações substanciais para a escolha – o que informar – e seja conduzido do modo adequado – como informar. Trata-se de um processo permeado pela honestidade e veracidade, com informações claras, objetivas, indenes a crenças, preconceitos e elementos não comprováveis, além de responsivo às características da relação de base, marcada, nas pesquisas clínicas, pela assimetria e, também, pela vulnerabilidade dos indivíduos, pessoas fragilizadas pela doença. Destarte, intensifica-se e amplia-se o dever de informar, havendo necessidade de adequação de linguagem e maiores esforços para propiciar a compreensão e evitar a exploração.

Se na assistência em saúde o processo já é delicado, nas pesquisas clínicas é ainda mais. Ao mesmo tempo em que o participante deve ser, de um lado, informado adequadamente sobre a possibilidade de não haver qualquer benefício, de outro lado, deve também ser informado sobre os benefícios esperados e a probabilidade de que ocorram, e, em caso de êxito, quais serão os seus direitos e garantias de acesso. Ademais, os riscos também devem ser informados. Nesse sentido, não se pode, no processo de informação do participante de pesquisa, deixar de lado a hipótese de que os benefícios esperados podem não ocorrer, eis que componente dessa peculiar relação jurídica.

Os enunciados normativos pátrios e os documentos internacionais oferecem diretrizes basilares para o processo de informação nas pesquisas envolvendo seres humanos, com algumas especificidades nas pesquisas clínicas. A Resolução CNS n.466/2012 elenca duas etapas do processo de consentimento livre e esclarecido. Na primeira, o pesquisador deve prestar os esclarecimentos em "momento, condições e local mais adequados", mediante "estratégias mais apropriadas à cultura, faixa etária, condição socioeconômica e autonomia dos convidados a participar da pesquisa", além de garantir o tempo para que o indivíduo reflita, sem vedar a consulta a pessoas externas, como familiares.[42]

É bem de ver que as regras não serão aplicadas segundo a intuição dos pesquisadores em cada modalidade de pesquisa. Principalmente nas pesquisas clínicas, o local, o momento, o informante e as estratégias serão traçados conforme a literatura da área, no estado da arte, e verificadas pelo Comitê de Ética. Quer dizer, em consonância com os melhoramentos do processo de consentimento indicados para evitar e minimizar o

---

[41] MACKLIN, Ruth. Understanding..., Op. cit., p.83.
[42] BRASIL. CNS. *Resolução n.466*, de 12 de dezembro de 2012. Disponível em: http://conselho.saude.gov.br/resolucoes/2012/Reso466.pdf.

equívoco terapêutico e seus conceitos correlatos. Por conseguinte, nas pesquisas clínicas, o responsável pelo convite e pelo processo informativo, como regra, será uma pessoa alheia à assistência, a fim de evitar que os papéis se confundam e o paciente deposite a confiança no pesquisador e na pesquisa porque deposita confiança no profissional da assistência, ou que seja o convidado acometido por outros pensamentos e até ilusões, como temor de represálias na assistência e sentimentos de gratidão ou dever para com os profissionais da assistência. No mesmo sentido, se possível, um local que não remeta diretamente à assistência e aos seus profissionais é mais apropriado. O informante neutro e o despregamento dos aspectos estruturais e organizacionais da assistência são potentes auxiliares para minimizar o equívoco terapêutico. Já o tempo de reflexão permite ao convidado não apenas elaborar a informação que recebeu, bem como formular e externar suas dúvidas, *comunicando-se* com o informante.

Além disso, é recomendada a entrevista de compreensão. Nos casos de Mark, Susan e Thomas, houve uma conversa posterior à informação, que visava a conferir como cada um processara as informações. Foi nesta fase que se detectou o equívoco terapêutico e o equívoco de estimativa terapêutica, que levariam ou a novos processos comunicativos, ou à exclusão da pesquisa.

A linguagem empregada e os modos de comunicar dados são previamente planejados. Pouco ou nada adianta explicar a uma pessoa analfabeta, proveniente da zona rural, com fragilidades socioeconômicas, que ela é convidada a integrar um estudo com "grupo controle", ou de um "duplo-cego", ou que haverá "randomização" e uso de "placebo". Claro, carregou-se nas tintas. Talvez um paciente com curso superior também não compreenda o que é um "duplo-cego" e não pergunte. Não é dado aos pesquisadores pressupor o campo informacional dos convidados. Tanto no processo, como na entrevista de compreensão, a busca por dimensionar qual é o campo informacional do convidado é necessária e é de responsabilidade dos profissionais.[43]

No ponto, de importância ímpar para o objetivo deste Capítulo, é uma das conclusões de Jill Fisher. Em função da familiaridade com determinadas questões, tende-se a não perceber o quanto são estranhas para outras pessoas, e como elas elaboram a informação ao ensejo de outros padrões, que lhes são familiares. Os pesquisadores estão habituados com pesquisa, profissionalizaram-se. Inúmeras pessoas não estão inteiradas

---

[43] Não se exclui a responsabilidade do indivíduo por seu próprio campo informacional na matéria. Apenas entende-se que o nível de especialização das pesquisas clínicas faz com que as pessoas efetivamente tenham menores bases informativas, ao que se adiciona a familiaridade com a assistência em saúde, que pode levar a conclusões errôneas. Sobre a responsabilidade pelo próprio campo informativo, BEYLEVELD, Deryck; BROWNSWORD, Roger. *Consent...*, Op. cit. MARTEL, Letícia de Campos Velho. *Direitos fundamentais indisponíveis...*, Op. cit.

sobre o que é uma pesquisa clínica; seus elementos e suas características lhes fogem à rotina. Por isso, Jill Fisher aventa que, mais importante do que detalhar o objetivo do protocolo, é estabelecer um processo de informação sobre o que é a pesquisa clínica e no que se distingue do seu ponto de apoio *familiar*, a assistência em saúde.[44]

Nessa linha de pensar, é coerente estabelecer um processo de comunicação sobre o que é pesquisa clínica e o quanto e como, em cada caso, ela se distancia da assistência. Ao dizer um *processo de comunicação* ao invés de *processo informativo*, não se está meramente trocando palavras por estilo de redigir. Pensa-se aqui nas pesquisas de Onora O'Neill, quando contrasta os processos de informação e os processos de comunicação. Segundo a autora, há um depósito de esforços e de confiança demasiados na informação – na forma de revelação, na segurança e na transparência dos dados – que seriam apenas coadjuvantes. Ideal seria repensar as âncoras normativas para o melhoramento da comunicação.[45] Conciliando a proposta de O'Neill e a de Jill Fisher, a despeito de suas diferenças de marco teórico, poder-se-ia sustentar a importância de um processo de comunicação (agir comunicativo) entre pesquisadores e participantes de pesquisas clínicas, iniciado pelo diálogo não estratégico acerca do que é pesquisa e do que a separa da assistência. Ainda que possa soar distante da realidade de muitos centros de pesquisa, a proposta visa a assegurar algum patamar de *compreensão* pelos participantes, com o pano de fundo de respeito e de consideração por cada um e recondução do consentimento aos direitos fundamentais.[46] A este processo, aliar-se-iam as regras sobre a informação, como coadjuvantes.[47]

---

[44] A narrativa de Jill Fisher sobre o caminho que a levou a esta conclusão é muito interessante. Ela percebeu a partir de uma falha em processos informativos que conduziu. Realizava uma pesquisa cujos participantes eram pesquisadores clínicos profissionais. O risco da pesquisa qualitativa de Jill Fisher estava na exposição dos participantes. Todavia, habituados que estavam às pesquisas clínicas, após as entrevistas semi-estruturadas, os participantes afirmavam que "sequer havia doído" e outras referências do gênero. Foi então que Jill percebeu que boa parte dos participantes não compreendera em que consistia a sua pesquisa, tampouco quais consequências poderiam decorrer. É mesmo surpreendente, pois os convidados eram pessoas com alto patamar educacional e competência em pesquisa clínica, no entanto, falharam em compreender o que é uma pesquisa qualitativa e a dimensionar seus riscos. FISHER, Jill A. Procedural misconceptions and informed consent…, Op. cit., p.251-254.

[45] "But when informational content is embedded in types of speech act that are more than acts of self-expression, it often has wider effects, and there can be reasons for thinking that such communicative action should meet a range of norms, including epistemic and ethical norms". O'NEILL, Onora. Ethics for communication? *The European Journal of Philosophy*, v.17, n.2, 2009, p. 172. O'NEILL, Onora. Accountability, trust and informed consent in medical practice and research. *Clinical Medicine*. v. 4, n.3, may-june, 2004, p.269-276.

[46] A expressão *comunicação genuína* é de O'Neill. O'NEILL, Onora. Accountability, trust and informed consent in medical practice and research. *Clinical Medicine*. v.4, n.3, may-june, 2004.

[47] Como mencionado, na literatura encontram-se diversos mecanismos de melhoramento do processo informativo. São estudos sobre o modo e os meios de informar dados – *e.g.*, em números inteiros ou em percentuais, com recursos audiovisuais, em reuniões –, os quais variam de acordo com a característica do participante ou grupos de participantes. À evidência, o protocolo de pesquisa deve contar

Retornando aos ditames da Resolução CNS 466/2012, tem-se a segunda etapa do processo de informação, na qual o informante apresenta o termo de consentimento livre e esclarecido, para que seja "lido e compreendido". O palavreado soa ambivalente. Por um ângulo, a noção de *apresentar* um termo, que leva a pensar em um documento estanque, já formulado, a ser lido em voz alta, a antítese de comunicação. Por outro ângulo, a noção de compreender. O termo de consentimento há de ser compreendido pelo potencial participante, o que exige muito investimento no processo, com o fito de evitar o equívoco terapêutico e as demais *incompreensões* correlatas.[48]

---

com o planejamento detalhado, à luz do estado da arte em cada segmento, de como serão as regras aplicadas. No tema, exemplificativamente, APPELBAUM, P. S.; ANATCHKOVA, M.; ALBERT, K.; DUNN, L. B.; LIDZ, C. W. Therapeutic misconception in research subjects: development and validation of a measure. *Clinical Trials*. Vol. 9, nº 6, Dec., 2012, p. 748-761.

[48] O processo de informação e o consentimento são, como regra, prévios. Consoante a Resolução, o termo de consentimento deve contar com: "IV.3 (...): a) justificativa, os objetivos e os procedimentos que serão utilizados na pesquisa, com o detalhamento dos métodos a serem utilizados, informando a possibilidade de inclusão em grupo controle ou experimental, quando aplicável; b) explicitação dos possíveis desconfortos e riscos decorrentes da participação na pesquisa, além dos benefícios esperados dessa participação e apresentação das providências e cautelas a serem empregadas para evitar e/ou reduzir efeitos e condições adversas que possam causar dano, considerando características e contexto do participante da pesquisa; c) esclarecimento sobre a forma de acompanhamento e assistência a que terão direito os participantes da pesquisa, inclusive considerando benefícios e acompanhamentos posteriores ao encerramento e/ ou a interrupção da pesquisa; d) garantia de plena liberdade ao participante da pesquisa, de recusar-se a participar ou retirar seu consentimento, em qualquer fase da pesquisa, sem penalização alguma; e) garantia de manutenção do sigilo e da privacidade dos participantes da pesquisa durante todas as fases da pesquisa; f) garantia de que o participante da pesquisa receberá uma via do Termo de Consentimento Livre e Esclarecido; g) explicitação da garantia de ressarcimento e como serão cobertas as despesas tidas pelos participantes da pesquisa e dela decorrentes; e h) explicitação da garantia de indenização diante de eventuais danos decorrentes da pesquisa. IV.4 – O Termo de Consentimento Livre e Esclarecido nas pesquisas que utilizam metodologias experimentais na área biomédica, envolvendo seres humanos, além do previsto no item IV.3 supra, deve observar, obrigatoriamente, o seguinte: a) explicitar, quando pertinente, os métodos terapêuticos alternativos existentes; b) esclarecer, quando pertinente, sobre a possibilidade de inclusão do participante em grupo controle ou placebo, explicitando, claramente, o significado dessa possibilidade; e c) não exigir do participante da pesquisa, sob qualquer argumento, renúncia ao direito à indenização por dano. O Termo de Consentimento Livre e Esclarecido não deve conter ressalva que afaste essa responsabilidade ou que implique ao participante da pesquisa abrir mão de seus direitos, incluindo o direito de procurar obter indenização por danos eventuais. IV.5 – O Termo de Consentimento Livre e Esclarecido deverá, ainda: a) conter declaração do pesquisador responsável que expresse o cumprimento das exigências contidas nos itens IV. 3 e IV.4, este último se pertinente; b) ser adaptado, pelo pesquisador responsável, nas pesquisas com cooperação estrangeira concebidas em âmbito internacional, às normas éticas e à cultura local, sempre com linguagem clara e acessível a todos e, em especial, aos participantes da pesquisa, tomando o especial cuidado para que seja de fácil leitura e compreensão; c) ser aprovado pelo CEP perante o qual o projeto foi apresentado e pela CONEP, quando pertinente; e d) ser elaborado em duas vias, rubricadas em todas as suas páginas e assinadas, ao seu término, pelo convidado a participar da pesquisa, ou por seu representante legal, assim como pelo pesquisador responsável, ou pela (s) pessoa (s) por ele delegada (s), devendo as páginas de assinaturas estar na mesma folha. Em ambas as vias deverão constar o endereço e contato telefônico ou outro, dos responsáveis pela pesquisa e do CEP local e da CONEP, quando pertinente. IV.6 – Nos casos de restrição da liberdade ou do esclarecimento necessários para o adequado consentimento, deve-se, também, observar: a) em pesquisas cujos convidados sejam crianças, adolescentes, pessoas com transtorno ou doença mental ou em situação de substancial diminuição em sua capacidade de decisão, deverá haver justificativa clara de sua escolha, especificada no protocolo e aprovada

Chama atenção o emprego da palavra *compreendido*. A Resolução CNS 466/2012, assim como sua antecessora, a Resolução CNS 196/1996, foi elaborada com lastro nos documentos internacionais e nos estudos do modelo hegemônico da bioética.[49] Nos últimos, o consentimento livre esclarecido é normalmente exposto com quatro elementos essenciais: (a) capacidade; (b) liberdade; (c) informação; (d) compreensão. Alhures, ao apresentar os pressupostos ora adotados acerca do consentimento, dois elementos foram nucleares, a liberdade, que inclui a capacidade, e a informação, com um sujeito hábil a processar as informações recebidas. A compreensão não foi apontada como essencial, propositalmente. Entende-se que a compreensão é um ideal, uma aspiração de todo e qualquer consentimento livre e esclarecido. Porém, um olhar jurídico sobre o consentimento livre e esclarecido induz à seguinte pergunta: é direito do participante da pesquisa *compreender* as informações e, portanto, há dever correlato dos pesquisadores de assegurar a compreensão?[50] Quando Jill Fisher conta a sua história, vê-se com clareza que os participantes nem sempre compreenderam adequadamente a informação. Apesar disso, ela assevera que conduziu todo o processo *"by the book"* e não violou enunciados normativos.[51] Houvesse uma lide acerca de tais consentimentos, seriam eles, sem o elemento compreensão, inválidos?

---

pelo CEP, e pela CONEP, quando pertinente. Nestes casos deverão ser cumpridas as etapas do esclarecimento e do consentimento livre e esclarecido, por meio dos representantes legais dos convidados a participar da pesquisa, preservado o direito de informação destes, no limite de sua capacidade; b) a liberdade do consentimento deverá ser particularmente garantida para aqueles participantes de pesquisa que, embora plenamente capazes, estejam expostos a condicionamentos específicos, ou à influência de autoridade, caracterizando situações passíveis de limitação da autonomia, como estudantes, militares, empregados, presidiários e internos em centros de readaptação, em casas-abrigo, asilos, associações religiosas e semelhantes, assegurando-lhes inteira liberdade de participar, ou não, da pesquisa, sem quaisquer represálias". BRASIL. CNS. *Resolução n. 466...*, Op. cit.

[49] É usual na literatura jurídica brasileira a referência à bioética como um campo do saber único e com respostas *certas* a determinadas questões. Entende-se que tal pensar parte de uma incompreensão. Bioética é o termo que se refere a um âmbito da filosofia moral aplicada, destinada a refletir sobre *como devemos atuar* em face de *determinados* conflitos e de dilemas morais. Possui marcos teóricos e metodologias distintos, muitas vezes competidores entre si. Por esta razão, emprega-se, como sugere, o termo no plural, para designar o feixe de marcos e de metodologias adotadas sobre os mesmos problemas. Nesta senda, tem-se que o marco hegemônico da bioética é o principialismo, proposto por Beauchamp e Childress a partir das noções de obrigações *prima facie* de Ross. Segundo Florência Luna e Arleen L. F. Salles, o principialismo situa-se na primeira onda de reflexão sobre a bioética, assim como os estudos kantianos e o utilitarismo. Além dos marcos teóricos da primeira onda, há os da segunda, que apresentam diversos enfoques para o exame dos problemas morais complexos que exsurgem no cenário da bioética, como a ética da virtude, o comunitarismo, o feminismo e a casuística. LUNA, Florência; SALLES, Arleen L. F. *Bioética: nuevas reflexiones sobre debates clásicos*. México D. F.: Fondo de Cultura Económica, 2008; BEAUCHAMP, Tom L. CHILDRESS, James F. Princípios de ética biomédica. 4. ed. Barcelona: Masson, 1999. ENGELHARDT, H. Tristam. *Fundamentos de bioética*. São Paulo: Loyola, 1998.

[50] Traz à tona a indagação, de forma interessante, porém com arquitetura argumentativa relativamente frágil, SREENIVASAN, Gopal. Does informed consent requires comprehension? *The Lancet*, v.362, n.9400, p.2016-2018, dezembro de 2003.

[51] FISHER, Jill A. Procedural misconceptions and informed consent: insights from empirical research on the clinical trials industry. *Kennedy Institute of Ethics Journal*. Sep. 2006, vol.16, n.3, p.251 e ss.

A pergunta é mais contundente nas pesquisas clínicas do que na assistência em saúde, pois, como já mencionado, o apoio em justificações substantivas – os melhores interesses do paciente mediante tratamento individualizado – não está, no mais das vezes, disponível. As janelas para condutas de pesquisa clínica sem consentimento livre e esclarecido prévio são muito menores do que na assistência. Apesar da delicadeza do ponto, entende-se que não se pode sustentar um *direito a compreender*, cujo dever correlato seria o de *fazer compreender*. É viável, juridicamente, assegurar um *direito de ser informado*, com o dever correlato de informar. A compreensão seria o ponto ideal do arco do consentimento, uma aspiração e um objetivo constante, o que torna viável a exigência comportamentos que auxiliem e aprimorem a busca pela compreensão, mas a compreensão plena como resultado necessário do processo de comunicação é pouco factível.[52]

Isso conduz a um *caso difícil* sobre o consentimento livre e esclarecido. Como interpretar um consentimento no qual não houve compreensão, mas a equipe de pesquisa se desonerou de todos os passos de um processo de informação e acredita, honesta e razoavelmente, que o participante emitiu um consentimento válido? Em outras palavras, estando a equipe de pesquisa munida de boa fé objetiva e subjetiva, ainda arcará com a responsabilidade de obter compreensão do participante? A tensão se manifesta entre as duas teorias jurídicas sobre a interpretação do consentimento, a subjetiva, centrada na vontade do consentente, devendo-lhe fidelidade, e a objetiva, centrada nos elementos objetivos que circundam aquela manifestação de vontade, oferecendo vazão às expectativas justificadas de quem recebe o consentimento. Tender a um tipo *puro* na interpretação é problemático, uma vez que pode haver excessos na *psicologização* do consentimento e reducionismo quanto às expectativas justificadas de quem recebe o consentimento.[53]

Na situação em exame, os tipos de incompreensão são previsíveis e descritos na literatura, assim como há propostas para minimizar as chances de ocorrência, muito embora se saiba que evitar totalmente o equívoco terapêutico e seus conceitos correlatos seja quase impossível. Em assim sendo, a presença do equívoco terapêutico e de seus conceitos correlatos poderá ser eventualmente admitida, desde que os pesquisadores tenham

---

[52] Onora O'Neill bem ponderou sobre o *direito a compreender* e o *direito de ser informando*, expressando ceticismo sobre o primeiro. O'NEILL, Onora. Ethics for communication? *The European Journal of Philosophy*, v.17, n.2, 2009, p. 172. O'NEILL, Onora. Accountability, trust and informed consent in medical practice and research. *Clinical Medicine*. v.4, n.3, may-june, 2004, p.269-276. Ver, também SREENIVASAN, Gopal. Does informed consent requires comprehension? *The Lancet*, v.362, n.9400, p.2016-2018, dezembro de 2003.

[53] No tema, para o equacionamento de diversas hipóteses, *in abstrato*, BEYLEVELD, Deryck; BROWNSWORD, Roger. *Consent...*, Op. cit., p.188 e ss. MARTEL, Letícia de Campos Velho. *Direitos fundamentais indisponíveis...*, Op. cit., p. 252 e ss.

adotado todos os passos de um processo de comunicação consistente com o estado da arte e com as características do protocolo de pesquisa e da população pesquisada. Ou seja, um investimento em genuíno processo de comunicação, planejado para reduzir as chances do equívoco terapêutico e de outras incompreensões. Na interpretação, maior espaço, então, para a teoria objetiva.

Para tanto, quer entre os pesquisadores, quer entre os operadores do direito que interpretam as relações de pesquisa clínica e de assistência, o equívoco terapêutico e seus conceitos correlatos devem estar ausentes. Os estudos sugerem que também outros atores das pesquisas clínicas, além dos participantes, apresentam *incompreensões*. No meio dos pesquisadores, potencializam-nas tanto um hibridismo de papéis – atuar simultaneamente na assistência e na pesquisa –, quanto uma crença excessiva nas potencialidades de benefício direto ao participante.[54] Nos operadores do direito, presente o equívoco, a interpretação, seja em situações de responsabilidade civil, administrativa e criminal, seja no custeio de serviços, terá por raiz uma relação jurídica de assistência e o seu conjunto de enunciados normativos, acarretando consequências diversas das previstas pelo sistema jurídico. É indispensável, em qualquer exame jurídico de conjuntos fáticos, a justeza na identificação do tipo de relação de jurídica, situá-la permite adotar o grupo de enunciados normativos efetivamente aplicáveis e contorna desvios de compreensão sérios, como a atribuição apriorística de intenção de tratamento e o depósito de confiança na individualização quando se trata de uma pesquisa clínica, ou, ao revés, questionar a não individualização e a ausência de benefícios diretos, lendo a pesquisa a partir das bases familiares da assistência.

6. Considerações finais

O processo de comunicação entre os pesquisadores e os participantes de pesquisas clínicas é repleto de sutilezas. Para que seja bem-sucedido, é insuficiente apenas informar sobre a pesquisa, seus métodos, riscos e possibilidades de benefícios. É necessário buscar a compreensão do participante ou do consentente sobre o que é uma pesquisa clínica e sobre o que a distingue da assistência em saúde. A compreensão da diferença não apenas reverbera na qualidade do consentimento informado. Têm consequências relevantes para a identificação da relação jurídica e, por conseguinte, do conjunto de enunciados normativos aplicáveis à espécie. Lides envolvendo responsabilidade civil médico-hospitalar, responsabilidade

---

[54] Na situação, mistura-se no profissional a *intenção* de tratar e de pesquisar, o que se torna mais nebuloso se o quadro do paciente for grave e se a pesquisa estiver em estágios mais avançados, com equacionamento de riscos e benefícios mais próximos dos da assistência. São fatores relevantes na interpretação jurídica do consentimento.

criminal de profissionais da saúde, bem como aquelas sobre cobertura de procedimentos, fármacos e equipamentos por planos de saúde ou pelo sistema público de saúde carecem, para o seu adequado deslinde, da justeza na identificação da relação jurídica: trata-se de assistência ou de pesquisa associada à assistência? A resposta é de importância única e requer, antes de tudo, que nós, juristas, não soframos de equívoco terapêutico.

Referências

APPELBAUM, P. S.; ROTH, L.H.; LIDZ, C. W.; WINSLADE, W. False hopes and best data: consent to research and the therapeutic misconception. *Hastings Center Report*. Vol.17, n° 2, apr., 1987, p.20-24.

BARROSO, Luís Roberto. Da falta de efetividade à judicialização excessiva: direito à saúde, fornecimento gratuito de medicamentos e parâmetros para a atuação judicial. Disponível em: http://www.ejef.tjmg.jus.br/home/files/publicacoes/artigos/0132009.pdf.

BEYLEVELD, Deryck; BROWNSWORD, Roger. *Consent in the law*. Oxford: Hart Publishing, 2007.

BEAUCHAMP, Tom L. CHILDRESS, James F. Princípios de ética biomédica. 4. ed. Barcelona: Masson, 1999.

BRASIL. CFM. Código de Ética Médica, publicado no Diário Oficial em 11 janeiro de 1965. Disponível em: http://www.portalmedico.org.br/include/livro_etica2.asp.

——. CFM. Resolução CFM n° 1.154, de 13 de abril de 1984. Disponível em: http://www.portalmedico.org.br/include/livro_etica2.asp.

——. CFM. Resolução CFM n° 1.246, de 08 de janeiro de 1988. Disponível em: http://www.portalmedico.org.br/resolucoes/CFM/1988/1246_1988.htm.

——. CNS. Resolução n.251, de 07 de agosto de 1997. Disponível em: http://bvsms.saude.gov.br/bvs/saudelegis/cns/1997/res0251_07_08_1997.html.

—— CNS. Resolução n.466, de 12 de dezembro de 2012. Disponível em: http://conselho.saude.gov.br/resolucoes/2012/Reso466.pdf.

——. STF. Ag.Reg. STA 175/CE. Rel Min. Gilmar Mendes. Julgado em: 17/03/2010. Disponível em: http://redir.stf.jus.br/paginadorpub/paginador.jsp?docTP=AC&docID=610255.

DAL-RÉ, R.; MORELL, F.; TEJEDOR, J. C.; GRACIA, D. Therapeutic misconception in clinical trials: fighting against it and living with it (El equívoco terapéutico en los ensayos clínicos: combatirlo y convivir con el). *Revista Clínica Española* (English version). Vol. 214, n. 8, November, 2014, p. 470-474.

EMANUEL, Ezekiel; WENDLER, David. GRADY, Christine. What makes clinical research ethical? *JAMA*. v.283, n.20, 2000, p. 2701-2711.

ENGELHARDT, H. Tristam. *Fundamentos de bioética*. São Paulo: Loyola, 1998.

FADEN, Ruth. BEAUCHAMP, Tom L. *A history and theory of informed consent*. Oxford: Oxford University, 1986.

FISHER, Jill A. Procedural misconceptions and informed consent: insights from empirical research on the clinical trials industry. *Kennedy Institute of Ethics Journal*. Sep. 2006, vol. 16, n. 3, p. 251-268.

GRACIA, Diego. Conferência realizada no VII Congresso Brasileiro de Bioética, intitulada *Bioética Clínica e contexto social*. São Paulo, 27 de agosto a 1° de setembro de 2007.

HAASE, Vitor Geraldi; CHAGAS, Pedro Pinheiro; ROTHE-NEVES, Rui. Neuropsicologia e autonomia decisória: implicações para o consentimento informado. *Revista Bioética*. N. 15, v. 1, 2007, p. 117-132.

HORNG, Sam. GRADY, Christine. Misunderstanding in Clinical Research: Distinguishing Therapeutic Misconception, Therapeutic Misestimation, &Therapeutic Optimism. *Ethics and human research*. Vol.25, n.1 (Jan-Feb., 2003), p. 11-12. Stable URL: http://www.jstor.org/stable/3564408.

KING, Nancy M. P. Experimental Treatment: oxymoron or aspiration? *The Hastings Center Report*. v. 25, n. 4 (Jul. – Aug., 1995), p. 6-15. Stable URL: http://www.jstor.org/stable/3562155.

KIPPER D. J. *et al.* Dilemas éticos, morais e legais em UTIP. *In*: Piva J. P.; Garcia P. C. (ed.). *Medicina Intensiva em Pediatria*. Rio de Janeiro: Revinter; 2005. p. 753-771.

KIPPER, Délio José. Medicina e os cuidados de final da vida: uma perspectiva brasileira e latino-americana. In: PESSINI, Leo; GARRAFA, Volnei (Orgs). Bioética, poder e injustiça. São Paulo: Loyola, 2003.

LESKOV, Nikolai. *A farsa e outras histórias*. Tradução, posfácio e notas de Denise Sales; ensaio de Elena Vássina. São Paulo: 34, 2012.

LIDZ, C. W.; APPELBAUM, P. S. The therapeutic misconception: problems and solutions. *Medical Care*. Vol. 40, n° 9, Supplement, 2002, p. V-55-V-63.

LUNA, Florência; SALLES, Arleen L. F. *Bioética: nuevas reflexiones sobre debates clásicos*. México D.F.: Fondo de Cultura Económica, 2008.

MACKLIN, Ruth. Understanding informed consent. *Acta Oncologica*. Vol. 38, n° 1, p. 83-87, 1999.

MANSON, Neil C. *Rethinking informed consent in bioethics*. Cambridge: Cambridge University, 2007 (versão eletrônica de 2012), 212p.

MARTEL, Letícia de Campos Velho. *Direitos fundamentais indisponíveis: limites e padrões do consentimento para a autolimitação do direito fundamental à vida*. Tese de Doutorado. Rio de Janeiro: UERJ, 2010, p. 214. Disponível em: http://pct.capes.gov.br/teses/2010/31004016015P4/TES.PDF.

MARTEL, Letícia de Campos Velho. Sujeitos de pesquisa no ordenamento jurídico brasileiro: um exame civil-constitucional da autolimitação dos direitos fundamentais. *In*: CUSTÓDIO, André Viana. CAMARGO, Monica Ovinski de (Orgs.). *Estudos contemporâneos de direitos fundamentais*. Curitiba/Criciúma: UNESC/Multideia, 2008, p. 215-224. Disponível eletronicamente em: http://works.bepress.com/leticia_martel/1/

MARTINS-COSTA, Judith. *A boa-fé no direito privado*. São Paulo: Revista dos Tribunais, 2000.

——. *A reconstrução do direito privado*: reflexos dos princípios, diretrizes e direitos fundamentais no direito privado. São Paulo: RT, 2002.

O'NEILL, Onora. Accountability, trust and informed consent in medical practice and research. *Clinical Medicine*. v.4, n.3, may-june, 2004, p. 269-276.

——. Ethics for communication? *The European Journal of Philosophy*, v. 17, n. 2, 2009, p. 172.

ROSENVALD, Nelson. *Dignidade humana e boa-fé*. São Paulo: Saraiva, 2005.

SANTUCCI, Eliana Vieira, *et al*. Peculiaridades da pesquisa clínica em medicina de urgência e emergência – aspectos éticos e organizacionais. *Revista Brasileira de Clínica Médica*. n.7, 2009, p. 245-250.

SARLET, Ingo W.; FIGUEIREDO, Mariana Filchtiner. *O direito fundamental à proteção e à promoção à saúde*: principais aspectos e problemas. Disponível em: http://www.editorajuspodivm.com.br/i/f/2_ingo.pdf.

SREENIVASAN, Gopal. Does informed consent requires comprehension? *The Lancet*, v. 362, n. 9400, p. 2016-2018, dezembro de 2003.

STRUCHINER, Noel; CUSHMAN, F.; MACHERY, E.; NADELHOFFER, T. Pizarro, D.; PRINZ, J. (Orgs.). *Ética e realidade atual: implicações da abordagem experimental*. Rio de Janeiro: PUC-Rio, 2011, 300p.

TARTUCE, Flávio. A função social dos contratos: do Código de Defesa do Consumidor ao novo Código Civil. São Paulo: Método, 2005.

TRIBUNAL INTERNACIONAL DE NUREMBERG. Trials of war criminal before the Nuremberg Military Tribunals. Control Council Law. 1949; 10[2]:181-182. Disponível em: http://www.ufrgs.br/bioetica/nuremcod.htm.

U.S. Department of Health and Human Services. Food and Drug Administration. Office of Good Clinical Practice Center for Drug Evaluation and Research. Center for Biologics Evaluation and Research Center for Devices and Radiological Health. *Guidance for institutional boards, clinical investigators, and sponsors: exception from informed consent requirements for emergency research*. (nonbinding recommendations). 2013. Disponível em: http://www.fda.gov/downloads/RegulatoryInformation/Guidances/UCM249673.pdf.

WMA. *Declaration of Helsinki – Ethical principles for medical research involving human subjects*. (versão original de 1964 e suas nove revisões). Disponível em: http://www.wma.net/en/30publications/10policies/b3/.

Impressão:
Evangraf
Rua Waldomiro Schapke, 77 - POA/RS
Fone: (51) 3336.2466 - (51) 3336.0422
E-mail: evangraf.adm@terra.com.br